화엄경소론찬요
華嚴經疏論纂要

화엄경소론찬요 ⑧
華嚴經疏論纂要

● 일러두기 ●

1. 이 책의 원서는 명말청초 때의 승려인 도패 스님*이 약술 편저한 《화엄경소론찬요》이다. 《대방광불화엄경(大方廣佛華嚴經)》 80권본을 기초로 하여, 경문에 청량 스님의 소초(疏鈔)와 이통현 장자의 논(論)을 붙여 상세하게 풀이하였다.

2. 경(經), 소(疏), 논(論)은 원문에 토를 붙여서 그 뜻을 이해하기 편하도록 했으며, 원문 바로 아래 번역문을 넣었다.

3. 원문을 살려 그대로 옮겨 놓음을 원칙으로 하다 보니 본문의 제목 번호에 있어서 다소 혼동이 올 수 있다. 그럴 경우 목차를 참고하기 바란다.

4. 산스크리트어 표기는 〈표준국어대사전〉과 〈불광 사전〉 등에 등재된 음역어를 사용하였으며, 불교 용어에 대한 설명은 주로 〈불광 사전〉을 참고하였다.

5. 내용을 좀 더 쉽게 풀기 위하여 중간에 체계가 약간 바뀌었음을 밝힌다.

※ 위림도패(爲霖道霈, 1615~1702) 스님은 명말청초 때의 조동종 승려이다. 14세 때 백운사(白雲寺)에서 출가하여 경교(經敎)를 공부했다. 영각원현을 모시며 법을 이었고, 천동산(天童山) 밀운원오(密雲圓悟)에게 배워 크게 깨달았다. 그 후 백장산(百丈山)에 암자를 짓고 5년 동안 정업(淨業)을 닦았다. 나중에 고산(鼓山)으로 옮겨 20여 년 동안 살았는데 귀의하는 사람이 매우 많았다. 저술로는 《인왕반야경합소(仁王般若經合疏)》 3권을 비롯하여 《화엄경소론찬요(華嚴經疏論纂要)》 120권, 《법화경문구찬요(法華經文句纂要)》 7권, 《불조삼경지남(佛祖三經指南)》 3권, 《위림도패선사병불어록(爲霖道霈禪師乘拂語錄)》 2권, 《여박암고(旅泊菴稿)》 4권, 《선해십진(禪每十珍)》 1권, 《사십이장경지남(四十二章經指南)》, 《불유교경지남(佛遺敎經指南)》, 《고산록(鼓山錄)》 6권, 《반야심경청익설(般若心經請益說)》, 《팔십팔불참(八十八佛懺)》, 《준제참(準提懺)》, 《발원문주(發願文注)》 등이 있다.

● 간행사 ●

《화엄경소론찬요》 번역서를 간행하면서

《화엄경》은 비로자나 세존께서 보리도량에서 처음 정각을 성취하신후, 일곱 도량 아홉 차례의 법문에서 일진(一眞)의 법계(法界)와 제불의 과원(果願)을 보여주시어 미묘한 현지(玄旨)와 그지없는 종취(宗趣)를 밝혀주신 최상의 경전이다. 이처럼 《화엄경》은 법계와 우주가 둘이 아닌 하나로 그 광대함을 말하면 포괄하지 않음이 없고, 그 심오함을 말하면 갖춰 있지 않음이 없어 공간으로는 법계에 다하고 시간으로는 삼세에 통하고 있다.

이러한 이유에서 《화엄경》은 근본 법륜으로 중국은 물론 동양 각국에서 높이 받들며 수많은 주석서가 간행되어 왔다. 그러나 세상에 널리 알려진 것은 청량 국사의 《대방광불화엄경소초(大方廣佛華嚴經疏鈔)》와 통현 장자의 《대방광불화엄경론(大方廣佛華嚴經論)》이다. 소초(疏鈔)는 철저한 장구(章句)의 분석으로 본말을 지극히 밝혀주었고, 논(論)은 부처님의 논지를 널리 논변하여 자심(自心)으로 회귀하고 있는 것이 특징이다. 이처럼 청량소초와 통현론은 양대 명저(名著)로 모두 수증(修證)하는 데에 지극한 궤범(軌範)이었다.

탄허 대종사께서는 이러한 점을 토대로 통현론을 주(主)로 하고 청량소초를 보(補)로 하여 번역하심으로써 《화엄경》이 동양에 전해진 이후 동양 최초의 《화엄경》 번역이라는 쾌거를 이룩하셨다. 일찍이 한국불교에 침체된 화엄사상은 대종사의 번역에 힘입어 다시 온 누리에 화엄의 꽃비가 내려 화엄의 향기로 불국정토를 성취하여 더할 수 없는, 지극한 법문을 설하셨다.

　　그러나 대종사께서 열반하신 이후, 불법은 날로 쇠퇴하고 중생의 근기는 날로 용렬하여 방대한 소초와 논을 열람하기에는 역부족이었다. 이에 대종사의 《화엄경》을 다시 한 번 밝히기 위해서는 또 다른 모색을 필요로 할 시점에 이르렀다. 보다 쉽게 볼 수 있고 간명한 데에서 심오한 데로, 물줄기에서 본원을 찾아갈 수 있는 진량(津梁)을 찾지 않는다면 대종사의 평생 정력을 저버리게 된다는 절박한 마음이 없지 않았다.

　　청대(淸代) 도패(道霈) 대사는 청량의 소초와 통현의 논 가운데 그 정요(精要)만을 뽑아 《화엄경소론찬요(華嚴經疏論纂要)》를 편집하였다. 이는 매우 방대한 소초와 논을 축약하여, 가까이는 청량 국사와 통현 장자의 심법을 전수하였고 멀리는 비로자나불의 묘체(妙諦)를 밝혀주는 오늘날 최고의 《화엄경》 주석서이다.

　　이에 《화엄경소론찬요》를 대본으로 하여, 다시 대종사의 번역서를 참고하면서 현대인이 보다 쉽게 이해할 수 있는 번역서를 간행하기에 이르렀다.

　　이제 돌이켜 생각하면 무상한 세월 속에 감회가 적지 않다. 내지난날 출가 입산하여 겨우 이레가 되던 날, 처음 접한 경전이 《화엄경》이었다. 행자 생활을 시작한 영은사는 대종사께서 오대산 수도원이 해산된 후, 이의 연장선상에서 3년 결사(結社)를 선포하시고 《화엄경》 번역이라는 대작불사를 시작하여 강의하셨던, 한국불교사에 한 획을 그려준 역사의 도량이었다.

그 당시 대종사께서는 행자인 나에게 《화엄경》을 청강하라 하시면서 "설령 알아듣지 못할지라도 들어두면 글눈이 생겨 안 들은 것보다 낫다."고 권면하셨다. 이제 생각해보면 행자 출가 즉시 《화엄경》 공부 자리에 참여했다는 것은 전생의 숙연(宿緣)이 아니었으면 어떻게 그 당시 그 법회에 참석이나 할 수 있었겠는가. 이는 행운 중 행운으로 다겁의 선근공덕이 아닐까 생각되며, 아울러 늦게나마 대종사의 영전에 하나의 향을 올리는 바이다.

처음 《화엄경》 설법을 듣는 순간, 끝없는 우주법계의 장엄세계가 황홀하고 법계를 밝혀주고 무진 보배를 담고 있는 바다의 불가사의한 공덕이라는 대종사의 사자후가 머릿속에 쟁쟁하게 울려왔을 뿐, 그 도리를 이해한다는 것은 나의 근기로써는 도저히 불가능한 일이었다. "쭉정이만도 못하다."고 꾸지람을 하시던 대종사의 방할(棒喝)을 맞으며 영은사에서의 결사가 끝난 후, 나는 단 한 번도 《화엄경》을 펼쳐 볼 엄두를 내지 못했다.

그러던 몇 해 전, 무비 스님께서 범어사에서 《화엄경》을 강좌하시면서 서울에서도 《화엄경》 강좌를 열어보라고 권할 적만 하더라도 언감생심 《화엄경》을 강의하겠다는 생각을 하지 못하였다. 그러나 씨앗을 뿌려놓으면 새싹이 돋아나듯, 반드시 인연법은 사라지지 않는 모양이다. 영은사에서의 《화엄경》 인연이 자곡동 탄허기념박물관에 화엄각건립불사를 발원하게 되었고, 화엄각건립불사를 위하여 《화엄경》 강좌를 열기에 이를 줄은 꿈에도 생각지 못하였다.

미력한 소견으로 강좌를 열면서 정리된 강의 자료를 여러 뜻있는 이들과 다시 한 번 토론하고 강마하면서 우선 〈세주묘엄품〉 출간을 시작으로 계속 연차적으로 간행하고 있다.

이 책이 나오도록 기꺼이 설판제자가 되어주신 승해(勝解) 스님과 능과(能果) 스님, 유봉환·심정자 불자님, 오정순·김철관 불자님, 조민자·이황원 불자님, 무량심 불자님, 김장배·임명숙·김종훈 불자님, 박혜정 불자님, 한대지행 불자님, 비로행 불자님 등의 깊은 신심과 끊임없이 무주상으로 동참해주신 여러분께 깊은 감사의 말씀을 드린다.

이 책이 간행되어 그동안 추진되어온 화엄각 창건 불사 또한 원만히 성취되길 기원한다. 이 귀한 인연공덕으로 다시 한 번 화엄사상이 꽃피어 온 누리에 탄허 대종사의 공덕이 빛나고, 아울러 화엄정토가 구현되어 남북의 통일과 세계의 평화가 이루어지길 진심으로 축원하는 바이다.

2019년 2월

五臺山 後學 慧炬 合掌 再拜

● 목 차 ●

간행사 《화엄경소론찬요》 번역서를 간행하면서 5

화엄경소론찬요 제37권 ● 승야마천궁품 제19

    1. 유래한 뜻 17
    2. 품명을 해석하다 18
    3. 종취 20
    4. 경문의 해석 24

    제1. 본회가 두루 원만하다 24

    제2. 본래 자리를 떠나지 않고서 야마천궁에 오르다 25

    제3. 야마천왕이 부처님을 친견하다 26

    제4. 각기 전각의 법좌를 장엄하다 26

    제5. 부처님에게 전각에 거처하시도록 청하다 30

    제6. 여래께서 청을 받아들이다 31

제7. 각기 옛 인연을 생각하다 31

　　제8. 게송으로 십불을 찬탄하다 32

　　제9. 부처님이 함께 전각에 오르다 39

　　제10. 전각이 갑자기 넓어지다 39

화엄경소론찬요 제37권 ● 야마천궁게찬품 제20-1

　　1. 유래한 뜻 45
　　2. 품명을 해석하다 45
　　3. 종취 45
　　4. 경문의 해석 46

　　제1. 법회에 모여든 대중 47

　　제2. 부처님의 발 위에서 광명을 쏟아내다 54

제3. 보살의 게송 찬탄 55
- 제1 공덕림功德林보살의 게송 55
- 제2 혜림慧林보살의 게송 63
- 제3 승림勝林보살의 게송 69
- 제4 무외림無畏林보살의 게송 90
- 제5 참괴림慚愧林보살의 게송 96
- 제6 정진림精進林보살의 게송 110

화엄경소론찬요 제38권 ● 야마천궁게찬품 제20-2
- 제7 역림力林보살의 게송 129
- 제8 행림行林보살의 게송 146
- 제9 각림覺林보살의 게송 155
- 제10 지림智林보살의 게송 198

화엄경소론찬요 제39권 ◉ 십행품 제21-1
  1. 유래한 뜻 217
  2. 품명을 해석하다 217
  3. 종취 218
  4. 경문의 해석 220

  제1. 삼매 부분[三昧分] 221

  제2. 가피 부분[加分] 222

  제3. 삼매에서 일어난 부분[起分] 229

  제4. 본론 부분[本分] 229

  제5. 설법 부분[說分] 244
    • 제1 환희행歡喜行 244
    • 제2 요익행饒益行 281
    • 제3 무위역행無違逆行 316
    • 제4 무굴요행無屈撓行 344

화엄경소론찬요 제40권 ◉ 십행품 제21-2
- 제5 이치란행離癡亂行 367
- 제6 선현행善現行 408

화엄경소론찬요 제41권 ◉ 십행품 제21-3
- 제7 무착행無著行 435
- 제8 난득행難得行 467
- 제9 선법행善法行 505
- 제10 진실행眞實行 534

제6. 상서를 밝혀 성취를 증명한 부분[顯瑞證成分] 554

제7. 거듭 게송으로 밝힌 부분[重頌分] 559

화엄경소론찬요 제37권
華嚴經疏論纂要 卷第三十七

승야마천궁품 제19
升夜摩天宮品 第十九

一

自下는 第四 中賢 十行會이라
四門中에 初는 來意라

이 아래로부터는 제4법회, 中賢의 十行會이다.

4분야(來意·釋名·宗趣·釋文) 가운데,

1. 유래한 뜻

● 疏 ●

來意者는 酬前十行問故니 匪知之艱이라 行之惟艱이니라 前解此行이 若膏明相類하며 目足更資라 故次來也니라
次品來者는 此會四品에 分三이니 初二品은 當會由致오 次一品은 當會正宗이오 後一品은 勝進趣後라 於由致中에 此品은 先明感應道交오 後品은 明讚德顯體니 前會已終에 將陳後說이라 故次來也니라

유래한 뜻이란 앞 十行의 물음에 관한 답변이기 때문이다. 이는 아는 것이 어려움이 아니라 행하기가 오직 어렵다. 앞에서의 이해와 본 품에서의 行이 마치 등불의 기름과 밝음이 서로 힘입고 눈과 발이 서로 힘입는 것과 같기에 본 품을 다음 차례로 쓴 것이다.

다음, 이 품이 유래한 것은 이 법회의 4품은 3부분으로 나뉜다.

처음 2품은 當會가 유래하게 된 소치이며,

다음 1품은 당회의 正宗이며,

뒤의 1품은 수승하게 뒤의 지위로 닦아나감이다.

유래의 소치 가운데 본 품은 먼저 감응하여 도로 사귐을 밝혔

17

고, 뒤의 제20 야마천궁게찬품에서는 공덕을 찬탄하고 본체를 밝힘이다. 앞의 제3법회가 이미 끝남에 장차 뒤의 제20품을 말하고자, 다음으로 이 품을 쓴 것이다.

二 釋名
2. 품명을 해석하다

◉ **疏** ◉

釋名者는 會名有三이니 一은 約處인댄 名夜摩天宮會라 夜摩는 此云時分이니 卽空居之首라 表十行이 涉有化物에 宜適其時니 時而後言이면 聞者悅伏이오 時而後動이면 見者敬從이니 涉有依空하고 卽事入玄이라 託此而說이니라 約人인댄 名功德林이오 約法인댄 名十行會니 竝如後釋이라 三皆依主니라

次品名者 大同於會이라 然梵本中에 上無升字오 下有神變이니 譯者以升爲神變이라 升爲神變이 畧有四義하니 一은 不離前三而升此故오 二는 升一處에 卽升一切處故오 三은 升以廣其處故오 四는 前後同時라 無障礙故니 謂佛以圓徧之身으로 不起而升時分天宮이라 升은 屬如來하고 夜摩는 約處니 相違釋也니라 前升須彌하고 後升兜率은 準此可知니라

　명제의 해석이란 법회의 이름으로 3가지가 있다.
　(1) 법회 장소로 말하면 그 이름은 야마천궁 법회이다. '야마'는

중국 말로는 '時分'이라는 뜻이다. 이는 허공의 거처에 있어 으뜸이 되는 자리이다. 십행이 현상의 有에 관련하여 중생을 교화함에 있어 그 때를 맞추어야 함을 나타낸 것이다. 때에 맞추어 말을 해야만 듣는 이가 기뻐하고, 때에 맞추어 움직여야 보는 이가 따르는 법이다. 현상의 有에 관련해서도 眞空을 의지하고 현상의 일에 하나가 되어 현묘한 진리에 들어가기에 이에 가탁하여 말한 것이다.

⑵ 사람으로 말하면 그 이름은 功德林이다.

⑶ 법으로 말하면 그 이름은 십행회이다.

이는 모두 뒤의 해석과 같다. 위의 3가지는 모두 주체가 되는 낱말에 의지하여 해석하는 依主釋이다.

다음으로 품명이란 크게는 '법회[會]'와 같다. 그러나 범본에는 '야마천궁' 4글자 위에 '升' 자가 없는 대신, 아래에 '神變' 2글자가 있다. 즉 '夜摩天宮神變'이라 하였는데, 이를 번역하는 사람이 '神變' 2글자를 '升' 자로 바꿔 쓴 것이다.

'升' 자로 '神變' 2글자를 바꿔 쓴 데에는 대략 4가지 뜻이 있다.

⑴ 앞의 3법회를 여의지 않고 여기에서 천궁으로 올라갔기 때문이다.

⑵ 한 곳에 올라감이 곧 모든 곳에 올라가는 것이기 때문이다.

⑶ 천궁으로 올라감은 이미 그 장소를 확장한 때문이다.

⑷ 전후가 동시에 이뤄진 터라 장애가 없기 때문이다.

부처님이 두루 원만한 몸으로써 그 자리에서 일어서지도 않고 야마[時分]천궁에 올라감을 말한다.

올라간다[升]는 것은 여래에 속하고, 야마천궁은 공간으로 말한 것이다. 이는 명사와 명사로 연결될 때 대등한 관계로 해석하는 相違釋이다.

앞의 제13 승수미산정품에서 수미산에 올라간 부분과 뒤의 제23 승도솔천궁품에서 도솔천으로 올라간 부분은 이에 준하여 미뤄 보면 설명하지 않아도 알 수 있다.

三 宗趣

3. 종취

◉ 疏 ◉

宗趣者는 會品之宗은 竝如名說이니 意趣可知니라

종취란 법회에 관한 품의 종지는 아울러 품명에서 말한 바와 같다. 그 意趣는 설명하지 않아도 알 수 있다.

◉ 論 ◉

何故로 名夜摩天宮고 明以處表法이니 此天이 名爲時分天은 爲此天이 無日月晦明하야 以蓮華開로 爲晝하고 合으로 爲夜일세 故名時分이니 爲表十行法門이 知時而應物化일세 不可不知時故라 故以時分天으로 以表知根而對行에 不可一向爲也니 知是人天種과 二乘三乘一乘種하야 知可以何善根으로 而接引之일세 故以時分天으로 以表所行

之行이 須知時故라

　무슨 까닭에 그 이름을 야마천궁이라 하는가? 장소로 법을 나타냄을 밝히기 위함이다. 그 하늘을 時分天이라 한 것은 그 하늘에는 태양과 달의 어둠과 밝음이 없다. 연꽃이 피어나면 낮이 되고 연꽃이 오므라지면 밤이 되기에 그 이름을 '시간을 분간하는 하늘'이라는 뜻으로 時分天이라 한다. 이는 十行 법문이 때를 알고서 중생에게 상응한 교화를 베풀기에 때를 알지 않으면 안 됨을 나타내기 때문이다. 따라서 '시분천'으로써 중생의 근기를 알고서 그에 따른 행으로 다스리는 것이지 하나같이 고정으로 할 수 없음을 나타낸 것이다. 이는 人天種, 이승, 삼승, 일승의 種性을 알고서 그 무슨 선근으로써 그를 이끌어야 할 줄을 알기 때문에 시분천으로 인하여 행하여야 할 행이란 반드시 때를 알아야 함을 나타내기 때문이다.

須彌山으로 以表十住之法門은 明以從信升進하야 離凡夫地故며 又表十住之位에 初登法頂하야 至相盡處故며 又表須彌 處大海中하야 高 八萬四千由旬이라 非手足所攀緣而升上故니 明初十住之位는 非以有心思求觀行攀緣所及이라 以無思不爲하야 蕩然智應에 萬法無依하야사 方可升也오

　제13 승수미산정품에서 수미산에 올라간 부분으로써 十住의 법문을 나타낸 것은 十信으로부터 한 단계 위로 올라가 범부 지위를 여의었음을 밝힌 때문이며, 또 십주의 지위에서 처음 불법의 정상에 올라서 '상이 다한 곳[相盡處]'에 이르렀음을 밝힌 때문이다.

또한 수미산은 큰 바다 한가운데 있는데 그 높이가 8만 4천 由
旬이라, 맨몸으로 그 무엇을 붙잡고 오를 수 있는 곳이 아님을 나
타내기 위함이다. 그렇듯이 첫 十住의 지위는 有心의 생각이나 추
구와 觀이나 行을 반연하여 미칠 수 있는 자리가 아니다. 이는 생
각이 없고 하는 일이 없어 텅텅 비어 지혜와 상응함에 모든 법이
의지하여 머무는 것이 없어야 비로소 그 지위에 올라갈 수 있음을
밝힌 것이다.

此十行位에 處夜摩之中은 明依空而住하야 不與人連이니 十行도 亦
然하야 依法空而行行에 知時而益俗也라 故로 處此天而表之也오

이 十行의 지위가 야마천에 해당되는 것은 허공의 세계에 의지
하여 머물고 있기에 인간세계와는 연결되어 있지 않음을 밝힌 것
이다. 십행 또한 그처럼 法空을 의지하여 행을 행함에 있어 때를
알아 세속에 이익을 주고자 함이다. 따라서 이런 하늘에 해당되는
것을 나타냄이다.

於兜率天에 說十廻向은 爲明其處 居欲界天之中이며 又明此天이
樂知足니 以表十廻向이 以廻正智하야 處俗利生에 處大悲門하야 饒
益一切호되 於諸境界에 無所貪求일새 故處此天하야 以爲所表오

제23 승도솔천궁품의 도솔천에서 십회향을 말한 것은 도솔천
이 欲界天 가운데 있음을 밝힘이며, 또한 그 하늘은 오욕의 만족을
알고서 즐김을 밝힘이다. 이는 십회향이 바른 지혜를 돌이켜서 세
속에 함께하면서 중생에게 이익을 주어 大悲의 법문에 처하여 일
체중생에게 도움을 주되 모든 경계에 탐하거나 구하는 바가 없음을

나타내주는 까닭에 이 하늘에 거처하는 것으로 그 표상을 삼는다.

升他化天하야 說十地法門者는 超過化樂은 明至欲界際니 表十地自在에 超升化樂하야 至欲界之頂일세 化心魔王하야 至欲盡際故오 升第三禪하야 說佛華法門은 明普賢行滿이니 表以行法悅로 悅無盡衆生故며 又彰第四禪이 是佛位故니라

　　他化天에 올라가 十地 법문을 말한 것은 化樂天을 뛰어넘어 欲界의 끝자락에 이르렀음을 밝힌 것이다. 십지가 자재함에 화락천을 뛰어 올라가 욕계의 정상에 이르렀기에 마음의 마왕을 변화하여 '욕구가 다한 가장자리[欲盡際]'에 이르렀음을 나타낸 때문이며, 第三禪天에 올라서 佛華 법문을 말한 것은 보현행이 원만함을 밝힌 것이다. 보현행의 法悅로 그지없는 중생에게 주었던 기쁨을 밝혀주었고, 또한 第四禪天이 부처님의 지위임을 밝혀주기 위함이다.

此는 約進修升降表法일세 且如是安立이어니와 然其理智는 一一徧周하야 無去來也니 以此로 皆云不離菩提道場普光明殿코 而升忉利夜摩兜率等이오 如第三禪이 超初禪二禪者는 明位倍倍勝故니라 此一會는 未有來文이니 是纓絡本業經에 如來 領聲聞菩薩衆하고 向菩提樹下하사 說往昔於此菩提樹下初成正覺時에 說法界經이라하사 一一排次하야 至第三禪故라 是故로 於此夜摩天에 以表十行이니라

　　이는 닦아나가는 우열로 법을 나타냄이기에 또한 이와 같이 세워 말한 것이지만, 그 理智만큼은 하나하나에 두루 하여 오고 감이 없다. 이로써 모두 "보리도량 보광명전을 떠나지 않고서도 도리천, 야마천, 도솔천 등에 올라간다."고 말할 수 있다. 제삼선천이 초선

천과 이선천을 뛰어넘어 간 것은 그 지위가 곱절 또 곱절로 나아감을 밝히기 위함이다.

이 법회는 유래한 문장이 없다. 이는 영락본업경에 의하면, 여래가 성문과 보살 대중을 거느리고 보리수 아래에서 말씀하시기를 "지난 생에 이 보리수 아래에서 처음 바른 깨달음을 성취했을 적에 '法界經'을 말하였다."고 하면서 하나하나 차례대로 제삼선천에 이르렀기 때문이다. 이런 이유로 이 야마천에서 十行을 밝힌 것이다.

四 釋文
一品은 長分爲十이니
第一은 本會圓徧이라

4. 경문의 해석

1품은 크게 10단락으로 나뉜다.

제1. 본회가 두루 원만하다

經

爾時에 如來威神力故로 十方一切世界一一四天下의 南閻浮提와 及須彌頂上에 皆見如來가 處於衆會어시든 彼諸菩薩이 悉以佛神力故로 而演說法하야 莫不自謂恒對於佛이러라

그때 여래의 위신력으로 시방 일체 세계, 하나하나 사천하의

남섬부주와 수미산 정상에서 모두 볼 수 있었다. 그것은 여래께서 대중이 모인 가운데 계시는데, 그곳에 모인 모든 보살들이 모두 부처님의 신통한 힘으로 법을 연설하면서 제각기 생각하기를, '자신만이 항상 부처님을 마주 대하였다.'고 생각하지 않은 이가 없었다.

◉ 疏 ◉

本會圓徧은 謂前會不散而說後會故니라
初句는 徧因이오 '十方'下는 徧相이며 亦有主伴等이니 竝如上說이라 但處加須彌則而演說法이 通上三會니라

　본회가 두루 원만함은 전 법회에 모인 이들이 흩어지지 않고 뒤의 법회를 말한 때문이다. 첫 구절은 두루 원만한 원인이며, '시방 일체 세계' 이하는 두루 원만한 모습이며, 또한 법주와 도반 등이 있다. 이는 모두 위에서 말한 바와 같다. 단 법회의 장소에 있어 수미산을 더했을 뿐, 법을 연설함은 위의 세 법회에 통한다.

第二 不離而升

　제2. 본래 자리를 떠나지 않고서 야마천궁에 오르다

經

爾時에 世尊이 不離一切菩提樹下와 及須彌山頂하시고 而向於彼夜摩天宮寶莊嚴殿하시니라

그때 세존께서 모든 보리수 아래와 수미산 정상을 떠나지 않으시고, 야마천궁의 보배로 장엄한 전각으로 향하셨다.

第三 天王見佛

제3. 야마천왕이 부처님을 친견하다

經

時에 夜摩天王이 遙見佛來하고

그때 야마천왕이 멀리서 부처님이 오시는 것을 보고서

● 疏 ●

竝如前會라

모두 앞의 법회와 같다.

第四 各嚴殿座

제4. 각기 전각의 법좌를 장엄하다

經

卽以神力으로 於其殿內에 化作寶蓮華藏師子之座호되 百萬層級으로 以爲莊嚴하고

百萬金網으로 以爲交絡하고

百萬華帳과 百萬鬘帳과 百萬香帳과 百萬寶帳으로 彌覆其上하고

華蓋鬘蓋와 香蓋寶蓋가 各亦百萬으로 周廻布列하고

百萬光明이 而爲照耀하고

百萬夜摩天王이 恭敬頂禮하고

百萬梵王이 踊躍歡喜하고

百萬菩薩이 稱揚讚歎하고

百萬天樂이 各奏百萬種法音하야 相續不斷하고

百萬種華雲과 百萬種鬘雲과 百萬種莊嚴具雲과 百萬種衣雲이 周匝彌覆하고

百萬種摩尼雲이 光明照耀하니

從百萬種善根所生이며

百萬諸佛之所護持며

百萬種福德之所增長이며

百萬種深心과 百萬種誓願之所嚴淨이며

百萬種行之所生起며

百萬種法之所建立이며

百萬種神通之所變現이라

恒出百萬種言音하야 顯示諸法이러라

곧 신통한 힘으로써 그 전각 안에다가 보련화장사자좌를 변화하여 만들었는데,

백만 층으로 장엄하고

백만의 황금 그물이 서로 얽히었고

백만 꽃 휘장, 백만 꽃타래 휘장, 백만 향 휘장, 백만 보배 휘장으로 그 위를 덮었고,

꽃 일산, 꽃타래 일산, 향 일산, 보배 일산도 각각 또한 백만 개씩 두루 펼쳐놓았고,

백만 광명이 찬란하게 비치고,

백만 야마천왕은 공경하여 이마가 땅에 닿도록 몸을 구부려 절을 올리고,

백만 범천왕은 기뻐서 날뛰고,

백만 보살은 소리 높여 찬탄하고,

백만 가지 하늘 음악이 각각 백만 가지의 법음을 연주하여 계속하여 끊이지 않고,

백만 가지 꽃 구름, 백만 꽃타래 구름, 백만 장엄 거리 구름, 백만 가지 옷 구름이 두루 덮여 있고,

백만 가지 마니주 구름에서 광명이 찬란하니

백만 가지 선근으로 생겨난 것이며,

백만 부처님이 수호하시며,

백만 가지 복덕이 커나가는 것이며,

백만 가지 깊은 마음과 백만 가지 서원으로 장엄, 청정한 것이며,

백만 가지 행으로 일어난 것이며,

백만 가지 법으로 세워진 것이며,

백만 가지 신통력으로 변화하여 나타난 것이라,
항상 백만 가지 음성으로 모든 법을 보여주었다.

● 疏 ●

初一句는 總依空起行이라 故云化作이오 無著導行이라 故曰蓮華이오 一行含多일세 所以稱藏이오 餘如上說이라

'百萬'已下는 別顯嚴相이니 於中四니

初는 明座體備德嚴이라 皆云百萬이니 位漸增故니라

次百萬夜摩下는 明座旁圍繞嚴이오

三從百萬種善根下는 法門行德嚴이니 文有八句어늘 攝爲四對니 一 因緣이오 二 福智니 深心契理故오 三 願行이오 四 體用이니 無生法體 之所起故니라

四 末後一句는 法敎流通嚴이라

제1구(化作寶蓮華藏師子之座)는 모두 허공에 의해 만들어진 것이다. 이 때문에 '변화하여 만들었다[化作].'고 말하였으며, 집착 없이 이끌어가는 행이기에 '연꽃'이라 말하고, 하나의 행에 많은 것을 함축하고 있기에 '창고[藏]'라고 말한다. 나머지는 위에서 말한 바와 같다.

'百萬層級' 이하는 개별로 장엄의 모습을 밝힌 것이다. 여기에는 4가지가 있다.

(1) 사자법좌의 체상이 갖춰져 있고 공덕이 장엄함을 밝힌 까닭에 이를 모두 백만이라 말한 것이다. 그 지위가 차츰차츰 더해가기 때문이다.

(2) '百萬夜摩天王' 이하는 사자법좌 주위에 둘러 있는 장엄을 밝힌 것이다.

(3) '從百萬種善根' 이하는 법문의 行과 德의 장엄을 밝힌 것이다. 이에 관한 경문은 모두 8구인데 4가지의 상대로 이뤄져 있다. ① 因과 緣, ② 福과 智니 심오한 마음으로 진리에 계합한 때문이다. ③ 願과 行, ④ 體와 用이니 無生의 法體에 의해 일어나기 때문이다. (4) 마지막 1구(恒出百萬種言音 顯示諸法)는 불법과 교화가 유통하는 장엄이다.

第五 請佛居殿
제5. 부처님에게 전각에 거처하시도록 청하다

經

時에 彼天王이 敷置座已에 向佛世尊하야 曲躬合掌하며 恭敬尊重하고 而白佛言하사대 善來世尊이시여 善來善逝시여 善來如來應正等覺이시여 唯願哀愍하사 處此宮殿하소서

그때 야마천왕이 사자좌를 마련하고서 부처님 세존을 향하여 허리를 굽히고 합장하며 공경하고 존중하여 부처님께 여쭈었다.

"잘 오셨습니다, 세존이시여. 잘 오셨습니다, 선서시여. 잘 오셨습니다, 여래 응정등각이시여. 바라옵건대 저희를 가엾이 여기시어 이 궁전에 계시옵소서."

第六 如來受請
제6. 여래께서 청을 받아들이다

經

時에 **佛**이 **受請**하사 **卽升寶殿**하시니 **一切十方**도 **悉亦如是**하니라

그때 부처님이 청을 받고서 곧바로 보배 궁전에 오르시니, 일체 시방세계 또한 모두 이와 같았다.

第七 各念昔因
제7. 각기 옛 인연을 생각하다

經

爾時에 **天王**이 **卽自憶念過去佛所**의 **所種善根**하사 **承佛威力**하고 **而說頌言**하사대

그때 야마천왕은 과거 세계에 부처님 계신 곳에서 심었던 선근을 생각하고서 부처님의 위신력을 받들어 게송으로 말하였다.

◉ **疏** ◉

然이나 **晉經**에 **亦有樂音止息**이어늘 **今畧無者**는 **譯人之意**니 **謂不如十**

解의 會事歸理라하야 不云樂音止息이오 不及廻向事理無礙라하야 不云熾然이니 退可同前이오 進可齊後라 故竝畧之니라

그러나 晉經에는 또한 "음악소리가 멈췄다."는 부분이 있는데, 여기에서 생략하여 없는 것은 번역한 사람의 의도이다. 이는 "10가지 해석의 일을 종합하여 이치로 귀결 지은 것만 같지 못하다."고 여겼기에 "음악소리가 멈췄다."는 부분을 말하지 않았고, 회향의 사법계와 이법계에 걸림이 없는 데에 미치지 못한다고 여겼기에 '熾然'이라 말하지 않았다. 뒤로 물러서면 앞의 품과 같고, 앞으로 나아가면 뒤의 품과 똑같기 때문에 아울러 이를 생략한 것이다.

第八 偈讚十佛

제8. 게송으로 십불을 찬탄하다

經

名稱如來聞十方하사 　諸吉祥中最無上이시니
彼曾入此摩尼殿이실세 　是故此處最吉祥이로다

시방세계 그 명성 알려진 명칭여래
여러 가지 길상 중에 가장 으뜸이시다
그 부처님, 일찍이 마니주 전각에 들어오셨다
이 때문에 이곳이 가장 길상한 도량이다

◉ 疏 ◉

此十은 是前會十佛之前에 如次十佛이니 明位漸高에 念昔亦遠이어니와 理實三世諸佛이 皆同此說이라 餘如前會라

文亦有二하니 先明此界오 後辨結通이라

前中十偈도 亦各有四니 初句는 標名讚別德이오 次句는 通顯具吉祥이오 三은 憶曾入此殿이오 四는 結處成勝極이라

亦初一句는 諸頌不同이니 初二字는 別名이오 次二字는 通號오 下三字는 別德이라 亦皆以下別德으로 釋上別名이니 一은 以聞十方으로 釋成名稱이라

　　10수 게송은 이전 법회, 十佛 이전에 계셨던 다음 차례와 같은 열 분의 부처님이다. 그 지위가 점점 높아감에 따라서 옛 과거를 생각하는 것 또한 멀어짐을 밝힌 것이지만, 근본 진리의 자리에서는 실로 삼세제불이 모두 이 말과 같다. 나머지는 앞의 법회와 같다.

　　경문은 또한 2부분으로 나눈다.

　　앞에서는 이의 경계를 밝혔고, 뒤에서는 전체로 끝맺음을 논변하였다.

　　앞의 10수 게송 또한 각각 4부분으로 나뉜다.

　　제1구는 여래의 명호를 밝혀 개별의 공덕을 찬탄하였고,

　　제2구는 길상을 갖추고 있음을 전체로 밝힘이며,

　　제3구는 일찍이 전각에 들어온 적이 있음을 회상함이며,

　　제4구는 도량이 지극히 수승하게 이뤄졌음을 끝맺음이다.

　　또한 제1구는 여느 게송과는 똑같지 않다. 처음 2글자는 여래

의 별칭이며, 다음 如來 2글자는 공통의 명호이며, 아래의 3글자는 개별의 공덕이다.

또한 모두 아래의 개별 공덕으로 위의 여래에 대한 별칭을 해석하였다. 제1게송에서는 "시방세계에 알려졌다[名稱如來聞十方]."의 聞十方 3글자로 여래의 명호를 해석하였다.

經

寶王如來世間燈이라　　諸吉祥中最無上이시니
彼曾入此淸淨殿이실세　　是故此處最吉祥이로다

　세간의 등불이신 보왕여래
　여러 가지 길상 중에 가장 으뜸이시다
　그 부처님, 일찍이 청정 전각에 들어오셨다
　이 때문에 이곳이 가장 길상한 도량이다

● 疏 ●

二는 以世間燈으로 釋寶王義라 珠有夜光하야 可代燈者 爲寶中王이니 佛有智光하야 照無明夜일세 故曰寶王이라하니라

제2게송은 세간의 등불로 寶王의 의의를 해석하였다. 구슬에는 밤에 빛나는 구슬이 있어 등불을 대신하는 구슬이 바로 보배 중에 왕이다. 부처님의 지혜 광명은 무명의 밤을 밝게 비춰주기에 이를 寶王이라 말한다.

喜目如來見無礙하사 　　諸吉祥中最無上이시니
彼曾入此莊嚴殿이실세 　　是故此處最吉祥이로다

　　보는 데 걸림 없는 희목여래
　　여러 가지 길상 중에 가장 으뜸이시다
　　그 부처님, 일찍이 장엄 전각에 들어오셨다
　　이 때문에 이곳이 가장 길상한 도량이다

燃燈如來照世間하사 　　諸吉祥中最無上이시니
彼曾入此殊勝殿이실세 　　是故此處最吉祥이로다

　　세상을 밝게 비춰주신 연등여래
　　여러 가지 길상 중에 가장 으뜸이시다
　　그 부처님, 일찍이 수승한 전각에 들어오셨다
　　이 때문에 이곳이 가장 길상한 도량이다

饒益如來利世間하사 　　諸吉祥中最無上이시니
彼曾入此無垢殿이실세 　　是故此處最吉祥이로다

　　세상에 이익을 베푸는 요익여래
　　여러 가지 길상 중에 가장 으뜸이시다
　　그 부처님, 일찍이 때 없는 전각에 들어오셨다
　　이 때문에 이곳이 가장 길상한 도량이다

善覺如來無有師하사　　　　諸吉祥中最無上이시니
彼曾入此寶香殿이실세　　　是故此處最吉祥이로다

　　스승을 섬긴 일 없는 선각여래

　　여러 가지 길상 중에 가장 으뜸이시다

　　그 부처님, 일찍이 보배 향 전각에 들어오셨다

　　이 때문에 이곳이 가장 길상한 도량이다

● 疏 ●

三四五六은 義竝可知니라

　　제3~6게송의 의의는 모두 말하지 않아도 알 수 있다.

經

勝天如來世中燈이라　　　　諸吉祥中最無上이시니
彼曾入此妙香殿이실세　　　是故此處最吉祥이로다

　　온 세상의 등불이신 승천여래

　　여러 가지 길상 중에 가장 으뜸이시다

　　그 부처님, 일찍이 미묘한 향기 전각에 들어오셨다

　　이 때문에 이곳이 가장 길상한 도량이다

● 疏 ●

七은 以世燈으로 釋勝天者는 身智光照 勝於天故니라

　　제7게송에서 세간의 등불로써 승천여래를 해석한 것은 여래의 지혜 광명이 하늘의 광명보다 훌륭하기 때문이다.

經

無去如來論中雄이라　　**諸吉祥中最無上**이시니
彼曾入此普眼殿이실세　　**是故此處最吉祥**이로다

　　논란 중의 영웅이신 무거여래
　　여러 가지 길상 중에 가장 으뜸이시다
　　그 부처님, 일찍이 보안 전각에 들어오셨다
　　이 때문에 이곳이 가장 길상한 도량이다

◉ 疏 ◉

八은 以論雄으로 釋無去者는 具勇智辨하야 不可動故니라

　　제8게송에서 논란에 뛰어난 인물로 無去여래를 해석한 것은 용맹심, 지혜, 변재를 갖춰 흔들리지 않기 때문이다.

經

無勝如來具衆德하사　　**諸吉祥中最無上**이시니
彼曾入此善嚴殿이실세　　**是故此處最吉祥**이로다

　　모든 덕이 구족하신 무승여래
　　여러 가지 길상 중에 가장 으뜸이시다
　　그 부처님, 일찍이 선행 장엄 전각에 들어오셨다
　　이 때문에 이곳이 가장 길상한 도량이다

苦行如來利世間하사　　諸吉祥中最無上이시니
彼曾入此普嚴殿이실세　　是故此處最吉祥이로다

고행(苦行) 여래 세상을 이롭게 하니

여러 가지 길상 중에 가장 으뜸이시다

그 부처님, 일찍이 보배 장엄 전각에 들어오셨다

이 때문에 이곳이 가장 길상한 도량이다

◉ 疏 ◉

九十은 可知니라 又此中殿은 各擧別名이니 初一은 嚴體오 下皆寶之別德이니 謂此寶淸淨이어늘 以用莊嚴하니 殊勝無垢하고 此寶發香하니 是香必妙하고 能嚴之寶 無所不見하니 可謂普眼이오 如是嚴者는 是善莊嚴이오 無處不嚴은 名普嚴也라 又善嚴者는 善因生故니라

제9~10게송은 설명하지 않아도 알 수 있다. 또한 야마천궁의 전각은 각각 별명을 들어 말하였다. 첫 제1게송은 장엄의 본체이며, 아래는 모두 보배의 개별 공덕이다. 보배가 청정한데 이로써 장엄하니 수승하여 때가 없고, 보배가 향기를 뿜어내니 향기가 미묘하고, 장엄의 주체가 되는 보배로 보지 못한 바가 없기에 이를 '普眼'이라 하고, 이와 같이 장엄한 것을 '善莊嚴'이라 하며, 어느 곳이든 장엄하지 않은 데가 없기에 그 이름을 '普嚴'이라 한다. 또한 善嚴이란 善因이 생겨나기 때문이다.

一

第九 佛同升殿

제9. 부처님이 함께 전각에 오르다

經

如此世界中夜摩天王이 **承佛神力**하사 **憶念往昔諸佛功德**하고 **稱揚讚歎**하야 **十方世界夜摩天王**도 **悉亦如是**하야 **歎佛功德**하시니라

이와 같은 세계 가운데 야마천왕이 부처님의 신통한 힘을 받들어 그 옛날 모든 부처님 공덕을 생각하고 찬탄하는 것처럼, 시방세계의 야마천왕 또한 모두가 그와 같이 부처님의 공덕을 찬탄하였다.

爾時에 **世尊**이 **入摩尼莊嚴殿**하사 **於寶蓮華藏師子座上**에 **結跏趺坐**하신대

그때 세존께서 마니주로 장엄한 전각에 들어가 보련화장사자좌 위에 결가부좌하시자,

一

第十 處忽寬容

제10. 전각이 갑자기 넓어지다

此殿이 忽然廣博寬容하야 如其天衆의 諸所住處하니 十方世界도 悉亦如是하니라

그 전각이 갑자기 넓어져서 그 하늘 대중들이 머무는 모든 처소처럼 컸으며, 시방세계 또한 모두 그와 같이 커졌다.

◉ 疏 ◉

竝如前會라

이는 모두 앞의 법회와 같다.

◉ 論 ◉

頌中에 歎十佛이 昔曾入此殿은 明今所入十行理智 與古無殊니 此十如來는 還是約行升進所成之號오 前十住位에 升須彌頂한 十如來名號도 亦是隨位會古之號니 明所入之法이 不異古今諸佛故라
如十住位中須彌頂上帝釋宮中에 遙見佛來하고 卽於殿中에 安置普光明藏師子之座는 爲明初入如來智慧中生일새 卽以方便三昧之門으로 名安置普光明藏이니 卽明智慧 照耀法界藏故 어니와 今此十行位에 時分天王이 遙見佛來하고 化作寶蓮華藏師子之座者는 明以行華로 設其敎網하야 漉諸衆生하야 令入如來智之境界藏故니 蓮華는 表行無著義故오 化座者는 明行體 以依十住智慧虛無法身安立일새 所作이 如化也니 以玆所表라
末後五行經은 都結十方이 同時歎佛이오 如來入殿에 其殿이 包容하야

如天所住者는 明入位升進에 自智寬容하야 方知佛境故니라
升夜摩天宮品 竟하다

 게송에서 十佛이 옛적에 일찍이 이 전각에 들어왔던 것을 찬탄한 것은 지금 들어서는 十行의 理智가 옛적에 견주어 차별이 없음을 밝힌 것이다. 이처럼 게송에서 말한 열 분의 여래는 또한 行이 위로 향상되어 나가는 바로써 이뤄진 명호이며, 앞의 十住位에서 수미산 정상에 오른 열 분 여래의 명호 또한 그 지위를 따라 옛 공덕을 회통한 명호이다. 들어가는 법이 고금의 모든 부처님과 다르지 않음을 밝힌 때문이다.

 십주의 지위 가운데 수미산 정상 제석천왕의 궁중에서 부처님이 오시는 것을 멀찍감치 바라보고 곧바로 전각에다가 普光明藏인 사자좌를 마련한 것은 처음 여래의 지혜 속으로 들어가 만들어낸 것이기에 곧 방편삼매의 법문으로 '보광명장을 안치하였음'을 밝힌 것이다. 이는 곧 지혜가 法界藏을 비췄음을 밝힌 때문이다. 그러나 여기에서는 십행의 지위에서 야마천왕이 부처님이 오신 것을 멀리에서 보고서 보련화장사자좌를 변화하여 만든 것은 십행의 연꽃으로 그 가르침의 그물을 마련하여 모든 중생을 건져내어, 그들을 여래 지혜의 境界藏에 들도록 함을 밝힌 때문이다. 연꽃이란 집착이 없는 행이라는 의의를 나타내기 위한 때문이며, 사자법좌를 만들어낸 것은 십행의 본체가 십주 지혜의 허무한 법신을 의지하여 세워진 까닭에 변화와 같음을 밝힌 것임을 나타낸 것이다.

 끝의 5항 경문은 시방세계에서 동시에 부처님을 찬탄함을 모두 끝맺음이며, 여래께서 전각에 들어오시자, 그 전각이 갑자기 하늘의 모든 대중을 받아들일 만큼 드넓어진 것은 지위에 들어가 위로 올라감에 스스로 지혜가 드넓어져서 바야흐로 부처님의 경계를 알게 되었음을 밝힌 때문이다.

승야마천궁품을 끝마치다.

승야마천궁품 제19 升夜摩天宮品 第十九
화엄경소론찬요 제37권 華嚴經疏論纂要 卷第三十七

화엄경소론찬요 제37권
華嚴經疏論纂要 卷第三十七

●

야마천궁게찬품 제20-1
夜摩天宮偈讚品 第二十之一

四門中에 初는 來意라

4분야(來意·釋名·宗趣·釋文) 가운데,

1. 유래한 뜻

● 疏 ●

來意者는 助化讚揚故며 說行體性故며 行所依故니라 然三天偈讚 來意宗趣는 大旨是同이로되 但解·行·願 以爲異耳라

유래한 뜻이란 교화를 도와 찬양한 때문이며, 行의 체성을 말한 때문이며, 行의 의지 대상이기 때문이다. 그러나 三天 偈讚[수미산정상·도솔천·야마천계찬품]의 유래한 뜻과 宗趣는 큰 뜻이야 똑같지만, 단 解·行·願은 차이가 있다.

二釋名 三宗趣

2. 품명을 해석함과, 3. 종취

● 疏 ●

兩者는 亦不異前이로되 約處約行이 少有別耳라

품명과 종취 2가지 또한 앞의 품과 다르지 않지만, 처소와 行으로 말하면 조금 차별이 있다.

◉ 論 ◉

釋品名目者는 明升夜摩天宮하야 以說十行之法일세 此品은 以功德林等十菩薩衆이 各各以當位之行으로 以偈都讚當位之法故로 名偈讚品이라

釋品來意者는 明欲說十行之法인댄 先須偈 都讚十行之中因果法門故로 此品이 須來니 若不先擧所行之因果면 十行有何依成이리오

본 품의 명목을 해석한다는 것은 야마천 궁전에 올라서 十行의 법을 말한 것이기에, 이 품은 공덕림보살 등 열 분 보살대중이 각각 해당 지위에서의 行으로써 게송을 읊어 해당 지위의 法을 모두 찬탄한 까닭에 그 이름을 偈讚品이라 밝힌 것이다.

품의 유래한 뜻을 해석한다는 것은, 십행의 법을 말하고자 한다면 그에 앞서 반드시 게송으로 십행의 인과법문을 모두 찬탄해야 하기 때문에 이 품의 유래를 밝힌 것이다. 만일 먼저 십행의 인과법문을 들어 말하지 않으면 십행이 그 무엇에 의지하여 성취될 수 있겠는가.

四 釋文者는 文亦有三이니 一 集衆이오 二 放光이오 三 偈讚이니 今은 初라

4. 경문의 해석

경문 또한 3부분으로 나뉜다.

제1. 법회에 모여든 대중,

제2. 부처님이 광명을 쏟아냄,

제3. 보살의 게송 찬탄이다.

|經|

爾時에 **佛神力故**로

그때 부처님의 신통력으로

◉ 疏 ◉

初中有十이니 一은 正明集因이라 亦卽各隨其類하야 爲現神通也니라

제1. 법회에 모여든 대중 부분에는 10단락이 있다.

(1) 바로 법회에 모인 원인을 밝힘이다.

또한 각각 그 유를 따라서 신통력을 나타냄이다.

|經|

十方各有一大菩薩이

시방에 각각 큰 보살이 계시는데,

◉ 疏 ◉

二는 辨主菩薩이라

(2) 주보살을 논변함이다.

經

一一各與佛刹微塵數菩薩로 **俱**하사

하나하나 보살들이 제각기 부처님 세계의 티끌 수효만큼 헤아릴 수 없는 수많은 보살들과 함께

◉ 疏 ◉

三은 明眷屬數라

(3) 권속의 수효를 밝힘이다.

經

從十萬佛刹微塵數國土外諸世界中하야 **而來集會**하시니라

십만 부처님 세계의 티끌 수효만큼 헤아릴 수 없는 국토 밖에 있는 세계로부터 법회에 찾아와 모여들었다.

◉ 疏 ◉

四는 來處分量이라 然顯數隨位增이니 信十이오 住百이오 廻向是萬이니 此合當千이로되 而云十萬은 或譯人之誤어나 或是十百이니 則傳寫之誤니라

(4) 보살들이 찾아온 곳의 분량이다.

그러나 그 수효는 지위를 따라 증가함을 밝히고 있으니, 십신은 '십', 십주는 '백', 십회향은 '만'이다. 그렇다면 여기에서는 당연히 '천'으로 말하는 것이 옳은 일임에도 '십만'이라 말한 것은 혹 번

역한 사람의 오류이거나 아니면 '十百'으로 써야 할 부분을 곧 잘못 베껴 쓴 것이다.

經

其名曰功德林菩薩과 **慧林菩薩**과 **勝林菩薩**과 **無畏林菩薩**과 **慚愧林菩薩**과 **精進林菩薩**과 **力林菩薩**과 **行林菩薩**과 **覺林菩薩**과 **智林菩薩**이요

보살의 명호는 공덕림보살, 혜림보살, 승림보살, 무외림보살, 참괴림보살, 정진림보살, 역림보살, 행림보살, 각림보살, 지림보살이다.

◉ **疏** ◉

五는 列菩薩字라 同名林者는 表十行建立故며 行類廣多故며 聚集顯發故며 深密無間故며 扶疎庇映故니 此十菩薩表行之體也라 可以意消息之니라

(5) 보살의 명호를 나열함이다.

보살의 명호를 모두 똑같이 '林'으로 말한 것은 십행의 건립을 나타내기 위한 때문이며, 십행의 유가 광범위한 때문이며, 함께 모여 있고 피어나기 때문이며, 심오하고 빽빽하여 빈틈이 없기 때문이며, 서로가 부지하고 서로 비춰주기 때문이다. 십대 보살은 십행의 자체를 밝힌 것으로 생각해보면 그 소식을 알 수 있다.

經

此諸菩薩의 **所從來國**은 **所謂親慧世界**와 **幢慧世界**와 **寶慧世界**와 **勝慧世界**와 **燈慧世界**와 **金剛慧世界**와 **安樂慧世界**와 **日慧世界**와 **淨慧世界**와 **梵慧世界**니라

보살들이 떠나온 세계는 친혜세계, 당혜세계, 보혜세계, 승혜세계, 등혜세계, 금강혜세계, 안락혜세계, 일혜세계, 정혜세계, 범혜세계였다.

◉ **疏** ◉

六은 來處刹名이라 同名慧者는 十解之慧 行所依故니라

(6) 떠나온 곳의 세계 이름이다.

세계의 이름을 모두 똑같이 '慧'라 부른 것은 10가지 이해의 지혜가 십행의 의지 대상이기 때문이다.

經

此諸菩薩이 **各於佛所**에 **淨修梵行**하시니 **所謂常住眼佛**과 **無勝眼佛**과 **無住眼佛**과 **不動眼佛**과 **天眼佛**과 **解脫眼佛**과 **審諦眼佛**과 **明相眼佛**과 **最上眼佛**과 **紺靑眼佛**이라

이 모든 보살들이 각각 부처님이 계신 도량에서 청정한 범행을 닦아왔다.

이른바 상주안불, 무승안불, 무주안불, 부동안불, 천안불, 해탈안불, 심제안불, 명상안불, 최상안불, 감청안불이시다.

● 疏 ●

七은 明所事諸佛이라 同名眼者는 以智導行에 了了分明하야 成有目之足故니라 斯卽十行當位之果佛이어늘 於此位顯者를 皆名眼故니 宜以當界之佛과 與當界菩薩로 共相屬對하야 思而釋之니라【鈔_ 宜以當界等者는 以佛是當位之果요 菩薩은 卽當位之因이니 如功德林菩薩下에 釋云積行在躬에 功德圓滿이라 故得成於常住之果요 二는 慧爲最勝이라 故成無勝眼이오 三은 悟勝義諦 名爲勝林이라 故成無住眼佛이오 四는 聞深無畏라 故成不動이오 五는 崇眞拒迷하야 成大光淨이오 六은 事理無差하야 離身心相이라 故得解脫이오 七은 了相不動하야 得審諦眼이오 八은 照理正修라 故成明相이오 九는 照心本源하야 果成最上이오 十은 鑒達諸佛 迴超聲色하야 心言路絶이라 故名智林이라 故得果妙明하야 爲紺靑眼이라 以菩薩名은 下文自釋이라 故令屬對니 則果號可知니라】

(7) 보살들이 섬겨야 할 바의 모든 부처님의 명호를 밝힘이다.

모든 부처님의 명호를 똑같이 '眼'이라 말한 것은 지혜로 행하는 일을 이끌어감에 분명하게 알아 '밝은 눈이 있는 발[有目之足]'을 이뤘기 때문이다. 이는 곧 십행의 해당 지위에 있는 果佛인데, 그 지위에서 빛나는 자를 모두 '눈[眼]'이라 명명하기 때문이다. 당연히 해당 경계(지위)의 부처님과 해당 경계의 보살을 함께 귀속시켜 생각하면서 이를 해석해야 한다.【초_ "당연히 해당 경계의 부처님" 등이란 부처님은 해당 지위의 果이며, 보살은 곧 해당 지위의 因이다.

공덕림보살 등에 대해 아래에서 다음과 같이 해석하였다.

① 공덕림보살: 쌓아온 수행이 몸에 있어 공덕이 원만한 까닭에 常住佛을 성취하였다.

② 혜림보살: 지혜가 가장 훌륭하기 때문에 無勝眼佛을 성취하였다.

③ 승림보살: 勝義諦를 깨달아 그 이름을 勝林이라 한다. 이 때문에 無住眼佛을 성취하였다.

④ 무외림보살: 심오한 법을 들으면서도 두려움이 없는 까닭에 不動佛을 성취하였다.

⑤ 참괴림보살: 진리를 높이고 혼미함을 막아낸 까닭에 大光淨佛을 성취하였다.

⑥ 정진림보살: 사리에 어긋남이 없어서 몸과 마음의 相을 여읜 까닭에 解脫佛을 성취하였다.

⑦ 역림보살: 몸과 마음의 相을 깨달아 흔들림이 없기에 審諦眼佛을 성취하였다.

⑧ 행림보살: 진리를 관조하여 바르게 닦았기에 明相佛을 성취하였다.

⑨ 각림보살: 마음의 본원을 비춰보았기에 그 佛果는 最上佛을 성취하였다.

⑩ 지림보살: 모든 부처님이 聲色의 세계를 멀리 초탈하여 마음의 의식과 언어가 길이 끊어진 자리를 비춰보고 통달하였기에 그 이름을 智林보살이라 하였다. 이 때문에 佛果의 妙明을 얻어 紺靑眼佛을 성취하였다.

보살의 명호는 아래의 경문에서 스스로 해석하고 있기에 해당 지위의 부처님과 해당 지위의 보살을 함께 귀속시켜 생각하도록 한 것이다. 불과의 명호에서 이를 알 수 있다.}

經
是諸菩薩이 **至佛所已**에 **頂禮佛足**하고

이 여러 보살이 부처님 도량에 이르러 부처님의 발에 머리를 대고 절을 올렸고,

● **疏** ●

八은 至已設敬이라

(8) 도량에 이른 뒤에 공경하는 마음으로 절을 올림이다.

經
隨所來方하야 **各化作摩尼藏師子之座**하시 **於其座上**에 **結跏趺坐**하시니라

떠나온 방위를 따라 제각기 마니장 사자좌를 변화하여 만들고 그 사자좌 위에서 가부좌의 자세로 앉았다.

● **疏** ●

九는 參而不雜이라

(9) 수많은 대중이 법회에 동참하면서도 혼잡하지 않음이다.

經

如此世界中夜摩天上에 菩薩來集하야 一切世界도 悉亦如是하니 其諸菩薩·世界·如來의 所有名號가 悉等無別하니라

이 세계의 야마천상에 보살들이 도량에 모인 것처럼, 일체 세계에서도 모두 그와 같이 모였다. 그 모든 보살과 세계와 여래의 명호도 모두 차별이 없이 똑같았다.

◉ 疏 ◉

十은 結通無盡이라

⑽ 그지없음을 전체로 끝맺음이다.

第二. 放光足上

제2. 부처님의 발 위에서 광명을 쏟아내다

經

爾時에 世尊이 從兩足上하야 放百千億妙色光明하사 普照十方하사 一切世界 夜摩宮中에 佛及大衆이 靡不皆現하시니라

그때 세존께서 두 발등의 위에 백천억 미묘한 빛의 광명을 쏟아내어 시방으로 널리 비춰, 모든 세계의 야마천궁에 계신 부처님과 대중이 모두 나타나지 않은 곳이 없었다.

● 疏 ●

謂趺背이니 行必動故이며 背依輪指하야 得有用故이니 表行依信解而成用故오 餘同前會니라

(足上은) 발등을 말한다. 걸어가려면 반드시 움직이기 때문이며, 발등은 발 밑바닥[足輪]과 발가락을 의지하여 작용하기 때문이다. 이는 모든 행동이 신심과 이해를 의지하여 작용을 성취한다는 사실을 밝히고자 한 때문이다. 나머지 부분은 앞의 법회와 같다.

第三 偈讚

제3. 보살의 게송 찬탄

先明說偈儀라 十菩薩說은 卽爲十段이며 亦以東方爲始하야 上方爲終이라 各有說偈所依하니 謂承佛力等이라
今初는 功德林菩薩이라

앞부분은 게송을 읊는 의식을 밝힌 것이다.

열 분 보살의 게송은 곧 10단락이며, 또한 동방으로부터 시작하여 上方으로 끝을 맺었다. 각각 게송을 읊음에 있어 의지한 바가 있으니, "부처님의 위신력을 받들어" 등을 말한다.

제1 공덕림보살의 게송

爾時에 功德林菩薩이 承佛威力하사 普觀十方하고 而說頌言하사대

　그때 공덕림보살이 부처님의 위신력을 받들어 시방을 두루 살펴보고서 게송으로 말하였다.

◉ 疏 ◉

功德林者는 且就能說인댄 積行在躬하야 功德圓滿이라 故名功德이어니와 若就所歎이면 歎佛勝德이라 故云功德林이라
有十二頌하니 以是會主로 總敍此會普徧之事일세니라

　공덕림보살은 또한 게송을 말한 주체로 말하면 쌓아온 수행이 몸에 배어 있어 공덕이 원만한 까닭에 그 명호를 공덕림보살이라 하지만, 만일 찬탄의 대상으로 말하면 부처님의 수승한 공덕을 찬탄한 까닭에 '공덕림'이라 말한다.

　12수 게송이다. 이 회주가 법회의 모든 일을 총체로 서술한 때문이다.

後는 正說偈讚이라

　뒷부분은 바로 게송의 찬탄이다.

經

佛放大光明하사　　　普照於十方하시니
悉見天人尊이　　　　通達無障礙으로다

　　부처님 큰 광명 쏟아내어
　　시방세계 두루 비추시니
　　천상과 인간에 존귀하신 부처님이
　　환히 보여 걸림 없이 모두 뵙는다

● **疏** ●

於中二니 初八은 述讚奇特이오 後四는 擧德釋成이라
前中四니 初一偈는 敘此品放光이라

　　12수 게송은 2단락으로 나뉜다.
　　앞의 8수 게송은 부처님의 기특함을 서술하여 찬탄하였고,
　　뒤의 4수 게송은 덕을 들어 해석하고 끝맺었다.
　　앞의 8수 게송은 다시 4부분으로 나뉜다.
　　첫째 제1게송은 이 품의 방광을 서술하였다.

經

佛坐夜摩宮하사　　　普徧十方界하시니
此事甚奇特하야　　　世間所希有로다

　　부처님, 야마천궁에 앉으시어
　　시방세계 두루 보여주셨다

이런 일 매우 기특하여
세간에서 볼 수 없는 희귀한 일이다

須夜摩天王이　　　　　偈讚十如來하니
如此會所見하야　　　　一切處咸爾로다

　야마천왕이
　게송으로 열 부처님 찬탄하니
　이 모임에서 보는 것처럼
　일체 모든 곳에 모두 똑같다

◉ 疏 ◉

次二는 敍前品感應이라

　앞의 8수 게송 가운데, 둘째 2수(제2~3) 게송은 앞의 품에서 말한 감응을 서술하였다.

經

彼諸菩薩衆이　　　　　皆同我等名하야
十方一切處에　　　　　演說無上法이로다

　저 보살 대중이
　모두 우리(공덕림보살 등) 이름과 같은데
　시방세계 그 모든 곳에서
　위없는 법 연설하신다

所從諸世界의　　　　　名號亦無別하니
各於其佛所에　　　　　淨修於梵行이로다

　　떠나온 여러 세계
　　그 세계의 이름 다르지 않고
　　제각기 그 부처님 계신 도량에서
　　범행을 청정하게 닦아왔다

彼諸如來等의　　　　　名號悉亦同이라
國土皆豊樂이오　　　　神力悉自在로다

　　그 여러 부처님의
　　명호도 모두 같고
　　국토는 모두 풍년 들고 즐거우며
　　신통력이 모두 자재하시다

 疏 ◉

次三은 敍此品衆集이라

　　앞의 8수 게송 가운데, 셋째 3수(제4~6) 게송은 이 품의 대중집회를 서술하였다.

經

十方一切處에　　　　　皆謂佛在此라하나니
或見在人間하며　　　　或見住天宮이로다

시방세계 모든 곳에서

모두들 부처님 여기 계신다 말하지만

혹은 인간에 계시는 부처님을

혹은 천궁에 계시는 부처님을 뵙는다

如來普安住   **一切諸國土**어시든
我等今見佛이   **處在天宮殿**이로다

여래는 두루 아니 계신 곳 없다

일체 그 모든 국토에…

우리는 지금 부처님께서

천궁에 계시논 모습을 본다

◉ 疏 ◉

後二는 明目在普周라

    앞의 8수 게송 가운데, 넷째 2수(제7~8) 게송은 品目이 두루 존재하고 있음을 밝히고 있다.

經

昔發菩提願하사   **普及十方界**실새
是故佛威力이   **充徧難思議**로다

    옛적 상구보리(上求菩提) 서원 일으켜

    시방세계 널리 하화중생(下化衆生) 베푸셨다

이 때문에 부처님 위신력

두루 충만하여 헤아릴 수 없다

遠離世所貪하사   **具足無邊德**이실세
故獲神通力하시니   **衆生靡不見**이로다

세간의 탐욕 멀리 여의고

그지없는 공덕 구족하셨다

이 때문에 신통한 힘 얻었나니

이를 보지 못한 중생이 없다

● 疏 ●

後四는 擧德釋成이라 中二니 前二는 擧因顯用이라

뒤의 4수 게송은 덕을 들어 해석하고 끝맺었다.

이는 다시 2부분으로 나뉜다.

앞의 2수(제9~10) 게송은 원인을 들어 작용을 밝혀주었다.

經

遊行十方界하사대   **如空無所礙**하시니
一身無量身이여   **其相不可得**이로다

시방세계 노니시되

허공처럼 걸림 없으니

하나의 몸으로 한량없는 몸을 보이심이여

그 모습 찾을 길 없다

佛功德無邊하시니 **云何可測知**아
無住亦無去하사대 **普入於法界**로다

    부처님 그지없는 공덕이여
    어이 헤아릴 수 있으랴
    머물지 않고 또한 떠나지도 않으련만
    온 법계에 널리 들어가신다

● 疏 ●

後二는 辨果用深廣이라 於中에 一은 體用自在니 上半은 不去徧至오 下半은 卷舒相盡이니 謂一身卽多면 則一相不可得이오 多卽是一이면 則多相不可得이라 是故로 恒一恒多오 恒非一多니 由此自在하야 一塵內身이 無不周於十方이오 徧十方身이 竝潛一身之內하니 皆悉圓徧이오 非分徧이라 故難思議也니라

後一은 深廣相成이니 上半은 牒廣辨深이오 下半은 釋深顯廣이니 謂不住故로 無處不至오 不去故로 不離本位니 此釋深也오 塵毛等處에 無不普入은 廣無邊也니라

    뒤의 4수 게송 가운데, 뒤의 2수(제11~12) 게송은 佛果의 작용이 심오하고 광대함을 논변하였다.

    2수 게송 가운데, 첫째 제11게송은 본체와 작용의 자재함이다. 제1, 2구는 몸을 움직이지도 않고서 두루 찾아가심을, 제3, 4

구는 動靜(卷舒)의 모습이 다했음을 말한다. 하나의 몸이 곧 수많은 몸이라면 하나의 모습을 찾아볼 수 없고, 수많은 몸이 곧 하나의 몸이라면 수많은 몸의 모습을 찾아볼 수 없다. 이 때문에 언제나 하나의 몸이고 언제나 수많은 몸일 뿐, 하나의 몸도 수많은 몸도 아니다. 이처럼 자재함으로 연유하여 하나의 티끌 속에 몸이 두루 시방세계에 존재하지 않음이 없고, 시방세계에 두루 한 몸이 아울러 하나의 티끌 속에 잠재되어 있다. 이는 모두 원만하게 두루 존재한 것이지 부분적으로 두루 존재함이 아니기 때문에 불가사의하다.

뒤의 제12게송은 심오함과 광대함이 서로 이뤄짐을 말한다.

제1, 2구는 광대함을 이어서 심오함을 논변하였고,

제3, 4구는 심오함을 해석하여 광대함을 밝힌 것이다.

이는 어느 한 곳에 머물지 않기 때문에 어느 곳이든 이르지 않은 데가 없고, 떠나가지 않기 때문에 本位인 보리도량을 여의지 않음은 심오함을 해석함이며, 미세한 티끌과 모공 등의 공간에 두루 들어가지 않음이 없는 것은 그지없는 광대함이다.

第二 慧林菩薩

제2 혜림보살의 게송

經

爾時에 慧林菩薩이 承佛威力하사 普觀十方하고 而說頌言하사대

그때 혜림보살이 부처님의 위신력을 받들어 시방을 두루 살펴보고 게송으로 말하였다.

⊙ 疏 ⊙

上明功德이오 此辨智慧니 悟此除冥難遇之慧일세 故名慧林이니 偈中歎此니라

위에서는 부처님의 공덕을 밝혔고, 여기에서는 부처님의 지혜를 논변하였다. 어둠을 없애주는, 만나기 어려운 지혜를 깨달은 까닭에 그 명호를 '혜림보살'이라 한다. 게송에서 이러한 공덕을 찬탄하였다.

經

世間大導師　　離垢無上尊이여
不可思議劫에　　難可得値遇로다

세간에 가장 위대하신 길잡이 큰 스승이신
때 없고 가장 존귀한 세존이시여
불가사의 영겁에
만나 뵈옵기 어려우신 부처님

◉ 疏 ◉

十頌分三이니 初一은 明佛難遇라

　　10수 게송은 3단락으로 나뉜다.
　　첫 단락의 제1게송은 만나기 어려운 부처님을 밝힌 것이다.

經

佛放大光明하시니　　　世間靡不見이라
爲衆廣開演하사　　　　饒益諸群生이로다

　　부처님 큰 광명 놓으시니
　　세간 중생 보지 못하는 이 없다
　　대중 위해 널리 연설하시어
　　모든 중생에게 이익을 주셨다

如來出世間하사　　　　爲世除癡冥하시니
如是世間燈이여　　　　希有難可見이로다

　　여래께서 세상에 나오심은
　　세간 중생 위해 어둠 속에서 벗어나도록 하시니
　　이처럼 세간의 등불이시여
　　드물고 드문 일이라 보기 어렵다

◉ 疏 ◉

次六은 別釋難遇라 於中亦三이니 初二는 益廣難遇라

10수 게송 가운데, 제2단락의 6수 게송은 만나기 어려운 부처님의 공덕을 개별로 해석하였다.

6수 게송은 또한 3부분으로 나뉜다.

첫째 2수(제2~3) 게송은 더욱 광대한 공덕을 만나기 어려움이다.

經

已修施戒忍과   **精進及禪定**과
般若波羅蜜하사   **以此照世間**이로다

  보시·지계·인욕

  정진 그리고 선정

  반야바라밀다를 이미 닦으시어

  이런 바라밀로 세간을 비춰주셨다

◉ **疏** ◉

次一은 因圓難遇니라

6수 게송 가운데, 둘째 제4게송은 원만한 인연을 만나기 어려움을 말하였다.

經

如來無與等하시니   **求比不可得**이라
不了法眞實이면   **無有能得見**이로다

  여래는 그 누구도 똑같을 이 없기에

비교할 이 구하려도 찾을 수 없다
진실한 법을 알지 못하면
그 누구도 볼 수 없다

佛身及神通이　　　　　　**自在難思議**라
無去亦無來하사대　　　　**說法度衆生**이로다

부처님의 몸과 신통력이
헤아릴 수 없이 자재하시다
가지도 또한 오지도 않지만
언제나 어느 곳에서나 설법하여 중생을 제도하신다

若有得見聞　　　　　　**淸淨天人師**면
永出諸惡趣하야　　　　**捨離一切苦**로다

만일 청정한 천인의 대도사(大導師)이신
부처님을 뵙고 법문을 듣기만 하면
삼악도에서 영원히 벗어나
모든 고통 여의리라

● 疏 ●

後三은 果深難遇니라

　6수 게송 가운데, 셋째 3수(제5~7) 게송은 佛果의 심오함을 만나기 어려움을 말하였다.

無量無數劫에　　　　　修習菩提行이라도
不能知此義면　　　　　不可得成佛이로다

　　한량없고 수없는 영겁에
　　보리행을 닦을지라도
　　이런 이치를 알지 못하면
　　성불할 수 없으리라

不可思議劫에　　　　　供養無量佛이라도
若能知此義면　　　　　功德超於彼로다

　　한량없고 수없는 영겁에
　　한량없는 부처님을 공양했을지라도
　　만일 이런 뜻을 안다면
　　그 공덕은 저보다 뛰어나리라

無量刹珍寶를　　　　　滿中施於佛이라도
不能知此義면　　　　　終不成菩提로다

　　한량없는 세계만큼 수많은 진귀한 보배를
　　부처님께 가득 공양했을지라도
　　이러한 이치 알지 못하면
　　끝내 보리지혜 성취하지 못하리라

● 疏 ●

三有三偈는 校量顯勝이라

於中初一은 長時大行校量이오

次一은 長時供佛校量이오

後一은 勝物供佛校量이라

　10수 게송 가운데, 제3단락의 3수 게송은 여느 공덕과 비교하여 부처님의 수승함을 밝히고 있다.

　3수 게송 가운데, 첫째 제8게송은 장기간의 위대한 수행을 비교하여 헤아림이며,

　둘째 제9게송은 장기간의 부처님 공양을 비교하여 헤아림이며,

　셋째 제10게송은 훌륭한 물건으로 부처님에게 올린 공양을 비교하여 헤아림이다.

第三勝林菩薩

　제3 승림보살의 게송

經

爾時에 勝林菩薩이 承佛威力하사 普觀十方하고 而說頌言하사대

　그때 승림보살이 부처님의 위신력을 받들어 시방을 두루 살펴보고 게송으로 말하였다.

● 疏 ●

勝林은 悟勝義甚深之法故일세니라

　승림보살이란 지극히 심오한 수승한 진리의 법을 깨달았기 때문이다.

經

譬如孟夏月에　　　　　空淨無雲曀하면
赫日揚光輝하야　　　　十方靡不充이로다

　비유하면 초여름 하늘
　구름 한 점 없는 해맑은 날이면
　붉은 태양 찬란한 광명이
　시방세계 그 어느 곳이든 가득하다

其光無限量하니　　　　無有能測知라
有目斯尙然이어든　　　何況盲冥者아

　그 한량없는 광명을
　헤아려 알 수 없다
　눈 뜬 사람도 이처럼 알 수 없거늘
　하물며 소경이야

諸佛亦如是하사　　　　功德無邊際하시니
不可思議劫에　　　　　莫能分別知로다

부처님 공덕 또한 그처럼
끝이 없는 크나큰 공덕이시다
불가사의 영겁을 지날지라도
이를 분별하여 알 수 없으리

◉ 疏 ◉

偈歎深廣無涯之德이니 十頌分二니 初三은 明佛德廣博이오 後七은 顯法體甚深이니 橫豎互顯이라 前中에 初二는 喻況이오 後一은 法合이라 喻에 言孟夏月者는 取意譯也이니 梵本敵對인댄 翻云後熱月이라 西域如來聖教에 一歲立爲三際니 謂熱·雨·寒라 西域記에 云從正月 十六日로 至五月十五日爲熱時라하니 則後熱月言은 兼得此方孟夏 後半이라 餘之二際도 各有四月하니 準釋可知니라
赫日之言은 但取陽光時長하야 難窮其際耳라 彼方或爲四時니 與此 名同호되 但以正月黑半으로 爲首耳니라

　게송은 심오하고 광대하여 끝이 없는 부처님의 공덕을 찬탄함이다.
　10수 게송은 2부분으로 나뉜다.
　제1단락의 3수 게송은 부처님 공덕의 광대함을 밝혔고,
　제2단락의 7수 게송은 지극히 심오한 *法體*를 밝힌 것으로, 앞뒤 2부분은 종횡으로 서로 그 뜻을 밝혀주고 있다.
　제1단락의 3수 게송 가운데, 앞의 제1~2게송은 비유이며, 뒤의 제3게송은 불법으로 종합한 것이다.

비유에 초여름[孟夏月]이라 말한 것은 의역으로 말한 것이다. 범본으로 맞추어 이를 번역하면 '무더위 늦여름[後熱月]'이라 말해야 한다. 인도의 여래 가르침에는 1년을 3절기로 구분한다. 熱期, 雨期, 寒期를 말한다. 西域記에 의하면 "정월 16일로부터 5월 15일까지는 熱期"라 한다. 이로 보면 '무더위 늦여름[後熱月]'이란 말은 중국의 초여름인 4월 후반기에 해당한다. 나머지 2계절 또한 각각 4개월씩이다. 이를 준하여 해석하면 5월 16일로부터 9월 15일까지는 雨期, 9월 16일로부터 다음 해 정월 15일까지는 寒期임을 설명하지 않아도 알 수 있다.

　　赫日이란 단 태양의 광명이 장시간 내리쬐어 그 하루해를 다하기 어렵다는 뜻을 취한 것이다. 인도에서도 간혹 4계절을 삼은 경우도 있다. 중국과 4계절의 명칭은 같지만 단 인도에서는 정월 黑半[1]으로써 새해[歲首]를 삼는다.

後七中에 令於依他에 修三無性觀이니 以餘之二性이 不離依他故며

....
1 黑半: 法苑珠林 一月篇 7, 虧盈部에 의하면, 둥근 보름달을 白半이라 하고, 달을 찾아볼 수 없는 그믐달을 黑半이라 한다. (依立世阿毗曇論云 云何黑半, 云何白半? 由日黑半, 由日白半. 日恒逐月行, 一一日相近四萬八千八十由旬, 日日相離亦復如是. 若相近時日日月圓被覆三由旬, 又一由旬三分之一, 以是事故十五日, 月被覆則盡, 是日黑半圓滿. 日日離月, 亦四萬八千八十由旬, 月日日開三由旬, 又一由旬三分之一, 以是事故十五日, 月則開淨圓滿. 世間則名白半圓滿. 日月若最相離行, 是時月圓, 世間則說白半圓滿. 日月若共一處, 是名合行, 世間則說黑半圓滿. 若日隨月後行, 日光照月光, 月光粗故, 被照生影, 此月影還自翳月, 是故見月後分不圓, 以是事故漸漸掩覆, 至十五日, 覆月都盡, 隨後行時, 是名黑半. 若日在月前行, 日日開淨, 亦復如是, 至十五日, 其足圓滿, 在前行時, 是名白半.)

由於二性하야 成依他故니 謂圓成은 是依他體性이오 徧計는 但橫執依他니라 又迷眞似現故로 卽依三性하야 說三無性이니 三性尙一이온 豈有三無아 三無는 但是卽有之無오 三性은 但是卽無之有니 有無不二 爲一實性이며 有無形奪에 性亦非性이라 故於依他中에 具修諸觀이니라【鈔 謂圓成이 卽是依他之體라 故觀依他에 必觀其體오 離依他性에 無可橫執이라 故徧計性에 亦約依他니라

'又迷眞似現'者는 此之一句에 具足三性이니 迷卽徧計오 眞卽圓成이오 似卽依他니라 前意는 明二不離依他오 此義는 明二能成依他라 故但觀依他에 已具三性이라

'卽依三性'下는 二에 明三無性이 不離三性이니 全是唯識偈文이라 具足인댄 應云 卽依此三性하야 立彼三無性이니 初則相無性이오 次無自然性이오 後由遠離前의 所執我法性이라하니 則三無性이 依三性有니라

'三性尙一'下는 三에 明融通이니 謂三性是有라도 尙猶是一이온 三無無相이어니 豈定有三이리오 故收三性에 但是一有오 三無但是一無니 離有無無일새 故有無不二니라 初句는 約顯이오 後有無形奪下는 約遮오 餘義는 玄中에 已具其相이라】

제2단락의 7수 게송은 하여금 依他起性으로 三無性(相無自性性·生無自性性·勝義無自性性)觀을 닦도록 함이다. 이는 나머지 변계소집성과 원성실성 2가지는 의타기성을 여의지 않기 때문이며, 변계소집성과 원성실성 2가지를 말미암아 의타기성을 성취한 때문이다. 이는 원성실성은 의타기성의 體性이며, 변계소집성은 단 집착한 의타기성이다.

또한 진리에 대해 제대로 알지 못해 혼미하기 때문에 '유사[似]'함이 나타나게 된다. 따라서 곧 3가지 자성을 의지하여 三無性을 말한 것이다. 3가지 자성도 오히려 하나인데, 어찌 三無性이 있겠는가. 三無性은 단 有와 하나가 된 無이며, 3가지 자성은 단 無와 하나가 된 有이다. 有와 無가 둘이 아닌 것이 하나의 實性이며, 有와 無는 그 형상이 서로를 빼앗음에 자성 또한 자성이 아니기 때문에 의타기성 가운데 모든 觀을 넉넉히 닦을 수 있다. 【초_ "원성실성이 곧 의타기성의 체성"이다. 따라서 의타기성을 살펴보면 반드시 그 체성을 보게 되고, 의타기성을 여의면 변계소집성의 집착을 버릴 수 있기에 변계소집성 또한 의타기성으로 말한다.

"또한 진리에 대해 제대로 알지 못해 혼미하기 때문에 '유사[似]'함이 나타나게 된다."는 것은 이 한 구절에는 3가지의 자성이 모두 갖춰져 있다. 혼미[迷]란 변계소집성이며, 진리[眞]란 원성실성이며, 유사[似]란 의타기성이다. 앞에서 말한 뜻은 원성실성과 변계소집성 2가지가 모두 의타기성을 여의지 못함을 밝혔고, 여기에서 말한 의미는 원성실성과 변계소집성 2가지가 의타기성을 성취한다는 사실을 밝힌 것이다. 따라서 단 하나의 의타기성을 살펴보면 이미 3가지의 자성을 갖추고 있음을 알 수 있다.

"곧 3가지 자성을 의지하여" 이하는 둘째, 三無性이 三性을 여의지 못함을 밝힌 것이니, 이는 모두 유식론 게송이다. 구체적으로 말한다면 당연히 이처럼 말해야 할 것이다.

"곧 이 三性을 의지하여 저 三無性을 세워 말한 것이다. 첫째는 상에 자성이 없음이며, 다음은 자연의 자성이 없음이며, 뒤는 앞서 말한 我와 法에 집착한 자성을 멀리 여읜 데에서 연유한 것이다."

이는 곧 三無性이 三性에 의해 존재함을 말한다.

"3가지 자성도 오히려 하나인데" 이하는 셋째, 3가지 자성의 융통을 밝힌 것이다. 3가지 자성이 有라 말하여도 오히려 하나인데, 三無性이란 相이 없는데 어떻게 반드시 3가지 자성이 있을 수 있겠는가. 이 때문에 3가지 자성을 거둬들이면 단 하나만이 존재하고, 三無性이란 단 하나의 無일 뿐이다. 有·無의 無를 여읜 까닭에 有와 無는 둘이 아니다. 첫 구절은 나타난 부분으로 말하였고, '有無形奪' 이하는 가린 부분으로 말하였다. 나머지의 의의는 경문 가운데 이미 그 모습을 잘 갖추고 있다.】

經

諸法無來處며　　　　亦無能作者며
無有所從生일세　　　不可得分別이로다

  모든 법은 오는 곳도 없고
  또한 누가 만든 이도 없으며
  어디에서 생겨난 데도 없기에
  법의 본체란 분별할 수 없다

一切法無來일세　　　是故無有生이니
以生無有故로　　　　滅亦不可得이로다

일체 법이란 오는 곳이 없기에

생겨난 것이 아니다

이미 생겨난 것이 아닌 터라

사라진다고도 말할 수 없다

一切法無生이며　　　**亦復無有滅**이니
若能如是解하면　　　**斯人見如來**로다

일체 법이란 생겨난 일도 없고

또한 사라짐도 없다

이렇게 이해하면

그 사람은 여래를 보게 되리라

◉ 疏 ◉

文卽分三이니 初三은 作生無自性性觀이오 次二는 兼修勝義無自性性觀이오 後二는 修相無自性性觀이라【鈔_ 初三作生無自性性觀者는 卽第二依他上無性也니 卽唯識에 云次無自然性이라하니라 然三無性名은 須彌偈品文中에 已有어니와 今復畧釋호리니 謂法從緣하야 無自然生性故니 上生自性은 卽是所無오 下一性字는 是無性性이니 謂無自然生之自性爲其性故니라

'勝義無自性性'者는 卽第三無性이니 勝義自性은 卽是所無오 下一性字는 義同於前이니 顯無彼勝義之性으로 爲其性故니라 勝義는 卽是圓成이오 圓成은 卽是眞如라 故唯識에 云此諸法勝義가 亦卽是眞如

니 常如其性故로 卽唯識實性이라하니라

相無自性性者는 卽第一無性이니 謂徧計之相도 亦不可得이 如繩上蛇오 下一性字는 是第一性이니 以相無自性으로 而爲其性故니라】

제2단락의 7수 게송은 3부분으로 나뉜다.

첫째 3수(제4~6) 게송은 生無自性性觀을 지음이며,

둘째 2수(제7~8) 게송은 勝義無自性性觀을 겸하여 닦음이며,

셋째 2수(제9~10) 게송은 相無自性性觀을 닦음이다.

【초_ "첫째 3수(제4~6) 게송은 生無自性性觀을 지음"이란 곧 제2 의타기성 측면에서 자성이 없는 것이다. 이는 유식론에 이르기를 "다음은 自然性이 없다."고 하였다. 그러나 三無性이라는 명제는 수미정상게찬품에 이미 나와 있지만 여기에서 다시 간단하게 해석하고자 한다.

법이 반연을 따라 자연으로 생겨나는 자성이 없기 때문이다. 위에 生自性은 곧 없는 바이며, 아래 하나의 '性' 자는 無性의 性을 말한다. 이는 자연으로 생겨나는 자성이 없는 것으로 자성을 삼기 때문이다.

'勝義無自性性'이란 제3의 無性이다. 勝義自性은 곧 없는 바이며, 아래 하나의 '性' 자는 그 의미가 앞서 말한 바와 같다. 그 勝義의 자성이 없다는 것으로 그 자성을 삼음을 밝히기 위함이다. 勝義는 곧 원성실성이며, 원성실성은 곧 진여이다. 따라서 유식론에 이르기를 "이 모든 법의 勝義가 또한 곧 진여이다. 언제나 그 자성과 같기 때문에 곧 유식의 實性이다."고 하였다.

'相無自性性'이란 곧 제1無性이다. 변계소집의 모습 또한 찾을 수 없음은 마치 끄나풀을 뱀으로 착각하는 것과 같고, 아래 하나의 '性' 자는 제1의 의의로 말한 자성이다. 相이 자성이 없는 것으로 그 자성을 삼기 때문이다.】

今初 卽分爲三이니 初偈는 正觀無生이라 初句는 果空이니 謂緣生果法이 非先有體라 從世性微塵과 及未來藏의 因緣心識中來니 若有來處면 卽先已有가 如鳥來棲樹어니 何得言生가 次句는 因空이니 旣無有果인댄 對何說因가 又世性等도 亦是妄計니 因緣有故니라 次句는 雙遣이니 所從은 是因이오 所生은 是果니라 又初句는 不自生이오 次句는 不他生이오 次句는 不共生이라 又初句는 非先有而生이오 次句는 非先無而生이오 次句는 非半有半無니 三義 各以末句로 息妄成觀이니라

【鈔】初句果空等者는 卽中論에 先有先無門觀也라 然亦名奪破니 於中에 先奪破其所計이니 先有는 總擧諸宗이라

'世性微塵'은 卽是外道오 '及未來藏'은 卽一切有部오 因緣은 通大小乘이니 約相이오 心識은 卽唯識唯心所現이니 若執定有면 皆爲所遣이라 '若有來處'下는 縱破라 '鳥來棲樹'는 卽中論에 靑目이 釋無來文이니 謂先有鳥而來就樹면 可名爲來어니와 今從無之有曰生이어니 曾何先有리오

'次句因空'者는 卽經亦無能作者니 能作은 是因이오 因者는 卽我也며 亦卽牒辭니라

'從旣無有果'下는 破也니 相待門破니 可知니라

'又世性等도 亦是妄計니 因緣有故'者는 亦因緣門이라 因緣無性故로

亦無體門이니 但有妄計오 無實體故니라

'又初句不自生'等者는 上之四句는 各別門破이어니와 今通用因緣門하야 以四開破니 畧無無因이라 中觀論에 云諸法不自生이오 亦不從他生이오 不共不無因이라 是故知無生이라하고 而雜集論二門釋之하니 一云不自生者는 謂一切法이 非自所作이니 彼未生時에 無自性故니라 不從他生者는 謂彼法緣이 非作者故니라 不從共生者는 謂卽由此二種因故로 非不自作他作故오 不無因生者는 謂緣望衆生에 有功能故오 二는 又因緣互奪이니 釋云 '自種有故로 不從他等이니 次後當釋호리라

'又初句非先有'下는 前來에 唯初句 用先有門이어니와 今通三句하야 皆用先有先無門이니 中論 因緣品에 云果先於緣中에 有無俱不可니 先無인댄 爲誰緣이며 先有인댄 何用緣가하야늘 影公이 云因中先有인댄 則境界在六根이오 因中先無인댄 則因同非因이니 因同非因이면 則可鑽水出火오 境界在六根인댄 則可湯中求冰이오 若亦有亦無인댄 則具上二過니라 其第四句는 乃非此門이니 故中論에 云若果非有生이며 亦復非無生이며 亦非有無生인댄 何得言有緣이리오 】

첫째 3수(제4~6) 게송은 다시 3부분으로 나뉜다.

첫 제4게송은 바로 無生을 봄이다.

처음 구(諸法無來處)는 果空이다. 반연으로 생겨난 결과의 법이 먼저 체성이 있는 게 아니라, 世性微塵 및 未來藏의 因緣心識 중에서 유래한 것이다. 만일 유래한 곳이 있다면 그것은 곧 먼저 이미 有의 존재가 마치 새가 날아와 잠시 나무에 머무는 것과 같은데 어

떻게 생겨났다고 말할 수 있겠는가.

제2구(亦無能作者)는 因空이다. 이미 결과가 없다면 무얼 상대하여 원인을 말할 수 있겠는가. 또한 世性微塵 등 또한 잘못된 거짓 생각이다. 반연으로 존재한 때문이다.

제3구(無有所從生)는 인·과를 모두 떨쳐버림이다. 따라야 할 대상은 因이며, 생겨난 대상은 果이다.

또한 제1구는 스스로 생겨나지 않음이며,

제2구는 다른 존재가 생겨나는 것이 아니며,

제3구는 共生도 아니다.

또한 제1구는 먼저 有의 존재로 생겨남이 아니며,

제2구는 먼저 無의 존재로 생겨남이 아니며,

제3구는 반은 有, 반은 無가 아니다. 3가지 의미는 각각 끝 구절로 허망한 생각을 떨쳐버리고 三無性觀을 성취함이다. 【초_ '初句果空' 등이란 中論에서 말한 先有先無門觀이다. 그러나 또한 그 이름은 奪破이다. 탈파 중에 첫째는 그 妄計의 대상을 탈파하는 것이니, 先有는 모든 종파를 총체로 들어 말함이다.

世性微塵은 外道이며, 及未來藏은 一切有部이며, 인연은 대승·소승에 모두 통하니 相으로 말함이며, 心識은 唯識唯心으로 나타난 바이다. 만일 반드시 有이다는 것으로 말하면 모두 버려야 할 대상이다.

'若有來處' 이하는 縱破이다. "새가 날아와 잠시 나무에 머문다."는 것은 中論에서 靑目이 '유래가 없음[無來]'에 대해 해석한 경문이다. 이르기를 "먼저 새 한 마리가 나무에 찾아왔다면 그것은 왔다고 말할 수야 있지만, 여기에서는 無의 입장에서 有로 나가는 '생겨난 것[生]'이라고 말하는데, 어떻게 먼저 有라고 말할 수 있겠는가."라고 하였다.

제2구의 因空이란 곧 게송에 "또한 누가 만든 이도 없다."는 것이다. 이를 만드는 주체는 因이며, 因이란 곧 我이며, 또한 앞의 글을 이어 쓴 문장이다.

"이미 결과가 없다면[旣無有果]"부터 이하는 破이다. 相待門으로 파함이니 설명하지 않아도 알 수 있다.

"또한 世性微塵 등 또한 잘못된 거짓 생각이다. 반연으로 존재한 때문이다."는 것은 또한 因緣門이다. 因緣이 無性인 까닭에 또한 無體門이다. 단 잘못된 거짓 생각이 있을 뿐, 실체가 없기 때문이다.

"또한 제1구는 스스로 생겨나지 않음" 등이란 위의 4구는 각각 別門으로 奪破한 것이지만 여기에서는 因緣門을 통용하여 4가지로써 열어간 것이니 '인연이 없는[無因]' 것도 아니다. 中觀論에 이르기를 "모든 법이 스스로 생겨남도 아니요, 또한 다른 존재에 의해 생겨남도 아니며, 함께하여 생겨나는 것도 아니요, 인연이 없는 것도 아니다. 따라서 생겨남이 없음을 안다."고 하였다.

그러나 雜集論에서는 이를 2부분으로 해석하였다.

(1) '스스로 생겨남도 아니다.'는 것은 모든 법이 스스로 만들어진 게 아님을 말한다. 그것이 생겨나지 않았을 적엔 자성이 없기 때문이다. '또한 다른 존재에 의해 생겨남도 아니다.'는 것은 法緣

이 만들어내는 주체가 아니기 때문임을 말한다. '함께하여 생겨나는 것도 아니다.'는 것은 곧 이 2가지의 원인을 연유한 까닭에 스스로 만들어낸 것도, 다른 존재가 만들어낸 것도 아님을 말한다. '인연이 없는 것도 아니다.'는 것은 반연이 결과를 바라면서 생겨남에 작용[功能]이 있기 때문임을 말한다.

(2) 또한 因·緣을 서로 빼앗음이다. 이를 해석하면 스스로의 종자가 있기 때문에 다른 존재에 의하지 않음 등을 말한다. 이는 뒤의 해당 부분에서 해석하겠다.

"또한 제1구는 먼저 有의 존재로 생겨남이 아니다." 이하는 앞에서는 오직 첫 구절에서 '먼저 有의 존재가 있다는 부분[先有門]'을 인용하였지만 여기에서는 3구를 통하여 모두 '먼저 有의 존재가 있다.' '먼저 無의 존재가 있다.'는 부분[先有先無門]을 인용하였다.

중론 인연품에 이르기를 "결과는 반연 가운데 우선하기에 有·無는 모두 옳지 않다. 먼저 無의 존재가 있다면 그 무엇이 반연이 되며, 먼저 有의 존재가 있다면 굳이 어찌하여 반연을 필요로 하겠는가?"라고 하였다.

影公은 이에 대해 이르기를 "因 가운데 먼저 有의 존재가 있다면 곧 경계가 육근에 존재함이며, 因 가운데 먼저 無의 존재가 있다면 곧 因이 인이 아닌 것[非因]과 같다. 因이 인이 아닌 것과 같다면 곧 얼음을 뚫어서 불씨를 만들어낼 것이며, 경계가 육근에 있다면 펄펄 끓는 물속에서 얼음을 구할 것이며, 만일 또한 있다거나 또한 없다고 한다면 그것은 위에서 말한 2가지의 잘못을 모두 갖추고 있는 셈이다."라고 하였다. 그 제4구는 이런 법문이 아님을 말한다. 따라서 중론에 이르기를 "만일 果가 생겨남이 있다는 것도 아니며, 또한 다시 생겨남이 없다는 것도 아니며, 또한 생겨남이 있다거나 없다는 것도 아니라면, 어떻게 반연이 있다고 말할 수 있겠는가."라고 하였다.】

次偈는 以無生釋無滅이라 畧有三義하니 一은 無生可滅故오 二는 無待對故오 三은 例生從緣故니라

다음 제5게송은 생겨남이 없다는 것으로 사라짐이 없음을 해석한 것이다. 여기에는 간단하게 3가지 의미가 있다.

(1) 생겨남이 사라질 게 없기 때문이며,

(2) 待對가 없기 때문이며,

(3) 의례 생겨남은 반연을 따르기 때문이다.

後偈는 觀成利益이니 經云'無生卽是佛'이라 故論에 云'若見因緣法이면 則爲能見佛'이라하니 依他因緣이 卽無生故니라【鈔_ 經云'等者는 正是大品에 法尙이 答常啼云'諸法如는 卽是佛'이오 諸法無生'이 卽是佛等'이라하니라 下句에 旣云'斯人見如來'인댄 卽無生'이 是佛義耳니 須彌偈讚品에 一切慧菩薩云'一切法無生'이오 一切法無滅'이니 若能如是解'면 諸佛常現前'이라하니라

故論云'等者는 卽中論四諦品 末에 云'是故經中說호되 若見因緣法이면 則爲能見佛'이라하니라 】

뒤의 제6게송은 無性觀이 성취된 이익이다. 경문에 이르기를 "無生이 곧 부처"라 하였다. 따라서 논에 이르기를 "만일 인연법을

83

보면 곧 부처를 본 것이다."고 하니 다른 존재에 의한 인연이 곧 無生이기 때문이다. 【초_ "경문에 이르기를" 등이란 바로 이 大品에 法尙이 常啼에게 대답하기를 "모든 법의 진여가 곧 부처이며, 모든 법의 생겨남도 없는 것이 곧 부처이다." 등이라 하였다.

아래 구에서 이미 "그 사람은 여래를 본 것이다."고 말한 것은 '생겨남도 없는 것이 곧 부처'라는 의미이다. 수미정상게찬품에서 일체혜보살이 말하기를 "모든 법이 생겨남도 없고, 모든 법이 사라짐도 없다. 만일 이와 같이 알면 모든 부처가 항상 앞에 있다."고 하였다.

"따라서 논에 이르기를" 등이란 중론 四諦品 끝부분에 이르기를 "이 때문에 경문에서 말하기를 '만일 인연법을 보면 부처를 볼 수 있다.'고 하였다."고 한다.】

經

諸法無生故로　　　　　自性無所有니
如是分別知하면　　　　此人達深義로다

　모든 법은 생겨남이 없기에
　자성도 있는 게 아니다
　이처럼 분별하여 알면
　그 사람은 깊은 진리 통달하리라

以法無性故로　　　　　無有能了知니
如是解於法하면　　　　究竟無所解로다

법이 자성이 없기에
알 수 없는 존재이다
이처럼 법을 이해하면
필경에 이해할 것도 없으리라

● 疏 ●

次二偈는 約依他하야 兼修勝義無自性性觀中에 前偈는 遣所觀이오 上半은 辨觀이오 下半은 明益이니 各含二義라 故致兼言이라
一者는 成前이니 謂非唯能相之生生卽無生이라 所生法體도 從緣無性하야 卽無所有니 此顯依他無性이 是圓成性이라 益云深者는 卽事而眞故니라
二는 云無生眞性도 亦無所有니 卽彼勝義無自性性이라 益云深者는 眞性不立故니라【鈔_ '各含二義者는 釋上兼修之言이니 而云各者는 正取上半觀相과 下半觀益하야 爲各二義니 卽依他圓成이라 如下疏列하야 而下遣能도 亦含依圓이니 故此各言이 兼於能所하야 方順二偈兼修之言이라
'一者成前'下는 別示二義之相이니 此卽依他中義也라 先明觀相이니 由前偈遣能相이니라 四相畧擧生滅하니 已含住異니라 此偈는 遣所相이니 色心法體 由四相相하야 成其有爲니 當法緣生이라 故無自性이니라 觀益은 可知니라
'二云無生'下는 卽兼修勝義無性義也니라 】

둘째 2수(제7~8) 게송은 의타기성으로 勝義無自性性觀을 겸하

여 닦는 가운데, 앞의 제7게송은 觀의 대상을 떨쳐버림이다.

제1, 2구는 觀을 논변함이며, 제3, 4구는 이익을 밝힘인데, 이는 각각 2가지 의미를 함축하고 있기에 '兼'이라 말한다.

⑴ 앞부분을 이룸이다. 오직 能相의 生은 生이 곧 無生일 뿐 아니라, 낳아준 바의 法體도 반연을 따라 자성이 없어 곧 있는 바가 없다. 이는 의타기성의 無性이 원성실성임을 밝힘을 말한다. 이익에 대해 '深'이라 말한 것은 현상의 사법계에 하나가 된 진리이기 때문이다.

⑵ 無生眞性이라 말한 것 또한 있는 바가 없다. 곧 勝義無自性性이다. 이익에 대해 '深'이라 말한 것은 眞性을 세우지 않기 때문이다. 【초_ "각각 2가지 의미를 함축하고 있다."는 것은 위의 '兼修'에 대한 말을 해석한 것이다. '각각[各]'이라 말한 것은 바로 제1, 2구의 觀相, 제3, 4구의 觀益을 취하여 각각 2가지 의미를 삼은 것으로, 곧 의타기성과 원성실성이다. 아래 청량소에서 열거한 바와 같이 아래의 遣能 또한 의타기성과 원성실성을 함축하고 있다. 따라서 '각각'이란 말은 能所를 겸해야 비로소 2수 게송에서 말한 '兼修'라는 말을 따른 것이다.

"⑴ 앞부분을 이룸이다." 이하는 2가지 의미의 相을 개별로 보여준 것이다. 이는 곧 의타기성에 있어서의 의의이다. 앞에서는 觀相을 밝힘이니, 앞의 게송에서 能相을 떨쳐버린 데에서 연유한 것이다. 生·住·異·滅의 四相 가운데 生·滅만을 간추려 들어 말하였지만 이미 住·異를 함축하고 있다. 이 게송은 相의 대상을 떨쳐버리는 것이다. 色心法體가 四相의 相을 말미암아 그 有爲를 형성하는 것이니, 해당 존재[當法]는 반연에 의해 생겨난 것이기에 자성이 없다. 觀益에 대해서는 설명하지 않아도 알 수 있다.

'(2) 無生眞性' 이하는 곧 勝義無性을 겸하여 닦는다는 뜻이다.】
後偈는 遣能觀이라 然有二義하니
一은 成前所觀이니 謂以無性故로 無有能了니라 如無有人이 能了龜毛長短大小이니 知無所了가 是究竟了니라
二는 是正遣能了니 旣無所了면 亦無能了니 能所兩亡이 爲究竟解니라【鈔_ 後偈遣能觀'者는 然此疏中二義 亦通前依圓이니 前義는 依他圓成이 俱無所了오 後義는 依圓이 皆無能了니 皆由卽性과 卽無性故니라 故疏에 結云能所雙亡이라하니 卽正結上二義也며 亦通結上二偈能所니라】

뒤의 제8게송은 觀의 주체를 떨쳐버림이다. 그러나 여기에는 2가지 의미가 있다.

(1) 앞서 말한 觀의 대상을 성취함이다. 자성이 없기 때문에 알아야 할 주체, 그 자체가 없다. 사람이 龜毛의 長短大小에 대해 알아야 할 필요 자체가 없는 것과 같다. 알아야 할 대상 자체가 없음을 아는 것이 究竟의 앎이다.

(2) 바로 알아야 하는 주체를 떨쳐버림이다. 알아야 할 대상이 없다면 또한 알아야 할 주체도 없다. 알아야 하는 대상과 주체를 모두 버리는 것이 究竟의 이해이다.【초_ "뒤의 제8게송은 觀의 주체를 떨쳐버림이다."는 것은 그러나 청량소 가운데 2가지의 의미

또한 앞서 말한 의타기성과 원성실성에 모두 통한다. 앞서 말한 뜻은 의타기성과 원성실성이 모두 알아야 할 대상이 없음이며, 뒤의 의미는 의타기성과 원성실성이 모두 알아야 할 주체가 없음이다. 이는 곧 성품과 곧 자성이 없음에서 연유한 때문이다. 그러므로 청량소에서 끝맺어 말하기를 "대상과 주체를 모두 버림이다."고 하였다. 이는 곧 2가지 의미를 바로 끝맺음이며, 또한 위의 2수 게송에서 말한 대상과 주체를 모두 끝맺음이다.}

所說有生者는　　　　以現諸國土니
能知國土性하면　　　其心不迷惑이로다

　　생겨나는 것이 있다고 말하는 이는
　　모든 국토가 나타난다고 하지만
　　국토의 성품을 알면
　　그 마음 미혹하지 않으리라

世間國土性이　　　　觀察悉如實하니
若能於此知하면　　　善說一切義로다

　　세간과 국토의 성품을
　　관찰하면 모두 실상과 같다
　　만일 이런 도리를 잘 알면
　　일체 이치를 잘 말하리라

● **疏** ●

後二偈는 明相無自性性觀中에 初偈는 正明이오 後偈는 總結이라 前中에 上半은 顯執이니 不了國等依他하고 謂爲現見하야 妄計爲生이라 故晉經에 云'所言有生者는 當知由所生'이라하니라 下半은 明觀이니 若知無性이면 則離徧計故니라 後偈는 總結이니 稱於事理之實하야 以觀世等일새 故善說也니라【鈔_ 不了國等者는 而言等者는 國은 卽共業緣生이오 以後偈에 總結云'世間國土性'이라하니 世間之言은 通有情世間이라 故致等言이니라

'言謂爲現見'者는 以中論內에 小乘被破하야 皆悉救云'世間現見故'라하니 意云不合與世間相違니라 又佛言하사되 '世智說有어든 我亦說有하고 世智說無어든 我亦說無'라하니 今現見有國等諸法이어니 豈得言無리오 故引晉經云'當知由所生'이라하니 所生이 卽現이라 故見國等이니라】

셋째 2수 게송은 相無自性性觀을 밝힌 가운데, 첫 제9게송은 바로 밝힘이며, 뒤의 제10게송은 총체로 끝맺음이다.

첫 제9게송 가운데, 제1, 2구는 집착을 밝힘이다. '모든 국토' 등의 의타기성을 알지 못하고서 '나타났다[以現諸國土]'고 말하여 이를 '생겨난다[生: 所說有'生'者]'는 것으로 잘못 생각한 것이다. 이 때문에 晉經에서 이르기를 "생겨나는 것이 있다고 말함이란 생겨나는 대상으로 연유한 것임을 알아야 한다."고 하였다.

제3, 4구는 觀을 밝힌 것이다. 만일 자성이 없음을 알면 곧 변계소집성을 여의었기 때문이다.

뒤의 제10게송은 총체로 끝맺음이다. 事·理의 실상에 하나가

되어 세간 등을 본 것이기에 "일체 이치를 잘 말할 수 있다."고 하였다. 【초_ "모든 국토 '등'의 의타기성을 알지 못하고"에서 等이라 말한 것은 '국토[國]'란 곧 같은 업[共業]의 반연으로 생겨난 것이며, 뒤의 제10게송에서 총체로 끝맺으면서 '世間國土性'이라 하니 世間이란 말은 有情世間에 통하여 말한 까닭에 '等'이라 말하였다.

"나타났다[以現諸國土]고 말한다."는 것은 중론에서 소승이 간파 당하여 모두 이를 구제하여 "유정세간이 나타났기 때문"이라고 말한 것이다. 그 의의는 "당연히 세간과 서로 어긋나지 않음"을 말한다.

또 부처님이 말씀하시기를 "세간 지혜로 존재가 있다고 말하면 나 역시도 있다고 말하고, 세간 지혜로 존재가 없다고 말하면 나 역시도 없다고 말한다."고 하였다. 여기에서는 국토 등의 모든 법이 있음을 볼 수 있는데, 어떻게 없다고 말할 수 있겠는가. 따라서 晉經을 인용하여 말하기를 "마땅히 생겨나는 바가 있음을 알아야 한다."고 하였다. 생겨나는 바[所生]가 곧 나타난 것이기에 국토 등이 나타난다고 말한 것이다.】

第四 無畏林菩薩
제4 무외림보살의 게송

爾時에 無畏林菩薩이 承佛威力하사 普觀十方하고 而說

頌言하사대

그때 무외림보살이 부처님의 위신력을 받들어 시방을 두루 살펴보고 게송으로 말하였다.

◉ 疏 ◉

以信樂力으로 聞深不畏를 名無畏林이니 偈歎信向益深德故니라

신심과 즐거운 마음의 힘으로써 심오한 법을 듣고서도 두려워하지 않음을 '무외림보살'이라 명명한 것이다. 게송에서는 신심의 지향이 더욱 심오해지는 공덕을 찬탄한 때문이다.

經

如來廣大身이　　　　究竟於法界실새
不離於此座하고　　　而徧一切處로다

　여래의 넓고 크신 몸이
　허공법계에 모두 두루 나타나심에도
　이 자리에서 떠나지 않고서
　일체 모든 곳에 두루 현신하셨다

◉ 疏 ◉

十頌分二니 初一은 所信之境이니 謂法身은 體卽法界오 智身은 證極法界라 致令應用之身하야 不動而徧이니라

10수 게송은 2단락으로 나뉜다.

앞의 제1게송은 신심의 대상이 되는 경계이다. 法身의 본체가 곧 법계이며, 智身은 법계를 모두 증득하여 응용의 몸으로 하여금 근본 도량에서 움직이지 않고서도 두루 나타내는 것이다.

經

若聞如是法하고　　　　恭敬信樂者는
永離三惡道의　　　　　一切諸苦難이로다

　이러한 법을 듣고서
　공경하고 믿고 좋아하는 이는
　영원히 삼악도에서
　모든 고난을 여의리라

 疏

後九는 聞信之益이라 分五니 初一은 聞信離惡이라

　뒤의 9수 게송은 듣고서 믿은 데 대한 이익이다.
　9수 게송은 5부분으로 나뉜다.
　첫째 제2게송은 법문을 듣고 믿음으로써 악을 여읨이다.

經

設往諸世界의　　　　　無量不可數라도
專心欲聽聞　　　　　　如來自在力하나니

설령 모든 세계의
한량없고 셀 수 없는 국토를 찾아갈지라도
오롯한 마음으로
여래의 자재하신 법력을 듣고자 하나이다

如是諸佛法이　　　是無上菩提일세
假使欲暫聞이라도　　無有能得者로다

　이러한 부처님 법은
　위없는 보리지혜
　가령 잠깐 듣고자 하여도
　이런 법을 들은 이 없다

◉ 疏 ◉

次二는 辨其難聞이라

　9수 게송 가운데, 둘째 2수(제3~4) 게송은 불법을 듣기 어려움을 논변함이다.

經

若有於過去에　　　信如是佛法이면
已成兩足尊하야　　而作世間燈이로다

　만일 과거 세계에
　이러한 부처님 법을 믿었다면

이미 지혜와 복덕이 구족한 부처님으로

　　세간의 등불 되었으리라

若有當得聞　　　　**如來自在力**하고
聞已能生信이면　　**彼亦當成佛**이로다

　　만일 미래 세계에

　　여래의 자재하신 법력을 듣고

　　들은 뒤 신심을 낸다면

　　그 역시 당연히 성불하리라

若有於現在에　　　**能信此佛法**이면
亦當成正覺하야　　**說法無所畏**로다

　　만일 현재 세계에

　　이러한 부처님 법을 믿으면

　　또한 당연히 정각을 이루고

　　설법할 때에 두렵지 않으리라

● 疏 ●

次三은 明聞信成佛이니 將過去已成하야 證現未當成이니라

　　9수 게송 가운데, 셋째 3수(제5~7) 게송은 불법을 듣고서 신심을 내어 성불함을 밝힌 것이다.

　　과거에 이미 성불한 인연을 들어 현재와 미래에 당연히 성불할 수 있음을 증명한 것이다.

經
無量無數劫에　　　　　　**此法甚難値**니
若有得聞者는　　　　　　**當知本願力**이로다

　　한량없고 수없는 영겁에
　　이 법은 매우 만나기 어려운 것
　　만일 이런 법을 들은 이가 있다면
　　옛적 본원의 힘인 줄 알라

◉ 疏 ◉
四有一偈는 明聞必有由하야 勵物起願이라

　　9수 게송 가운데, 넷째 제8게송은 이런 법문을 들을 수 있는 데에는 반드시 원인과 유래가 있음을 밝혀, 중생을 격려하여 誓願을 일으키도록 함이다.

經
若有能受持　　　　　　**如是諸佛法**하고
持已廣宣說이면　　　　　**此人當成佛**이어든

　　만일 이러한 부처님의 법을
　　잘 받아 지니고
　　지닌 후에 또 다른 이에게 널리 일러주면

그 사람은 마땅히 성불하리라

況復勤精進하야　　　　堅固心不捨아
當知如是人은　　　　　決定成菩提로다

　하물며 또한 부지런히 정진하여
　견고한 마음 버리지 않는다면야
　이러한 사람은
　반드시 보리를 성취하게 됨을 알라

● 疏 ●

五有二頌은 顯起行益이라

　9수 게송 가운데, 다섯째 2수(제9~10) 게송은 수행을 일으킴에 대한 이익을 밝힘이다.

第五慚愧林菩薩
　제5 참괴림보살의 게송

經

爾時에 慚愧林菩薩이 承佛威力하사 普觀十方하고 而說頌言하사대

　그때 참괴림보살이 부처님의 위신력을 받들어 시방을 두루 살

펴보고 게송으로 말하였다.

◉ 疏 ◉

拒妄崇眞하고 拒迷崇智를 名爲慙愧라 故偈讚如來大智勝益이니라

허망한 것을 막아내고 진리를 숭상하며, 혼미를 막아내고 지혜를 숭상함을 慙愧라고 말한다. 따라서 게송에서는 여래 대지혜의 수승한 이익을 찬탄하였다.

經

若人得聞是　　　　希有自在法이면
能生歡喜心하야　　疾除疑惑網이로다

　만일 어떤 사람이
　희유하고 자재한 법을 들으면
　기쁜 마음을 내어
　의혹의 그물을 빨리 없애리라

◉ 疏 ◉

十頌分三이니 初三은 法說難思요 次六은 以喩竝決이요 後一은 結德歸佛이라 今은 初니 初偈는 明聞生勝益하야 令物希聞이라 自在法者는 卽佛智也니라

　10수 게송은 3단락으로 나뉜다.
　첫 단락의 3수 게송은 법의 불가사의함을 말하였고,

97

제2단락의 6수(제4~9) 게송은 비유로써 아울러 결단함이며,

제3단락의 마지막 1수 게송은 공덕을 끝맺어 부처님에게 귀결 지음이다.

이는 첫 단락의 3수 게송이다. 제1게송은 법문을 들으면 수승한 이익이 생겨남을 밝혀 중생으로 하여금 법문을 듣고자 바라는 마음을 지니도록 함이다.

自在法이란 곧 부처님의 지혜이다.

經

一切知見人이 **自說如是言**하사대
如來無不知실새 **是故難思議**로다

바른 지견을 지닌 모든 사람들이
스스로 이렇게 말들 한다
여래는 모르는 게 없기에
그래서 불가사의하다고…

  疏

次偈는 佛窮種智라 故下位難思니라

3수 게송 가운데, 둘째 제2게송은 부처님의 일체종지를 다한 까닭에 하위에 있는 이로서는 불가사의하다.

無有從無智하야　　　而生於智慧니
世間常暗冥일세　　　是故無能生이로다

　지혜가 없는 데서는
　지혜가 생겨날 수 없다
　세간은 항상 어둠의 세계이기에
　지혜를 낼 수 없다

◉ 疏 ◉

後偈는 顯智從生이니 此文은 反顯이라 然有二意하니 一者는 成前이니 謂欲生智慧인댄 當於佛求니 佛無不知故오 不應求之於凡이니 凡暗冥故니라 猶搴芙蓉인댄 必於深水니 而於木末에 安可得耶아 二者는 成後니 智從熏習自種而生이오 不從煩惱無智所生이라

'是故'下는 言二心不同時니 屬自愚智故라 故應愼所習也니라 【鈔_ '二者成後'에 有二하니 先은 正釋이니 謂由本有無漏種子가 與多聞熏習和合하야 而生無漏智故니라

依唯識論컨대 本有·新熏을 三師異說하니

第一은 淸目等師 唯立本有라 故論云 '有義는 一切種子 皆悉性有라 不從熏生이니 由熏習力하야 但可增長'이라하니라

第二는 難陀 唯立新熏이라 故論云 '有義는 種子 皆熏故生'이니 所熏·能熏이 俱無始有라 故諸種子 無始成就라하니라

第三은 護法 正義니 論云 '有義는 種子 各有二類니 一者는 本有오 二

者는 始起라하고 乃至云 由此로 應信凡諸有情無始時來로 有無漏種하야 不由熏習이오 法爾成就라하고 又云 其聞熏習이 非唯有漏라 聞正法時에 亦熏本有無漏種子하야 令漸增盛하야 展轉乃至生出世心이라하니라 】

　3수 게송 가운데, 셋째 제3게송은 부처님의 생겨난 자리를 밝힌 것이다. 이의 경문은 반대로 나타냄이다. 그러나 여기에는 2가지 뜻이 있다.

　(1) 앞서 말한 부분을 끝맺음이다. 지혜를 얻고자 한다면 당연히 부처님에게서 추구해야 한다. 부처님은 모르는 게 없기 때문이다. 절대 범부에게서 구해서는 안 된다. 범부는 혼미하기 때문이다. 연꽃을 얻으려면 반드시 깊은 물에서 찾아야 한다. 나뭇가지 끝에서 찾는다면 어떻게 얻을 수 있겠는가.

　(2) 뒤에서 말한 부분을 끝맺음이다. 지혜는 자신의 지혜종자를 훈습한 데에서 얻어지는 것이지 煩惱無智에서 생겨나는 것이 아니다.

　'是故[是故難思議, 是故無能生]' 이하는 모든 것을 아는 여래의 마음과 혼미한 중생의 마음이 똑같지 않음을 말한다. 그 자신의 어리석음과 지혜총명의 차이에 속한 때문이다. 따라서 당연히 훈습하는 바를 삼가야 한다. 【초_ "(2) 뒤에서 말한 부분을 끝맺음"에는 2가지의 뜻이 있다. 앞에서는 바로 해석하였다. 이는 본래 無漏種子가 多聞熏習과 화합하여 無漏智를 내어주기 때문이다.

　유식론에 의하면, 本有와 新熏에 대해 세 분 스님의 말이 각기 다르다.

제1. 淸目 스님 등은 오직 本有만을 세워 말하였다. 따라서 그들의 논에 의하면 "일체 종자가 모두 자성에 고유한 터라 훈습에 의해 생겨나지 않는다. 훈습의 힘으로 말미암아 단 더욱 커나갈 뿐이다."는 의의를 정립하였다.

제2. 석가모니의 사촌동생으로 16나한의 한 사람인 '아난다(難陀: Ānanda)'는 오직 新熏만을 세워 말하였다. 따라서 그의 논에 의하면 "종자가 모두 훈습 때문에 생겨나는 것이다. 훈습의 대상과 훈습의 주체는 그 시작을 알 수 없는 영겁으로부터 있어 왔다. 이 때문에 모든 종자는 그 시작을 알 수 없는 영겁으로부터 성취되어 왔다."는 의의를 정립하였다.

제3은 護法 스님의 正義이다. 그의 논에 의하면 "종자에는 각각 2가지 종류가 있다. 하나는 본래 고유[本有]한 것이며, 또 다른 하나는 처음 일어난[始起] 것이다." 내지 "이를 말미암아 응당 모든 중생이 그 시작을 알 수 없는 영겁으로부터 무루종자가 있어 훈습을 말미암지 않고 법이 그처럼 성취함을 믿어라." 하였고, 또한 "그들은 훈습[聞熏習]이 오직 有漏일 뿐 아니라, 바른 법을 들을 때에도 또한 本有의 무루종자를 훈습하여, 하여금 차츰차츰 더욱 성대하게 만들어 전전하여 이에 출세간의 마음을 내게 하는 데까지 이른다."고 하였다.}

若爾인댄 何以經言호되 煩惱泥中에 有佛法耶아 此說在纏如來藏故니라 然此大智는 從藏德生이오 非從迷起니라

若爾인댄 煩惱卽菩提는 復云何通고 約體性故며 從所迷故니 如波與

濕이라 然實義者는 眞妄愚智를 若約相成인댄 二門峙立이오 若約相奪인댄 二相寂然이오 雙照二門인댄 非卽非離니라 若說一者인댄 離之令異니 如此章中이오 若云異者인댄 合之令同이니 如後章是니 善須得意하야 勿滯於言이어다【鈔_ 然實義者下는 第二 會實義니 通會兩章하야 方顯中道라 正通煩惱卽菩提難이니 是顯眞妄交徹之義니라 雖說三門이나 義含四句하니 謂初二門峙立은 依理成事인댄 則唯妄非眞이오 事能顯理면 則唯眞非妄이라 故各峙立이니라

若說一者下는 明此二章이 正爲破病이니 若據菩薩인댄 二皆會中이라 又此章은 則二門峙立이오 後章은 則二相寂然이라 故合此二면 非卽非離니라

言若說一者則離之令異者는 謂有問言호되 萬法卽眞이라 一如無異일새 故妄卽眞이니 有何過耶아 答호되 署有三過니 一은 能依卽是所依니 謂依眞有妄이 如依水有波어늘 今妄卽是眞인댄 便無能依니 以無能依면 亦失所依니라 二는 則亦失眞妄이니 以妄卽眞일새 故無妄이어니 無妄이면 對何說眞가 三者는 亦失眞假二門이니 若別이면 則三義俱成이 如金與嚴具와 波之與水의 動濕·體相이 二俱不同이라 能依·所依 各有三義하야 皆不雜亂이니라

若云異者合之令同者는 下章에 云如金與金色이 其性無差別等이라하니라 】

"만일 그렇다면 어찌하여 경문에서 '번뇌의 진흙 수렁 속에 불법이 있다.'고 말했는가?"

"이는 속박[纏]에 존재하는 여래장을 말한 때문이다. 그러나 큰

지혜는 여래장 공덕으로부터 발생한 것이지 혼미로부터 일어난 게 아니다."

"만일 그렇다면 '번뇌가 곧 보리'라 말함은 또한 어떻게 통하는가?"

"본체의 자성으로 말한 때문이며, 혼미한 바를 따른 때문이다. 물결과 습기와도 같다.

그러나 實義는 眞·妄과 愚·智가 서로 이뤄진 것으로 말한다면 2분야로 대립되고, 만일 서로 빼앗은 것으로 말한다면 眞·妄과 愚·智 2가지의 양상이 고요하며, 眞·妄과 愚·智 2분야를 모두 관조하면 서로 하나도 아니요, 서로 분리된 것도 아니다. 만일 하나라고 말하면 서로 분리되어 다르게 될 수 있으니, 이 문장에서 말한 바와 같고, 만일 서로 다르다고 말하면 서로 합하여 똑같게 할 수 있으니, 뒤의 문장에서 말한 바와 같다는 것이 바로 이것이다. 이는 그 뜻을 잘 알아야 하는 것이지 언어에 집착해서는 안 된다."

【초_"그러나 實義는 眞·妄" 이하는 제2의 實義를 회통함이다. 두 문장을 회통하여 바야흐로 中道를 밝힌 것이다. 바로 '번뇌가 곧 보리'라는 논란을 회통함이다. 이는 眞·妄이 서로 통한다는 의미를 밝힌 것이다. 비록 3분야로 말했지만 그 의미는 4구를 포함하고 있다. 첫 부분에 2부분으로 대립하여 말한 것은 진리에 의해 현상의 사법계를 성취한다는 면에서 보면 오직 허망한 것일 뿐 진리가 아니며, 현상의 일에서 진리를 밝히면 곧 오직 진리일 뿐 허망한 것이 아니다. 이 때문에 각각 대립되는 것이다.

"만일 하나라고 말하면" 이하는 두 문장이 바로 破病이 됨을 밝힌 것이다. 만일 보살을 근거로 말하면 두 문장은 모두 그 회통한 가운데 있다.

또 이 문장은 곧 2부분의 대립이며, 뒤의 문장은 곧 2가지 양상이 고요하다. 따라서 이 2가지를 종합하면 하나가 되는 것도 아니요, 서로 분리되는 것도 아니다.

"만일 하나라고 말하면 서로 분리되어 다르게 된다."는 문장에 대해 어떤 사람이 물었다.

"모든 법이 곧 진여라, 하나로 똑같아서 차이가 없기에 허망한 것이 곧 진리인데, 무슨 허물이 있겠는가?"

이에 관한 대답은 다음과 같다.

"여기에는 산난하게 3가지의 잘못이 있다.

① 의지의 주체가 곧 의지의 대상이다. 이는 진리를 의지하여 허망한 것이 있다는 것은 물에 의하여 파도가 일어나는 것과 같은데, 지금 여기에서 허망한 것이 곧 진리라면 이는 곧 의지의 주체가 없다. 의지의 주체가 없기에 또한 의지의 대상을 상실한 것임을 말한다.

② 또한 眞·妄을 모두 잃은 것이다. 허망한 것이 곧 진리이기에 허망한 것이 없다고 말하였다. 허망한 것이 없으면 그 어떤 것으로 상대를 진리라고 말할 수 있을까?

③ 또한 眞·假 2부분을 잃은 것이다. 만일 이를 구별하면 3가지 의미가 모두 성취됨이 황금과 장엄도구, 물결과 물의 움직임과

습기, 그리고 體相 2가지가 모두 똑같지 않은 것과 같다. 의지의 주체와 의지의 대상이 각각 3가지 의미가 있어 모두 혼란하지 않다."

"만일 서로 다르다고 말하면 서로 합하여 똑같게 할 수 있다."는 것은 아래 문장에서 이르기를 "황금과 황금 색깔의 그 자성이 차별이 없는 것과 같다."는 등이라 하였다.】

若準晉經인댄 云非從智慧生이며 亦非無智生이니 了達一切法이면 滅除世間暗이니 則顯智體絶於愚智이니 不稱實了일새 則名無智니라 此偈는 雙明性相이오 後喩는 但顯二相不同이니라

만일 晉經에 준하면 "지혜로부터 생겨남이 아니며, 또한 지혜가 없는 데에서 생겨남도 아니다. 모든 법을 통달하면 세간의 혼미를 없앨 수 있다."는 것을 말한다. 이는 지혜의 본체가 어리석음과 지혜가 끊어진 자리임을 밝힌 것이다. 실상에 맞게 알지 못한 까닭에 '지혜가 없다.'고 말한다. 이 게송에서는 근본진리의 본성과 현실의 양상을 모두 밝힌 것이며, 뒤의 비유는 단 2가지의 양상이 똑같지 않음을 밝혔을 뿐이다.

經

如色及非色이　　　　此二不爲一인달하야
智無智亦然하야　　　其體各殊異로다

빛과 빛 아닌
이 둘은 하나 될 수 없듯이
지혜와 무지(無智) 또한 그러하다

그 자체가 각각 다르다

如相與無相과   **生死及涅槃**이
分別各不同인달하야   **智無智如是**로다

    모양 있는 것과 모양 없는 것
    나고 죽는 것과 열반이
    각각 달라 차별 있듯이
    지혜와 무지 또한 그러하다

世界始成立에   **無有敗壞相**하니
智無智亦然하야   **二相非一時**로다

    세계가 처음 생길 적에
    파괴되는 모양 없었듯이
    지혜와 무지 또한 그러하다
    두 모양이 동시에 있는 게 아니다

如菩薩初心이   **不與後心俱**인달하야
智無智亦然하야   **二心不同時**로다

    보살의 처음 마음은
    뒤의 마음과 함께하지 않듯이
    지혜와 무지 또한 그러하다
    두 마음이 동시에 있는 게 아니다

譬如諸識身이　　　　各各無和合인달하야
智無智如是하야　　　究竟無和合이로다

　　비유하면 모든 식과 몸이
　　각각 화합하지 않듯이
　　지혜와 무지 또한 그러하다
　　끝까지 화합할 수 없다

◉ 疏 ◉

二以喻竝決中二니 先五는 明二性相違오 後一은 辨功能不等이라
今初에 唯第二偈는 三句是喻오 餘偈는 喻合이 各有半偈니라
一約色非色者는 非色은 謂心緣慮니 質礙‧體性이 不同故오
二中에 有二喻니 相無相者는 理事相反이오 生死涅槃은 眞妄相反이니
雖同一體나 分別義門에 不相是故니라
三成之與壞는 約相別故오
四는 初心後心은 時不同故오
五는 諸識身은 所用別故며 緣會不同故니라 眼無耳用하고 又此眼識은 不合餘根이라 識身은 同識이로되 尚不相合이오 愚智性異어니 安得相生이리오

　　제2단락의 6수 게송은 아울러 결단한 부분 가운데 다시 2부분으로 나뉜다.
　　앞의 5수(제4~8) 게송은 2가지 자성이 서로 어긋남을 밝힘이며, 뒤의 1수(제9) 게송은 작용이 똑같지 않음을 논변함이다.

앞의 5수 게송 가운데, 오직 둘째 게송의 3구는 모두 비유이고, 나머지 게송은 비유와 법에 종합함이 각각 게송의 절반씩이다.

첫째 제4게송에서 빛과 빛이 아닌 것으로 말함에 있어 빛이 아닌 것이란 마음에 반연한 생각을 말한다. 質礙와 體性이 똑같지 않기 때문이다.

둘째 제5게송에는 2가지 비유가 있다. 모양 있는 것과 모양 없는 것이란 理法界와 事法界의 상반됨이며, 生死涅槃은 眞·妄의 상반이다. 비록 일체처럼 보이지만 이치를 분별하는 부분에서는 서로 옳지 않기 때문이다.

셋째 제6게송에서 말한 성립과 파괴는 서로의 차별로 말한 때문이다.

넷째 제7게송에서 말한 처음의 마음과 뒤의 마음은 시간이 같지 않기 때문이다.

다섯째 제8게송에서 말한 모든 識과 몸은 작용하는 대상이 다르기 때문이며, 반연이 똑같지 않기 때문이다. 눈에는 귀의 작용이 없고 또한 眼識은 나머지 根과 부합할 수 없기 때문이다. 識과 身은 한 가지 識이면서도 오히려 서로 부합할 수 없는데, 어리석음과 지혜의 자성은 전혀 다르다. 어떻게 서로 넣어줄 수 있겠는가.

如阿伽陀藥이　　　能滅一切毒인달하야
有智亦如是하야　　能滅於無智로다

마치 아가타약이

모든 독을 없애주는 것처럼

지혜도 그와 같아

무지를 없애주는 것이다

◉ 疏 ◉

二功能不等者는 非唯二性各別이라 然智能滅愚로되 愚不滅智며 藥能去毒이로되 毒不去藥이니 亦猶明能滅暗이로되 暗不滅明이니라

뒤의 1수(제9) 게송에서 작용이 똑같지 않음을 논변한다는 것은 오직 2가지의 자성이 각기 다를 뿐이 아니다. 그러나 지혜는 어리석음을 없애줄 수 있지만 어리석음은 지혜를 없애지 못하며, 약은 독을 없애주지만 독은 약을 없애지 못한다. 또한 밝음은 어둠을 없애주지만 어둠은 밝음을 없애지 못하는 것과 같다.

經

如來無有上이시며　　亦無與等者라
一切無能比일세　　　是故難値遇로다

여래는 더 이상 그 위가 없고

같을 이도 없다

일체 그 어느 것도 짝할 수 없기에

만나기 어려운 법이다

● 疏 ●

三 一偈는 結歸如來 逈出世表라 故難値遇니라

　10수 게송 가운데, 제3단락의 마지막 게송은 여래는 세간 밖에 아득히 뛰어난 분이기에 만나기 어렵다는 것으로 귀결 지었다.

第六 精進林菩薩

　제6 정진림보살의 게송

經

爾時에 精進林菩薩이 承佛威力하사 普觀十方하고 而說頌言하사대

　그때 정진림보살이 부처님의 위신력을 받들어 시방을 두루 살펴보고 게송으로 말하였다.

● 疏 ●

勤觀理事 同無差別하야 離身心相이라 故名精進이라
十頌은 總相으로 顯佛此德이니 前은 即無差之差오 此는 乃差之無差니
二章相接하야 顯非即離며 亦互相成이니라

　이법계와 사법계는 한가지로 차별 없음을 부지런히 살펴서 몸과 마음의 상을 여의었기에 그 명호를 '정진림보살'이라 한다.

　10수 게송은 總相으로 부처님의 이러한 공덕을 밝힌 것이다.

앞에서는 곧 차별 없는 차별을 말하였고, 여기에서는 차별이 차별 없음을 말하고 있다. 이는 앞뒤의 문장을 서로 연결 지어 하나가 됨도 아니며, 서로 여읨도 아님을 밝힌 것이며, 또한 서로가 서로를 이뤄주는 것이다.

經

諸法無差別을　　　無有能知者오
唯佛與佛知시니　　智慧究竟故로다

　모든 법에 차별이 없음을
　알 사람이 없다
　오직 부처님과 부처님만이 아시니
　지혜가 다한 자리에 이른 때문이다

● 疏 ●

十頌은 分二니 初一은 約法雙標오 後九는 就喩雙釋이라 今은 初也니 初句는 標其所知니 五類之法이 皆無有差오 次句는 揀非餘境이오 下半은 唯佛究盡이라

　10수 게송은 2단락으로 나뉜다.
　제1단락의 제1게송은 법을 들어 聖凡을 모두 나타냈고, 제2단락의 9수 게송은 비유로 2가지를 모두 해석하였다.
　이는 제1단락의 제1게송이다.
　제1구는 알아야 할 대상을 밝힌 것이다. 5가지 종류의 법이 모

두 차별이 없다.

제2구는 나머지 경계가 아님을 가려냄이다.

제3, 4구는 오직 부처님만이 다함을 말하였다.

經

如金與金色이　　　　**其性無差別**인달하야
法非法亦然하야　　　**體性無有異**로다

　　마치 금과 금빛이
　　그 자성이 차별 없듯이
　　법과 법 아닌 것도 그러하다
　　체성이 다르지 않다

● 疏 ●

後九釋中에 前五는 釋所知오 後四는 釋能知라 前中에 初四는 正釋이오 後一은 遣疑라 前中은 皆上半은 喩오 下半은 法이니 無差所由는 在於末句라

一은 體色無別喩니 此喩爲總이라 喩雖是一이나 法合은 有二하니 該橫豎故니라【鈔_ 此喩爲總者는 法·非法言은 該通性相과 及諸法故니라】

　　제2단락의 9수 게송을 해석하는 가운데, 앞의 5수(제2~6) 게송은 알아야 할 대상을 해석함이며, 뒤의 4수(제7~10) 게송은 알 수 있는 주체를 해석하였다.

앞의 5수(제2~6) 게송 가운데, 앞의 4수 게송은 바로 해석하였고, 뒤의 1수 게송은 의심을 떨쳐버림이다.

앞의 4수(제2~5) 게송에서 모두 제1, 2구는 비유이며, 제3, 4구는 법이다. 차별이 없는 이유는 끝 구절에서 말하고 있다.

앞의 4수 게송 가운데, 첫째 제2게송은 본체와 색상에 차별이 없다는 비유이다. 이 비유는 總相이다. 비유는 비록 한 가지이지만 법으로 끝맺은 데에는 2가지가 있다. 공간과 시간의 종횡을 모두 갖추고 있기 때문이다.【초_ "이 비유는 總相이다."는 것은 '법과 법 아닌 것'이란 말은 性相 및 모든 법에 통한 때문이다.】

豎는 約理事交徹이니 法者는 事也요 非法은 理也니 色卽空故니라 亦可 法은 眞法也요 非法은 妄法也니 取文雖異나 義旨乃同이니 謂如金之 黃色과 與金體斤兩으로 性無差別하야 隨取互收니라 合中金은 是所依 라 喩其眞法이오 色은 是能依라 喩妄非法이니 以妄無體하야 攬眞而起 면 則眞無不隱하야 唯妄現也오 以眞體實하야 妄無不盡이면 唯眞現也 니 是則無體之妄이 不異體實之眞이라 故云無有異也이니 亦同密嚴 에 如金與指環이 展轉無差別이라

시간의 종적으로는 理·事가 서로 통한다고 말하였다. 법이란 현상의 事이며, 법이 아닌 것은 진공의 이치이다. 이는 색이 곧 공이기 때문이다. 또한 법은 진실한 법[眞法]이며, 법이 아닌 것은 허망한 법[妄法]이다. 비록 문장의 의의를 취택함이 다르지만 그 의미는 똑같다.

마치 금의 황색이 금 자체의 斤兩과 자성이 차별 없어 취함에

따라 서로가 함께함을 말한다. 법으로 끝맺은 데서 말한 금은 의지의 대상이라 진실한 법을 비유함이며, 황색은 의지의 주체라 허망한 존재가 법이 아님을 비유함이다. 허망한 법은 그 자체가 없어 진실한 법을 잡아 일으키면 진실한 법은 가려지지 않을 수 없어 오직 허망한 법만이 나타나게 되고, 진실한 법이 실제 체득하여 허망한 법이 다하지 않음이 없으면 오직 진실한 법이 나타나게 된다. 이는 곧 체득이 없는 허망한 법이 실제 체득한 진실한 법과 다르지 않기 때문에 차이가 없음을 말한다. 이는 또한 密嚴經에서 말한 "금과 가락지가 전전하여 차별이 없다."는 구절과 같다.

橫者는 異法相望이니 法者는 可軌之法也오 非法者는 不可軌之法也라 又法謂有法이오 非法謂無라 故中論에 釋法不生非法에 云有不生無故라하니라

體性無異者는 謂同如故니라【鈔_ 橫者異法相望者는 卽一切差別法이 無差別也니 法은 卽是善法이오 非法은 卽惡法이라 故百論에 取般若意하야 云福尙捨은 何況罪야 以金剛云法尙應捨은 何況非法가 故以非法而名爲罪니라

又法謂有法者는 亦是橫論이니 有無 相對라 故中論下에 引論하야 證成無法爲非法也니라 】

공간의 횡적으로 말하면 다른 법이 서로 대조됨이다. 법이란 궤범이 되는 법이며, 법이 아닌 것은 궤범이 될 수 없는 법이다. 또한 법은 법이 있음을 말하고, 법이 아닌 것은 법이 없음을 말한다. 이 때문에 중론에서 "법은 법이 아닌 것을 낳지 못한다[法不生非法]."

는 구절을 해석하면서 이르기를 "有가 無를 낳지 못하기 때문이다."고 하였다.

'體性이 차이가 없다.'는 것은 한 가지 진여임을 말한 때문이다. 【초_ "공간의 횡적으로 말하면 다른 법이 서로 대조된다."는 것은 모든 차별법이 차별이 없다. 법은 곧 善法이며, 법이 아닌 것은 곧 악법이다. 그러므로 百論에서 반야의 의의를 취하여 이르기를 "복도 오히려 버리는데 하물며 죄야!"라 하였고, 금강경에서는 "법도 오히려 버려야 하는데 하물며 법이 아닌 것이야!"라고 말하였다. 이 때문에 법이 아닌 것으로 죄가 된다고 말한 것이다.

"또한 법은 법이 있음을 말한다."는 것 또한 橫論으로 有·無의 상대이다.

"중론에서 법은 법이 아닌 것" 아래는 중론을 인용하여 법이 없는 것이 非法임을 증명하여 끝맺음이다.】

然前義는 正順於喻오 後義는 乃順標中諸法之言이라 要由初義 性相無差하야 方得顯於後義事事無差어니와 若但用後義면 未顯相全同性이어니 那得顯於事事同於一性가

그러나 앞의 게송에서 말한 뜻은 바로 비유를 따름이며, 뒤의 게송에서 말한 의미는 이에 표장 가운데 모든 법의 말을 따른 것이다. 중요한 점은 처음 말한 의의인 性相에 차별이 없다는 점으로 말미암아 바야흐로 뒤에서 말한 의의인 事事에 차별이 없음을 밝힌 것이다. 하지만 만약 뒤에서 말한 의의만을 따른다면 相이 모두 자성과 같음을 밝히지 못한 것인데, 어떻게 事事가 하나의 자성과

같음을 밝힐 수 있겠는가.

經

衆生非衆生이   **二俱無眞實**하니
如是諸法性이   **實義俱非有**로라

중생과 중생 아닌 것
두 가지는 모두 진실이 없다
이와 같이 모든 법의 자성이
모두 진실한 뜻이 있지 않다

◉ 疏 ◉

第二偈는 **假名不實喩**니 **以眞奪俗**이라 **是故**로 **無差**니라 **攬緣成衆生**일세 **卽虛非衆生**이니 **所遣旣無**면 **能遣安有**아 **故俱無實**이니 **以喩諸法皆無實義**코 **竝從緣故**일세니라

앞의 4수 게송 가운데, 둘째 제3게송은 假名이 진실하지 못하다는 비유이다. 眞諦로써 俗諦를 빼앗음이다. 이 때문에 차별이 없다. 반연을 가지고 중생을 이루고 있기에 곧 반연이 없는 虛의 자리는 중생의 경계가 아니다. 떨쳐버려야 할 대상이 이미 없다면 떨쳐버려야 할 주체인들 어찌 있겠는가. 그러므로 모두 실체가 없는 것이다. 이로써 모든 법이 모두 실체의 의의가 없고, 아울러 반연을 따름을 비유한 때문이다.

經

譬如未來世에　　　　無有過去相인달하야
諸法亦如是하야　　　無有一切相이로다

　　마치 미래 세계에는
　　과거 세계의 모양이 없듯이
　　모든 법도 그와 같아
　　일체 모양이 있지 않다

◉ 疏 ◉

三은 三世互無喩니 喩無相故無別이라 謂若未來에 有過去者면 應名過去어니 何名未來아 故知定無過現之相이라 文擧一隅니 應反餘二니라 諸法無相이 如彼互無니 此以差別로 喩無差別이라【鈔_ "文擧一隅應反餘二"者는 應明現在無過未요 過去無現未等이라】

　앞의 4수 게송 가운데, 셋째 제4게송은 삼세가 모두 없다는 비유이다. 모양이 없기 때문에 차별이 없음을 비유한 것이다.

　만약 미래에 과거가 있다면 당연히 과거라 명명해야 할 터인데 어떻게 미래라 말할 수 있겠는가. 그러므로 반드시 과거·현재의 모양이 없음을 알아야 한다. 게송에서는 일부분만을 들어 말하였으니 당연히 나머지 2부분을 돌이켜보아야 한다. 모든 법의 無相이 그 모두 없는 것과 같다. 이는 차별로써 차별이 없음을 비유한 것이다.【초_ "게송에서는 일부분만을 들어 말하였으니 당연히 나머지 2부분을 돌이켜보아야 한다."는 것은 당연히 현재에는 과거

가 없고 과거에는 현재·미래가 없다는 등을 밝힘이다.】

經

譬如生滅相이　　　　**種種皆非實**인달하야
諸法亦復然하야　　　　**自性無所有**로다

　마치 생겨나고 사라지는 모양이
　가지가지 모두 진실하지 못하듯
　모든 법도 그와 같아
　자성이 있는 게 없다

⦿ 疏 ⦿

四는 四相非實喩니 喩無性故無差別이라 生等四相이 離所相法이면 無別自性이오 一切諸法이 離所依理면 無別自性이니 此以相無로 喩於性無니라

　앞의 4수 게송 가운데, 넷째 제5게송은 生·住·異·滅 四相이 진실하지 않다는 비유이다. 자성이 없기 때문에 차별이 없음을 비유한 것이다. 生 등의 四相이 모양으로 나타나는 법을 여의면 개별의 자성이 없고, 모든 법이 의지한 바의 진리를 여의면 개별의 자성이 없다. 이는 모양이 없는 것으로써 자성이 없음을 비유한 것이다.

經

涅槃不可取나　　　　**說時有二種**하니

諸法亦復然하야　　　　**分別有殊異**로다

열반을 취할 수 없지만

말할 때, 유여(有餘)열반·무여(無餘)열반 2가지가 있다

모든 법 또한 그와 같다

분별심에 의해 차이가 생겨난 터이다

● 疏 ●

後遣疑者는 疑云若都無別이면 云何見有性相等殊라 故此釋에 云亦如涅槃 體離有無하야 百非斯絕이나 而强立名字하야 曰餘無餘라 諸法亦然하야 眞俗並虛나 分別成異니 若離分別이면 則無一切境界之相이라【鈔 眞俗竝虛等者는 故肇公云涅槃은 蓋是鏡像之所歸오 絕稱之幽宅也니 豈可以有無標榜가 故有餘無餘는 乃出處之異號오 應物之假名耳라하니라 若離分別者는 卽起信論이니 一切境界 唯依妄念而有差別이라하고 次云 若離心念이면 則無一切境界之相이라하니라】

뒤의 1수(제6) 게송에서 의심을 떨쳐버렸다는 것은 의심하여 말하기를 "만일 모두 차별이 없다면 어떻게 性相 등의 차이가 있는 것을 볼 수 있을까?"라고 물어왔기에 이에 대해 해석하였다.

"또한 열반이라는 자체가 有·無를 여의어 百非가 끊어진 자리이나 명제와 문자를 어거지로 세워서 二乘이 증득한 有餘열반[2]과

----

2 有餘열반: 자기의 수행으로 이승의 번뇌는 끊었으나, 아직도 과거의 업보로 받은 신체가 사라지지 못한 열반.

119

보살이 증득한 無餘열반[3]이라는 이름을 붙인 것이다. 모든 법 또한 그와 같다. 眞諦와 俗諦는 모두 공허하나 분별하는 마음에 의해 차별을 낳는 것이다. 만일 분별하는 마음을 여의면 곧 일체 경계의 모양이 없다. 【초_ "眞諦와 俗諦는 모두 공허하다." 등이란 승조 법사가 이르기를 "열반은 대개 거울의 영상이 돌아가는 대상이며, 언어가 끊어진 그윽한 자리이다. 어떻게 있다 없다 표방할 수 있겠는가. 그러므로 유여열반과 무여열반은 出處에 따른 다른 호칭이며, 사물에 상응한 임시의 이름이다."고 하였다.

"만일 분별하는 마음을 여의면"이란 기신론이다. "일체 경계는 오직 妄念에 의하여 차별이 생겨난다." 하였고, 또 이어서 말하기를 "마음의 생각을 여의면 곧 일체 경계의 모양이 없다."고 하였다.】

經

如依所數物하야　　　　**而有於能數**라
彼性無所有니　　　　**如是了知法**이로다

　셀 수 있는 물건에 의해
　셈하는 것일 뿐
　그 자성은 모두 없는 것처럼
　이렇게 법을 알아야 한다

....
3 無餘열반: 모든 번뇌가 끊기고 육신까지 사라진 후 얻어지는 평온의 경지.

◉ 疏 ◉

第二 四偈는 喻能知者는 皆展轉遣疑라 初偈에 疑云旣有分別이면 則有能知니라 故釋云離所數物이면 無能數數라하니 旣所知無性이면 何有能知리오 無知之知 是眞了法이니라

제2단락의 9수 게송 가운데, 뒤의 4수(제7~10) 게송은 앎의 주체를 비유했다는 것은 모두 전전하여 의심을 떨쳐버림이다.

첫째 제7게송에서 의심하여 "이미 분별하는 마음이 있다면 그것은 곧 앎의 주체가 있는 것이다."고 물어온 것이기에 이에 대해 다음과 같이 해석하였다.

"셀 수 있는 대상의 존재를 여의면 셀 수 있는 주체의 수효가 없다."

이미 아는 대상이 자성이 없다면 어떻게 앎의 주체가 있을 수 있겠는가. 아는 것이 없는 앎이 참으로 법을 아는 것이다.

經

譬如算數法이　　　　**增一至無量**이라
數法無體性이로되　　**智慧故差別**이로다

　마치 셈하는 법이
　하나씩 더해 가면 한량없듯이
　셈하는 법이란 체성이 없는데
　지혜로 차별을 내는 것이다

◉ 疏 ◉

次復疑云若依向喩면 能數喩能知니 能知雖無나 所知猶有니라 故 復用能數法하야 以喩所知하고 智慧差別로 以喩能知라 反覆相遣하야 顯無差理니 謂一上에 加一을 名之爲二라하니 乃至百千이 皆是諸一이 라 由能數智하야 作百千解라 故晉譯中에 第三句云 皆悉是本數라하야 늘 今譯에 明一多相待라 故無體性이라하야 喩彼妄想이 於無性中에 計 爲有無耳라【鈔_ 反覆相遣者는 謂以所知遣能知하고 復以能知遣 所知耳라】

다음 제8게송은 다시 의심하여 "만일 앞의 비유에 따른다면 셀 수 있는 주체의 숫자로 앎의 주체를 비유한 것이다. 앎의 주체는 비록 없으나 알아야 하는 대상은 오히려 남아 있다."고 물어왔기 에, 여기에서 다시 셀 수 있는 주체의 법을 인용하여 알아야 할 대 상에 비유하였고, 지혜에 의한 차별의 마음으로 앎의 주체를 비유 하였다. 이는 반복하여 주체와 대상을 서로 떨쳐버림으로써 차별 이 없는 이치를 밝힌 것이다.

"하나 위에 하나를 더하면 2라 하고, 내지 1백이며 1천이 모두 가 1이다. 셀 수 있는 주체의 지혜에 의하여 1백이니 1천이니 견해 를 일으키는 것이다. 따라서 晉譯에서는 제3구에 이르기를 "모두 이 本數이다."고 말했는데, 이 번역에서는 하나와 많은 수효를 상 대로 밝힌 것이다. 이 때문에 "체성이 없다."고 하여, 그 망상이 자 체가 없는 가운데서 이리저리 생각하여 있느니 없느니 따지게 됨 을 비유한 것이다. 【초_ "반복하여 주체와 대상을 서로 떨쳐버렸다."는 것은 알아야 할 대상으로 앎의 주체를 떨쳐버리고, 다시 앎의 주체로 알아야 할 대상을 떨쳐버림을 비유함이다.】

經

譬如諸世間이　　　　**劫燒有終盡**이나
虛空無損敗인달하야　　**佛智亦如是**로다

비유하면 모든 세간이
겁화(劫火)에 불타 다하지만
허공은 아무런 손상이 없는 것처럼
부처님 지혜 또한 그와 같다

◉ 疏 ◉

次又疑云都無能所면 何名佛智오 故釋云能所雙亡이라야 佛智斯顯이라 故所知妄法은 如世成壞오 能知眞智는 湛若虛空이라 尚不初成이온 況當有敗아 如出現品文이라 權智照俗은 同世成壞오 權卽是實은 如不離空이라【鈔_ 況當有敗者는 經云譬如世界有成壞나 而其虛空不增減이라 一切諸佛成菩提에 成與不成無差別이라하니 是也라】

다음 제9게송은 또 의심하여 "모두 주체와 대상이 없다면 어떻게 부처님의 지혜라고 명명하는 것일까?"라는 물음에 따라서 이를 해석하여 말하기를 "주체와 대상이 모두 사라지면 부처님의 지혜가 이에 드러나게 된다."고 하였다.

그러므로 알아야 할 대상의 妄法은 세계의 덧없는 성취와 파괴와 같고, 앎의 주체가 되는 眞智는 담담하여 허공과 같다. 오히려 당초에 이뤄진 게 없었는데, 하물며 손상됨이 있겠는가. 여래출현품에서 말한 경문과 같다. 또한 權智로 세속을 관조함은 세계의 덧없는 성취와 파괴와 같고, 權智가 곧 실상임은 허공을 여의지 않음과 같다. 【초_ "하물며 손상됨이 있겠는가."라는 것은 경문에 이르기를 "비유하면 세계는 성취와 파괴가 있으나 허공은 더하지도 줄어들지도 않는 것과 같다. 그렇듯이 일체 제불의 보리지혜 성취여, 성취하든 성취하지 못하든 차별이 없다."는 것이 바로 이를 말한다.】

如十方衆生이　　　各取虛空相인달하야
諸佛亦如是하야　　世間妄分別이로다

　　마치 시방 중생이
　　제각기 허공의 모양 말하듯이
　　모든 부처님도 그와 같다
　　세간에서 허망하게 분별한 터이다

● 疏 ●

末偈疑云佛智旣等인댄 應用何殊아 釋云隨心妄取니 佛無異相이니라
又謂常無常은 如各取空이오 佛智雙非는 如空無別이라

　　마지막 제10게송은 의심하여 말하기를 "부처님의 지혜가 이

미 평등하다면 응용은 어찌하여 다른 것일까?"라고 하니, 이에 대해 해석하기를 "중생의 마음을 따라 부질없이 취한 것일 뿐, 부처님은 남다른 모양이 없다. 또한 영원하다, 무상하다 하는 것은 마치 중생이 제각기 자신이 살고 있는 허공만을 들어 말하는 것과 같고, 부처님 지혜로 영원함과 무상함이 모두 아니다는 허공에 차별이 없음과 같다."고 하였다.

야마천궁게찬품 제20-1 夜摩天宮偈讚品 第二十之一
화엄경소론찬요 제37권 華嚴經疏論纂要 卷第三十七

화엄경소론찬요 제38권
華嚴經疏論纂要 卷第三十八

●

야마천궁게찬품 제20-2
夜摩天宮偈讚品 第二十之二

第七 力林菩薩

제7 역림보살의 게송

經

爾時에 **力林菩薩**이 **承佛威力**하사 **普觀十方**하고 **而說頌言**하사대

그때 역림보살이 부처님의 위신력을 받들어 시방을 두루 살펴보고 게송으로 말하였다.

◉ **疏** ◉

智了三種世間하야 性相諸邊에 不動일세 故名力林이라하니라

3종류의 세간(衆生世間, 器世間, 智正覺世間)을 아는 지혜를 지녀 性相의 모든 면에 흔들림이 없기에 그 이름을 '역림보살'이라 하였다.

經

一切衆生界가 　　　　**皆在三世中**하고
三世諸衆生이 　　　　**悉住五蘊中**이로다

모든 중생 세계는
모두 삼세의 시간 속에 있고
삼세의 중생은
모두 오온 속에 살고 있다

諸蘊業爲本이오　　　**諸業心爲本**이라
心法猶如幻하니　　　**世間亦如是**로다

　　모든 온(蘊)은 업을 근본으로 삼고
　　모든 업은 마음을 근본으로 삼는다
　　마음의 법이 마치 허깨비와 같듯이
　　세간 또한 그와 같다

◉ 疏 ◉

十頌은 顯佛離相眞智니 於中分三이니 初四는 徧明世間이오 次五는 雙遣世及出世오 後一은 觀成利益이라

今初는 畧有二觀이니 初二偈는 攝末歸本觀이니 顯衆生世間空이오 後二는 緣生無作觀이니 兼顯器世間空이라

今은 初也니 初二句는 推假名衆生이면 不出三世니 顯是無常이오 次二句는 推三世衆生 不出於蘊이니 顯無有我오

次句는 蘊由業生으로 以明果空하야 顯非邪因이오 次句는 推業唯心하야 明心外無法이오 次句는 體心如幻하야 不離性空及與中道니 如幻無性故며 非有非無故오 末句는 以本例末이니 則上五一如하야 皆展轉緣生故니라

　　10수 게송은 부처님의 모양을 여읜 진실한 지혜를 밝히고 있다.
　　이는 3단락으로 나뉜다.
　　첫 단락의 4수 게송은 세간을 두루 밝혔고,
　　제2단락의 5수(제5~9) 게송은 세간 및 출세간을 모두 떨쳐버렸고,

제3단락의 마지막 제10게송은 觀을 성취한 이익이다.

첫 단락의 4수 게송은 간단하게 2가지의 觀이 있다.

앞의 2수(제1~2) 게송은 지말을 가져다가 근본으로 귀의하는 관[攝末歸本觀]이다. 중생세간의 空을 밝힘이다.

뒤의 2수(제3~4) 게송은 반연으로 생겨난 것이지 이를 만들어 낸 자가 없다는 관[緣生無作觀]이다. 器世間의 空을 겸하여 밝힘이다.

이는 앞의 2수(제1~2) 게송이다.

제1게송의 제1, 2구(一切衆生界 皆在三世中)는 假名의 중생을 추구하면 삼세에서 벗어나지 못한다. 이는 無常을 밝힘이며,

다음 2구(三世諸衆生 悉住五蘊中)는 삼세 중생을 추구하면 오온에서 벗어나지 않는다. 자아가 없음을 밝힘이다.

제2게송의 제1구(諸蘊業爲本)는 오온은 업으로 말미암아 생겨난다는 것으로 果空을 밝혀서 邪因 아님을 밝힘이며,

제2구(諸業心爲本)는 업을 추구하면 오직 마음으로 마음 밖에 법이 없음을 밝힘이며,

제3구(心法猶如幻)는 마음이 허깨비와 같음을 체득하여 性空 및 中道를 여의지 않도록 함이니, 허깨비와 같이 자체가 없기 때문이며, 있는 것도 아니고 없는 것도 아니기 때문이며,

제4구(世間亦如是)는 근본으로 지말을 예시함이니 곧 위의 다섯 보살의 게송에서 말한 바는 모두 전전하여 반연으로 생겨나기 때문이다.

世間非自作이며　　　　　亦復非他作이로되
而其得有成이며　　　　　亦復得有壞로다

　　세간은 스스로 만들어진 것도 아니며
　　또한 다른 존재가 만든 것도 아니지만
　　그 세간은 이뤄짐도 있고
　　또한 무너짐도 있다

世間雖有成이며　　　　　世間雖有壞나
了達世間者는　　　　　　此二不應說이로다

　　세간은 비록 이뤄지기도 하고
　　세간은 무너지기도 하지만
　　세간을 분명히 통달한 이는
　　이 두 가지를 말하지 않는다

◉ 疏 ◉

二緣生無作觀中에 初偈는 無作故緣成이오 後偈는 緣成이 卽無作이라
【鈔_ 疏文有二니 初는 總科니 謂前偈는 上半無作이오 下半緣成이며
後偈는 上半緣成이오 下半無作이라】

　　뒤의 2수(제3~4) 게송은 반연으로 생겨난 것이지 이를 만들어낸 자가 없다는 관[緣生無作觀] 가운데, 앞의 제3게송은 이를 만들어낸 자가 없기 때문에 반연으로 성취된 것이며, 뒤의 제4게송은 반

연으로 이뤄진 것이 곧 이를 만들어낸 자가 없음을 말한다.【초_ 청량소의 문장에는 2가지 뜻이 있다. 앞의 제3게송은 총체의 과목이다. 제3게송의 제1, 2구는 이를 만들어낸 자가 없음을, 제3, 4구는 반연으로 이뤄짐을 말하고, 제4게송의 제1, 2구는 반연으로 이뤄진 것이며, 제3, 4구는 이를 만들어낸 자가 없음을 말하고 있다.】

今初言不自他作者는 通遣諸非니라 一은 約外道니 非自性等作이며 亦非梵天等他作이오 但以虛妄하야 無業報故니 廣如三論破니라【鈔_ 非自性等作者는 即明非自作也라 外道宗計之盛이 不出數論勝論이니 數論은 計自性能作이니 自性은 即冥諦能作이니 而我非能作者오 但是知者어늘 而疏言等은 即等於我니 我爲能作者는 即勝論師니라 次言亦非梵天等作者는 且等取安茶論師所計니 第一疏에 已明이라 自在는 即塗灰外道所計니 合上이면 爲共作이오 離上이면 爲無因이라 故但擧自作에 四句已備니라

但以虛妄者는 即總破四句하니 四句之計 皆無業報니라

言廣如三論破者는 不欲繁文하야 指廣有原이라 然三論皆破니 百論에 廣破二宗이니 今取順非四句作苦하야 且依十二門論釋云이라

然自性一計는 第一疏抄에 已廣破竟이어니와 衛世計我爲自를 今當更釋호리라

即觀作者門의 第十偈에 云 自作及他作과 共作無因作이 如是不可得이라 是則無有苦라하야늘 長行에 以因緣門釋하니 則通小乘大乘等이라 次約破外道說이니 先總敍에 云如經說호되 有裸形迦葉이 問佛호되 苦自作耶아 佛 默然不答한대 世尊이여 若爾인댄 苦不自作者니 是他

作耶아 佛亦不答한대 世尊이여 若爾인댄 苦自作他作耶아 佛亦不答한대 世尊이여 若爾者인댄 苦無因無緣作耶아 佛亦不答하시다 釋曰下論破有二意하니 一은 約性空이니 結云如是四問을 佛皆不答은 當知하라 苦則是空이니라 第二는 約外道說이라 】

뒤의 2수(제3~4) 게송 가운데, 제3게송의 제1, 2구에서 "스스로 만들어진 것도 아니며, 다른 존재가 만든 것도 아니다."고 말한 것은 모든 '아니라는' 것 자체까지 전체를 떨쳐버린 것이다.

⑴ 외도로 말한 것이다. 자성이 나와 대등하게 만들어낸 것이 아니며, 또한 범천 등의 다른 존재가 만들어낸 것도 아니다. 단 허망하여 업보가 없기 때문이다. 三論에서 자세히 설파한 바와 같다.

【초_ "자성이 나와 대등하게 만들어낸 것이 아니다."는 것은 곧 스스로 만들어냄이 아님을 밝힌 것이다. 외도의 주된 논지[宗計]로는 數論派[Sāṃkhya학파]와 勝論派[Vaiśeṣika학파]에서 벗어나지 않는다. 數論이란 자성이 모든 것을 만들어내는 주체라고 생각하는 것이다. 자성은 곧 冥諦가 만들어내는 주체이니, 我는 만들어내는 주체자가 아니다. 단 이를 아는 자이다. 청량소에서 等[非自性'等'作]이라 말한 것은 곧 나[我]와 대등[等]함을 말한다. '我'가 만들어내는 주체자라 함은 곧 승론파 스님들의 말이다.

다음에 "또한 범천 등의 다른 존재가 만들어낸 것도 아니다."고 말한 것은 安荼論師[4]들의 논의이다. 제1게송의 청량소에서 이

....
4 安荼論師: 나라에 있는 외도 安陀師, 一因外道의 일파. 범천으로부터 출생한 安荼를 日月星

미 밝혔다. 自在는 곧 塗灰外道[5]의 논의이다. 위를 합하면 함께 만들어내는 게 되고, 위를 여의면 원인이 없다. 그러므로 단 '스스로 만들어냄[自作]'을 들어도 4구가 이미 갖춰져 있다.

"단 허망하여 업보가 없기 때문이다."는 것은 곧 4구를 총체로 타파함이다. 4구의 논지는 모두 업보가 없다.

"三論에서 자세히 설파한 바와 같다."고 말한 것은 문장을 너절하게 쓰지 않고자 자세히 그 본원을 가리킨 것이다. 그러나 三論에서 모두 설파했으나 百論에서도 二宗에 대해 자세히 설파하였다. 여기에서는 4구의 作苦가 아님에 따라 또한 三論의 하나인 十二門論에 의하여 해석한 것이다.

그러나 '自性'에 대한 하나의 논의는 제1게송의 청량소에서 이미 자세히 설파했지만, 衛世師(勝論派)의 '我'를 논의하여 '自'로 삼음에 대해 여기에서 다시 해석하겠다.

中論 觀苦品의 제10偈에 이르기를 "자기가 만들어낸다거나 다른 존재가 만들어낸다거나 2가지가 만들어낸다거나 원인이 없이 만들어졌다고 이렇게 말할 수 없다. 이는 곧 괴로움이 없다."고 했는데, 장항의 산문에서는 이를 因緣門으로 해석하니 곧 소승·대승

晨과 天地衆生의 根本으로 하는 설. 外道小乘涅槃論에 나온다.

5 塗灰外道: 塗灰는 梵名으로 Bhasman이며, 또한 灰塗外道, 또는 獸主外道(Pāśupata), 牛主外道라 한다. 고대인도 외도의 하나. 그들은 옷을 입지 않고 온몸에 재를 바르며, 고행으로 昇天을 추구하며 大自在天(Maheśvara)을 숭배하는 일파이다. 이 외도들은 대자재천을 만물의 창조신으로 모신다. (北本涅槃經卷十六, 華嚴經隨疏演義鈔卷十三, 俱舍論光記卷九)

135

등에 모두 통한다.

다음은 외도의 설을 타파하는 것으로 말한다. 먼저 총체로 서술하되 경문에 이렇게 말하였다.

裸形迦葉이 부처님께 여쭈었다.

"괴로움은 스스로 만들어지는 것입니까?"

부처님은 묵묵부답으로 아무런 말씀이 없으셨다.

"세존이시여, 그렇다면 괴로움은 스스로 만들어지는 것이 아니니 이는 다른 존재가 만들어내는 것입니까?"

부처님은 또다시 묵묵부답으로 아무런 말씀이 없으셨다.

"세존이시여, 그렇다면 괴로움은 스스로 만들어지는 것입니까? 다른 존재가 만들어내는 것입니까?"

부처님은 또다시 묵묵부답으로 아무런 말씀이 없으셨다.

"세존이시여, 그렇다면 괴로움은 원인도 없고 반연도 없이 만들어지는 것입니까?"

부처님은 또다시 묵묵부답으로 아무런 말씀이 없으셨다.

이에 대해 다음과 같이 해석하였다.

아래에서 논파한 데에는 2가지의 뜻이 있다. 하나는 性空으로 말한 것이다. 이를 결론지어 말하기를 "이와 같은 4가지 물음을 부처님께서 모두 대답하지 않으심은 괴로움이 곧 空임을 알아야 한다."고 하였다. 다른 하나는 외도의 말을 들어 말한 때문이다.】

二는 約小乘이니 非同類因自作이며 亦非異熟因他作이니 以皆相待하야 無自性故니라

(2) 소승으로 말한 것이다. 同類因으로 스스로 만들어낸 것도 아니며, 또한 異熟因으로 다른 존재가 만들어낸 것도 아니다. 모두 상대하여 자성이 없기 때문이다.

三은 約因緣相待니 如十地論 及對法所明이라【鈔_ '三約因緣'者는 十地在下어니와 對法云 '自種有故로 不從他오 待衆緣故로 非自作이오 無作用故로 不共生이오 有功能故로 非無因'이라하니 斯則以因爲自하고 以緣爲他니라 假因遣緣하고 假緣遣因하며 假無用以遣共하고 假有功 遣無因이니 十地更廣호리라】

(3) 因緣의 相待로 말한 것이다. 十地論 및 對法에서 밝힌 바와 같다.【초_ "(3) 因緣의 相待로 말하였다."는 것은 십지론은 아래에 있지만, 對法에 이르기를 "스스로의 종자가 있기 때문에 다른 존재를 따르지 않으며, 수많은 반연을 상대하는 까닭에 스스로 만들어 내는 것이 아니며, 작용이 없기 때문에 함께 만들어내는 것이 아니며, 작용이 있기 때문에 원인이 없는 게 아니다."고 하였다. 이는 因으로써 自를 삼고 緣으로써 他를 삼은 것이다. 因을 빌려서 緣을 버리고 緣을 빌려서 因을 버리며, 작용이 없음을 빌려서 함께 만들어내는 것을 버리고, 작용이 있음을 빌려서 원인이 없음을 버린 것이다. 이는 십지론에서 다시 자세히 말하고자 한다.】

四는 約以因望果니 中論에 云 '自作及他作과 共作無因作으로 如是說諸苦나 於果則不然'이라하니 此自他言에 含於二意니 一은 以果爲自하고 以因爲他니 論云果法이 不能自作已體故오 二는 以因爲自하고 以緣爲他니 此明不從因緣이라 無果待對故라 離旣不成이면 合亦不

成이라 故論云 若彼此共成이면 應有共作苦어니와 彼此尚無作이어니 何況無因作가하니 彼此는 卽自他也니라

(4) 원인으로써 결과를 바라보는 것으로 말하였다. 중론에 이르기를 "자기가 만들어낸다거나 다른 존재가 만들어낸다거나 2가지가 만들어낸다거나 원인이 없이 만들어졌다고 이처럼 많은 괴로움에 대해 말하지만 결과는 그렇지 않다."고 하였다. 여기에서 말한 自·他라는 말에는 2가지 뜻을 포괄하고 있다.

① 果로써 自를 삼고 因으로써 他를 삼음이다. 논에 이르기를 "과보의 법이 스스로 자체를 만들지 못하기 때문이다."고 하였다.

② 因으로써 自를 삼고 緣으로써 他를 삼음이다. 이는 因·緣을 따르지 않는 터라 果의 상대가 없음을 밝힌 때문이다. 서로가 분리되는 것이 이미 이룰 수 없는 일이라면 서로 합하는 것 또한 이루지 못하기 때문이다. 논에 이르기를 "만일 이것과 저것[彼此]이 함께 이루는 것이라면 당연히 함께 이루는 괴로움이 있겠지만, 이것과 저것도 오히려 만들어내는 것이 없는데, 하물며 어떻게 원인도 없이 만들어냈다고 할 수 있겠는가."라고 하였다. 彼此는 곧 나와 남[自他]이다.

下半二意는 一은 不礙緣成이라 以遣無因이며 二는 非但不礙幻有라 亦由有空義故로 能成因果니 是則不動眞際코 建立諸法이오 又非但說於苦라 四種義不成이오 一切外萬物이라 四義皆不成이라하니 成壞之言은 顯兼器界니라【鈔】下半二意者는 卽經而其得有成이며 亦復得有壞니라 前意는 則上半性空이 不閡下半緣成이니 卽事理無閡

義요 後意는 由上性空하야 成於下半이니 卽以有空義故로 一切法得成이니 則是事理相成門이라
'又非下는 卽是中論結例之言이라
'成壞之言'者는 中論에 正約正報어니와 今經은 意在雙含耳라 】

제3, 4구의 2가지 뜻은 ⑴ 반연에 걸림 없이 성취한 것이다. 이로써 원인이 없이 이뤄진다는 말을 떨쳐버림이다.

⑵ 幻有에 걸림이 없을 뿐 아니라 또한 空義로 말미암은 까닭에 인과를 이루는 것이다. 이는 眞際를 움직이지 않고서도 모든 존재를 건립함이다. 또한 "괴로움을 말했을 뿐만 아니라 4가지의 의의를 이룰 수 없으며, 일체 만물을 도외시한 터라 4가지의 의의를 이룰 수 없다."고 한다. 이뤄지고 무너진다는 말은 器世界를 겸하여 밝힌 것이다. 【초_ "제3, 4구의 2가지 뜻"이란 게송에서 말한 "그 세간은 이뤄짐도 있고, 또한 무너짐도 있다."는 것이다. 앞의 제3구의 뜻은 곧 제1, 2구에서 말한 '性空'이 제3, 4구에서 말한 '緣成'에 걸리지 않는다. 곧 사법계와 이법계에 장애가 없다는 뜻이다. 제4구의 뜻은 제1, 2구에서 말한 '性空'으로 말미암아 아래 제3, 4구에서 말한 '緣成'을 이룬 것이다. 곧 空義가 있기 때문에 모든 법이 성취됨을 말한다. 이는 곧 사법계와 이법계가 서로 성취하는 법문이다.

"또한 괴로움을 말했을 뿐만 아니라[又非但說於苦]" 이하는 중론에서 예시한 바를 끝맺은 말이다.

"이뤄지고 무너진다는 말"이란 중론에서는 바로 正報만을 들어

말했지만 이의 경문에서 말한 뜻은 2가지를 모두 포괄하고 있다.】
後偈 緣成卽無作者는 向約幻有하야 雖言成壞나 幻有卽空이라 故不
應說이니 是則不壞假名이오 而說實相이라

　　뒤의 2수 게송 가운데, 뒤의 제4게송에서 반연으로 이뤄진 것이 곧 만들어냄이 없다는 것은 앞에서는 幻有를 들어 비록 이뤄지고 무너지는 것을 말했지만, 幻有는 곧 空이다. 따라서 이처럼 말할 수 없다. 이는 곧 假名을 무너뜨리지 않고서 實相을 말함이다.

經

云何爲世間이며　　　　**云何非世間**고
世間非世間이　　　　　**但是名差別**이로다

　　어떤 것을 세간이라 하고
　　어떤 것을 세간 아니라 하는가
　　세간과 세간 아닌 것은
　　단 그 이름만 다를 뿐이다

三世五蘊法은　　　　　**說名爲世間**이오
彼滅非世間이니　　　　**如是但假名**이로다

　　삼세와 오온법은
　　세간이라 이름하고
　　그 세간이 사라지면 세간이 아니다
　　이와 같이 이름만 빌렸을 뿐이다

云何說諸蘊이며 諸蘊有何性고
蘊性不可滅일세 是故說無生이로다

    무엇을 여러 가지 온이라 하며
    온에는 무슨 성품이 있는가
    온의 성품은 사라질 수 없기에
    그래서 생겨남이 없다 말한다

分別此諸蘊인댄 其性本空寂이라
空故不可滅이니 此是無生義로다

    이러한 온을 분별하면
    그 성품이 본래 공적하다
    공적하기에 사라짐이 없으니
    이것이 생겨남이 없는 이치이다

衆生旣如是인댄 諸佛亦復然이니
佛及諸佛法이 自性無所有로다

    중생이 이미 이러하다면
    부처님 역시 그러하다
    부처님과 부처님의 법이
    그 자성에 있는 게 아니다

● 疏 ●

第二 五頌雙遣中에 初半偈는 假徵이오 次半은 標答이라 次偈는 出體釋成이니 蘊은 是世間이오 緣成寂滅이 卽出世間이라 故淨名經에 云世間性空이 卽是出世間이라하니 一體說二라 故云假名이니라 【鈔_ 故淨名下는 引證이니 卽不二法門品에 第十二 那羅延菩薩曰 世間·出世間 爲二어늘 世間性空이 卽是出世間이니 而於其中에 不入不出하고 不溢不散이 是爲入不二法門이 是也라 又思益第一에 云五陰은 是世間이니 世間所依止라 依止於五陰이면 不脫於世間이어니와 菩薩有智慧하야 知世間實性이니 所謂五陰如라 世間法不染이라하고 又云五陰無自性이 卽是世間性이니 若人不知是면 常住於世間이어니와 若見知五陰이면 無生亦無死라 是人行世間호되 而不依世間이라 凡夫不知法하야 於世起諍訟이니 是實是不實이 但是二相中이어니와 我常不與世로 起於諍訟事라 世間之實相을 悉已了知故라하니 與此大同하다 】

10수 게송 가운데, 제2단락의 5수(제5~9) 게송은 모두 떨쳐버리는 가운데, 처음 제5게송의 제1, 2구는 임시 물음이며, 다음 제3, 4구는 반은 표장의 대답이다.

다음 제6게송은 세간의 體性[三世五蘊法]을 말하여 해석하고 끝맺음이다. 오온은 세간이며, 반연으로 성취된 것이 寂滅하면 곧 출세간이다. 따라서 유마경에서 이르기를 "세간의 性空이 곧 출세간이다."고 하였다. 하나의 체성에 2가지를 말한 까닭에 이를 假名이라 하였다. 【초_ "유마경에서 이르기를" 이하는 인증이다. 이는 유마경 不二法門品 제12에서 나라연보살이 말하기를 "세간과 출세간이 2가지인데, 세간 性空이 곧 출세간이다. 그것은 들어갈 수도 나올 수도 없으며, 넘치지도 흩어지지도 않음이 不二法門에 들어감이다."고 한 것이 바로 이를 말한다.

또 思益經 제1에 이르기를 "五陰이 세간이니 세간의 의지 대상이다. 오음을 의지하면 세간을 벗어날 수 없지만, 보살은 지혜가 있어서 세간의 實性을 알고 있다. 이른바 오음이 진여라, 세간법이 물들이지 못한다."고 하며, 또한 "자성이 없는 오음이 곧 세간의 자성이다. 만일 이를 알지 못한 사람은 세간에 영원히 머물지만, 오음을 알면 생겨남도 없고 또한 죽음도 없다. 그 사람은 세간에 행하면서도 세간에 의지하지 않는다. 범부는 세간의 법을 알지 못하여 세상에서 논쟁과 송사를 일으킨다. 이러한 실상과 실상이 아닌 것은 단 2가지의 양상 속에 있지만, 나는 항상 세상과 더불어 논쟁과 송사를 일으키지 않는다. 세간의 실상을 모두 이미 알고 있기 때문이다."고 말하였다. 이 문장과 크게는 같다.】

次二句는 徵蘊名體니 世以蘊爲體어니와 蘊以何爲體오 次二句는 標答이니 上句는 答體오 下句는 答名이니 應名無生五蘊이라 旣云性不可滅인댄 則顯前非事滅이라【鈔_ 則顯前非事滅者는 然滅有二種하니 謂理及事故니라 上出世間도 亦有二種이니 一은 約事出이니 謂地前爲世間이오 登地爲出世니 此約事滅이어니와 由偈但云彼滅非世間은 則通二釋이니 以此文證컨대 明非事滅이라 二者는 約相名世오 約性爲出世니 即今文意라 即約理滅이니 合於淨名思益等經이라】

다음 제7게송의 제1, 2구는 모든 蘊을 물으면서 그 체성을 명명한 것이다. 세간은 오온으로 체성을 삼지만 오온은 무엇으로 체성을 삼는가? 다음 제3, 4구는 답을 밝힌 것이다. 제3구는 오온의 체성에 대한 대답이며, 제4구는 오온의 명제에 대한 대답이다. 이는 당연히 無生五蘊이라 명명해야 할 것이다. 앞서 "체성은 사라지지 않는다."고 말한 것으로 보아 곧 앞에서 말한 "일이 사라짐[事滅]이 아님"을 밝힌 것이다. 【초_ "곧 앞에서 말한 '일이 사라짐이 아님'을 밝혔다."는 것은 그러나 事滅의 滅에는 2가지가 있다. 이법계 및 사법계가 다르기 때문이다.

위의 '출세간' 또한 2가지가 있다.

① 사법계에서 벗어난 것을 말한다. 地前보살은 세간이고 登地보살은 출세간으로 말한 것이다. 이는 세간의 사법계가 사라지는 것으로 말했지만 게송에서 단 "그 세간이 사라지면 세간이 아니다."고 말한 것을 따르면, 2가지 해석에 모두 통한다. 이 경문으로 증명하면 세간의 사법계가 사라진 것이 아니다.

② 현실의 양상으로 세간이라 이름하고 근본의 성품으로 출세간이라 말한다. 이는 이의 경문에서 말한 뜻이다. 곧 이법계마저 사라진 것으로 말함이니 유마경과 사익경 등의 경문에서 말한 뜻과 부합한다.】

次一偈는 釋成空故不滅이며 亦非事在不滅이니 則知本自不生이 是無生義니라【鈔_ 則知等者는 既言空故로 不可滅인댄 是無滅義오 而結云此是無生義者는 以無可滅故로 是本自不生이니 卽法自在菩薩曰生滅爲二나 法本不生이라 今則無滅이니 得此無生法忍이 是爲

入不二法門이라하니라 】

　　다음 제8게송은 空을 이뤘기 때문에 사라지지 않음이며, 또한 사법계가 존재하여 사라지지 않은 것도 아님을 해석하여 끝맺음이다. 이는 본래 스스로 생겨남이 아님이 無生의 의미임을 알아야 한다. 【초_ "이는 본래 스스로 생겨남이 아님" 등이란 이미 空한 까닭에 사라지지 않는다고 말했다면 이는 사라짐이 없다는 뜻이며, 끝맺어 말하기를 "이것이 생겨남이 없는 이치이다."고 말한 것은 사라질 게 없기 때문에 본래 스스로 생겨남이 아님을 말한다. 법자재보살이 말하기를 "生과 滅은 2가지이지만 법은 본래 생겨남이 아니다. 지금 곧 사라짐도 없으니, 이런 無生法忍을 얻음이 不二法門에 들어감이 된다."고 하였다.】

後偈는 例出世間하야 顯智正覺世間도 亦應緣無性이며 又證無性之理로 爲自體故니라【 鈔_ '又證無性之理'者는 前約應身하야 論無性이어니와 此約眞身하야 論無性이라 】

　　뒤의 제9게송은 출세간에 예시하여 智正覺世間 또한 應緣에 자성이 없음을 밝힘이며, 또한 자성이 없는 이치로 자체가 됨을 증명한 때문이다. 【초_ "또한 자성이 없는 이치로 자체가 됨을 증명하였다."는 것은 앞에서는 應身을 가지고 자성이 없음을 논했지만, 여기에서는 眞身을 들어 자성이 없음을 논하였다.】

能知此諸法이　　　　　如實不顚倒하면

一切知見人이　　　　　　**常現在其前**이로다

　　이러한 모든 법이

　　진실하여 뒤바뀌지 않음을 알면

　　이처럼 일체를 알고 보는 이는

　　그의 앞에 항상 부처님이 현신하리라

● *疏* ●

末後一偈 明觀益者는 佛以實爲其體라 故見法則常見佛也니라

　제3단락의 마지막 제10게송은 觀의 이익을 밝혔다. 부처님은 실상으로써 그 체성을 삼은 터라 법을 보면 항상 부처님을 볼 수 있다는 것이다.

第八 行林菩薩

　제8 행림보살의 게송

經

爾時에 **行林菩薩**이 **承佛威力**하사 **普觀十方**하고 **而說頌言**하사대

　그때 행림보살이 부처님의 위신력을 받들어 시방을 두루 살펴보고 게송으로 말하였다.

● 疏 ●

照理觀佛而起正修라 故名行林이니라

　　진리를 관조하고 부처님을 보고서 바른 수행을 일으켰기에 그 이름을 '행림보살'이라 한다.

經

譬如十方界에　　　　　一切諸地種이
自性無所有로되　　　　無處不周徧인달하야

　　비유하면 시방세계에
　　일체 모든 지대(地大)의 종성이
　　자성이 있는 게 아니지만
　　두루 하지 않은 곳이 없듯이

佛身亦如是하야　　　　普徧諸世界하사대
種種諸色相이　　　　　無住無來處로다

　　부처님 몸 또한 그와 같아서
　　모든 세계에 두루 나타나지만
　　가지가지 모든 빛과 모양이
　　머문 곳도 없고 온 곳도 없다

● 疏 ●

十頌은 觀佛體相普同德이라

於中分二니 前七은 約喩顯修오 後三은 見實成益이라
前中復二니 初二는 地種無性普周喩로 喩佛無生徧應德이라

10수 게송은 부처님의 體相이 시방세계 널리 함께하는 공덕을 살펴봄에 대해 말하였다.

10수 게송은 2단락으로 나뉜다.

제1단락의 7수 게송은 비유를 들어 수행을 밝혔고,

제2단락의 3수 게송은 실상을 보고서 이익을 성취함이다.

제1단락의 7수 게송은 다시 2부분으로 나뉜다.

앞의 2수 게송은 地大의 種性이 자성이 없이 두루 널리 존재한다는 비유로, 부처님이 머문 곳이 없으면서도 널리 시방세계에 감응하는 공덕을 비유하였다.

經

但以諸業故로　　　　說名爲衆生이나
亦不離衆生하고　　　而有業可得이로다

　　단 수많은 업장 때문에
　　중생이라 말하지만
　　또한 중생을 떠나서는
　　업장을 찾아볼 수 없다

業性本空寂이나　　　衆生所依止오
普作衆色相이나　　　亦復無來處로다

업의 자성은 본래 공적하지만
중생이 의지하는 대상이며
널리 여러 가지 모양을 두루 만들어내지만
또한 온 곳이 없어라

如是諸色相과　　　業力難思議니
了達其根本이면　　於中無所見이로다

이러한 모든 색상과
업의 힘은 헤아릴 수 없다
그 근본을 분명히 알면
그 가운데 볼 수 있는 게 없다

● 疏 ●

後五는 業相無依成事喩로 喩佛難思現用德이라 於中二니 三偈는 喩오 二偈는 合이라

前中初一은 明業果互依오 次偈는 明相依無性이니 業不離生이라 故業性空이오 因業有生이라 故生無來處니라 後偈는 雙結難思하야 顯成眞觀이니 若逆推其本이면 業復有因하야 卒至無住니라 無住無本이라 故無所見이니 無見之見이라야 方了業空이니라【鈔_ 若逆推等者는 前偈는 因業有生이니 卽是順明이어니와 今明生依於業하고 業亦從緣이라 故云性空이니 已是逆推니라

言卒至無住는 卽淨名經意니 彼逆推云身孰爲本고 答曰欲貪 爲本

이니라 又問호되 欲貪은 孰爲本고 答호되 虛妄分別 爲本이니라 又問호되 虛妄分別은 孰爲本고 答日 顚倒想 爲本이니라 又問호되 顚倒想은 孰爲本고 答日 無住 爲本이니라 文殊師利여 從無住本으로 立一切法이라하니 今經中三이 竝攝在業하고 衆生卽身이오 空寂無來는 卽無住本이니라 】

7수 게송 가운데, 뒤의 5수(제3~7) 게송은 業相이란 의지함 없이 일을 성취한다는 비유로, 부처님의 불가사의한 작용을 나타내는 공덕을 비유한 것이다.

뒤의 5수 게송은 다시 2부분으로 나뉜다.

앞의 3수(제3~5) 게송은 비유이며,

뒤의 2수(제6~7) 게송은 법으로 끝맺음이다.

앞의 3수 게송 가운데, 첫째 제3게송은 業·果가 서로 의지함을 밝혔고,

다음 제4게송은 서로 의지함에 자성이 없음을 밝히고 있다. 업이 중생을 여의지 않기 때문에 業性이 空하고, 업을 인하여 중생이 있기 때문에 중생은 오는 곳이 없다.

셋째 제5게송은 불가사의함을 쌍으로 끝맺어 眞觀의 성취를 밝힘이다. 만일 그 근본을 역으로 미뤄보면 업 또한 원인이 있어 마침내 無住에 이르게 된다. 無住는 근본이 없기 때문에 볼 수 있는 대상이 없다. 볼 수 없이 보는 것이야말로 바야흐로 業空을 아는 것이다. 【초_ "만일 그 근본을 역으로 미뤄보면" 등이란, 앞의 게송에서는 업을 인하여 중생이 있다고 말하니 이는 곧 순리대로 밝힌 것이지만, 여기에서는 중생이 업을 의지하고, 업 또한 반연을

따르고 있음을 밝히고 있기에 이를 '性空'이라 하니 이는 이미 역으로 미뤄본 것이다.

"마침내 無住에 이르게 된다."고 말한 것은 곧 정명경에서 말한 뜻이다. 정명경에서 역으로 미루어 말하였다.

"몸은 무엇이 근본이 되는가?"

"欲貪이 근본이다."

"욕탐은 무엇이 근본이 되는가?"

"허망분별이 근본이다."

"허망분별은 무엇이 근본이 되는가?"

"顚倒想이 근본이다."

"전도상은 무엇이 근본이 되는가?"

"無住가 근본이다. 문수사리여, 無住의 근본으로부터 모든 법이 세워지는 것이다."

이의 경문에서는 중간의 '욕탐' '허망분별' '전도상' 3가지를 모두 業에다 포괄하였다. 중생은 곧 몸이며, 空寂과 오는 곳이 없음[無來]은 곧 無住의 근본이다.】

佛身亦如是하야　　不可得思議니
種種諸色相으로　　普現十方刹이로다

　　부처님 몸 또한 이와 같아
　　불가사의한 존재이다

가지가지 모든 색상으로

시방세계에 두루 몸을 나타내신다

身亦非是佛이며   **佛亦非是身**이니
但以法爲身하면   **通達一切法**이로다

몸 또한 부처가 아니며

부처 또한 몸이 아니다

다만 법으로 몸을 삼으면

일체 모든 법을 통달하는 법이다

◉ 疏 ◉

二頌 合中에 初偈는 難思普應이니 合上業果互依니라
次二句는 以互不相是로 合互依無性이니 身若是佛이면 轉輪王等이 卽
是如來오 佛若是身이면 正覺之心이 應同色相이니라 後二句는 結示眞
體唯如唯智하야 合第三偈 難思達本이니라【鈔 身若是佛者는 謂色
相之身이니 卽金剛經에 云若以三十二相으로 觀如來者면 轉輪聖王
이 卽是如來라하니라 後二句는 結示니 三은 卽如如오 四는 卽如智니라】

뒤의 2수(제6~7) 게송은 법으로 종합한 가운데, 첫째 제6게송은
불가사의의 몸으로 시방에 널리 감응한 것으로, 위에서 말한 "業·
果가 서로 의지한다."는 데에 일치한 부분이다.

다음 제7게송의 제1, 2구는 서로가 서로 이것이 아니라는 것으
로, "서로 의지함에 자성이 없다."는 부분에 일치된다. 몸이 만일

부처라면 전륜왕 등이 곧 여래일 것이며, 부처가 만일 몸이라면 正覺의 마음은 당연히 色相과 같은 존재이다.

뒤의 제3, 4구는 眞體가 오직 진여이며, 오직 지혜임을 끝맺어 셋째 제5게송의 '불가사의'와 '근본을 통달함'과 일치하는 부분이다.【초_ "몸이 만일 부처라면"이란 색상의 몸을 말한다. 곧 금강경에서 이르기를 "만일 32상으로 여래를 본다면 전륜성왕이 곧 여래이다."고 하였다. 뒤의 제3, 4구는 끝맺음으로 보여준 것이다. 제3구는 곧 如如이며, 제4구는 眞如智이다.】

經

若能見佛身이 　　淸淨如法性하면
此人於佛法에 　　一切無疑惑이로다

　　만일 부처님의 몸이
　　청정하여 법성과 같음을 보면
　　이 사람은 일체 불법에
　　조금도 의혹이 없으리라

若見一切法이 　　本性如涅槃하면
是則見如來가 　　究竟無所住로다

　　만일 일체 불법의
　　본성이 열반과 같음을 알면
　　이런 이는 여래가

결국 머문 자리가 없음을 보리라

若修習正念하야　　　　明了見正覺이
無相無分別하면　　　　是名法王子로다

　만일 바른 생각을 닦아
　분명하게 정각이란
　모양도 없고 분별도 없음을 알면
　그를 법왕의 아들이라 말하리라

◉ 疏 ◉

二有三偈는 明見實中은 初頌은 見佛이 卽了法이니 以見佛稱性하야 不疑同體故니라【鈔_ 以見佛稱性者는 三寶同體니 佛卽是法이오 法卽是衆이라 故經云淸淨如法性者는 如卽稱義니 人信法性이오 難信法佛이라 故致如言이니 實則佛身이 卽法性也니라】

　　제2단락의 3수 게송은 실상을 보고서 이익의 성취를 밝힌 가운데, 첫째 제8게송은 부처님을 보는 것이 곧 법을 아는 것이다. 부처님을 보는 것이 성품에 일치되어 똑같이 일체임을 의심하지 않기 때문이다.【초_ "부처님을 보는 것이 성품에 일치된다."는 것은 三寶가 똑같이 일체이다. 부처님은 곧 법이며, 법은 곧 중생이다. 따라서 경문에 이르기를 "청정하여 법성과 같다."는 것에서 '… 같다[如]'는 곧 그 이치에 맞는 것이다. 사람이 법계는 믿지만 법과 부처는 믿기 어려운 까닭에 '… 같다[如]'고 말한 것이다. 실제로는

부처의 몸이 곧 법계이다.】

次偈는 見法이 卽見佛이오 了法이 卽性淨이니 知佛不住性相故니라

後偈는 明了正修行이니 照了無相하고 心寂分別하야 寂照雙流라 故名正念이니 則從佛法生하야 是法王子故니라

又上三偈는 初知離名爲法이오 次知法名爲佛이오 後知無名爲僧이니 窮見三寶之實이라

 3수 게송 가운데, 둘째 제9게송은 법을 보는 것이 곧 부처를 보는 것이며, 법을 아는 것이 곧 자성이 청정함이다. 부처님이 性相에 머물지 않음을 알기 때문이다.

 3수 게송 가운데, 마지막 제10게송은 바른 수행을 분명하게 아는 것이다. 모양이 없음을 관조하여 알고, 마음에 분별하는 생각이 고요하여 寂·照가 모두 통한 까닭에 그 이름을 '바른 생각[正念]'이라 한다. 이는 곧 불법으로부터 생겨난 것이 법왕의 아들이기 때문이다.

 또한 위의 3수 게송 가운데, 첫째 제8게송은 여읨을 아는 것을 '법'이라 하고, 다음 제9게송은 법을 아는 것을 '佛'이라 하고, 뒤의 제10게송은 無를 아는 것을 '僧'이라 한다. 이는 三寶의 실상을 모조리 보여줌이다.

第九 覺林菩薩
 제9 각림보살의 게송

爾時에 覺林菩薩이 承佛威力하사 徧觀十方하고 而說頌言하사대

　그때 각림보살이 부처님의 위신력을 받들어 시방을 두루 살펴보고 게송으로 말하였다.

● 疏 ●

照心本末이 名爲覺林이라

十頌은 顯於具分唯識이라 大分爲二니 前五는 約喩顯法이오 後五는 法合成觀이라

前中二니 前二는 約事오 後三은 約心이라 乍觀此喩면 似前喩所作이오 後喩能作이로되 細尋喩意면 前喩却親이라 喩眞妄依持오 後喩는 心境依持니라 然依生滅八識이 但有心境依持니 而卽如來藏心이라 故有眞妄依持하니 以會緣入實에 差別相盡하야 唯眞如門이니 卽前喩所顯이오 攝境從心에 不壞相故로 是生滅門이니 卽後喩所明이라 存壞不二하야 唯一緣起오 二門無礙하야 唯是一心이라 故下合中에 但明心造오 欲分義別하야 喩顯二門이니 是名具分唯識이라【鈔_ '具分唯識者는 已如上釋이니 正取眞妄合成하야 以爲具分이라

'乍觀此喩等者는 卽揀刊定云前二는 喩眞妄心所作하야 以辨唯識이오 次二는 喩眞妄心能作하야 以辨唯識이라 今言似者는 大種異色은 似畫師所作이라 然不離心有彩畫者는 似能作也니 則麤觀似爾로되 細尋이면 不然이라 細尋已下는 卽顯正義라

然依生滅下는 辨二所由니 顯法相宗은 但是心境依持니라
而即如來藏下는 辨具二所以니 於中에 先總이오 後以會緣入實下는
別示二相이니 即以起信에 眞如生滅二門으로 爲二義耳라
存壞不二 唯一緣起는 結歸華嚴이니 會緣入實은 壞也오 不壞相故는
存也라
'二門無閡'者는 結歸起信依一心法하야 立二種門이라 故須具足二義
라야 方名具分唯識이라 問호되 唯識第九에 說其所轉依 有其二種이니
一은 持種依니 謂第八識이오 二는 迷悟依니 謂即眞如니라 何以說言
'然依生滅八識 唯有心境依持오 答호되 彼雖說迷悟依나 非即心境
持種이니 以眞如不變일세 不隨於心하야 變萬境故로 但是所迷耳오 後
還淨時에 非是攝相即眞如故로 但是所悟耳어니와 今乃心境依持니
即是眞妄이 非有二體라 故說一心이오 約義不同일세 分成兩義하야 說
二門別이라 故論云'然此二門이 皆各總攝一切法故며 以此二門不
相離故'라하니 廣如問明과 及玄談中하다 】

마음의 본말을 비춰보았기에 그 이름을 '각림보살'이라고 한다.

10수 게송은 具分唯識[6]을 밝힘이다.

이는 크게 나누어 2단락이다.

제1단락의 5수 게송은 비유를 들어 법을 밝힘이며,

....
6 具分唯識: 유식학을 2가지로 분류하는데, 첫째는 具分이고 둘째는 不具分이다. 우선 구분유식이란 진여를 근본소의로 하고, 근본소의인 불생멸의 진여가 생멸과 화합하여 둘이 같지도 않고 다르지도 않은 상태의 아뢰야식을 설정하는 것을 말하는 것으로, 아뢰야식에 불생멸과 생멸이 모두 갖추어져 있다는 점에서 구분유식이라 한다.

제2단락의 5수 게송은 법에 합한 것으로 觀을 이룸이다.

제1단락의 5수 게송은 다시 2부분으로 나뉜다.

앞의 2수(제1~2) 게송은 일을 들어 말하였고, 뒤의 3수(제3~5) 게송은 마음을 들어 말하였다. 이 비유를 언뜻 보면 비유는 만들어지는 대상이며, 뒤의 비유는 만들어주는 주체인 것처럼 보이지만, 비유의 뜻을 자세히 살펴보면 앞의 비유는 도리어 친근하기 때문에 眞·妄이 서로 의지함을 비유하였고, 뒤의 비유는 心·境이 서로 의지함이다. 그러나 生滅에 의한 八識이 단 心·境의 의지가 있을 뿐이지만 如來藏心에 하나가 된 까닭에 眞·妄이 서로 의지함이 있다. 반연을 회통하여 실상에 들어가 차별상이 다하여 오직 眞如門이다. 이는 곧 앞의 비유에서 밝힌 바이다. 경계를 받아들여 마음을 따름에 모양을 무너뜨리지 않기 때문에 이는 生滅門이다. 곧 뒤의 비유에서 밝힌 바이다.

존재하고 파괴됨이 둘이 아니어서 오직 하나의 緣起이며, 2가지의 법문에 걸림이 없어 오직 하나의 마음이다. 따라서 아래의 법으로 종합한 가운데, 단 모든 것이 마음으로 만들어짐만을 밝히고 이치의 차별을 구분하고자 2가지의 법문을 비유로 밝힌 것이다. 이를 具分唯識이라 한다. 【초_ '具分唯識'이란 이미 위에서 해석한 바와 같다. 바로 眞妄이 합하여 성취됨을 취하여 구분유식을 삼은 것이다.

"이 비유를 언뜻 보면" 등은 刊定記에서 "앞의 2수 게송은 眞妄心의 所作을 비유하여 이로써 유식을 분별하였고, 다음 2수 게송은 眞妄心의 能作을 비유하여 이로써 유식을 분별하였다."는 말과 다르다는 점을 가려내어 분별한 것이다. 여기에서 似[乍觀此喩 '似前喩所作]라 말한 것은 큰 종자[大種]가 색과 다름은 畵工이 그림을 그려내는 바와 같다. 그러나 마음을 떠나서는 채색의 그림이 있을 수 없다는 것은 그림을 그리는 주체와 같다. 이는 거칠게 보면 그럴듯 하지만 자세히 살펴보면 그렇지 않다. "자세히 살펴보면[細尋]" 이하는 곧 正義를 밝힌 것이다.

'然依生滅' 이하는 2가지 유래되는 바를 논변함이니 법상종에서는 단 心·境이 서로 의지함을 밝힌 것이다.

'而卽如來藏' 이하는 2가지 법문을 갖추게 된 이유를 논변함이다. 그 가운데 앞에서는 總相이며, 뒤의 '以會緣入實' 이하에서는 2가지의 모양을 개별로 보여줌이다. 이는 곧 기신론의 '眞如·生滅' 2가지 법문으로 2가지 의미를 삼은 것이다.

"존재하고 파괴됨이 둘이 아니어서 오직 하나의 緣起이다."는 것은 화엄경으로 귀결 지은 것이다. '會緣入實'은 파괴[壞]이며, '不壞相故'는 존재[存]이다.

"2가지의 법문에 걸림이 없다."는 것은 기신론의 한 마음의 법을 의지하여 2가지 종류의 법문을 세움에 귀결된다. 따라서 반드시 2가지의 의미가 구족해야 바야흐로 그 이름을 '구분유식'이라 할 수 있다. 묻기를 "유식론 제9에서 그 '전의되는 바[所轉依]'를 말한 데에는 2가지가 있다. 첫째는 종자를 지닌 의지처[持種依]이니 제8식을 말한다. 둘째는 미혹과 깨달음의 의지처[迷悟依]이니 곧 진여를 말한다. 그런데 어찌하여 '그러나 生滅에 의한 八識이 단 心·境

의 의지처가 있을 뿐이다.'고 말했는가?"라고 하였다.

　　이에 대해 다음과 같이 답하였다. "그 유식론에서는 비록 '미혹과 깨달음의 의지처'라고 말했지만 곧 心境의 종자를 지닌 의지처가 아니다. 진여는 변치 않기에 마음에 따라서 모든 경계에 변하지 않는다. 그러므로 단 혼미할 뿐이며, 뒤에 다시 청정할 때에 이러한 相을 포괄하여 진여에 나아가는 것이 아니다. 이 때문에 다만 깨달음의 대상이 되지만, 여기에서는 心境의 의지처이다. 곧 이는 眞妄이 2가지의 체성이 있는 게 아니다. 이 때문에 '하나의 마음[一心]'이라 말하였고, 그 의미가 똑같지 않기에 2가지의 의미를 구분하여 2가지의 법문으로 구별해서 말한 것이다. 이 때문에 논에 이르기를 '그러나 이 2가지의 법문이 모두 각각 모든 법을 총체로 포괄하기 때문이며, 이 2가지의 법문이 서로 분리될 수 없기 때문이다.'고 하였다." 이에 대해서는 보살문명품 및 玄談에서 자세히 말한 바와 같다.】

譬如工畫師가　　　　　分布諸彩色하고
虛妄取異相이나　　　　大種無差別이니

　　마치 그림 잘 그리는 화공이
　　여러 가지 채색을 칠하고
　　허망하게 여러 모양 그리지만
　　큰 종자는 차별이 없다

大種中無色이며　　　　　色中無大種이로되
亦不離大種하고　　　　而有色可得이로다

　　큰 종자 속에는 빛깔이 없고
　　빛깔 속에는 큰 종자가 없지만
　　또한 큰 종자를 떠나서
　　빛깔을 찾을 수 없다

● 疏 ●

今初二偈는 眞妄依持니 即眞如門攝一切法也라
初偈 初句는 總喩一心이오 次句는 喩隨緣熏變하야 成依他也오 次句는 不了依他라 故成徧計오 第四句는 喩依他相盡에 體即圓成이라
【鈔】初偈依持眞妄者는 含眞含妄이며 有能有所이니 論云'所言法者는 謂衆生心이니 是心이 即攝一切世間出世間法이라 故下合云'心如工畫師'라하니라

次句'隨緣'等者는 起信論云'自性淸淨心이 因無明風動하야 有其染心'이라하고 楞伽經에 云'藏識海常住로되 境界風所動으로 種種諸識浪이 騰躍而轉生'이라하니 亦是不生不滅이 與生滅和合하야 非一非異 名阿賴耶識이라

次句'不了'等者는 以經云'虛妄取異相故'라 故起信에 云'一切諸法이 皆依妄念而有差別이니 若離心念이면 則無一切境界之相'이라하니라
第四句'喩依他'等者는 以言大種無差別故니라 大種은 即喩眞如니 謂心體離念은 即是如來平等法身이오 從緣無性은 即眞如矣니라 又

一二兩句는 卽不染而染이오 三四兩句는 卽染而不染이라 故有後偈에 喻不卽離니라 】

이의 처음 2수 게송은 眞·妄이 서로 의지함을 말한다. 곧 眞如門이 모든 법을 받아들임이다.

제1게송의 제1구는 하나의 마음을 총체로 비유함이며,

제2구는 반연 따라 훈습의 변화로 의타기성의 성취를 비유함이며,

제3구는 의타기성을 알지 못하기에 변계소집성의 성취를 비유함이며,

제4구는 依他相이 다함에 본체가 곧 圓成實性임을 비유함이다. 【초_ "처음 2수 게송은 眞·妄이 서로 의지한다."는 것은 진실도 함유하고 허망도 함유하며, 주체도 있고 대상도 있음을 말한다. 논에 이르기를 "법이라 말한 것은 중생의 마음을 말한다. 이러한 중생의 마음이 곧 일체 세간과 출세간의 법을 모두 포괄하기 때문이다."고 하며, 아래에서는 이를 종합하여 "마음은 그림을 잘 그리는 화공과 같다."고 하였다.

"제2구는 반연 따라 훈습의 변화" 등이란 기신론에 이르기를 "자성의 청정한 마음이 無明의 바람이 일어남으로 인하여 물드는 마음이 있다."고 하며, 능가경에서는 "藏識의 바다가 항상 고요히 있으나 경계의 바람이 불어옴으로써 가지가지 모든 識의 물결이 출렁거리며 전전하여 발생한다."고 하였다. 이 또한 생멸이 없는 근본자리가 생멸과 화합하여 하나도 아니요, 다른 것도 아닌 것을

명명하여 아뢰야식이라 한다.

"제3구는 의타기성을 알지 못한다." 등은 경문에 이르기를 "허망하게 다른 모양을 취하기 때문이다."고 하였다. 그러므로 기신론에 이르기를 "일체 모든 법이 모두 망념을 의하여 차별이 생겨나는 것이다. 만일 마음의 망념을 여의면 곧 일체 경계의 相이 없다."고 하였다.

"제4구는 依他相이 다함에 본체가" 등이란 큰 종자는 차별이 없음을 말한 때문이다. 큰 종자는 곧 진여의 비유이다. 마음의 본체가 망념을 여의면 곧 여래의 평등법신이며, 반연을 따라 자성이 없음은 곧 진여이다.

또한 제1, 2구는 곧 물들이지 않고서도 물드는 것을 말하고, 제3, 4구는 곧 물이 들되 물들지 않음을 말한다. 따라서 뒤의 게송에서 하나도 아니요, 여의지도 않음을 비유한 것이다.】

後偈는 喻依圓眞妄 非卽離義라 上半은 不卽이니 能所異故니 大種中無色은 身所觸故오 色中無大種은 眼所見故니라 又能造는 無異니 畫色差別故로 喻妄依眞이라 能所異故며 性無差別이나 相不同故니라 下半은 不離義니 謂所造靑等이 離能造地等하고 無別體故며 假必依實하야 同聚現故로 喻妄必依眞性이라 相交徹故니라 然大必能造色이어니와 非色能造大니 喻妄必依眞起어니와 眞不依妄生이라 故不云然不離於色코 有大種可得이라하니라【鈔_ '大種中無色身所觸故'者는 堅濕煖動이 皆是觸故니라 言'色中無大種眼所見故'者는 約顯色說이니 靑黃赤白이 眼之境故니라 直就法體면 大種是觸이오 色卽是色이며 若

就根得이면 謂身及眼이라

'又能造無異'者는 然取增勝이니 地多則黃이오 水多則白이오 火多卽赤이오 風多則靑하야 而堅濕煖動이 共造於靑하고 亦共造於黃赤及白하나니 在能造邊하야 同一堅等이어니와 及所造邊하얀 卽有靑等이라 故云能造無異로되 畫色差別故라하니

'喩妄依眞'下는 合이니 先合能所異故며 亦應具言'眞中無妄은 聖智境故'며 妄中無眞은 凡所知故'니라

從性無差別'下는 合上又能造無異等이라

'假必依實'等者는 諸宗正義는 堅等爲實하고 色等爲假어니와 唯成實宗은 色香味觸이 實也오 地水火風은 假也라하니 以其是數論弟子後入佛法이나 尚順本師故니라 故智論에 云精巧有餘로되 而明實未足이라하니라

'然大必能造色'下는 通妨이니 妨云'上非卽中에 旣云大種中無色하고 色中에 無大種이라하야늘 今非離中에 何不言大種不離色코 色不離大種가 答意는 可知니 上明眞妄依持에 但取心中眞如一門하야 對妄染說이라】

뒤의 제2게송은 원성실성에 의지한 眞妄이 하나도 아니요, 여의지도 않음을 비유한 것이다.

제1, 2구는 眞妄이 하나가 아님이다. 주체와 대상이 다르기 때문이다. 큰 종자 속에 빛깔이 없는 것은 몸의 접촉 대상이기 때문이며, 빛깔 가운데 큰 종자가 없는 것은 눈의 대상이기 때문이다. 또한 조작의 주체는 차이가 없으나 그림의 색채에는 차별이 있기

때문에 허망이 진실에 의지함을 비유한 것은 주체와 대상이 다르기 때문이다. 성품은 차별이 없으나 색상이 같지 않기 때문이다.

제3, 4구는 眞妄이 서로 여의지 않는다는 뜻이다. 그려내는 청색 등이 그려내는 주체의 本地 등을 여의고 또 다른 別體가 없기 때문이며, 假는 반드시 실상을 의지하여 한 가지로 모여 나타나기 때문에 허망한 것은 반드시 진리에 의지함을 비유한 것이다. 이처럼 근본진리의 성품과 현실의 양상이 서로 통한 때문이다.

그러나 큰 종자는 반드시 빛깔을 만들어내지만 빛깔은 큰 종자를 만들어내지 못한다. 허망한 것은 반드시 진리에 의지하여 일어나지만 진리는 허망한 것에 의지하여 생겨나지 않음을 비유함이다. 따라서 "그러나 빛깔을 여의지 않고 큰 종자를 얻을 게 있다."고 말하지 않았다. 【초_ "큰 종자 속에 빛깔이 없는 것은 몸의 접촉 대상이기 때문이다."는 것은 딱딱한 것, 축축한 것, 따뜻한 것, 움직여지는 것[堅·濕·煖·動]은 모두 감촉이기 때문이다.

"빛깔 가운데 큰 종자가 없는 것은 눈의 대상이기 때문이다."고 말한 것은 나타난 빛깔을 들어 말한 것이다. 청·황·적·백색은 눈의 경계이기 때문이다. 바로 法體에 나아가 말하면 큰 종자는 감촉이며, 빛깔은 곧 色이며, 만일 육근의 얻은 바로 말하면 몸과 눈을 말한다.

"또한 조작의 주체는 차이가 없다."는 것은 그러나 더욱 수승함을 취함이니 땅의 기운이 많으면 황색이고, 물의 기운이 많으면 백색이고, 불의 기운이 많으면 적색이고, 바람의 기운이 많으면 청색이다. 딱딱한 것, 축축한 것, 따뜻한 것, 움직여지는 것이 모두 청색을 만들어내고, 또한 모두 황색, 적색 및 백색을 만들어내는 것이다. 만들어내는 주체의 측면에 있어서는 똑같이 딱딱한 것 등이지만 만들어지는 대상의 측면에 있어서는 곧 청색 등이 있다. 따라서 "또한 조작의 주체는 차이가 없으나 그림의 색채에는 차별이 있기 때문이다."고 하였다.

"허망이 진실에 의지함을 비유한 것" 이하는 법에 맞추어 끝맺음이다. 먼저 주체와 대상이 다름에 대해 끝맺은 때문이며, 또한 당연히 구체적으로 "진리 속에 허망이 없는 것은 聖智의 경계이기 때문이며, 허망한 가운데 진리가 없는 것은 범부가 아는 대상이기 때문이다."고 말했어야 한다.

"성품은 차별이 없다."로부터 아래는 위의 "또한 조작의 주체는 차이가 없다." 등에 합하여 끝맺음이다.

"假는 반드시 실상을 의지한다." 등은, 모든 종파에서 말한 正義는 딱딱한 촉감 등으로 실상을 삼고, 색 등으로 假를 삼았지만, 오직 成實宗만큼은 '色·香·味·觸이 실상이며, 地·水·火·風이 假'라고 하였다. 그것은 數論(힌두 6파 철학 중 상캬)의 제자가 훗날 불법에 들어왔지만 그래도 상캬 本師의 이론을 따른 때문이다. 따라서 지도론에 이르기를 "정교하기는 충분하지만 실상을 밝히는 데에는 부족하다."고 하였다.

"그러나 큰 종자는 반드시 빛깔을 만들어내지만" 이하는 논란을 통함이다. 논란하여 말하기를 "위의 하나가 아닌 가운데 이미

'큰 종자 속에는 빛깔이 없고 빛깔 속에는 큰 종자가 없다.'고 말했었는데, 이제 여읨이 아닌 가운데 어찌하여 '큰 종자는 빛깔을 여의지 않고 빛깔은 큰 종자를 여의지 않는다.'고 말하지 않았는가?"라고 하였다. 이에 관한 대답의 뜻은 말하지 않아도 알 수 있다. 위에서 말한 '眞妄이 서로 의지함'을 밝힌 부분에서는 단 마음의 眞如一門만을 취하여 妄染을 상대로 말하였다.】

經

心中無彩畫하고　　　　彩畫中無心이로되
然不離於心하고　　　　有彩畫可得이로다

　　마음속에 그림이 없고
　　그림 속에 마음이 없지만
　　그러나 마음을 떠나서는
　　그림을 찾을 수 없다

◉ 疏 ◉

後三 約心者는 喻於唯識心生滅門이니 於中에 初一은 亦明心境不卽離義라【鈔 初一亦明心境者는 對上眞妄이라 故有亦言이라 然後三偈는 亦似上二偈라 此偈는 似前第二偈니 以因不卽離之便이라 故先明之오 後二偈는 似前初偈니 至下當知니라 】

　"뒤의 3수(제3~5) 게송은 마음을 들어 말하였다."는 것은 유식의 心生滅門을 비유함이다.

뒤의 3수 게송 가운데, 첫째 제3게송은 또한 마음과 경계가 하나도, 떠남도 아니라는 의미를 밝히고 있다. 【초_"첫째 제3게송은 또한 마음과 경계를 밝혔다."는 것은 위의 眞妄을 상대로 말한 까닭에 '또한[亦]'이라 말한 것이다. 그러나 뒤의 3수 게송은 또한 위의 2수 게송과 같다. 이 게송은 앞의 제2게송과 같다. 하나도, 떠남도 아니라는 편의를 인한 까닭에 먼저 이를 밝혔고, 뒤의 2수 게송은 앞의 첫 게송과 같다. 아래 해당 부분에서 이를 알 수 있다.】

上半은 不卽이니 心中無彩畵는 不可見故오 彩畵中無心은 無慮知故니 喩能變所變 見相別故니라 下半은 不離니 隨心安布故로 喩離心則無境界相故니라【鈔_見相別者는 且順上喩의 有知無知니 以見分 合心은 有慮知義오 以相分合畵는 無慮知故니 以器世間이 卽是第八之相分故니라 喩離心者는 三世所有 皆是一心作故니라】

제1, 2구는 하나가 아님이다. "마음속에 그림이 없다."는 것은 볼 수 없기 때문이며, "그림 속에 마음이 없다."는 것은 생각과 앎이 없기 때문이다. 변화의 주체와 변화의 대상의 見相이 다름을 비유한 때문이다.

제3, 4구는 떠남이 아니다. 마음을 따라 펼쳐놓은 까닭에 마음을 여의면 경계의 모양이 없음을 비유한 때문이다. 【초_"見相이 다르다."는 것은 또한 위에서 말한 비유의 有知와 無知를 따른 것이다. 見分으로써 마음에 합함은 생각과 앎이 있다는 뜻이며, 相分으로써 그림에 합하여 보는 것은 생각과 앎이 없기 때문이다. 器世間은 곧 제8相分이기 때문이다.

"마음을 여의면 경계의 모양이 없음을 비유한다."는 것은 삼세에 있는 바가 모두 하나의 마음에서 지어낸 것이기 때문이다.】

要由心變於境이라 非是境能變心이라 故云唯識이오 不言唯境이며 但云'然不離於心有彩畵可得'이오 不言'然不離於畵而有心可得'이라【鈔_ 要由心變下는 解妨이니 妨은 一如前이오 答意亦爾니라】

요컨대 마음을 따라 경계가 변하는 것이지 경계가 마음을 변화시킬 수 없다. 이 때문에 唯識이라 말할 뿐 唯境이라 말하지 않으며, 다만 "그러나 마음을 떠나서는 그림을 찾을 수 없다."고 말할 뿐, "그러나 그림을 떠나서는 마음을 찾을 수 없다."고 말하지 않는다.【초_ "요컨대 마음을 따라 경계가 변하는 것이지" 이하는 논란에 대한 해석이다. 논란은 하나같이 앞과 같고, 대답한 뜻 또한 그와 같다.】

經

彼心恒不住하야　　無量難思議라
示現一切色호되　　各各不相知로다

그 마음은 항상 머물지 않아
한량없고 헤아릴 수도 없다
일체 온갖 빛깔을 나타내지만
각각 서로서로 알지 못한다

 疏

次一偈는 喻能所變之行相이니 明畵師巧思不住하야 變態多端이라

所畵非心이니 誰相知者오 法合彼心者는 眞妄和合心也라 恒言은 遮斷이오 不住는 遮常이니 如瀑流故니라 含一切種일세 故云無量이오 相甚深細일세 名難思議니라【鈔_ 次一偈喻等者는 大同前喩 心如工畵師 分布諸彩色等이라 先明喻中에 先釋上三句오 所畵非心下는 釋第四句라

法合에 言眞妄和合心者는 揀異法相宗心이니 卽起信에 云不生不滅이 與生滅和合이 名阿賴耶識이 是也라

恒言遮斷等은 卽唯識論에 釋第八識初能變中에 第九因果譬喻門이니 具云 恒轉如瀑流니라 論에 先問云 阿賴耶識이 爲斷爲常가 答云 非斷非常이니 以恒轉故니라 恒은 謂此識無始時來로 一類相續하야 常無間斷이니 是界趣生 施設本故며 性堅持種하야 令不失故니라 轉은 謂此識無始時來로 念念生滅하고 前後變異하야 因滅果生이 非常一故며 可爲轉識熏成種故니라

恒言遮斷이오 轉表非常이 猶如瀑流니 因果法爾니라 如瀑流水는 非斷非常이라 相續長時하야 有所漂溺이라 此識亦爾라 從無始來로 生滅相續하야 非常非斷이라 漂溺有情하야 令不出離 是也니라

含一切種者는 卽第三因相門이니 彼偈云 一切種相甚深細라하니 卽含二門이라 彼偈云 不可知執受處了라하니 其了一字는 卽第五行相門이오 其執受處는 卽第四所緣行相門이오 其不可知는 卽能所緣行相之內에 差別之義라

論先問云 此識行相과 所緣云何오 卽合問也니라 謂不可知執受處了라하니 了는 謂了別이니 爲行相故오 處는 謂處所니 卽器世間이니 是

諸有情所依處故ᄋ 執受는 有二하니 謂諸種子와 及有根身이라 次論에 云不可知者는 謂此行相極微細故로 難可了知라하니 此는 明見分이라 或此所緣內에 執受境이 亦微細故며 外器世間量難測故로 名不可知니라 故經偈에 云阿陀那識甚深細하니 一切種子如瀑流라 我於凡愚不開演은 恐彼分別執爲我라하니라 】

뒤의 3수 게송 가운데, 둘째 제4게송은 주체와 대상의 변화에 의한 行相을 비유함이다. 화공의 뛰어난 생각이 한곳에 머물지 않고 수많은 변화가 일어남을 밝힘이다. 그리는 대상은 마음이 아니다. 그 무엇이 서로 알 수 있는 자가 있겠는가. 법으로 끝맺음에 彼心[彼心恒不住]이라 말한 것은 眞妄이 화합한 마음이다. 恒不住의 恒이란 斷을 반대로 가로막음이며, 不住는 常을 반대로 가로막음이니 폭포의 흐름과 같기 때문이다. 일체 종자를 함유하고 있기에 "한량없다." 말하고, 相이 매우 심오하고 미세한 까닭에 "헤아릴 수도 없다[難思議]."고 말하였다. 【초_ "둘째 제4게송은 주체와 대상의 변화에 의한 行相을 비유함" 등이란 앞의 비유에서 "마치 뛰어난 화공이 수많은 채색을 그린다." 등과 크게는 같은 뜻이다. 앞의 비유에서 밝힌 뜻 가운데, 먼저 위의 3구를 해석하고, "그리는 대상은 마음이 아니다." 이하는 제4구를 해석함이다.

"법으로 끝맺음에 眞妄이 화합한 마음이다."고 말한 것은 法相宗에서 말한 마음과 다른 점을 밝힌 것이다. 기신론에 이르기를 "생멸이 없는 것이 생멸과 더불어 화합한 것을 아뢰야식이라 한다."는 것이 바로 이를 말한다.

"恒不住의 恒이란 斷을 반대로 가로막음" 등은 유식론의 제팔식 初能變을 해석한 가운데 제9 因果譬喻門이다. 이를 구체적으로 말하면 "항상 끊임없이 전변함이 폭포수의 물줄기와 같다."고 말했어야 한다. 유식론에서 먼저 묻기를 "아뢰야식은 끊어짐이 있는가? 항상 영원한 것인가?"라고 하니, 이에 대해 답하기를 "끊어짐도 아니요, 항상 영원한 것도 아니다. 이는 항상 전변하기 때문이다."고 하였다. 항상 영원한 것이란 제8식이 그 시작도 알 수 없는 시간으로부터 하나의 유로 서로 이어져 항상 끊임이 없다. 이는 三界·六趣에 태어나게 되는 시설의 근본이기 때문이며, 성품이 굳건히 종자를 지니고서 하여금 잃지 않도록 해주기 때문이다. "전변함이 폭포수의 물줄기와 같다."에서 '전변[轉]'은 제8식이 그 시작도 알 수 없는 시간으로부터 한 생각 한 생각을 따라 생겨나고 사라지며 전후로 달리 변하여, 원인이 사라지고 결과가 생겨남이 영원한 하나가 아닌 때문이며, 轉識이 훈습으로 성취한 종자가 되기 때문이다.

恒不住의 恒이란 斷을 반대로 가로막음이며, 전변이란 영원하지 않음을 나타냄이 마치 폭포의 흐름과 같다. 인과의 법이 그러하다. 폭포의 물줄기는 끊어짐도 아니요, 영원한 것도 아니다. 장시간 서로 이어오면서 흘러가는 것처럼 이 識 또한 그와 같다. 그 시작도 알 수 없는 시간으로부터 일어나고 사라짐이 줄곧 이어오면서 영원한 것도 아니요, 끊어짐도 아니다. 중생이 표류하여 여기에서 벗어나지 못하게 된다는 바로 이를 말한다.

"일체 종자를 함유하고 있다."는 것은 제3 因相門이다. 그 게송에 이르기를 "일체 종자의 모양이 지극히 심오하고 미세하다."고 하니 곧 2門을 함유한 것이다. 그 게송에 이르기를 "대상을 파악하고 받아들이는, 알 수 없는 자리를 안다[不可知執受處了]."고 하니 '안다'는 '了' 한 글자는 곧 제5 行相門이며, 그 '대상을 파악하고 받아들이는 곳[執受處]'은 곧 제4 所緣行相門이며, '알 수 없다[不可知].'는 것은 곧 能所緣行相의 내에 차별의 의미이다.

논에서 먼저 묻기를 "이 식의 行相과 반연 대상이 어떠한가?" 하니, 이에 대해 답하기를 "대상을 파악하고 받아들이는, 알 수 없는 자리를 안다[不可知執受處了]."고 하였다. 了는 명료하게 분별함을 말한다. 이는 行相이 되기 때문이다. '執受處'의 處는 處所를 말한다. 곧 器世間이다. 이는 모든 중생이 의지하는 곳이기 때문이다. 執受에는 2가지가 있다. 많은 種子와 육근을 소유한 몸을 말한다.

다음 논에 이르기를 "不可知란 이 行相이 지극히 미세하기 때문에 알기 어렵다."고 한다. 이는 見分을 밝힘이다. 혹자는 "반연의 대상 내에 대상을 파악하고 받아들이는 경계 또한 미세하기 때문이며, 밖으로 器世間을 헤아리기 어려운 까닭에 알기 어렵다."고 말한다. 따라서 게송에 이르기를 "아타나식이 매우 심오하고 미세하니 일체 종자가 폭포수의 물줄기와 같다. 내가 어리석은 이들에게 이를 말하지 않음은 그들이 분별하는 마음으로 '我'를 삼을까 두렵기 때문이다."고 하였다.】

次句는 頓現萬境이오 下句는 喻所變境이면 離心無體라【鈔_ 次句頓現者는 亦卽彼果相門이며 偈云異熟은 論云 此是能引諸界趣生의 善

不善業 異熟果故라하니 卽通辨此識能變之義라 此是第一能變이 頓
現萬境이라 故楞伽에 云'譬如明鏡이 頓現萬像하야 現識處現도 亦復
如是라하니라

'下句喩所變等者는 以無體故로 無可相知라 故問明品에 云諸法無
作用이며 亦無有體性이라 是故彼一切 各各不相知라하니라】

　　다음 제3구는 모든 경계가 한꺼번에 나타남이며, 아래 제4구
는 전변의 대상인 경계가 마음을 여의면 체성이 없음을 비유함이
다.【초_ "다음 제3구는 모든 경계가 한꺼번에 나타난다."는 것은
또한 果相門이다. 게송에서 '異熟'이라 말한 것은, 유식론에 이르기
를 "이것이 모든 삼계·육취에 태어나게 만드는, 선업과 불선업의
異熟果를 이끌어 들이기 때문이다."고 하니 곧 識의 能變의 의미를
전체로 논변함이다. 이는 제1能變이 모든 경계를 한꺼번에 나타내
기에, 능가경에 이르기를 "비유하면 밝은 거울에 모든 형상이 한꺼
번에 나타나는 것처럼 식이 나타나는 자리에 나타나는 것 또한 이
와 같다."고 하였다.

　　"아래 제4구는 전변의 대상을 비유" 등이란 체성이 없기 때문
에 서로 앎이 없다. 이 때문에 보살문명품에서 이르기를 "모든 법
이 작용이 없으며, 또한 체성도 없다. 이 때문에 그 모든 일체가 각
각 서로 알지 못한다."고 하였다.】

又常不住者는 無住爲本故오 無量難思는 總標深廣이라 下二句는
釋이니 示現一切 廣故로 難思오 各不相知는 深故難思니라【鈔_ '又
常不住下는 上約法相이니 常不住言은 是刹那生滅이어니와 今明'不

者는 卽是無義니 常不住者는 卽常無住라 無住는 卽實相異名이니 故從無住本하야 立一切法이라 斯는 法性宗의 眞心隨緣成萬有라 故深廣難思니라 】

또한 항상 머물지 않는다는 것은 無住로 근본을 삼기 때문이며, 한량없고 헤아리기 어려움은 심오하고 광대함을 총체로 밝힘이다.

아래 제3, 4구는 해석이다. 일체를 보여주는 것은 광대한 까닭에 헤아리기 어렵고, 각기 서로 알지 못함은 심오한 까닭에 헤아리기 어렵다. 【초_ "또한 항상 머물지 않는다." 이하는 위에서는 法相으로 말하였다. 항상 머물지 않는다는 말은 찰나의 생멸을 말한 것인데, 여기에서 '아니다[不]'라고 말한 것은 '없다[無]'는 의미임을 밝힌 것이다. 항상 머물지 않는다[常不住]는 것은 곧 항상 머묾이 없음[常無住]을 말한다. 無住는 곧 實相의 異名이다. 따라서 無住의 근본을 따라 모든 법이 세워지는 것이다. 이는 法性宗에서 말한 "진심이 반연을 따라 萬有를 이루기 때문에 심오하고 광대하여 헤아리기 어렵다."는 것이다.】

經

譬如工畫師가　　　　不能知自心호되
而由心故畫인달하야　諸法性如是로다

  마치 그림 잘 그리는 화공이
  자기의 마음을 알지 못하지만

마음으로 그림을 그리는 것처럼
모든 법성이 이와 같다

● 疏 ●

三에 一偈는 重喩上來不相知義니 謂非唯所畵之法 自不相知로 喩所變之境이 無有體性이라 能畵之心도 念念生滅하야 自不相知라 故亦不能知於所畵니 雙喩心境이 皆無自性하야 各不相知라 故言不能知自心이나 而由心故畵라하니라

又雖不知畵心이나 而由心能畵로 喩衆生 雖迷心現量이나 而心變於境이라 又由不能知所畵 但畵於自心이라 故能成所畵로 喩衆生由迷境唯心하야 方能現妄境이라 又喩正由無性하야 方成萬境이라 故云諸法性如是라하니라【鈔 能畵之心者는 心雖慮知나 今取生滅不住라 故不能知니 以前念已滅하고 後念은 未生이라 未生은 無體 能知前念이오 前念은 已滅이라 復無可知일새 前念도 亦不知後며 前念은 已滅이라 無有能知오 後念은 未生이라 亦無所知일새 能知之心이 旣不自知면 安能知所리오

雙喩心境下는 合文可知라 然釋此偈에 總有四意하니 一은 明性空이니 以性空故로 不能知自心이오 二又雖不知下는 明雖性空이나 不碍緣起오 三又由不能下는 明由迷眞起似니 若悟自心이면 不造妄境이오 四又正由下는 即以有空義故로 一切法得成耳라

云諸法性如是者는 通結四意라 然唯識論 第一能變에 有兩偈半이로되 而有十門하니 上隨用已辨이나 今當具出이라 偈云初阿賴耶識(即

176

自性門)과 異熟(二果相門) 一切種(三因相門)이 不可知執受處(四 所緣行相門) 了(五行相門)라 常與觸作意受想思相應(六相應門)하니 唯捨受(七五受俱門)라 是無覆無記(八三性門)니 觸等亦如是(同上第八)라 恒轉如瀑流(九因果譬喩門)하니 阿羅漢位捨(十斷伏位次門)라하니 上十門이 疏中已有하니 隨配可知니라 前後有此相하니 當例可知니라 】

뒤의 3수 게송 가운데, 셋째 제5게송은 위에서 서로 알지 못한다는 의미를 거듭 비유함이다. 이는 오직 그리는 바의 법을 스스로 서로 알지 못한다는 것으로 전변 대상의 경계가 체성이 없음을 비유했을 뿐 아니라, 그림을 그릴 수 있는 주체의 마음도 한 생각 한 생각 일어나고 사라져 스스로 서로가 서로를 알지 못하기 때문에 또한 그리는 바를 알지 못하는 것이다. 마음과 경계가 모두 자성이 없어 각기 서로 알지 못함을 쌍으로 비유한 까닭에 "자기의 마음을 알지 못하지만 마음으로 그림을 그린다."고 하였다.

또한 비록 마음을 그리는 것은 알 수 없지만 마음을 따라 그림을 그린다는 것으로, 중생이 비록 마음의 現量을 알지 못하지만 마음이 경계를 전변한다는 것을 비유하였다. 또한 그리는 바가 단 자기의 마음을 그리는 것인 줄 알지 못하였다. 이러한 연유로 그리는 대상을 성취하는 것으로, 중생이란 경계가 唯心인 줄 알지 못함으로 말미암아 바야흐로 허망한 경계를 나타내게 됨을 비유한 것이다. 또한 바로 자성이 없음으로 말미암아 바야흐로 모든 경계를 성취하게 됨을 비유한 것이다. 이 때문에 "모든 법성이 이와 같다."고 말하였다. 【초_ 그림을 그릴 수 없는 주체의 마음이란 마음이 비록 생각하고 알 수 있으나 여기에서는 生滅이 멈추지 않음을 취한 까닭에 알 수 없는 것이다. 이는 앞의 생각은 이미 사라지고 뒤의 생각은 일어나지 않았기 때문이다. 생각이 일어나지 않은 것은 그 자체가 앞의 생각을 알 수 없고, 앞의 생각은 이미 사라져 다시 알 수 없기에 앞의 생각 또한 뒤의 생각을 알지 못하며, 앞의 생각은 이미 사라진 터라 알 수 있는 주체가 없고, 뒤의 생각은 일어나지 않은 터라 또한 알 수 있는 대상이 없다. 알 수 있는 주체의 마음이 이미 스스로 알지 못한다면 어찌 대상을 알 수 있겠는가.

"마음과 경계를 쌍으로 비유했다." 이하는 끝맺는 문장이니 설명하지 않아도 알 수 있다. 그러나 이 게송을 해석하는 데에는 모두 4가지 뜻이 있다.

① 性空을 밝힘이다. 자성이 공하기 때문에 자기의 마음을 알지 못한 것이다.

② '又雖不知' 이하는 비록 자성이 공하지만 緣起에 걸림이 없음을 밝힌 것이다.

③ '又由不能' 이하는 진리를 알지 못함으로 말미암아 '유사(似)'한 착각을 일으키게 됨을 밝힌 것이다. 만일 스스로의 마음을 깨달으면 허망한 경계를 만들지 않는다.

④ '又正由' 이하는 空義가 있기 때문에 모든 법이 성취되는 것이다.

"모든 법성이 이와 같다."고 말한 것은 4가지 뜻을 전체로 끝맺음이다. 그러나 유식론에 제1能變이 2수 반 게송이 있으나 10부분이 있다. 위에서 작용에 따라 이미 논변했으나 여기에서는 구체적으로 말하고자 한다.

　게송에서 다음과 같이 말하였다.

　"처음 아뢰야식(곧 自性門)과 異熟(제2 果相門)과 일체 종자(제3 因相門)가 대상을 파악하고 받아들이는 알 수 없는 자리(제4 所緣行相門)를 안 것[了]이다(제5 行相門). 항상 觸, 作意, 受, 想, 思로 상응하니(제6 相應門) 오직 無記이며 선도 악도 아닌 捨受일 뿐이다(제7 五受俱門). 이는 無覆無記이다(제8 三性門). 觸 등 또한 이와 같다(위의 제8과 같다). 항상 전변이 폭포수 물줄기와 같아 잠시도 멈추지 않는다(제9 因果譬喩門). 아라한 지위에서는 사라진다(제10 斷伏位次門)."

　위의 10부분에 대해서는 청량소에 이미 서술되어 있다. 따라서 짝하면 설명하지 않아도 알 수 있다. 전후에 이런 모양이 있으니 마땅히 예에 준하면 말하지 않아도 알 수 있다.】

經

心如工畵師하야　　　　**能畵諸世間**하나니
五蘊悉從生이라　　　　**無法而不造**로다

　마음은 그림 잘 그리는 화공처럼
　모든 세간 경계를 그려낸다
　오온이 마음 따라 생겨나
　무슨 법이든 짓지 않은 게 없다

● 疏 ●

第二. 五偈合中에 分四니 初一偈는 合初二句라 初句는 合最初句니 心者는 即總相之心也라 下三句는 合第二句니 諸世間者는 即諸彩色이라 此句爲總이오 下出諸相이니 即蘊·界·處라 故云無法不造라하니라 故晉譯에 云造種種五蘊이라하다 正法念에 云心如畫師手하야 畫出五彩하나니 黑靑赤黃白과 及白白이라 故上文에 云布諸彩色이라하니 畫手는 譬心이오 六色은 如次喩地獄·鬼·畜·修羅·人·天이어니와 若言種種이면 則十法界·五蘊等法이 皆心所造니라【鈔】心者는 如前喩中已辨이라 第二句者는 此句有二니 一은 從能畫면 即屬上因이오 二는 從諸世間之言이면 即屬於果니 則上半은 是因能變이오 下半은 屬果能變이라 故唯識에 云能變有二니 一은 因能變이니 謂第八識中에 等流異熟二因習氣(即種子現行門)니 此二習氣를 俱名因變이라하니 此는 總辨也니라 論云等流習氣는 由七識中에 善惡無記 熏令增長이오(三種子中에 各生自現이니 除第八識은 不能熏故니라) 異熟習氣는 由六識中에 有漏善惡이 熏令增長이라(除第七識과 及無記者는 非異熟因故니 前是因緣이오 此增上緣也라)

二果能變者는 謂前二種習氣力故로 有第八識이 生現種種相이니(即前二因所生現果니 謂有緣法하야 能變現者를 名果能變이니 種種相者는 即是第八相應心所見分等也라) 等流習氣 爲因緣故로 八識體相이 差別而生일세 名等流果니 果似因故며(即現八識三性種子 各生自現일세 名等流果니 所生之果 與能生種性으로 是一果故니라) 異熟習氣로 爲增上緣하야 感第八識하야 酬引業力하야 恒相續故니라 故云異熟이오 感前六識하야 酬滿業者 從異熟起일세 名異熟生이오 不名異熟은 有間斷故니라 即前異熟及異熟生을 名異熟果니 果異因

故라하니 釋曰 以五陰無法不造는 皆異熟也라
如次喻'等者는 謂黑卽地獄이니 黑黑業報故오 黃卽中方이니 修羅는 非天이오 亦復非人이니 季孟間故오 人白者는 多善業故오 天白白者는 因果俱善故니 九地當廣호리라
'則十法界五蘊'者는 謂六道四聖이니 四聖中에 佛在後偈오 二乘菩薩은 攝在種種之中이니 旣言無法不造인댄 亦不揀二乘菩薩이라 更云'等法'者는 以今經無法不造니 三科萬類는 皆心造也니라 】

　제2단락의 5수(제6~10) 게송은 법에 합한 가운데, 다시 4부분으로 나뉜다.

　5수 게송 가운데, 첫째 제6게송은 첫 제1게송 2구에 합함이다.

　제1구는 제1게송의 제1구에 합하니, 心(心如工畫師)이란 곧 總相의 마음이다. 아래 3구는 제1게송의 제2구에 합하니, '諸世間'이란 곧 그림의 모든 채색이다.

　제1구는 총체이고, 아래 3구는 모든 모양을 만들어냄이니 곧 5蘊·18界·12處이다. 이 때문에 "무슨 법이든 짓지 않은 게 없다."고 하였다. 따라서 晉譯에서는 "가지가지 오온을 만들어준다."고 하였다.

　正法念에 이르기를 "마음은 화공의 손과 같아서 다섯 가지 색채를 그려낸다. 흑·청·적·황·백색 및 白白色이다."고 하였다. 이 때문에 위의 경문에서 이르기를 "모든 채색을 펼친다."고 하였다. 화공은 마음을 비유함이며, 6가지 색은 차례와 같이 地獄·鬼·畜·修羅·人·天을 비유함이다. 만일 가지가지로 말하면 곧 십법계·오

온 등의 법이 모두 마음이 지어내는 것이다.【초_ 마음이란 앞의 비유에서 말한 바와 같다. 제2구에서 이 구절에는 2가지의 뜻이 있다. 첫째는 그림을 그리는 주체로 말하면 곧 위의 원인에 속하고, 둘째는 모든 세간의 말을 따르면 곧 결과에 속한다. 제1, 2구는 원인의 能變이며, 제3, 4구는 결과의 能變에 속한다.

따라서 유식에 이르기를 "能變에는 2가지가 있다. 하나는 원인의 能變이다. 제8식 가운데 等流와 異熟의 2가지 원인이 되는 습기이다(種子現行門). 이와 같은 2가지 습기를 모두 因變이라고 말한다."고 하였다. 이는 총체로 논변한 것이다. 논에 이르기를 "等流習氣는 7식 가운데 善·惡·無記가 훈습하여 더욱 커나가게 함에서 연유한 것이며(3가지 종자 가운데 각각 스스로 나타남을 발생하는 것이다. 오직 제8식은 훈습하지 못한 때문이다.), 異熟習氣는 6식 가운데 有漏의 선악이 훈습하여 더욱 커나가게 함에서 연유한 것이다.(제7식 및 無記를 제한 것은 異熟因이 아니기 때문이다. 앞에서는 인연을, 여기에서는 增上緣을 말하였다.)

'둘째, 결과의 能變'이란 앞에서는 2가지의 習氣 힘 때문에 제8식이 가지가지의 모양을 나타내고 있다.(이는 앞에서 말한 2가지의 원인으로 생겨나 나타난 결과이다. 인연법으로 變現하는 것을 果能變이라 말한다. 가지가지의 모양이란 곧 제8식 相應心所의 見分 등이다.) 等流習氣로 인연을 삼은 까닭에 팔식 體相이 차별로 생겨나기에 이를 等流果라 말한다. 결과가 원인과 같기 때문이며(곧 現八識三性種子가 각각 스스로 나타남을 발생하는 것을 等流果라 한다. 낳아주는 대상의 결과가 발생의 주체가 되는 種性과 하나의 類이기 때문이다.), 異熟習氣로 增上緣을 삼아 제8식을 감응하여 생을 받게 만드는 引業의 힘을 따라서 항상 서로 이어지기 때문이다.

그러므로 이를 異熟이라 한다. 앞의 6식에 감응하여 別報의 결과를 끌어내는 滿業이라는 것이 異熟으로부터 일으키기에 그 이름을 異熟生이라 한다. 異熟이라 말하지 않는 것은 간단이 있기 때문이다. 곧 앞의 異熟 및 異熟生을 異熟果라고 말한다. 果는 因과 다르기 때문이다."고 한다.

이에 대한 해석은 다음과 같다.

"五陰이 무슨 법이든 짓지 않은 게 없는 것은 모두 異熟이다."

"차례와 같이 地獄·鬼·畜·修羅·人·天을 비유" 등에서 흑색은 곧 지옥이다. 黑黑業報이기 때문이다. 황색은 중앙이다. 수라는 하늘이 아니며, 또한 인간세계도 아니다. 하늘과 인간의 중간세계이기 때문이다. 인간세계가 백색인 것은 선업이 많기 때문이며, 하늘의 세계가 白白인 것은 인과가 모두 선하기 때문이다. 九地에서 자세히 말하고자 한다.

"곧 십법계·오온"이란 六道와 四聖을 말한다. 四聖 가운데 부처님은 뒤의 게송에 있고, 이승과 보살은 種種 가운데 포괄되어 있다. 앞서 무슨 법이든 짓지 않은 게 없다고 말했는데, 이는 또한 이승과 보살을 차별하지 않았다. 또한 다시 '等法'이라 말한 것은 이의 경문에 "무슨 법이든 짓지 않은 게 없다."고 말한 것이다. 三科(五蘊·十二處·十八界)와 萬類가 모두 마음에 의해 만들어진다.】

經

如心佛亦爾하며 如佛衆生然하니
應知佛與心이 體性皆無盡이로다

　　마음처럼 부처님 또한 그러하고
　　부처님처럼 중생 또한 그러하다
　　부처님이나 마음의
　　체성이 모두 그지없다

若人知心行이 普造諸世間하면
是人則見佛하야 了佛眞實性이로다

　　만일 어떤 사람이 마음으로
　　모든 세간을 널리 지은 줄을 알면
　　그는 부처님을 보고서
　　부처님의 진실한 성품 알리라

● 疏 ●

次二頌은 合前初偈下半이라 於中二니 初一은 擧例以合이라 由成前諸言이니 謂如世五蘊이 從心而起造이오 諸佛五蘊도 亦然이며 如佛五蘊하야 餘一切衆生도 亦然이니 皆從心造라 然心是總相이니 悟之名佛이라 成淨緣起오 迷作衆生이라 成染緣起하나니 緣起는 雖有染淨이나 心體不殊니라 佛果契心일새 同眞無盡이어니와 妄法有極이라 故不言之니라 【鈔】 然心是總相者는 法界染淨 萬類萬法이 不出一心이니 是心

이 卽攝一切世間出世間法이라 故名總相이오 餘染淨二緣은 各屬二類라 然總說十法界中에 六道爲染이오 四聖爲淨이라

'佛果契心'下는 釋其下半이니 上有三法이어늘 而但說心與佛二法無盡이오 不言衆生者는 謂衆生有盡故니라 心은 卽總心이니 以眞爲體니 本自不盡이오 佛果는 契心에 始本無二라 同一圓覺일새 故亦無盡이어니와 迷眞起妄에 無始有終일새 不言無盡이라 然其佛果契心이면 則佛亦心造니 謂四智菩提는 是淨八識之所造故니 若取根本이면 卽淨第八이라 若依眞諦三藏이면 此佛淨識을 稱爲第九니 名阿摩羅識이니 唐三藏云 此翻無垢라 是第八異熟이러니 謂成佛時에 轉第八하야 成無垢識이오 無別第九라하니라

若依密嚴文이면 具說之니 經云 心有八識이오 或復有九라하고 又下卷云 如來淸淨藏을 亦名無垢智라하니 卽同眞諦所立第九라 以出障故로 不同異熟이니 爲九有由니라 又眞諦所翻 決定藏論九識品에 云 第九阿摩羅識이라하야늘 三藏釋에 云 阿摩羅識에 有其二種하니 一者는 所緣이니 卽是眞如오 二者는 本覺이니 卽眞如智라 能緣은 卽不空藏이오 所緣은 卽空藏이어니와 若據通論이면 此二並以眞如爲體라하니 釋曰 此二는 卽起信一心二門이니 本覺은 在生滅門이오 一心은 卽眞如故니라 故論云 唯是一心이라 故名眞如라하니라 無論八九오 俱異凡識이니 卽淨識所造 四智三身等이라】

5수 게송 가운데, 둘째 2수(제7~8) 게송은 앞의 제1게송의 제3, 4구의 의의를 끝맺음이다. 2수 게송은 다시 2부분으로 나뉜다. 앞의 제7게송은 예를 들어 끝맺음이다. 앞서 말한 부분을 끝맺은 데

에서 연유한 것이다. 이는 세간 오온이 마음으로부터 일어나 지어지는 것처럼 모든 부처님의 오온 또한 그와 같고, 부처님의 오온처럼 나머지 모든 중생 또한 그와 같이 모두 마음으로부터 지어지는 것이다. 그러나 마음은 總相이다. 깨달으면 그 이름 부처로서 청정한 반연이 일어남을 이루고, 혼미하면 중생으로서 오염된 반연이 일어남을 이루게 된다. 緣起에는 비록 오염과 청정이 있으나 마음의 본체는 다르지 않다. 佛果는 마음에 계합하는 까닭에 그지없는 진리와 같지만 허망한 법은 다함이 있기에 말하지 않았다. 【초_ "그러나 마음은 總相이다."는 것은 법계 染淨의 모든 유와 모든 법은 하나의 마음에서 벗어나지 않는다. 이 마음이 곧 일체 세간과 출세간의 법을 모두 포괄하기에 그 이름을 總相이라 하고, 나머지 染淨 2가지 반연은 각각 2가지의 유에 속한다. 그러나 10가지 법계를 총체로 설명한 가운데 六道는 染이고 四聖은 淨이다.

"佛果는 마음에 계합하는 까닭" 이하는 제7게송의 제3, 4구를 해석한 것이다. 위에 3가지 법이 있지만 단 마음과 부처의 2가지 법이 그지없음을 말했을 뿐 중생을 말하지 않은 것은 중생은 다함이 있기 때문임을 말한다. 마음은 곧 총체의 마음이라 진리로 본체를 삼으니 본래 스스로 다함이 없고, 佛果는 마음에 계합하여 애당초 근본이 둘이 없다. 똑같이 원각이기에 또한 다함이 없지만, 진리를 알지 못하여 허망한 마음을 일으킴에 시작이 없고 끝이 있기에 다함이 없다고 말하지 않는다.

그러나 그 佛果가 마음에 계합하면 부처 또한 마음이 만든 것이다. 四智菩提(大圓鏡智, 平等性智, 妙觀察智, 成所作智)는 청정한 8식으로 만들어진 바이기 때문임을 말한다. 만일 근본을 취하면 곧 청정한 제8식이다. 만일 眞諦三藏에 의하면 부처님의 청정한 식을 일컬어 제9식이라고 하니 이를 阿摩羅識이라 한다. 삼장법사가 이르기를 "이를 번역하면 無垢이다. 이는 제8 異熟이다. 성불할 때에 제8식을 전변하여 無垢識을 성취하고, 별도의 제9식이 없다."고 하였다.

만일 密嚴文에 의하면 이를 구체적으로 말하고 있다. 경문에 이르기를 "마음에는 8식이 있고 혹은 또한 9식이 있다."고 하며, 또한 아래 권에 이르기를 "여래의 淸淨藏 또한 無垢智라 한다."고 하였다. 이는 곧 眞諦 스님이 말한 제9식과 같다. 이는 障에서 벗어났기 때문에 異熟과 같지 않다. 9식이 되는 이유가 있다.

또한 眞諦 스님이 번역한 決定藏論 九識品에서는 '제9 阿摩羅識'이라 했는데, 삼장법사의 해석에서는 "아마라식은 2가지가 있다. 첫째는 반연의 대상이니 곧 진여이며, 둘째는 本覺이니 곧 眞如智이다. 반연의 주체는 不空藏이요, 반연의 대상은 空藏이지만, 만일 통론에 의하면 2가지가 모두 진여로 본체를 삼는다."고 하였다.

이에 대한 해석은 다음과 같다.

"이 2가지는 곧 기신론에서 말한 一心二門이다. 본각은 생멸문에 있고 一心은 곧 진여이기 때문이다. 따라서 논에 이르기를 오직 一心이기에 그 이름을 眞如라 한다고 하였다." 8식·9식은 말할 게 없이 모두 여느 식과는 다르다. 곧 청정한 식으로 만들어진 四智三

身 등이다.】

若依舊譯에 云心佛與眾生이 是三無差別인댄 則三皆無盡이니 無盡이 卽是無別之相이라【鈔_ 若依舊下는 二會晉譯이라 則三皆無盡이나 而二經互闕이니 唐闕眾生이오 晉闕無盡이라 故有第三에 別更立理니라】

舊譯에 의하면, "마음과 부처 및 중생, 이 3가지는 차별이 없다."고 한다. 그렇다면 3가지는 모두 그지없는 것이다. 그지없음은 곧 차별이 없는 모양이다.【초_ "舊譯에 의하면" 이하는 제2회의 晉譯이다. 곧 3가지 모두 그지없으나 두 경문에는 서로 누락된 부분이 있다. 唐譯에서는 중생이 빠졌고 晉譯에서는 無盡이 빠졌다. 그러므로 제3회에서 별개로 다시 논리를 세운 것이다.】

應云心佛與眾生이 體性皆無盡이니 以妄體本眞으로 故亦無盡이라 是以로 如來不斷性惡이니 亦猶闡提不斷性善이라【鈔_ 應云下는 是第三也라 若取圓足이면 合如是譯이니 則三事皆具無差之相도 又得顯明이라 以妄體下는 出妄無盡之由오 是以如來下는 引例證此니 卽涅槃經意를 天台用之니 以善惡二法이 同以眞如而爲其性이라 若斷惡性이면 卽斷眞如니 眞不可斷일새 故云性善不可斷也라하니라 佛性은 卽是眞實之性이오 眞實之性은 卽第一義空이니 如何可斷가 性惡不斷이면 卽妄法本眞일새 故無盡也니라】

당연히 다음과 같이 말했어야 한다.

"마음과 부처와 중생의 체성이 모두 그지없다. 허망한 체성이 본래 진여이기 때문에 또한 그지없다."

이 때문에 여래는 性惡을 끊지 않으시니 또한 闡提가 性善을 끊지 않음과 같다. 【초_ "당연히 다음과 같이 말했어야 한다." 이하는 제3회의 번역이다. 만일 원만하고 구족함을 취한다면 합당히 이같이 해석할지니 곧 3가지 일이 다 갖춰지고 無差의 相도 또 현명함을 얻었다.

'以妄體' 이하는 허망함이 그지없는 연유를 말하였다.

"이 때문에 여래" 이하는 예를 인용하여 이를 증명함이다. 이는 곧 열반경의 뜻을 천태 스님이 인용한 것이다. 이는 선과 악 2가지의 법이 하나의 진여로써 그 자성을 삼는다. 만일 惡性을 끊으면 그것은 곧 진여를 끊음이다. 진여는 끊을 수 없기에 "性善을 끊을 수 없다."고 말한 것이다. 불성은 곧 진여의 자성이요, 진여의 자성은 곧 第一義空이다. 어떻게 이를 끊을 수 있겠는가. 성악을 끊지 못하면 곧 허망한 법이 본래 진여이기에 그지없는 것이다.】

又上三各有二義니 總心二者는 一染 二淨이며 佛二義者는 一은 應機隨染이오 二는 平等違染이며 衆生二者는 一은 隨流背佛이오 二는 機熟感佛이니 各以初義로 成順流無差오 各以後義로 爲反流無差니 則無差之言이 含盡無盡이라 【鈔_ '又上三' 下는 第四別開義門이니 則却收晉經하야 以爲盡理니 謂唐經無盡은 但得二法이오 又唯約淨이라 次言三皆無盡은 又遣有盡之義라 今云無差는 盡與無盡이 俱無差也며 亦顯染淨本無差矣니라

言心總二義 一染二淨者는 淨은 卽自性淸淨이오 染은 卽本來之染이니 染淨無二하야 爲一心耳라 言各以初義로 成順流無差者는 衆生本

有染故로 隨流背佛이어니와 佛隨其染이니 豈相違耶아 逆流例此니라 】

또 위의 3가지에는 각각 2가지 의미가 있다.

總心의 2가지 의미는 첫째는 오염이며, 둘째는 청정이다.

부처의 2가지 의미는 첫째는 기연에 감응한 隨染이며, 둘째는 평등의 違染이다.

중생의 2가지 의미는 첫째는 世流를 따라 부처님을 저버림이며, 둘째는 근기가 성숙함에 부처님을 감복시키는 것이다.

각각 처음 의미로써 차별 없는 順流를 이루고, 각각 뒤의 의미로써 차별 없는 反流를 삼는다. '차별이 없다.'는 말에는 다함과 다함이 없다는 뜻을 함유하고 있다. 【초_ '또 위의 3가지' 이하는 제4의 義門을 별개로 열어줌이다. 이는 도리어 晉經을 수습하여 '다함의 이치[盡理]'를 삼음이다. 이는 唐經에서 말한 '다함이 없다[無盡].'는 것은 단 2가지 법을 얻음이며, 또한 오직 청정만으로 말한 것이다. 다음에 "3가지 모두 다함이 없다[三皆無盡]."는 것은 또한 '다함이 있다.'는 의미를 떨쳐버림이다. 여기에서 차별이 없다고 말한 것은 다함과 다함이 없다는 것이 모두 차별이 없으며, 또한 오염과 청정이 본래 차별이 없음을 밝힌 것이다.

"總心의 2가지 의미는 첫째는 오염이며, 둘째는 청정이다."고 말한 것은 청정은 곧 자성의 청정이며, 오염은 곧 본래의 오염이다. 오염과 청정이 둘이 없어 하나의 마음이 된 것이다.

"각각 처음 의미로써 차별 없는 順流를 이룬다."는 말은 중생이 본래 오염되어 있기 때문에 世流를 따라 부처님을 저버리지만

부처님은 그 오염된 중생을 따르는데, 어떻게 서로 어긋남이 있겠는가라는 것이다. 逆流는 이에 준한다.】

又三中二義 各全體相收니 此三無差 成一緣起라 上約橫論이어니와 若約一人이면 心卽總相이오 佛卽本覺이오 衆生卽不覺이니 乃本覺이 隨緣而成此二하야 爲生滅門이라 下半은 此二體性無盡이라 卽眞如門이니 隨緣不失自眞性故니라 正合前文 大種無差니 若謂心·佛·衆生 三有異者면 卽是虛妄取異色也니라【鈔_ 若豎說者인댄 於一人上에 卽有三法이니 卽觀行之人은 宜用此門이니라】

또한 3가지 가운데 2가지 의미는 각각 전체로 서로 거둬들임이다. 이처럼 3가지 차별이 없는 것이 하나의 緣起를 이룬다. 위는 공간의 횡적으로 논하였지만 만일 한 사람으로 말한다면 마음은 곧 總相이요, 부처는 곧 本覺이요, 중생은 곧 깨닫지 못한 자이다. 이에 본각의 부처님이 반연을 따라 이 2가지를 성취하여 生滅門이 된다.

제3, 4구는 이 2가지의 體性이 다함이 없는 것이다. 이는 곧 眞如門이다. 반연을 따르되 자신의 진실한 본성을 잃지 않기 때문이다. 바로 앞 경문의 "큰 종자는 차별이 없다."는 부분을 끝맺음이다. 만일 마음·부처님·중생 3가지에 차이가 있다고 말한다면 곧 이는 허망하게 다른 색신을 취함이다.【초_ 만일 종적으로 말한다면 한 사람의 위에 곧 3가지 법이 있다. 그것은 곧 行을 살피는 사람은 마땅히 이 법문을 써야 한다.】

後一偈는 反勢合이니 謂妄取異色이면 則不知心行이어니와 若知心行이

普造世間이면 則無虛妄하야 便了眞實이니 卽正合大種無差이며 兼明
觀益이라

　뒤의 제8게송은 反勢로 끝맺음이다. 다른 색신을 허망하게 취하면 心行을 알지 못하겠지만, 만일 心行이 널리 세간의 모든 것을 짓는 줄 알면 곧 허망이 없어 문득 진실을 알 수 있다. 이는 곧 "큰 종자는 차별이 없음"을 끝맺음이며, 겸하여 觀의 이익을 밝힘이다.

經

心不住於身하며　　　　　身亦不住心호되
而能作佛事하니　　　　　自在未曾有로다

　마음이 몸에 머물지 않고
　몸도 마음에 머물지 않지만
　불사를 잘 지으니
　일찍이 없었던 자재함이다

◉ 疏 ◉

三一偈에 有二義니 一은 雙合前眞妄心境의 不卽離義라 上半은 合前
二三偈之上半이니 卽前互無不卽之義니 心은 卽能變及心體故오 身
은 卽所變이니 謂有根身은 是識相分과 及性之相故니라 下半은 雙合
前兩偈下半不離之義니 謂雖不相住而依心現境하며 依體起用하야
作諸佛事니 體用不礙 爲未曾有니라【鈔_ '上半合前二三偈之上
半'者는 心不住於身은 卻是色中無大種이오 身亦不住心은 卽大種中

無色이니 此合第二偈上半也오 若合第三上半이면 云心不住於身은 卽彩畫中無心이오 身亦不住心은 卽心中無彩畫라 心卽能變者는 心境依持中心也오 及心體故者는 卽眞妄依持中眞也니라 】

5수 게송 가운데, 셋째 제9게송은 2가지 의미가 있다.

(1) 앞서 말한 眞·妄과 心·境이 하나도 아니요, 여의지도 않는다는 의미를 모두 끝맺음이다. 제1, 2구는 앞 제2~3게송의 제1, 2구를 끝맺음이다. 이는 곧 앞서 말한 서로 하나가 되지 않은 게 없다는 의미이다. 마음은 곧 변화의 주체이자 마음의 본체이기 때문이며, 몸은 곧 변화의 대상이다. 이는 根身이 있음은 識의 相分 및 性의 모양이기 때문이다.

제3, 4구는 앞 제2~3게송의 제3, 4구의 서로 여의지 않는다는 의미를 모두 끝맺음이다. 이는 비록 相에 집착하지 않으나 마음을 의지하여 경계를 나타내며, 본체를 의지하여 작용을 일으켜 모든 佛事를 지으니, 본체와 작용에 이처럼 걸림이 없는 것은 일찍이 없었던 일이다. 【초_ "제1, 2구는 앞 제2~3게송의 제1, 2구를 끝맺음이다."는 것은 마음이 몸에 집착하지 않음은 도리어 색신 가운데 큰 종자가 없음이며, 몸 또한 마음에 집착하지 않음은 곧 큰 종자 속에 색신이 없음이다. 이는 제2게송의 제1, 2구의 뜻을 끝맺음이다.

만일 제3게송의 제1, 2구의 뜻을 끝맺는 것으로 말하면, 마음이 몸에 집착하지 않음은 곧 그림 속에 마음이 없음이며, 몸 또한 마음에 집착하지 않음은 곧 마음속에 그림이 없는 것이다. "마음은 곧 변화의 주체"라는 것은 마음과 경계가 서로 의지하는 가운데 마

음이며, "마음의 본체이기 때문"이라는 것은 곧 眞妄이 서로 의지하는 가운데 진여이다.】

二는 又將合前第四偈니 謂上半은 合前恒不住義와 及各不相知오 而能作佛事는 合示現一切色이오 自在未曾有는 合無量難思議니 爲兼此義일새 不以互無言之오 而言不住는 譯之妙也라 晉經에 但云 心亦非是身이라하니 但得前文互無之義니라【鈔_ 爲兼此義等者는 美斯經也라 若不合第四偈오 但合第二三偈이면 應云 心中無有身이오 身中無有心이니 卽互無之言也니 則不顯於彼心恒不住義라 然不相住가 與恒不住로 義則小異나 文則兼之니 若將此不住하야 同前不住者면 以心念念滅故로 不能住身이오 身念念滅이어니 安能住心이리오 思之可見이라】

(2) 또한 장차 앞의 제4게송을 끝맺음이다.

제1, 2구는 앞의 "항상 머물지 않는다."는 의의 및 "각각 서로서로 알지 못한다."는 뜻을 끝맺음이며, "불사를 잘 짓는다."는 것은 "일체 온갖 빛깔을 나타낸다."는 부분을 끝맺음이며, "일찍이 없었던 자재함"은 "한량없고 헤아릴 수도 없음"을 끝맺음이다. 이런 뜻을 겸하고 있기에 서로 없다고 말하지 않고, '머물지 않는다[不住].'고 말한 것은 절묘한 번역이다. 晉經에서는 단 "마음 또한 몸이 아니다."고 말하였다. 이는 단 앞의 경문에서 서로 없다는 의미를 잘 말한 것이다.【초_ "이런 뜻을 겸하고 있다." 등은 이 경을 찬탄함이다. 만약 제4게송을 끝맺지 않고 단 제2~3게송만을 끝맺었다면 당연히 "마음 가운데 몸이 없고 몸 가운데 마음이 없다."고 말했을 것이다. 이는 곧 서로 없다[互無]는 말이다. 그렇다면 그 마음은 항상 집착하지 않는다는 의미를 드러내지 못한 것이다. 그러나 '서로 집착하지 않는다[不相住].'는 '항상 집착하지 않는다[恒不住].'는 것과 그 의미는 조금 다르지만 경문에서는 이러한 뜻을 겸하고 있다. 만일 이처럼 '집착하지 않는다[不住].'는 의미를 앞서 말한 '집착하지 않는다[不住].'와 같이 본다면, 마음이란 한 생각 한 생각의 찰나에 사라지기 때문에 몸에 집착하지 않고, 몸이란 한 생각 한 생각의 찰나에 사라지는데 어떻게 마음에 집착할 수 있겠는가. 이는 생각하면 말하지 않아도 볼 수 있다.}

經

若人欲了知　　　　三世一切佛인댄
應觀法界性에　　　一切唯心造니라

　　만일 어떤 사람이
　　삼세 일체 부처님을 알고자 한다면
　　법계의 성품에
　　일체 모든 경계는 오직 마음이 지어낸다

◉ 疏 ◉

末後一偈는 結勸이니 卽反合前畫師不知心喻라 若不知心이면 常畫妄境이오 觀唯心造면 則了眞佛이니 上半은 有機오 下半은 示觀이라 然有二釋이니 一은 云若欲了佛者는 應觀法界性上에 一切差別이 皆唯

心作이니 以見法이 卽見佛故니라 二는 觀法界性은 是眞如門이오 觀唯心造는 卽生滅門이니 是雙結也라

又一是眞如實觀이오 一은 是唯心識觀이니 大乘觀要 不出此二니 觀此二門컨대 唯是一心이라 皆各總攝一切法盡이며 二諦雙融無礙一味니 三世諸佛이 證此爲體라 故欲知彼者는 應當觀此니 旣爲妙極일새 是以暫持라도 能破地獄이라【鈔- 是以暫持者는 卽纂靈記에 云文明元年에 洛京人 姓王名明幹이라 旣無戒行하야 曾不修善일새 因患致死에 見被二人하야 引至地獄이라 地獄門前에 見有一僧하니 云是地藏菩薩이라 乃敎王氏誦一行偈하니 其文曰 若人欲了知 三世一切佛인댄 應當如是觀하라 心造諸如來로다 菩薩旣授經偈하고 謂之曰誦得此偈면 能排地獄之苦니라 王氏旣誦에 遂入見閻羅王이러니 王問曰 有何功德고 答호되 唯受持一四句偈를 具如上說한대 王遂放免하다 當誦偈時에 聲所及處 受苦之人도 皆得解脫이러라 王氏 三日方蘇하야 憶持此偈하고 向空觀寺僧定法師說之하야 參驗偈文이러니 方知是 舊華嚴經第十二卷 新經當第十九 夜摩天宮無量菩薩雲集說法品偈러라】

5수 게송 가운데, 마지막 제10게송은 권면하면서 끝맺음이다. 이는 곧 앞서 말한 "화공이 자기의 마음을 알지 못한다."는 비유를 반대로 끝맺음이다. 만일 마음을 알지 못하면 언제나 허망한 경계만을 그릴 것이며, "일체 모든 경계는 오직 마음이 지어냄"을 살펴보면 진실한 부처를 알 수 있다.

제1, 2구는 機緣이 있음이며, 제3, 4구는 그 무엇을 살펴보아

야 하는가를 보여줌이다. 그러나 여기에는 2가지 해석이 있다.

(1) 만일 부처님을 알고자 하는 자는 당연히 法界性에 모든 차별이 모두 오직 마음이 지어냄을 살펴보아야 한다. 이는 법을 보는 것이 곧 부처님을 보는 것이기 때문이다.

(2) 법계성을 살펴보는 것은 眞如門이며, 오직 마음이 지어냄을 살펴보는 것은 生滅門이다. 이는 2가지를 모두 끝맺음이다.

또한 하나는 眞如實觀이며, 또 다른 하나는 唯心識觀이다. 대승의 중요한 觀은 이 2가지에서 벗어나지 않는다. 이 2가지 법문을 살펴보면 오직 하나의 마음이다. 모두 각각 모든 법을 총체로 포괄하며, 眞諦와 俗諦가 모두 원융하여 걸림이 없는 하나이다. 삼세 제불이 이를 증명하여 본체를 삼았다. 따라서 그것을 알고자 하는 자라면 당연히 이를 보아야 한다. 이미 미묘함의 극치이기에 이를 잠시 받아 지녀도 지옥의 고통을 타파할 수 있다. 【초_ "이를 잠시 받아 지닌다."는 것은 纂靈記에서 다음과 같이 말하였다.

文明 원년(684)에 낙양 사람으로 성은 왕씨이며, 이름은 明幹이라는 이가 있었다. 앞서 계행이 없어 일찍이 선행을 닦지 못했는데, 병환으로 죽음에 임박하여 두 저승사자가 그를 지옥으로 끌고 갔다.

지옥문 앞에서 한 스님을 만났는데 그 스님은 스스로 '지장보살'이라 말하고서 왕씨에게 한 줄의 게송을 외우도록 하였다. 그 게송은 "만일 어떤 사람이 삼세 일체 부처님을 알고자 한다면, 법계의 성품에 일체 모든 경계는 오직 마음이 지어낸다."는 구절이다.

지장보살이 이처럼 게송을 받아 지니도록 하고서 이어 말씀하셨다.

"이 게송을 외우면 지옥의 고통도 없앨 수 있다."

왕씨가 이를 외우고 마침내 지옥에 들어가 염라대왕을 보자, 염라대왕이 물었다.

"무슨 공덕이 있느냐?"

"오직 4구 게송 한 수만을 받아 지녔습니다."

지장보살을 만났던 일을 자세히 말씀드리자, 염라대왕은 마침내 그를 방면하였다.

왕씨가 게송을 읊을 때에 그 소리가 들리는 곳에서 고통받고 있던 사람들까지 모두 해탈을 얻었다.

왕씨는 사흘 만에 소생하여 이 게송을 기억하고서 공관사 승 정법사에게 이 사실을 말하고 그 게송 문장을 찾아보았는데, 이는 舊華嚴經 제12권, 新經으론 제19 夜摩天宮 無量菩薩雲集說法品의 게송임을 알게 되었다.】

第十 智林菩薩

제10 지림보살의 게송

爾時에 **智林菩薩**이 **承佛威力**하사 **普觀十方**하고 **而說頌言**하사대

그때 지림보살이 부처님의 위신력을 받들어 시방을 두루 살펴보고 게송으로 말하였다.

◉ 疏 ◉

鑒達諸佛이 逈超色聲하야 心言路絶이라 故云智林이니 頌顯此德이라

모든 부처님은 聲色을 멀리 초탈하여 마음과 언어의 길이 끊어졌음을 살펴보고 알았기에 그 명호를 '지림보살'이라 하였다. 게송에서 이러한 덕을 밝히고 있다.

經

所取不可取며　　　　所見不可見이며
所聞不可聞이니　　　一心不思議로다

　취하는 바에 취할 수 없고
　보는 바에 볼 수 없고
　들은 바에 들을 수 없다
　한 마음 불가사의하다

◉ 疏 ◉

十頌分二니 初一은 標章이오 後九는 解釋이라 今은 初니 若準晉本이면 第四句云'所思不可思'라하니 則四句皆標章이어니와 今經則上三句는 標章이오 第四句는 總結이니 謂標章은 遮過하야 令不依識이니 明佛三業이 非凡境故오 第四總結은 顯德하야 示智入門이니 謂若了唯一眞

199

心이 言思斯絕이면 則合菩提之體라 故梵本第四句에 云於不思何思라하니 卽是以一眞心而成三業이라 三業이 不離一眞일새 形奪相融하야 不可以一多思也니라 又非唯佛之三業이 同一眞心이라 亦與觀者眞心으로 非異非一이라 故難思議니 若能離於思議면 則終日見聞이라도 亦無所見聞矣리라

10수 게송은 2부분으로 나뉜다.

첫 제1게송은 標章이며, 뒤의 9수 게송은 해석이다.

이는 제1게송이다. 만일 쯥本을 준하면 제4구에서 "생각하는 바에 생각이 없어야 한다."고 하였다. 곧 4구절이 모두 표장인데, 이 게송에서 위 3구는 標章이고, 제4구는 총체로 끝맺음이다.

표장은 잘못을 가로막아 識을 의지하지 않도록 하는 것이다. 부처님의 三業이 범부의 경계가 아님을 밝혀주기 때문이다. 제4구에서 총체로 끝맺음은 공덕을 밝혀 지혜로 들어가는 문을 보여준 것이다. 만일 유일한 眞心이 언어와 생각이 이에 끊어진 것을 알면 곧 보리의 본체에 계합한 것이다. 그러므로 梵本에 의하면 제4구에서 "생각하지 못하는 자리에서 그 무엇을 생각하랴[於不思何思]."라고 하였다. 이는 곧 하나의 진심으로 삼업을 성취함이다. 삼업이 하나의 진심을 여의지 않기에 형체가 사라지고 相이 원융하여 하나이니 많은 것이니 생각할 수 없다. 또한 부처님의 삼업이 하나의 진심과 같을 뿐 아니라, 또한 보는 자의 진심과 다른 것도 아니요, 하나도 아니다. 이 때문에 불가사의한 것이다. 만일 생각하거나 말로 표현할 수 있는 것을 여의면 진종일 보고 듣는다 할지라도 또한

보고 들은 바가 없을 것이다.

經

有量及無量을   **二俱不可取**니
若有人欲取인댄   **畢竟無所得**이로다

    한량이 있거나 한량이 없는 것을
    둘 모두 취할 수 없다
    어떤 사람이 취하려 하면
    끝까지 얻지 못하리라

不應說而說이   **是爲自欺誑**이니
己事不成就오   **不令衆歡喜**로다

    말하지 않아야 할 것을 말하면
    이는 자신을 속이는 일이니
    자기 일도 성취하지 못한 터에
    남들을 기쁘게 할 수 없으리라

● 疏 ●

後九別釋中에 卽分三別이니 初二는 釋不可取오 次四는 釋不可見이오 後三은 釋不可聞이라
今은 初也라 初半偈는 奪以正釋이오 後一偈半은 縱以生過라 然有量等은 實通三業이나 爲對下二하야 且就智明이니 有如理智라 不可言量

이오 有如量智라 不可言無며 又一智卽是一切智故로 衆智所用이 不相雜故니라 後縱中에 初半은 縱其令取니 必無果利니라

後一偈는 顯取之失이니 夫說法者는 當如法說이니 法無所得이어늘 而欲取得하며 心計有說하야 執石爲寶를 是謂自欺오 理無謂有를 是爲自誑이니 終不契理일새 故云己事不成이오 汙他心識일새 故不令衆喜니라 又以量無量取면 則墮斷常하야 自損損他일새 故皆不可니라

뒤의 9수 게송은 개별로 해석한 가운데, 다시 3부분으로 나뉜다.

첫 2수(제2~3) 게송은 취할 수 없음을 해석하였고,

다음 4수(제4~7) 게송은 볼 수 없음을 해석하였고,

뒤의 3수(제8~10) 게송은 들을 수 없음을 해석하였다.

이는 첫 2수(제2~3) 게송이다.

첫 제2게송의 제1, 2구는 압도함으로써 바로 해석하였고,

뒤의 제2게송 제3, 4구와 제3게송은 풀어줌으로써 그 잘못을 낳은 것이다.

그러나 '한량이 있다.' 등은 실로 삼업에 통하지만 아래의 나머지 2가지[說·事]를 상대하기 위하여 또한 지혜를 들어 이를 밝힌 것이다. '절대적이고 둘이 아니어서 평등한 진리에 부합하는 부처님과 보살의 지혜[如理智: 眞諦智]'가 있는 터라 그 한량을 말하지 못하고, '현상계의 수량과 차별에 응하여 그 차별상을 명백히 아는 불보살의 지혜[如量智: 俗諦智]'가 있는 터라 한량이 없다고 말하지도 못하며, 또 하나의 지혜가 곧 一切智이기 때문에 많은 지혜의 작용하는 바와 서로 뒤섞이지 않기 때문이다.

풀어줌을 말하는, 뒤의 제2게송 제3, 4구와 제3게송 가운데, 제2게송 제3, 4구는 그를 풀어주어 취하도록 함이니 반드시 결과의 이익이 없다.

뒤의 제3게송은 취함의 잘못을 밝힌 것이다. 설법하는 자는 당연히 여법하게 말해야 한다. 법은 얻을 바가 없는데 취하여 얻고자 하며, 마음으로 어떻게 말할 것인가를 사사로이 헤아려서 돌멩이를 보배처럼 여기는 것을 '스스로 자신을 속임[自欺]'이라 말하고, 이치가 없는 것을 있는 것처럼 말하는 것을 '스스로 자신을 속임[自誑]'이라고 말한다. 결국 진리에 맞지 못한 까닭에 자신의 일마저도 성취하지 못하고, 남들의 마음과 의식을 더럽히는 까닭에 남들을 기쁘게 할 수 없다.

또한 한량이 있다는 것과 한량이 없다는 것을 취하면 곧 斷見·常見에 떨어져 자신을 손상하고 남들을 손상하기에 이는 모두 옳지 못하다.

有欲讚如來의　　　無邊妙色身인댄
盡於無數劫이라도　　無能盡稱述이로다
　여래의 그지없이 미묘한 색신을
　찬탄하고자 하면
　헤아릴 수 없는 겁을 다할지라도
　모두 말할 수 없으리라

◉ 疏 ◉

第二에 有四偈는 歎佛色身深奧하야 釋不可見章이라
文分爲二니 初一은 法說이오 後三은 喻況이라 今은 初라
非色現色일세 故稱爲妙오 物感斯現이라 是曰無邊이며 又色卽是空
故로 邊卽無邊이며 又淨識所現이라 空色相融故로 身分總別과 乃至
一毛라도 皆無邊量이며 攝德無盡이니 具上三義어니 豈可以盡言이리오

다음 4수(제4~7) 게송은 부처님의 색신이 심오함을 찬탄하여 볼 수 없다는 부분을 해석하였다.

이의 4수 게송은 다시 2부분으로 나뉜다.

첫째 제4게송은 법으로 말함이며, 뒤의 3수(제5~7) 게송은 비유이다.

이는 첫째 제4게송이다.

색신이 아닌 데에서 색신을 나타낸 까닭에 미묘하다고 말하며, 중생에 따라 감응하느라 이에 색신을 나타내기에 그지없다고 말하며, 또한 색신이 곧 공이기에 끝이 있음이 곧 끝이 없음이며, 또한 청정한 識에 의해 나타나는 바라 空·色이 서로 원융하기에 身分의 총체와 개별 내지 하나의 털끝까지도 모두 끝과 한량이 없어 지닌 공덕이 그지없다. 위에서 말한 3가지 의미를 모두 갖춘 몸인데 어떻게 이를 모두 말로 표현할 수 있겠는가.

譬如隨意珠가　　　　　能現一切色호되

無色而現色인달하야 　　　　**諸佛亦如是**로다
　　마치 여의주가
　　일체 모든 빛깔을 나타내지만
　　빛이 없는 데서 빛을 내는 것처럼
　　부처님 또한 그와 같다

◉ **疏** ◉

次三喩中分二니 **初一**은 **摩尼隨暎喩**로 **喩佛地實無異色**이나 **隨感便現**일세 **故言無色而現色**이니 **喩全似法**일세 **故但合云佛亦如是**라 하니라

　　뒤의 3수(제5~7) 게송의 비유 가운데 다시 2부분으로 나뉜다.
　　첫째 제5게송은 마니주가 비추는 데 따라서 온갖 빛이 쏟아진다는 비유[摩尼隨暎喩]로, 부처님의 지위에서는 실로 다른 색신이 없으나 중생들이 감응함에 따라서 문득 각기 다른 몸을 나타낸다는 점을 비유하였다. 이 때문에 색신이 없는 몸으로 색신을 나타낸다고 말한 것이다. 비유는 모두 법과 같기 때문에 단 이를 종합하여 "부처님 또한 그와 같다."고 말하였다.

經

又如淨虛空이 　　　　**非色不可見**이라
雖現一切色이나 　　　　**無能見空者**인달하야
　　또한 청정한 허공이

빛이 아니어서 볼 수 없다
아무리 일체 모든 빛이 나타나지만
허공을 보는 이 없는 것처럼

諸佛亦如是하사　　　**普現無量色**이나
非心所行處라　　　　**一切莫能覩**로다

부처님 또한 그와 같다
한량없는 색신을 널리 보여주시지만
마음으로 미칠 수 없는 곳이라
일체 모두 볼 수 없다

◉ 疏 ◉

後二偈는 淨空現色喩로 喻佛法身이 體非是色이로되 能現麤妙一切諸色이니 初偈는 喻이오 後偈는 合이라 四句對前에 但二三前却이라 此是分喻일새 故委合之인댄 以空但不可眼見이나 而可心知어니와 佛所現色은 心行處絕일새 故爲分喻라 心眼尙不能見이온 況肉眼哉아 此는 卽見中絕思議也니라

뒤의 3수(제5~7) 게송 가운데, 뒤의 2수(제6~7) 게송은 청정한 허공에 빛이 나타나는 비유로, 부처님 법신의 본체가 색신이 아니지만 거친 부분이나 미묘한 부분의 일체 모든 색신을 나타냄을 비유한 것이다.

앞의 제6게송은 비유이며, 뒤의 제7게송은 법으로 끝맺음이

다. 4구로 앞의 제6게송의 비유에 대조해보면 단 제2, 3구는 나아가고 물러서는 부분이 있다. 이는 부분의 비유이다. 따라서 이를 자세히 종합하여 말하면 허공은 단 눈으로는 볼 수 없지만 마음으로는 알 수 있다. 그러나 부처님이 나타내 보여주는 색신은 마음의 의식이 끊어진 자리이기에 부분적인 비유인 셈이다. 마음의 눈[心眼]으로도 오히려 볼 수 없는데, 하물며 육신의 눈으로 볼 수 있겠는가. 이는 보는 가운데 의식과 언어가 단절된 것이다.

問호되 '二喩 豈不違經가 上云有無邊妙色이어늘 今云非色無色耶아 亦違諸論에 佛有妙色하야 爲增上緣이로다 古德云若約初敎大乘인댄 義如前說이어니와 若實敎大乘이면 佛地에 無此色聲麤相功德이오 但有大智大悲大定大願諸功德等이라 然諸功德等이 竝同證眞如라 若衆生機感이면 卽現色無盡이라 旣無不應機時일세 故所現色도 亦無斷絕이니 此以隨他爲自오 更無別自니라 約此爲有故로 云無邊妙色이어니와 今約自說이오 不約隨他라 故云無色非色也니라 亦可前喩는 初敎오 後喩는 實敎니라【鈔_ 古德云'下는 賢首答이라 後'有云若爾'下는 苑公破오 然上二解下는 今疏會釋이라】

묻기를 "2가지의 비유는 어찌 위의 경문에 어긋나지 않겠는가. 위에서는 '그지없는 색신이 있다.'고 말했는데, 여기에서는 '색신도 아니요, 색신이 없는 것도 아니다.'고 하였다. 이는 또한 여러 논에 '부처님은 미묘한 색신이 있어서 增上緣이 된다.'는 말에 어긋나는 것이다."고 하였다.

옛 스님이 말하기를 "만일 初敎 대승으로 말한다면 뒤의 문장과 같지만, 만일 實敎 대승으로 말하면 佛地에서는 色聲의 麤相인 공덕이 없고 다만 大智·大悲·大定·大願의 모든 공덕 등이 있다. 그러나 모든 공덕 등이 모두 하나의 진여를 증명하고 있다."고 하였다. 만일 중생의 機緣에 감응하면 곧 색신을 나타냄이 그지없다. 이처럼 중생의 기연에 감응하지 않을 때가 없기에 현신하는 몸 또한 단절됨이 없다. 이는 다른 중생을 따라서 자신을 삼을 뿐 다시는 별다른 자아가 없다. 이를 가지고 有를 삼은 까닭에 그지없는 미묘한 색신이라고 말했지만, 여기에서는 자신으로 말했을 뿐 다른 중생을 따라 나타내는 몸으로 말하지 않은 까닭에 '색신도 아니요, 색신이 없는 것도 아니다.'고 하였다. 또한 앞에서는 初敎를 비유하였고, 뒤에서는 實敎를 비유하였다. 【초_ "옛 스님이 말하기를" 이하는 현수보살의 대답이다. 아래의 '有云若爾' 이하는 苑公이 설파한 부분이며, 아래의 '然上二解' 이하는 지금 청량소의 會釋이다.】

有云若爾인댄 彼能現體 爲有無耶아 十蓮華藏塵數之相을 皆示現耶아 八地七勸에 言佛色聲이 皆無有量이어늘 寧不違耶아 若執佛果唯有如如와 及如如智獨存者인댄 無漏蘊界 窮未來際토록 徧因陀羅網은 皆非實事며 亦違涅槃 滅無常色而獲常色이니라

혹자[苑公]가 말하였다.

"만일 그렇다면 그 현신 주체의 몸이 있는 것일까? 없는 것일까? 열 개의 蓮華藏 미진수만큼의 수많은 모양을 모두 보여주는가? 八地의 七勸에서 부처님의 색상과 음성이 모두 한량없다고 말

했는데, 어찌 서로 어긋남이 아니겠는가. 만일 佛果가 오직 如如 및 如如智만 홀로 존재한다는 것으로 말하면 '無漏의 오온·18계가 미래가 다하도록 인다라망[因陀羅網]에 두루 한다.'는 것이 모두 실제의 일이 아닐 것이며, 또한 열반에 無常한 색신이 사라지고 영원한 색신을 얻는다는 말에 어긋나는 것이다."

然上二解는 各是一理라 竝符經論하니 今當會之호리라 攝末從本이면 唯如如智니 自受用色이 智所現故오 攝相從性이면 但有如如니 旣所現卽如면 何妨妙色가 故有亦無失이니라 然如外無法이어니 何要須現가 萬法卽如라 如卽法身이어니 更何所現가 故云唯如如 及如如智獨存이니 於理未失이니라 如色相卽하고 有無交徹하니 若定執有無면 恐傷聖旨니라 故今二喩 前後相成하니 摩尼現色에 但云無色은 無卽但是無他라 非無自體오 淨空現色에 旣云非色은 非卽非其自體라 不獨無他니 前은 喩自受用身이오 後는 喩法身이니 此二不二 爲佛眞身이라 故下經에 云佛以法爲身이니 淸淨如虛空이라 所現衆色形을 令入此法中이라하니라

그러나 위의 2가지 해석이 각각 하나의 이치라 아울러 경론에도 부합되니 여기에서 회통하고자 한다. 지말을 이끌어 근본을 따른다면 오직 如如智이다. 自受用의 색신이 지혜로 나타난 바이기 때문이며, 외적 현상의 모양을 이끌어 내면의 본성을 따르면 단 如如만 있을 뿐이다. 이미 나타나는 바가 곧 진여라면 어찌 미묘한 색신이 방해가 되겠는가. 따라서 有 또한 잘못이 없다. 그러나 진여 밖에 법이 없는데 어찌 굳이 현신을 필요로 하겠는가. 모든 법

이 곧 진여이다. 진여가 곧 법신인데 어찌 다시 몸을 나타낼 게 있겠는가. 그러므로 "오직 如如 및 如如智만 홀로 존재한다."고 말하였다. 이는 진리에 잘못이 없다.

진여와 색신이 서로 하나가 되고 有와 無가 서로 통하니, 만일 有·無를 일정하게 고집하면 부처님이 말한 종지를 상실할까 두렵다. 따라서 여기에서 2가지의 비유가 전후로 서로 이루고 있다. 마니주가 빛깔을 나타냄에 다만 빛깔이 없다고만 말한 것은, 無는 단 그것이 없을 뿐 그 자체가 없다는 것은 아니다. 청정한 허공이 빛을 나타냄에 이미 빛이 아니라고 말한 것은, '아니다[非]'는 곧 그 자체가 아니라 홀로 그것만 없을 뿐이 아니다.

앞에서는 自受用身을 비유하고, 뒤에서는 법신을 비유하였다. 이 2가지의 둘이 아님[不二]이 부처님의 진신이다. 따라서 아래 게송에 이르기를 "부처님은 법으로써 몸을 삼으시니, 청정함이 허공과 같다. 나타내 보여주신 온갖 색상과 형체로 이 법 가운데 들어가게 하신다."고 하였다.

雖聞如來聲이나　　　　音聲非如來며
亦不離於聲하고　　　　能知正等覺이로다

　여래의 음성을 들을 수 있지만
　음성은 여래가 아니며
　또한 음성을 떠나서

정등각을 알 수 있는 것도 아니다

菩提無來去라   離一切分別이어니
云何於是中에   自言能得見이리오
　　보리의 마음은 오는 것도 가는 것도 없다
　　일체 모든 분별 의식을 떠난 것이다
　　어떻게 이런 가운데서
　　스스로 보리를, 부처를 보았다고 말할 수 있을까

諸佛無有法이시니   佛於何有說가
但隨其自心하야   謂說如是法이로다
　　모든 부처님은 법이 있는 게 아닌데
　　부처님 어찌 말씀이 있겠는가
　　다만 자기의 마음을 따라
　　이런 법을 말한다고 하네

● 疏 ●

第三 三偈는 釋所聞不可聞中에 初는 約應聲이니 緣感便應이라 離相
離性일세 故聲非如來오 應不差機라 非聲之聲일세 故云不離니 故以
聲取면 是行邪道오 若離聲取면 未免斷無니라【鈔_ 故以聲取者는
結成上義니 上句는 卽金剛經意니 若以色見我하고 以音聲求我면 是
人은 行邪道라 不能見如來라하니라 後句는 卽兜率偈讚意라 故偈云

211

色身非是佛이오 音聲亦復然이로되 亦不離色聲코 見佛神通力이라하니라 天鼓無心은 出現當辨호리라 】

　뒤의 3수(제8~10) 게송은 들는 바에서 들을 수 없음을 해석한 가운데, 첫째 제8게송은 감응의 소리로 말함이다. 반연이 만나면 곧 응한 터라 모양도 여의고 성품도 여읜 까닭에 음성은 여래가 아니며, 응함은 機緣에 어긋나지 않는 터라 음성이 아닌 음성이기에 음성을 여의지 않는다고 말한 것이다. 따라서 음성으로 부처님을 찾으면 이는 삿된 도를 행함이며, 만일 음성을 여의고서 부처님을 찾으면 그것은 '없다고 끊어버림[斷無]'을 면하지 못할 것이다. 【초_ "따라서 음성으로 부처님을 찾으면"이라는 것은 위에서 말한 의미를 끝맺음이다. 위에서 말한 의미는 곧 금강경에서 말한 뜻이다. "만일 색신으로 나를 보거나 음성으로 나를 구하면 그 사람은 삿된 도를 행한 것이어서 여래를 볼 수 없다."고 하였다.

　뒤 구절은 제24 도솔궁중게찬품에서 말한 뜻이다. 그 게송에 이르기를 "색신은 부처님이 아니며, 음성 또한 그러하지만, 또한 색신과 음성을 여의고서는 부처님의 신통력을 보지 못한다."고 하였다. 天皷無心은 출현에서 논변하고자 한다.】

次頌은 約體釋이니 湛然不遷하야 心離分別이라 尚非心見이어니 安可耳聞가 猶如天鼓 無心出故니 此卽聞中不思議也니라

　다음 제9게송은 보리의 본체로 해석함이다. 담담하여 변천이 없으며 마음이 분별 의식을 여읜 터라 오히려 마음으로도 볼 수 있는 것이 아니다. 어떻게 귀로 들을 수 있겠는가. 마치 하늘의 북은

무심으로 소리를 내는 것과 같기 때문이다. 이는 곧 음성을 듣는 가운데 불가사의이다.

後偈는 釋疑니 疑云'爲是有法不可聞耶아 爲是無法不可說耶아 上半은 順後句答이라 次疑云'若爾인댄 何以現聞教法가 下半에 釋云'但自心變이오 非佛說也니라 若依權教면 此約有影無本이라 然本影相望에 通有四句어니와 若依此宗이면 果海離言이라 故無有說이오 用隨機現일세 謂如是說이나 而此本質은 亦是自心이라 餘如懸談中說하다 【鈔_ 若依權'等者는 本影四句는 卽如玄談이어니와 若依此宗이면 四句皆用이니 知一切法이 卽心自性이라 故質亦自心이니라 】

뒤의 제10게송은 의심을 해석함이다.

의심하여 말하였다.

"이러한 有의 법을 들을 수 없는 것일까? 이러한 無의 법을 말할 수 없는 것일까?"

제1, 2구는 뒤의 말을 따라 대답함이다.

다시 의심하여 말하였다.

"그렇다면 어찌하여 현재 가르침의 법을 들을 수 있는 것일까?"

제3, 4구에서 다음과 같이 해석하였다.

"다만 그 자신의 마음이 변한 것이지 부처님의 말씀이 아니다."

만일 權教를 따르면 이는 그림자는 있으나 본체가 없는 것으로 말한 것이다. 그러나 본체와 그림자를 서로 대조하면 모두 4구가 있지만, 만일 이 화엄종을 따르면 果海는 언어를 여읜 자리이다. 때문에 말이 없고 妙用은 機緣을 따라 나타나기에 '이와 같이 설법한다.'고 말한 것이나 이 본질은 또한 자신의 마음이다. 나머지는 懸談에서 설명한 바와 같다. 【초_ "만일 權敎를 따르면" 등이란 본체와 그림자에 관한 4구는 곧 현담과 같지만, 만일 이 화엄종을 따르면 4구가 모두 묘용이다. 모든 법이 곧 마음의 자성임을 알기 때문에 形質 또한 자신의 마음이다.】

◉ 論 ◉

初頌已下에 有十段經은 明十行之中에 各申自行決門因果分이라 已下如名之義는 各歎當位所行之法이니 達名知法이면 可知라
夜摩天宮偈讚品 竟하다

첫째 제1게송 이하에 10단락의 게송은 十行의 가운데 각각 스스로 행하고 결정한 법문에서 말한 因果分을 밝힌 것이다. 아래에서 명호와 같은 의의는 각각 해당 지위에서 행하는 바의 법을 찬탄함이다. 명호를 통달하여 법을 알면 이는 말하지 않아도 알 수 있다.
야마천궁게찬품을 끝마치다.

야마천궁게찬품 제20-2 夜摩天宮偈讚品 第二十之二
화엄경소론찬요 제38권 華嚴經疏論纂要 卷第三十八

화엄경소론찬요 제39권
華嚴經疏論纂要 卷第三十九

●

십행품 제21-1
十行品 第二十一之一

一

四門中에 初는 來意라

4분야(**來意·釋名·宗趣·釋文**) 가운데,

1. 유래한 뜻

◉ 疏 ◉

來意有二니 一은 前序요 此正故요 二는 前辨所依佛智요 此辨能依之行이라 故次來也니라

유래한 뜻에 2가지가 있다.

(1) 앞의 품은 서론이고 이 품은 본론이기 때문이며,

(2) 앞에서는 의지 대상이 되는 부처님의 지혜를 논변하였고, 여기에서는 의지의 주체가 되는 부처님의 행을 논변한 까닭에 이 품을 다음으로 쓰게 된 것이다.

二 釋名

2. 품명을 해석하다

◉ 疏 ◉

釋名者는 隨緣順理하야 造修名行이니 數越塵沙나 寄圓辨十이라 仁王에 名爲十止라하니 就三學中하야 定心增故요 梵網은 名爲長養이니 長道五根故니라 若具梵本인댄 應云功德華聚菩薩說十行品이니 則兼

能說人이어니와 今文은 畧耳라

　품명을 해석한다는 것은 반연을 따르고 이치를 순종하여 닦아 나가는 것을 명명하여 '行'이라 한다. '行'의 수효로 말하면 미세한 티끌과 항하의 모래알보다 많지만 원만한 수효를 따라 十行으로 구분하였다.

　인왕경에서는 십행을 명명하여 '十止'라 말한다. 이는 戒定慧 三學 가운데 '定心'을 더한 때문이다.

　범망경에서는 십행을 명명하여 '長養'이라 말한다. 이는 眼耳鼻舌身 五根을 바른 도에 따라 길러주기 때문이다.

　만일 범본에 따라 이 품을 구체적으로 말한다면, '공덕화취보살이 십행을 말한 품[功德華聚菩薩說十行品]'이라고 말했어야 할 것이다. 설법의 주체가 되는 보살을 겸하여 말한 것이지만 이 경문에서는 생략하였다.

三 宗趣

3. 종취

● 疏 ●

宗趣可知니라

　종취는 설명하지 않아도 알 수 있다.

◉ 論 ◉

將釋此品에 約作三門分別호리니 一은 釋品名目이오 二는 釋品來意오 三은 隨文釋義라

第一 釋品名目者는 此品은 正說十種行門일세 名爲十行品이라

第二 釋品來意者는 此夜摩天宮에 本意說十行品은 爲表此天이 蓮華開로 爲晝하고 合으로 爲夜니 爲此天光이 自相照及하야 無有日月하고 但看蓮華開合하야 而辨晝夜일세 名爲時分天이니 夜摩者는 梵語也라 如此位菩薩이 知衆生心의 欲開發時하야 應時引接하고 未應度者는 與作得度因緣일세 以此處而表之니 故於此處에 說十種行門이라 前之兩品은 且明至此天處而稱歎之오 此一品은 正說十行門故로 此品이 須來니 明前之十住는 猶依須彌之頂이어니와 此之十行은 依空所行일세 表行無著也라

第三 隨文解釋中에 如經自有分齊하니 不煩科文이라

이 품을 해석함에 있어 간단하게 3부분으로 구분하고자 한다.

(1) 품의 명목을 해석하였고,

(2) 품의 유래한 뜻을 해석하였고,

(3) 경문을 따라 그 의의를 해석하였다.

(1) 품의 명목을 해석하였다는 것은, 이 품은 바로 10가지의 행에 관한 부분을 말하고자 한 까닭에 그 이름을 십행품이라 한 것이다.

(2) 품의 유래한 뜻을 해석함에 있어 제20 야마천궁게찬품의 本意에서 십행의 품을 말한 것은 야마천이란 연꽃송이가 피어나면 낮이 되고, 연꽃송이가 오므리면 밤이 됨을 나타내고 있다. 야마천

에서는 연꽃송이가 피어나는 광명이 저절로 서로서로 비출 뿐, 해와 달이 뜨고 지는 일이 없다. 단 연꽃이 피어나고 오므리는 것으로 주야를 구분하는 것이다. 이 때문에 그 하늘의 이름을 '時分天'이라 한다.

夜摩란 범어이다. 그곳에 머문 보살이 중생의 마음을 열어줄 시기를 알아서 그 시기에 맞춰서 그들을 이끌어 들이고, 도저히 제도하지 못할 중생은 그들을 위해 제도를 받을 수 있는 인연을 짓도록 하는 것과 같다. 이런 연유로 야마천을 밝힌 까닭에 이 야마천에서 10가지 行에 관한 부분을 말한 것이다. 앞의 2품은 또 이 야마천궁에 이르러 찬탄하고 있음을 밝힌 것이며, 이 십행품은 바로 十行의 부분을 말하고 있는 까닭에 이 품을 다음으로 쓰게 된 것이다. 앞의 십주는 오히려 수미산 정상을 의지하고 있지만 이 십행은 허공을 의지하여 행하는 바임을 밝힌 까닭에 집착이 없는 행을 나타낸 것이다.

(3) 경문을 따라 그 의의를 해석한 가운데, 경문은 그 나름 구분이 있기에 굳이 번거롭게 이를 나누지 않는다.

四 釋文

品有七分하니 第一은 三昧分이라

4. 경문의 해석

이 품에는 7부분이 있다.

제1. 삼매 부분

經

爾時에 **功德林菩薩**이 **承佛神力**하사 **入菩薩善思惟三昧**하시니라

그때 공덕림보살이 부처님이 지닌 헤아릴 수 없는 영묘하고 불가사의한 힘을 받들어 보살의 잘 생각하는 삼매[善思惟三昧]에 들었다.

● **疏** ●

功德林入者는 爲衆上首故며 表說十行에 衆德建立故니라 '承佛'下는 是入定因이오 '入菩薩'下는 顯定別名이니 揀因異果일세 故名菩薩이오 巧順事理하야 揀擇無礙하며 無心成事 名善思惟니라

공덕림보살이 삼매에 들어간 것은 대중 가운데 으뜸 보살이기 때문이며, 십행을 말한 데에는 수많은 덕이 있음을 나타내고 있기 때문이다.

'承佛神力' 이하는 선정에 들게 된 원인이며, '入菩薩' 이하는 선정의 별칭을 밝힌 것이다. 원인이 남다르고 결과가 다르기에 그 이름을 보살이라 하고, 사리를 잘 따르고 간택에 걸림이 없으며 무심으로 일을 성취하기에 그 이름을 '선사유삼매'라 말한다.

第二. 加分
文中三이라 一은 總辨作加因緣이라

제2. 가피 부분

이의 경문은 3부분으로 나뉜다.

1) 가피를 짓는 인연을 총체로 논변하다

經

入是三昧已에
十方各過萬佛刹微塵數世界外하야 有萬佛刹微塵數諸佛이 皆號功德林이라 而現其前하사
告功德林菩薩言하사대 善哉라 佛子여 乃能入此善思惟三昧로다
善男子야 此是十方各萬佛刹微塵數同名諸佛이 共加於汝시며 亦是毘盧遮那如來의 往昔願力과 威神之力과 及諸菩薩의 衆善根力으로 令汝入是三昧하야 而演說法이니라

이러한 선사유삼매에 들었더니,

시방으로 각각 1만 부처님 세계의 티끌 수처럼 수많은 세계 밖에 1만 세계의 티끌 수만큼 수많은 부처님이 계시는데, 그 명호는 모두 똑같이 '공덕림불'이라 한다. 그 부처님들이 모두 공덕림보살의 앞에 나타나 말씀하셨다.

"잘한 일이다. 불자여, 그대가 이런 선사유삼매에 들다니.

선남자여, 이는 시방으로 각각 1만 세계의 티끌 수처럼 수많은, 명호가 똑같은 모든 부처님이 그대에게 가피를 내리신 것이며, 또한 비로자나여래의 옛날 서원하신 힘과 영묘하고 불가사의한 힘과 모든 보살들의 선근의 힘으로써 그대로 하여금 이런 삼매에 들어 법문을 연설케 하려는 것이니라.

◉ 疏 ◉

文中四니 一 入是 下는 總標加因이오 二 十方 下는 加緣顯現이오 三 告功德 下는 讚有加因이오 四 善男子 下는 雙顯加定因緣이라
文中二니 一은 別顯所因이오 二는 結因所屬이라
今初 亦有四因이니 一은 伴佛同加니 十住文云 悉以神力으로 共加於汝라하며 二는 主佛宿願이오 三은 主佛現威오 四는 大衆機感이라
畧無助化善根하니 或是諸字中攝이라 餘義는 具於前會하다
二 令汝 下는 結因所屬이라【鈔_ 畧無助化者는 十住⟨地⟩却有니 經云亦是汝勝智力[7]이라 故云畧無니라】

이의 경문은 4단락으로 나뉜다.
(1) '入是' 이하는 총체로 밝힘이며,

....
7 '亦是汝勝智力' 6자는 십주품이 아닌 십지품에서 인용한 것이다. 〈鈔〉에서 말한 '十住却有'란 오류로 생각된다. 십지품의 원문은 다음과 같다. "善哉善哉라 金剛藏아 乃能入是菩薩大智慧光明三昧하니 善男子야 此是十方各十億佛利微塵數諸佛이 共加於汝니 以毘盧遮那如來應正等覺本願力故며 威神力故며 '亦是汝勝智力'故니라" 따라서 본 번역에서는 십주품을 십지품으로 정정하여 번역하고자 한다.

(2) '十方' 이하는 가피의 인연을 밝힘이며,

(3) '告功德' 이하는 가피의 인연이 있음을 찬탄함이며,

(4) '善男子' 이하는 가피와 선정의 인연을 모두 밝힌 것이다.

이의 4단락 경문에는 2가지의 의의가 있다.

(1) 원인의 대상을 개별로 밝힘이며,

(2) 원인의 소속을 끝맺었다.

(1) 원인의 대상을 개별로 밝힘에는 또한 4가지의 원인이 있다.

① 도반의 부처님이 함께 가피를 내림이다. 제15 십주품에 이르기를 "모든 부처님이 위신력으로 모두가 그대에게 가피를 내렸다."고 하였다.

② 主佛의 옛 서원이며,

③ 주불의 위신력이 나타남이며,

④ 대중의 근기에 따라 감응한 것이다.

조금이라도 교화를 도와줄 선근이 없는 것은 혹시 '及諸菩薩'의 '諸' 자 속에 포괄되어 있기 때문인가 싶다. 나머지 의미는 모두 앞의 법회에서 구체적으로 말하였다.

(2) '令汝' 이하는 원인의 소속을 끝맺음이다.【초_"조금이라도 교화를 도와줄 선근이 없다."는 것은 십지품에 있는 부분으로, 그 경문에 이르기를 "또한 이는 그대의 수승한 지혜의 힘"이라 하여, 타인의 도움을 필요로 하지 않기에 "조금도 … 없다."고 말한 것이다.】

二. 辨加所爲

2) 가피의 목적 대상을 논변하다

經

爲增長佛智故며 **深入法界故**며 **了知衆生界故**며 **所入無礙故**며 **所行無障故**며 **得無量方便故**며 **攝取一切智性故**며 **覺悟一切諸法故**며 **知一切諸根故**며 **能持說一切法故**니 **所謂發起諸菩薩十種行**이니라

부처님의 지혜를 증장하도록 하기 위함이며,

법계에 깊이 들어가도록 하기 위함이며,

중생세계를 분명히 알도록 하기 위함이며,

들어가는 데마다 걸림이 없도록 하기 위함이며,

행하는 일마다 장애가 없도록 하기 위함이며,

한량없는 방편을 얻도록 하기 위함이며,

일체 지혜의 성품을 거두어 지니도록 하기 위함이며,

일체 모든 법을 깨닫도록 하기 위함이며,

모든 근성을 알도록 하기 위함이며,

일체 모든 법을 가지고 말하도록 하기 위함이다.

이른바 모든 보살의 열 가지 행을 일으키려는 것이다.

◉ 疏 ◉

有十一句하니 前十別明이오 後所謂下 一句는 總結이라 乃至起分히 皆同前會로되 但住行之殊니라

11구이다. 앞의 10구는 개별로 밝힘이며, 뒤의 '所謂' 이하 1구는 총체로 끝맺음이다. 起分에 이르기까지 모두 앞의 법회와 같지만, 단 十住와 十行의 차이가 있을 뿐이다.

三 正辨加相

3) 바로 가피의 양상을 논변하다

經

善男子야 汝當承佛威神之力하야 而演此法이니라
是時에 諸佛이 卽與功德林菩薩에 無礙智와 無著智와 無斷智와 無師智와 無癡智와 無異智와 無失智와 無量智와 無勝智와 無懈智와 無奪智하시니 何以故오 此三昧力이 法如是故니라
爾時에 諸佛이 各伸右手하사 摩功德林菩薩頂하신대

선남자여, 그대는 부처님의 위신력을 받들어 이 법을 연설하도록 하라."

그때 모든 부처님이 공덕림보살에게 걸림 없는 지혜, 집착 없는 지혜, 끊이지 않는 지혜, 스승 없이 스스로 통하는 지혜, 어리석

지 않은 지혜, 달리 변하지 않은 지혜, 잘못이 없는 지혜, 한량없는 지혜, 그 누구도 이길 수 없는 지혜, 게으름 없는 지혜, 그 누구도 빼앗을 수 없는 지혜를 주셨다.

무엇 때문에 이처럼 열 가지의 지혜를 주신 것일까? 공덕림보살이 이러한 선사유삼매의 힘을 지녔기에 모든 부처님이 당연히 이처럼 주실 수밖에 없기 때문이다.

그때 모든 부처님이 각각 오른손을 내밀어 공덕림보살의 정수리를 만져주셨다.

● 疏 ●

文中三이니 一은 語業加오 二는 意業加오 三은 身業加라
今初는 語業加니 命其說이오
二是時下는 意業加니 與智慧라 初總餘別이니 捷辯故며 無斷辯故니라 前後二會에 竝無此智니 卽是本覺之智라 了는 因自得하고 悟는 不由師로되 假佛緣顯이라 故得云與니 與無師智는 竝是迅辯故며 應辯故며 無謬錯辯故며 豐義味辯故며 一切世間最上妙辯故니 總策前七故로 此七無勝故니라 上皆別顯이오 次下徵釋이라
三爾時下는 身業加니 增威力故니라【鈔_ 捷辨等者는 七辨之義니 前文已有어니와 十地更廣이라】

경문은 3부분으로 나뉜다.
(1) 語業의 가피,
(2) 意業의 가피,

(3) 身業의 가피이다.

첫 부분은 (1) 어업의 가피이다. 공덕림보살에게 설법할 것을 명하였다.

(2) '是時諸佛' 이하는 의업의 가피로 열 가지의 지혜를 내려준 것이다. 첫 구절은 총체로 말하였고, 나머지는 개별로 말하였다. 이는 거침없이 민첩한 달변이기 때문이며, 끊임없는 달변이기 때문이다.

전후 두 차례의 법회에서 모두 이러한 지혜를 말하지 않았던 것은 곧 本覺의 지혜로 말한 때문이다. 아는 것[了]은 자신이 스스로 터득한 데에 있고, 깨달음[悟]은 스승으로 연유한 것이 아니지만, 부처님과의 인연을 빌려 이를 밝힌 까닭에 보살이 스스로 얻은 깨달음을 부처님께서 주셨다고 말한 것이다.

스승 없이 스스로 통하는 지혜[無師智]를 주었다는 것은 아울러 거침없이 빠른 달변이기 때문이며, 상응하는 달변이기 때문이며, 오류가 없는 달변이기 때문이며, 의미가 풍부한 달변이기 때문이며, 일체 세간에 가장 으뜸가는 미묘한 달변이기 때문이다. 앞의 7가지 달변을 총체로 지닌 까닭에 7가지 달변을 그 누구도 이길 수 없기 때문이다.

위는 모두 별개로 밝힌 것이며, 다음 아래(何以故~法如是故)는 묻고 해석한 부분이다.

(3) '爾時諸佛' 이하는 신업의 가피이다. 부처님의 위신력을 더해주고자 한 때문이다. 【초_ '捷辨' 등이란 7가지 달변을 말한다.

앞의 경문에 이미 말한 바 있으나 십지품에서 다시 자세히 설명하고자 한다.】

第三 起分

제3. 삼매에서 일어난 부분

經

時에 功德林菩薩이 卽從定起하사

그때 공덕림보살은 선사유삼매에서 일어나

第四 本分

文二니 初는 行體라

제4. 본론 부분

경문은 2부분으로 나뉜다.

1) 보살행의 체성

經

告諸菩薩言하사대 佛子여 菩薩行이 不可思議라 與法界虛空界等하니 何以故=오 菩薩摩訶薩이 學三世諸佛하야 而修行故니라

모든 보살에게 말하였다.

"불자여, 보살의 행은 여느 사람으로서 생각할 수 있거나 헤아릴 수 없다. 법계, 허공계와 똑같은 것이다. 무엇 때문인가? 보살마하살이 삼세의 부처님에게 배워 수행하였기 때문이다.

◉ 疏 ◉

行體者는 若約所依인댄 卽前善思惟三昧로 爲體하고 若約所觀인댄 卽二諦雙融이오 若約能觀인댄 悲智無礙어니와 今從敎相하야 下四行 爲體라 若約十行別體인댄 卽以十波羅蜜로 爲體니 義見初會하다
今就敎相中하야 若直就經文인댄 文分爲二니 一은 標顯이오 二는 徵釋이라

보살행의 체성이란 만일 의지의 대상으로 말하면 앞서 말한 선사유삼매로 체성을 삼고, 관조의 대상으로 말하면 속제와 진제가 모두 원융하고, 관조의 주체로 말하면 大悲와 大智에 걸림이 없지만, 여기에서는 교화의 양상을 따라서 아래 4가지 行으로 체성을 삼는다. 만일 十行의 別體로 말하면 십바라밀로 체성을 삼는다. 그런 의미는 처음 會에 나타나 있다.

이에 敎相의 측면에서 바로 경문을 찾아보면 경문은 2부분으로 나뉜다.

(1) 보살행을 내세워 밝힘이며,

(2) 이를 묻고 해석한 것이다.

今初는 標行體難思니 行은 卽深心所修行海也라 與法界虛空下는

顯難思之相이니 深은 等法界하고 廣은 齊虛空이라 故로心言罔及也니라 又超下位 名不思議라

又卽理之事行이 同事法界之無量하고 等虛空之無邊이며 卽事之理行이 同理法界之寂寥오 等虛空之絶相이니 此二俱非言之表詮과 心之顯論(詮)이라 故難思議오 況二交徹하야 能令一行으로 攝一切行하며 一位로 攝一切位하야 純雜無礙아 故第十行에 云入因陀羅網法界하야 成就如來無礙解脫하고 人中雄猛으로 大師子吼하며 乃至到一切法實相源底故라하니라

又若唯遮者인댄 則凡聖絶分故로 非但遮常心言이라 亦應融常心言이니 是則於中思議不可盡也라 遮融無二라 則思與非思 體俱寂滅이라야 方曰眞不思議니라【 鈔_ '又若唯遮者'下는 融拂이니 恐滯絶思議故니라 絶은 但是遮絶心言故오 融者는 卽言無言故니라 故云'於中思議不可盡'이니 卽用第八眞如相廻向偈니라 文云'菩薩이 住是不思議하야는 於中思議 不可盡이라 入是不可思議處하얀 思與非思 俱寂滅이라'하니 上은 卽前半意오 從'遮融無二'下는 卽後半意也니라 】

(1) 보살행의 자체가 여느 사람으로서 생각할 수 있거나 헤아릴 수 없음을 밝힌 것이다. 보살행이란 곧 깊은 마음으로 닦아야 할 수행의 바다이다.

'與法界虛空' 이하는 여느 사람으로서 생각할 수 있거나 헤아릴 수 없는 보살행의 모습을 밝힌 것이다. 심오하기로는 법계와 같고, 광대하기로는 허공과 똑같다. 따라서 마음으로나 언어로써는 도저히 미칠 수 없는 자리이다. 또한 아래의 지위에서 초탈한 부분을

불가사의한 경지라고 말한다.

또한 진리와 하나가 된 事行이 한량없는 事法界와 같고 끝없는 허공과도 같으며, 사물과 하나가 된 理行이 고요한 理法界와 같고 형상이 끊어진 허공과도 같다. 이 2가지는 모두 언어로써 말할 수 있다거나 표현할 수 있는, 그리고 마음으로 밝힐 수 있다거나 말할 수 있는 대상이 아니다. 따라서 생각할 수 있거나 헤아릴 수 없는 자리이다. 하물며 事行과 理行 2가지가 서로 통하여 하나의 行으로 일체 모든 行을 받아들이고, 하나의 지위로 일체 모든 지위를 받아들여 순수한 진리와 혼잡의 사물에 걸림이 없는 자리야 오죽하겠는가.

이 때문에 제10행에서 이르기를 "인다라망 법계에 들어가 여래의 걸림 없는 해탈을 성취하고, 사람 가운데 용맹스러운 영웅으로서 큰 사자후를 토하며, 내지 일체 모든 법의 실상 근원 자리에 다다른 때문이다."고 하였다.

또한 만일 끊어진 자리[遮]로 말하면 범부와 성인을 마음의 의식과 언어의 표현으로 말할 수 없는, 모든 것이 끊어진 분수이기에 여느 사람들의 마음이나 언어가 끊어진 자리일 뿐 아니라, 또한 당연히 여느 사람들의 마음이나 언어로 원융하게 말해야 한다. 이는 곧 그 가운데 생각이나 의론으로 다할 수 없는 부분이다. 끊어진 자리와 원융한 부분[遮融]이 둘이 아니다. 생각할 수 있는 것과 없는 체성이 모두 寂滅해야 비로소 진정으로 불가사의한 자리이다.
【초_ "또한 만일 끊어진 자리로 말하면[又若唯遮者]" 이하는 원융함

과 어긋남이다. 마음의 의식과 언어의 의론이 끊어진 자리에 집착할까 두려운 마음에 이처럼 말한 것이다.

'凡聖絕分'의 絕이란 단 마음의 의식과 언어의 의론이 끊어졌기 때문이며, '亦應融常心言'의 融이란 언어와 하나가 되어 말을 하되 말한 바가 없기 때문이다. 따라서 "이는 곧 그 가운데 생각으로나 의론으로 다할 수 없는 부분"이라고 말하니, 이는 '제8 眞如相廻向偈'를 인용한 것이다. 그 경문에 이르기를 "보살이 이러한 불가사의한 자리에 머물면 그런 자리에서의 마음의 의식이나 언어의 의론은 다할 수 없다. 이런 불가사의한 자리에 들어서면 마음의 의식이나 의식이 없는 자리가 모두 고요하고 사라진다."고 하였다. 위에서 인용한 바는 곧 이의 전반의 뜻이며, "끊어진 자리와 원융한 부분이 둘이 아니다[遮融無二]." 이하는 곧 후반의 뜻이다.】

二何以下는 徵釋이니 何以因人之行이 便叵思耶아 菩薩摩訶薩 下는 釋이니 云同佛果故니라 佛窮事行之邊하며 極理行之際하야 斷一切障하고 證一切理니 因圓果滿하야 融無障礙어늘 菩薩同彼니 寧可思議아

(2) '何以故' 이하는 이를 묻고 해석한 것이다.

'何以故'는 어찌하여 '성불하기 이전의 구도자인 보살 단계[因位]'에 있는 수행인의 行이 이처럼 불가사의한 것일까?를 물은 것이다.

'菩薩摩訶薩' 이하는 물음에 대한 해석이다. 이는 佛果와 같기 때문이다. 부처님은 事行의 부분을 다하고 理行의 즈음을 다하여 일체 모든 장애를 끊어버리고 일체 모든 이치를 증명하였다. 이처

럼 원인이 원만하고 결과가 원만하여 원융으로 장애가 없는 분인데 보살이 그와 같다. 그런 보살을 어떻게 여느 사람으로서 생각할 수 있거나 말로 표현할 수 있겠는가.

第二 正辨行相

2) 바로 보살행의 양상을 논변하다

經

佛子여 何等이 是菩薩摩訶薩行고
佛子여 菩薩摩訶薩이 有十種行하야 三世諸佛之所宣說이시니
何等이 爲十고 一者는 歡喜行이오 二者는 饒益行이오 三者는 無違逆行이오 四者는 無屈撓行이오 五者는 無癡亂行이오 六者는 善現行이오 七者는 無著行이오 八者는 難得行이오 九者는 善法行이오 十者는 眞實行이니 是爲十이니라

불자여, 어떤 것을 보살마하살의 행이라 하는가?

불자여, 보살마하살이 닦아야 할 열 가지의 행이 있는데, 삼세 모든 부처님이 말씀하신 것이다.

무엇이 열 가지의 행인가?

첫째는 기쁨을 주는 행[歡喜行]이요,

둘째는 이익을 주는 행[饒益行]이요,

셋째는 거슬림이 없는 행[無違逆行]이요,

넷째는 굽히거나 흔들림이 없는 행[無屈撓行]이요,

다섯째는 어리석음과 산란함이 없는 행[無癡亂行]이요,

여섯째는 잘 나타나는 행[善現行]이요,

일곱째는 집착이 없는 행[無着行]이요,

여덟째는 얻기 어려운 행[難得行]이요,

아홉째는 법을 잘 말하는 행[善法行]이요,

열째는 진실한 행[眞實行]이다.

이것이 보살마하살이 닦아야 할 열 가지의 행이다.

◉ 疏 ◉

文中三이니 一은 總徵其名이오 二는 標數顯勝이오 三은 徵數列名이라 初는 可知오 二佛子下는 標數오 '三世佛'下는 顯勝也오 三何等爲下는 徵數列名이니 上徵下列이라 然與本業으로 名雖小異나 而義意大同이라

경문은 3부분이다.

(1) 십행의 명제를 총체로 물음이며,

(2) 열 가지 행의 수효를 나타내어 수승함을 밝힘이며,

(3) 열 가지 행의 수효를 묻고서 그 명제를 나열하였다.

(1) 십행의 명제를 총체로 물음은 설명하지 않아도 알 수 있다.

(2) '佛子菩薩摩訶薩' 등 이하는 열 가지 행의 수효를 나타냄이며, '三世佛' 이하는 그 수승함을 밝힘이다.

(3) '何等爲十' 이하는 열 가지 행의 수효를 물음과 그 명제를 나열함이다. 위 '何等爲十'은 물음이며, 아래 '一者歡喜行' 이하는 십행의 나열이다. 그러나 本業經에서 말한 그 이름과는 조금 다르지만 그 의미에 있어 크게는 같다.

一은 施悅自他라 故名歡喜니 約三施說인댄 在因皆悅이라 故下經에 云爲令衆生으로 生歡喜故라하니라 若就果說인댄 財獲富饒하고 無畏는 身心安泰하고 法施는 當獲法喜라 皆歡喜義니 此約隨相이어니와 本業云始入法空에 不爲外道邪論所倒하야 入正位故로 名歡喜行이라하니 此約離相이라

① 歡喜行은 보시로 나와 남에게 기쁨을 주기에 그 이름을 '환희행'이라 한다. 財施·法施·無畏施 3가지로 말하면 수행의 因位에 있어 모두 기쁨을 주는 것이다. 따라서 아래의 경문에 이르기를 "중생으로 하여금 환희의 마음을 내도록 주선해주기 때문"이라고 하였다. 만일 '수행의 공으로 진리를 깨닫고 얻은 자리[果位]'에서 말한다면 재물보시로는 풍요로움을 얻고, 무외보시로는 몸과 마음이 평안함을 얻고, 법보시로는 당연히 法喜를 얻는다. 이 모두가 歡喜의 의미이다.

이는 행의 모양으로 말하였지만, 본업경에 이르기를 "처음 法空에 들어가 외도의 삿된 말에 전도되지 않고 바른 지위에 들어가기 때문에 그 이름을 환희행이라 하였다."고 하니, 이는 행의 모양을 여읜 자리로 말한 것이다.

二는 三聚淨戒로 亦益自他라 故名饒益이라 或以後攝前이니 本業云

得常化一切衆生法하야 皆利衆生故라하니 此唯據利他니라

② 饒益行은 三聚淨戒(攝律儀戒·攝善法戒·攝衆生戒)로 또한 나와 남에게 이익을 주는 까닭에 그 이름을 '요익행'이라 한다. 혹은 뒤의 것으로써 앞의 것을 받아들이기도 한다.

본업경에 이르기를 "일체중생을 영원히 교화하는 법을 얻어 모두 중생에게 이익을 주기 때문"이라고 하였다. 이는 오직 利他만을 들어 말한 것이다.

三은 忍順物理를 名無違逆이라 彼云'得實法忍하야 無我我所를 名無瞋恨이라하니 此約以後攝初오 晉云'無恚恨'은 亦是以初攝後어니와 而實二忍은 順物이오 法忍은 順理니 以後導前이 皆順事理니라

③ 無違逆行은 사물의 이치를 따라 참는 것을 '무위역행'이라 말한다.

본업경에 이르기를 "如實한 法忍을 얻어서 나와 나의 것[我所]이 없음을 '성냄과 원한이 없는 행[無瞋恨行]'이라고 말한다."고 하였다. 이는 뒤의 것으로써 첫 부분을 받아들이는 것으로 말하였다. 晉譯에서 '無恚恨行'으로 말한 것 또한 첫 부분으로써 뒤의 것을 받아들인 것이지만, 실제로 二忍은 중생을 따르고 法忍은 진리를 따른다. 뒤의 것으로 앞의 것을 이끌어가는 것은 모두 사리를 따른 것이다.

四는 勤無怠退를 名無屈撓니 亦通三勤이라 彼云'常住功德으로 現化衆生이라 故名無盡이라하니 謂若有怠退면 斯則有盡이어늘 而攝論三精進中에 三名無弱·無退·無喜足이니 則是以後攝初라

④ 無屈撓行은 부지런히 게으름과 물러섬이 없는 것을 '무굴요행'이라 말한다. 또한 三勤과도 통한다.

본업경에 이르기를 "常住功德으로 현신하여 중생을 교화하기에 그 이름을 '無盡行'이라 말한다."고 하였다. 만일 게으르거나 물러섬이 있으면 그것은 곧 다함이 있는[有盡] 것이다. 攝論의 三精進 가운데 "3가지는 나약함이 없는 것, 물러섬이 없는 것, 기뻐하거나 만족함이 없는 것을 말한다."고 하였다. 이는 뒤의 것으로 앞의 것을 받아들임이다.

五는 以慧資定하야 離沈掉故로 名無癡亂이라 彼云 命終之時에 無明鬼不亂하고 不濁正念이라 故名離癡亂이라하니 此但從一義라 故下經에 云 於死此生彼에 心無癡亂이라하니라

⑤ 無癡亂行은 지혜로써 선정에 도움을 주어 혼침하거나 들뜬[掉擧] 마음을 여읜 까닭에 그 이름을 '무치란행'이라 한다.

본업경에 이르기를 "목숨이 다할 때에 무명귀가 나의 마음을 어지럽히지 못하고 혼탁하게 하지 못하여 바른 생각에 머문 까닭에 그 이름을 '離癡亂行'이라 말한다."고 하였다. 이는 단 한 가지의 의미를 따라 말했을 뿐이다. 따라서 아래 경문에서 이르기를 "여기에서 죽어 다른 곳에서 태어날 때에 마음이 어리석거나 산란함이 없다."고 하였다.

六은 慧能顯發三諦之理하야 般若現前일새 故名善現이니 彼云 生生常在佛國中生이라하니 此但據得報니 謂卽空照有而能現生이라

⑥ 善現行은 지혜로 '空諦·假諦·中諦'의 이치를 밝힘으로써 반

야지혜가 앞에 나타나기에 그 이름을 '선현행'이라 한다.

본업경에 이르기를 "태어나고 태어날 때마다 언제나 불국토에 태어난다."고 하니, 이는 단 얻은 과보에 준하여 말한 것이다. 空에 나아가 有의 세계를 관조하여 태어남을 말한다.

七은 不滯事理일세 故名無著이니 彼云於我無我며 乃至一切法空故라하니 此卽涉有하야 不迷於空이니 謂於我而無有我也어니와 若於我無我에 皆不著者인댄 則雙不滯也라 以有不捨不受方便智故일세니라

⑦ 無著行은 사리에 막힘이 없기 때문에 그 이름을 '무착행'이라 한다.

본업경에 이르기를 "나에게 나의 존재조차 없으며, 내지 일체 모든 법까지도 공한 때문이다."고 하니, 이는 有의 세계에 관련해서도 空을 잃지 않은 것이다. 나에게 나의 존재조차 없는 것이지만, 만일 我와 無我에 모두 집착한 바 없으면 我와 無我에 모두 막힘이 없음을 말한다. 이는 버릴 것도 없고 받을 것도 없는 方便智가 있기 때문이다.

八은 大願可尊故며 又成大行願이라야 乃能得故일세 故名難得이니 彼云三世佛法中에 常敬順故로 名尊重行이라하니 彼約修心이오 此約難勝이라

⑧ 難得行은 큰 서원이 존귀하기 때문이며, 또한 大行願을 성취해야만 이를 얻을 수 있기 때문에 그 이름을 '난득행'이라 한다.

본업경에 이르기를 "삼세 불법을 언제나 공경하고 순종하기 때문에 그 이름을 '尊重行'이라 한다."고 하였다. 본업경에서는 마음

을 닦는 것으로 말하였고, 여기에서는 그 누구도 이기기 어려운[難勝] 것으로 말하였다.

九는 善巧說法을 名善法行이니 彼經云說法授人하야 動成物則故라하니 同於九地法師位故니라

⑨ 善法行은 잘 설법하는 것을 '선법행'이라 말한다.

본업경에 이르기를 "사람들에게 설법을 해주어 하는 일마다 중생의 법이 되기 때문"이라고 하니, 이는 九地의 법사 지위와 같기 때문이다.

十은 言行不虛일세 故名眞實이며 又稱二諦故라 故彼經云二諦非如오 非相·非非相일세 故名眞實이니라 然上約十度釋名에 度各有三하니 竝見初會하다

⑩ 眞實行은 말과 행실이 공허하지 않기 때문에 그 이름을 '진실행'이라 하고, 또한 眞諦와 俗諦에 부합하기 때문이다.

따라서 본업경에 이르기를 "진제와 속제는 진여가 아니며, 형상도 아니며, 형상이 아닌 것도 아니기에 그 이름을 '진실행'이라 한다."고 하였다. 그러나 위에서 십바라밀로 그 명제를 해석함에 있어 하나의 바라밀마다 각각 3가지의 바라밀이 있다. 이는 모두 처음 법회에 나타나 있다.

● 論 ●

第一은 爾時已下로 至是爲十히 有二十五行經은 明同號功德林佛이 共加持功德林菩薩하고 正說十行分이라 於此分中에 約作四門分別

호리니 一은 明三昧名이오 二는 明同號佛數오 三은 明諸佛所以共入定菩薩同號오 四는 明同號諸佛의 來加라

제1. '爾時' 이하로 '是爲十'까지 25항의 경문은 똑같은 불호를 지닌 공덕림불이 다 함께 공덕림보살에게 가피를 내려 바로 십행을 설법하도록 한 부분이다.

이 부분은 간단하게 4단락으로 나뉜다.

(1) 삼매의 명칭을 밝힘이며,

(2) 명호가 똑같은 부처님의 수효를 밝힘이며,

(3) 모든 부처님이 선정삼매에 든 공덕림보살과 똑같은 명호임을 밝힘이며,

(4) 명호가 똑같은 부처님의 가피를 밝힌 것이다.

第一은 明三昧名者는 何以名善思惟三昧오 三昧는 云離沈掉니 定之異名이라 且約禪定中인댄 有四種禪하니 一은 愚夫所行禪이오 二는 觀察義禪이오 三은 念眞如禪이오 四는 如來禪이라 今云善思惟三昧者는 是觀察義禪이니 爲審定其法하야 善須觀察하며 正念思惟하야 安立法門하고 爲後學者하야 而作法則故라

(1) 삼매의 명칭을 밝힘에 있어, 어찌하여 '선사유삼매'라 이름 붙였을까? 삼매란 혼침과 들뜬 마음을 여읜 것으로, 禪定의 다른 명칭이다. 또한 선정으로 말하면 4가지의 선정이 있다.

① 어리석은 이들이 행하는 禪,

② 의리를 살펴보는 禪,

③ 眞如를 생각하는 禪,

④ 如來의 禪이다.

여기에서 말한 선사유삼매는 '② 의리를 살펴보는 선'을 말한다. 그 법을 살피고 결정지어 바른 생각으로 사유하여 법문을 세우고 후학들을 위하여 법이 되기 때문이다.

第二는 明同號佛數者는 擧萬佛刹微塵數佛이 皆號功德林이니 明若迷其心境이면 無明이 與無限刹塵不殊어니와 若了達心源이면 智慧功德이 等十方而無盡이라

(2) 명호가 똑같은 부처님의 수효를 밝힌다는 것은 1만 불찰토의 미세한 티끌 수만큼 많은 부처님들이 모두 그 명호가 '공덕림불'임을 말한다. 만일 마음의 경계가 혼미하면 無明이 한량없는 찰토의 미진수와 다르지 않지만, 만일 마음의 본원을 깨달으면 지혜공덕이 시방세계처럼 끝이 없음을 밝힌 것이다.

第三은 明所以與入定菩薩로 而同號者는 以自一心洞曉에 與法界로 福智無差니 今此菩薩이 入此定門하야 以與一切諸佛로 契同福慧일새 遂得同號佛來加持니 明與十方諸佛로 智慧解行이 同故며 福德功德이 同故라

(3) 모든 부처님이 선정삼매에 든 공덕림보살과 똑같은 명호임을 밝힌다는 것은 스스로 마음자리를 똑같이 깨달으면 그 복덕과 지혜는 한량없는 법계와 차이가 없음을 말한다.

여기에서는 공덕림보살이 이런 삼매법문에 들어 그 복덕과 지혜가 일체 제불과 한가지이기에 마침내 명호가 똑같은 부처님들이 찾아와 가피를 내려준 것이다. 이는 시방제불과 그 지혜와 解行이

똑같기 때문이며, 복덕과 공덕이 똑같기 때문임을 밝혀주고 있다.

第四는 明同號佛來加者는 有六種加하니 一은 言歎加니 以言歎譽故오 二는 毘盧遮那願力加니 乘往願故오 三은 毘盧遮那神力加니 契佛神力故오 四는 諸菩薩衆善根加니 同善根故오 五는 諸佛與智加니 得十種無礙智故오 六은 諸佛이 以手摩頂加니 安慰許說法故라 已下는 明功德林菩薩이 卽從定起하사 正說十種行門이니 如下十種行中엔 以十波羅蜜로 爲體니라

(4) 명호가 똑같은 부처님의 가피를 밝힘에 있어 6가지의 가피가 있다.

① 언어 찬탄의 가피이다. 언어로써 찬탄하고 기리기 때문이다.

② 비로자나불의 원력 가피이다. 지난 겁의 숙원을 편승한 때문이다.

③ 비로자나불의 위신력 가피이다. 부처님의 위신력에 부합하기 때문이다.

④ 수많은 보살대중의 선근 가피이다. 선근이 똑같기 때문이다.

⑤ 여러 부처님이 부여한 지혜의 가피이다. 10가지 걸림 없는 지혜를 얻었기 때문이다.

⑥ 여러 부처님의 손으로 보살의 이마를 어루만져주는 가피이다. 보살의 마음을 위로하여 설법하도록 허여한 때문이다.

이하는 공덕림보살이 곧 선정에서 일어나 십행 법문의 연설을 밝히고 있다. 아래에 열거한 십행은 십바라밀로 체성을 삼는다.

一

第五說分

十行이 則爲十段이라

今初歡喜行은 皆有三이니 一徵名 二釋相 三結名이라 今은 初라

> 제5. 설법 부분
>
> 10가지의 행에 따라 10단락으로 나뉜다.
>
> 제1 환희행
>
> 이의 경문은 모두 3부분으로 나뉜다.
>
> 1. 환희행의 명제를 물음이며,
> 2. 환희행의 양상을 해석함이며,
> 3. 환희행의 명제를 끝맺음이다.
>
> 이는 1. 환희행의 명제를 물음이다.

經

佛子여 何等이 爲菩薩摩訶薩歡喜行고

> 불자여, 무엇을 보살마하살의 환희행이라 하는가?

● 疏 ●

初名은 已如前釋하다

> 1. 환희행의 명제는 이미 앞에서 해석한 바와 같다.

一

第二釋相은 分二니 先은 畧辨體相이오 後修此行時下는 廣顯名相이니 今은 初라

瑜伽菩薩地에 菩薩六度 各有九門이니 一은 自性이니 謂出行體오 二者는 一切니 謂能具行이오 三者는 難行이니 謂就中別顯이오 四는 一切門이니 謂行差別이오 五者는 善士니 謂作饒益이오 六은 一切種이니 謂徧攝聖教오 七者는 遂求니 謂隨所須오 八者는 與二世樂이니 謂於現在에 作大饒益하야 令得未來廣大安樂이오 九者는 淸淨이니 謂勝離相하야 成波羅蜜이어니와 今文은 分三하야 以攝於九니 一은 總標施主오 二'其心'下는 離所不應이오 三但爲下는 彰其意樂이니 今은 初라【鈔_ 瑜伽等者는 即三十九爲首니 明法品에 已畧引之어니와 今更具引호리라 疏但通釋六度九門之相이니 其列名은 即論이오 謂字已下는 即是疏釋이라 今先具出布施九門호리니 論嗢拖南曰 '自性·一切·難과 一切門·善士와 一切種·遂求와 二世樂·淸淨이라'[8] 하니

一'自性者는 謂諸菩薩이 乃至身財라도 無所顧惜이오 能施一切所應施物호대 無貪俱生思와 及因此所發能施一切施物인 身語二業이 安住律儀阿笈摩見과 定有果見하야 隨所希求하야 即以此物로 而行惠施니 當知하라 是名菩薩自性施니라

二'一切施는 畧有二法하니 謂內物外物이며 又一切施物은 謂財·法·

....

[8] 이의 게송은 원래 보시에 관한 게송이 아니라 인욕바라밀에 관한 게송으로 다음과 같다. "云何菩薩忍波羅蜜多? 嗢拖南曰 自性一切難, 一切門善士, 一切種遂求, 二世樂淸淨, 如是九種相, 是名略說忍."

無畏니라

三難行施는 有三하니 一은 財物尠少로되 而自貧苦施오 二는 可愛惜物과 甚愛著物施오 三은 艱辛所獲財物施니라

四一切門은 有四하니 一은 自財物이오 二는 勸他得物이오 三은 施父母妻子奴婢作使等이오 四는 施與諸來求者니라

五善士施는 有五하니 一은 淨信施오 二는 恭敬施오 三은 自手施오 四는 應時施오 五는 不惱亂他施니라

六一切種은 有六이오 有七이라 故有十三이니 言六者는 一은 無依施오 二는 廣大施오 三은 歡喜施오 四는 數數施오 五는 因器施오 六은 非因器施며 言有七者는 一은 一切物施오 二는 一切處施오 三은 一切時施오 四는 無罪施오 五는 有情物施오 六은 方土物施오 七은 財穀物施니라

七遂求施는 有八하니 一은 匱乏飮食에 施以飮食이오 二는 乏車乘이오 三은 衣服이오 四는 嚴具오 五는 資生什物이오 六은 種種塗飾香鬘이오 七은 舍宅이오 八은 光明이니 皆如第一句니라

八此世·他世 樂施는 有九하니 謂財·無畏·法이 各有三故니라 財有三者는 一은 淸淨如法物이오 二는 調伏慳吝垢오 三은 調伏藏積垢니라 二는 卽捨財物執著이오 三은 卽捨受用執著이라 無畏三者는 一은 濟拔師子虎狼鬼魅等畏오 二는 王賊等畏오 三은 水火等畏니라 法施三者는 一은 無倒說法이오 二는 稱理說法이오 三은 勸修學處니라

九淸淨施는 有十하니 一은 不留滯施오 二는 不執取施오 三은 不積聚施오 四는 不高擧施오 五는 無所依施오 六은 不退轉施오 七은 不下劣施오 八은 無向背施오 九는 不望報施오 十은 不希異熟施오

餘는 廣如彼論이라 然九門自性은 皆一이오 一切는 皆二皆三이오 難行은 皆三이오 一切門은 皆四오 善士는 皆五오 一切種은 皆或六或七이니 共有十三이오 遂求는 皆八이오 二世樂은 皆九오 淸淨은 皆十이니 而相隨度異니라 然下文中 九門之內에 或多或少하야 不必具全이라 若一一配면 乃成繁碎니 隨顯配之하면 知法包含이니라 】

2. 환희행의 양상을 해석함은 2부분으로 나뉜다.

1) 앞에서는 간단하게 體相을 논변함이며,

2) 뒤의 '修此行時' 이하는 자세히 名相을 밝히고 있다.

이는 1) 간단하게 體相을 논변한 부분이다.

유가론의 菩薩地에 의하면, 보살의 6바라밀에 각각 9부분이 있다.

⑴ 自性의 보시이다. 행을 내어주는 체성을 말한다.

⑵ 일체의 보시이다. 행을 잘 갖추고 있음을 말한다.

⑶ 難行의 보시이다. 그 가운데 개별로 밝힘을 말한다.

⑷ 一切門의 보시이다. 행의 차별을 말한다.

⑸ 善士의 보시이다. 이익이 되도록 함을 말한다.

⑹ 一切種의 보시이다. 부처님 가르침을 두루 받아들임을 말한다.

⑺ 추구하는 바를 성취시켜주는 보시이다. 필요로 하는 바를 이뤄줌을 말한다.

⑻ 현재와 미래에 즐거움을 주는 보시이다. 현재에 큰 이익이 되는 일을 마련하여 미래에 큰 안락을 얻도록 주선함을 말한다.

(9) 청정의 보시이다. 相을 잘 여의어 바라밀이 성취됨을 말한다. 그러나 경문에서는 3가지 부분으로 9가지 부분을 포괄하였다.

제1부분은 총체로 시주를 밝힘이며,

제2부분 '其心平等' 이하는 해서는 안 될 일을 여읨이며,

제3부분 '但爲救護一切衆生' 이하는 그 좋아하는 생각을 밝힌 것이다.

여기에서는 제1부분, 총체로 시주를 밝히고 있다. 【초_ '유가론의 菩薩地 等은 瑜伽師地論 제39권 첫머리 부분이다. 앞의 제18 명법품에서 간단하게 인용한 바 있지만 여기에서 다시 구체적으로 밝히고자 한다.

청량소에서는 단 6바라밀 9부분의 양상을 전체로 해석하였을 뿐이다. 그 列名('一自性' 謂出行體, '二者一切' 謂能具行, '三者難行' 謂就中別顯 등)은 곧 유가사지론의 '菩薩 忍波羅蜜多'에 관한 경문이며, '謂'(一自性 '謂出行體' 二者一切 '謂能具行' 三者難行 '謂就中別顯' 등) 자 이하는 바로 경문에 관한 주석이다.

여기에서는 먼저 보시에 관한 9부분을 구체적으로 말하고자 한다.

유가사지론의 게송[嗢拖南]에서 "自性·一切·難行과 一切門·善士와 一切種·遂求와 二世樂·淸淨"을 말하였다.

(1) 自性이란 모든 보살이 나의 몸과 재물까지도 아까워하는 마음 없이 일체 당연히 보시해야 할 물건들을 보시하되 '탐욕으로 태어날 때부터 가지고 있는 번뇌가 없는[無貪俱生思]' 것과 이런 보시를

통해 일어나게 되는, 일체 보시의 물건을 보시하는 그의 몸가짐이나 말씨[身語二業]가 律儀의 法住智[阿笈摩見]와 眞實智[定有果見]에 안주하고서 남들이 바라고 추구하는 바를 따라 곧바로 이런 물건들을 보시하는 것이다. 이런 보시를 명명하여 '菩薩 自性施'라고 말함을 알아야 한다.

(2) 一切施는 간단하게 말하면 2가지 법이 있다. 내적 물건과 외적 물건을 말하며, 또한 一切施의 대상은 財施, 法施, 無畏施를 말한다.

(3) 難行施에는 3가지가 있다.

① 가진 재물이 적을지라도 가난과 고통 속에서 보시하는 것이며,

② 가장 아끼는 물건과 가장 좋아하는 물건을 보시하는 것이며,

③ 어렵게 고생하여 얻은 재물을 보시하는 것이다.

(4) 一切門에는 4가지가 있다.

① 자신의 재물을 보시하는 것이며,

② 남들에게 권하여 재물을 얻을 수 있도록 보시하는 것이며,

③ 부모, 처자, 노비, 일꾼 등을 보시하는 것이며,

④ 찾아와 부탁하는 모든 이들에게 베풀어주는 것이다.

(5) 善士施에는 5가지가 있다. ① 청정한 신심의 보시, ② 공경한 마음의 보시, ③ 자신이 손수 행하는 보시, ④ 시기에 부응한 보시, ⑤ 남을 괴롭히지 않는 보시이다.

(6) 一切種에는 6가지가 있고 또한 7가지가 있기에 이를 모두 합하면 13가지의 보시가 있다.

6가지의 보시란 ① 집착이 없는 보시, ② 광대한 보시, ③ 환희의 보시, ④ 자주자주 베푸는 보시, ⑤ 기구로 인한 보시, ⑥ 기구로 인하지 않는 보시이다.

7가지의 보시란 ① 일체 물건의 보시, ② 일체 모든 곳에서의 보시, ③ 일체 모든 시간 속에서의 보시, ④ 죄악이 없는 보시, ⑤ 有情物의 보시, ⑥ 그 지방에서 생산되는 물건의 보시, ⑦ 재물과 곡물의 보시이다.

(7) 遂求施에는 8가지가 있다.

① 음식이 부족할 때 음식을 베풀어주는 보시,

② 수레가 부족할 때 수레를 베풀어주는 보시,

③ 의복이 부족할 때 의복을 베풀어주는 보시,

④ 장엄구가 부족할 때 장엄구를 베풀어주는 보시,

⑤ 살림살이가 부족할 때 살림살이를 베풀어주는 보시,

⑥ 가지가지의 화장품과 머리 장식이 부족할 때 베풀어주는 보시,

⑦ 집이 부족할 때 집을 베풀어주는 보시,

⑧ 광명이 부족할 때 광명을 베풀어주는 보시이다.

(8) 현세와 미래세의 즐거운 보시에는 9가지가 있다. 재물보시, 무외보시, 법보시에 각각 3가지씩 있기 때문이다.

재물보시의 3가지는 ① 청정하여 여법한 재물보시, ② 간탐과 인색한 집착을 조복시켜주는 보시, ③ 재물을 쌓아놓은 집착을 조복시켜주는 보시이다.

무외보시의 3가지는 ① 사자, 범, 승냥이, 귀신, 도깨비 등의 두려운 마음을 없애주는 것이며, ② 왕과 적 등의 두려운 마음을 없애주는 것이며, ③ 수재, 화재 등의 두려운 마음을 없애주는 것이다.

법보시의 3가지는 ① 전도됨이 없는 설법이며, ② 이치에 맞는 설법이며, ③ 학문 닦을 곳을 권하는 것이다.

(9) 淸淨施에는 10가지가 있다. ① 멈칫거리지 않는 보시, ② 집착하지 않는 보시, ③ 쌓아 모으지 않는 보시, ④ 스스로 드높이지 않는 보시, ⑤ 의지한 바 없는 보시, ⑥ 뒤로 물러서지 않는 보시, ⑦ 못나지 않는 보시, ⑧ 向背가 없는 보시, ⑨ 보답을 바라지 않는 보시, ⑩ 異熟을 바라지 않는 보시이다.

나머지는 유가사지론에서 자세히 말한 바와 같다.

그러나 9부분 가운데, 自性施는 모두 한 가지 보시이며, 一切施는 모두 2가지, 3가지이며, 難行施는 모두 3가지이며, 一切門施는 모두 4가지이며, 善士施는 모두 5가지이며, 一切種施는 모두 혹은 6가지, 혹은 7가지로 총 13가지이며, 遂求施는 모두 8가지이며, 二世樂施는 모두 9가지이며, 淸淨施는 모두 10가지 보시이다. 이의 양상은 바라밀에 따라 차이가 있다.

그러나 아래 경문 가운데, 9부분의 내에 혹은 많고 혹은 적기에 반드시 제대로 온전한 것만은 아니다. 만일 하나하나를 짝하면 그것은 자질구레하게 될 것이다. 뚜렷한 부분을 따라 짝하여 포함되는 법을 알아야 할 것이다.】

佛子여 此菩薩이 爲大施主하야 凡所有物을 悉能惠施호대

불자여, 이 보살이 큰 시주가 되어 모든 가진 물건을 모두 은혜로 베풀되,

◉ 疏 ◉

今初는 含攝前四와 及與六七이니 謂一者는 施主니 惠施는 顯施自性이라 惠有二義하니 一은 惠卽是施오 二는 謂巧惠籌量可不이니라 凡所有物을 悉能施者는 攝餘五門이니 謂一은 若內若外오 二는 若難若易오 三은 財·法·無畏오 四는 一切種門이오 五는 隨求與故니라【鈔_ 含攝前者는 卽示此經包含之相이라 下別配之니 '一者施主'는 卽九門中初一也이라 雜集第八에 云云何施圓滿고 謂數數施故며 無偏黨施故며 隨其所願圓滿施故라하니 依此義故로 經作是說호대 爲大施主者는 此顯數數施 及由慣習成性으로 數數能故니라

謂一若內若外는 卽九門一切施中에 前二義也오 '二若難若易'는 卽難行이오 '三財法無畏'는 卽一切施中 後義오 四는 攝第四一切門과 第六一切種이오 五는 卽遂求라 故攝五門이니라】

이의 첫째는 앞서 말한 (1)~(4) 보시(自性, 一切, 難行, 一切門施) 및 (6)·(7) 보시(一切種, 遂求施)를 포괄하고 있다.

첫째는 시주이다. 은혜를 베푼다[惠施] 함은 '자성의 보시[自性施]'임을 밝힌 것이다. 은혜를 베푼 데에는 2가지 의미가 있다.

① 은혜가 곧 보시이며,

② 가부를 헤아려 잘 베푸는 은혜를 말한다.

모든 소유한 물건을 모두 베푸는 것은 나머지 5가지 보시를 포함하고 있다.

① 내적인 물건과 외적인 물건이며,

② 어려운 보시와 쉽게 베풀 수 있는 보시이며,

③ 재물보시, 법보시, 무외보시이며,

④ 一切種門 보시이며,

⑤ 구하는 바에 따라 건네주기 때문이다. 【초_ 앞서 말한 4가지 보시를 포함하고 있다는 것은 경문에 포함된 양상을 보여준 것이다. 아래의 문장은 개별로 짝하였다. "첫째는 시주이다."는 9가지 가운데 첫째이다. 잡집 제8에 이르기를 "어떤 것이 원만한 보시인가? 자주자주 보시하기 때문이며, 편당이 없는 보시이기 때문이며, 소원을 따라 원만하게 보시하기 때문이다."고 하였다.

이러한 의미를 따른 까닭에 경문에 이르기를 "큰 시주가 된다는 것은 자주하는 보시가 관습에 의해 자성을 이뤄 자주자주 잘하기 때문임을 밝힌 것이다."고 하였다.

"① 내적인 물건과 외적인 물건"이란 9가지 보시의 일체 보시 가운데 앞의 2가지 보시를 말하며,

"② 어려운 보시와 쉽게 베풀 수 있는 보시"는 곧 행하기 어려운 것을 베푸는 보시이며,

"③ 재물보시, 법보시, 무외보시"는 일체 보시 가운데 뒤의 의미이며,

④는 '(4) 一切門 보시'와 '(6) 일체종 보시'를 포괄하며,

⑤는 곧 구하는 바에 따라 건네주는 보시이기에 5가지 보시를 포괄하고 있다.】

二. 離所不應
제2부분, 해서는 안 될 일을 여의다

經

其心平等하야 **無有悔吝**하며 **不望果報**하며 **不求名稱**하며 **不貪利養**하니라

그 마음이 평등하여, 뉘우치거나 인색함이 없으며, 과보를 바라지 않으며, 명예를 구하지 않으며, 이양(利養)을 탐내지 않아야 한다.

● 疏 ●

離所不應은 卽淸淨施니 文有五句하야 以攝十義니라 心平等者는 畧有四義하니 一은 無執取니 離妄見故오 二는 不積聚施니 觀漸與頓이 皆平等故오 三은 不高擧니 但行謙下하야 不與他競하야 離憍慢故오 四는 無向背니 不朋黨故니라

言無有悔吝者는 此有三義하니 一은 不退弱이니 施已無悔故오 二는 不下劣이니 勝物無吝故오 三은 不留滯니 速與無吝故니라

言不望果報者는 不求異熟果故오 不求名稱者는 無所依故오 不貪

利養者는 不望報恩故니라

해서는 안 될 일을 여읜다는 것은 곧 청정 보시이다.

경문의 5구는 10가지 의미를 포괄하고 있다.

마음이 평등하다는 것은 간단하게 4가지 의미가 있다.

① 집착이 없는 보시이다. 이는 妄見을 여읜 때문이다.

② 쌓아 모으지 않는 보시이다. 漸悟와 頓悟가 모두 평등함을 보았기 때문이다.

③ 자신을 드높이지 않는 보시이다. 단 겸손하게 몸을 낮추고 남들과 다투지 아니하여 교만한 마음을 여읜 때문이다.

④ 향배가 없는 보시이다. 붕당을 짓지 않기 때문이다.

후회하거나 인색함이 없는 보시라고 말한 데에는 3가지 의미가 있다.

① 물러서거나 나약하지 않는 보시이다. 보시한 후에 후회하는 마음이 없기 때문이다.

② 못나지 않는 보시이다. 좋은 물건을 아까워함이 없기 때문이다.

③ 멈칫거리지 않는 보시이다. 빨리 주어 아까워함이 없기 때문이다.

보답을 바라지 않는 보시라 말한 것은 異熟果를 구하지 않기 때문이다.

명예를 구하지 않는 보시라 말한 것은 의지하는 바가 없기 때문이다.

이양을 탐내지 않는 보시라 말한 것은 은혜 갚음을 바라지 않기 때문이다.

三 彰其意樂
제3부분, 그 좋아하는 생각을 밝히다

經
但爲救護一切衆生하며 攝受一切衆生하며 饒益一切衆生하며 爲學習諸佛本所修行하며 憶念諸佛本所修行하며 愛樂諸佛本所修行하며 淸淨諸佛本所修行하며 增長諸佛本所修行하며 住持諸佛本所修行하며 顯現諸佛本所修行하며 演說諸佛本所修行하야 令諸衆生으로 離苦得樂이니라

일체중생을 구제하고 보호하기 위함이며,

일체중생을 받아들이기 위함이며,

일체중생에게 도움을 주기 위함이며,

모든 부처님이 본래 닦으시던 행을 배우기 위함이며,

모든 부처님이 본래 닦으시던 행을 생각하기 위함이며,

모든 부처님이 본래 닦으시던 행을 좋아하기 위함이며,

모든 부처님이 본래 닦으시던 행을 청정하게 하기 위함이며,

모든 부처님이 본래 닦으시던 행을 더욱 키워나가기 위함이며,

모든 부처님이 본래 닦으시던 행에 머물러 지니기 위함이며,

모든 부처님이 본래 닦으시던 행을 나타내기 위함이며,
모든 부처님이 본래 닦으시던 행을 연설하여
모든 중생으로 하여금 괴로움을 여의고 즐거움을 얻도록 하려는 것이다.

● 疏 ●

彰其意樂中에 有十二句 攝上二門이니 謂前十一句는 明善士施니 此有五相이라 一 但爲救護者는 不損惱故오 二 攝受者는 自手授與故오 三 饒益者는 應其時故니 上三은 下益이라
次有八句는 明其上攀이니 不出二意니라 一은 淨信故오 二는 恭敬故니라
八中에 一은 創起習學이오 二는 憶持不忘이오 三은 愛樂不捨오 四는 淨治其障이오 五는 更修增廣이오 六은 住持不斷이오 七은 令不隱沒이오 八은 演以示人이라
後 令諸衆生으로 離苦得樂은 結歸慈悲라 卽二世樂이오
上 但爲之言은 流下諸句니라
又 上救護는 是無畏施오 攝受는 是財오 饒益은 是法이라

　그 좋아하는 생각을 밝힌 12구는 위의 2가지 보시를 포괄하고 있다. 앞의 11구는 善士施를 밝힌 것으로 여기에는 5가지 양상이 있다.
　① 단지 일체중생을 구제하고 보호하기 위함이란 중생을 손상시키거나 괴롭히지 않기 때문이며,
　② 일체중생을 받아들인다는 것은 자신의 손으로 직접 주기 때

문이며,

③ 일체중생에게 도움을 준다는 것은 그때에 맞추어 부응한 때문이다.

위의 3구는 아래로 일체중생에게 이익을 주는 것이다.

8구는 위로 부처님을 따르는 것을 밝힌 것이니, 2가지 뜻에서 벗어나지 않는다.

④ 부처님에 대한 청정한 신심 때문이며,

⑤ 부처님에 대한 공경의 마음 때문이다.

8구는 다음과 같다.

제1구(學習諸佛本所修行)는 처음으로 부처님의 수행을 익히고 배우려는 마음을 일으킴이며,

제2구(憶念諸佛本所修行)는 부처님의 수행을 기억하여 잊지 않음이며,

제3구(愛樂諸佛本所修行)는 부처님의 수행을 사랑하고 좋아하여 버리지 않음이며,

제4구(淸淨諸佛本所修行)는 부처님의 수행에 장애되는 것을 말끔하게 다스림이며,

제5구(增長諸佛本所修行)는 부처님의 수행을 다시 닦아 더욱 키워 나감이며,

제6구(住持諸佛本所修行)는 부처님의 수행을 지녀 끊어지지 않도록 함이며,

제7구(顯現諸佛本所修行)는 부처님의 수행을 사라지지 않도록 함

이며,

제8구(演說諸佛本所修行)는 부처님의 수행을 연설하여 남들에게 보여주는 것이다.

뒤의 "모든 중생으로 하여금 괴로움을 여의고 즐거움을 얻도록 한다."는 것은 자비의 마음에 귀결되는 것으로 곧 현세와 미래의 즐거움에 대한 보시이다.

위의 '但爲…'라는 말은 아래 모든 구절에 관류하고 있다.

또한 위의 "일체중생을 구제하고 보호한다."는 것은 무외보시이며,

"일체중생을 받아들인다."는 것은 재물보시이며,

"일체중생에게 도움을 준다."는 것은 법보시이다.

第二 廣顯名相中에 廣前一切施也니라 亦具諸施어니와 恐繁不配니라 文中二니 先은 現行財施오 後는 願行法施니라
財中復二니 一은 隨相이오 二는 離相이라 前中亦二니 一은 明施行이오 二는 廻向行이며 前中亦二니 初는 願受勝生行施오 二는 示異類身行施라
今은 初라【鈔_ 先現行財施等者는 卽九門中에 一切施中之三相也니 前六度章에 雖皆畧示로되 今更依攝論釋之호리라 本論에 云施三品者는 一 法施오 二 財施오 三 無畏施라하야늘 無性이 釋云言法施者는 謂無染心으로 如實宣說契經等法이오 言財施者는 謂無染心으로 施

資生具ㅇ 無畏施者는 謂心無損害하야 濟拔驚怖이니라】

2) 자세히 名相을 밝히다

이는 앞의 一切施를 자세히 말함이다. 또한 그 밖의 모든 보시를 갖추고 있지만 지나치게 번거로운 문장이 될까 두려운 생각에 보시에 짝하여 말하지 않는다.

경문에는 크게 2가지 뜻이 있다.

제1단락은 재물보시를 현재 행함이며,

제2단락은 법보시를 행하고자 서원을 세운 것이다.

제1단락, 재물보시는 다시 2부분으로 나뉜다.

제1부분은 보시의 相을 따름이며,

제2부분은 보시의 相을 여읨이다.

제1부분, 보시의 相을 따르는 것 또한 다시 2부분으로 나뉜다.

(1) 보시의 行을 밝힘이며,

(2) 보시의 회향행이다.

(1) 보시의 行을 밝힌 부분은 또다시 2부분으로 나뉜다.

첫째, 훌륭한 몸을 받아 보시를 행하고자 원함이며,

둘째, 다른 부류의 몸을 받아 보시를 행하고자 함을 보여준 것이다.

이는 첫째, 훌륭한 몸을 받아 보시를 행하고자 원함이다.【초_ "제1단락은 재물보시를 현재 행함" 등이란 9가지 보시 가운데, 一切施에서 말한 3가지 양상이다. 앞의 6바라밀 부분에서 이에 대해 간단하게 보여주었지만 여기에서는 다시 攝論을 근거로 해석하고자 한다.

    섭론에서 "보시의 3가지란 ① 법보시, ② 재물보시, ③ 무외보시이다."고 말했는데, 無性이 이를 해석하여 이르기를 "법보시라 말한 것은 오염되지 않은 마음으로 여실하게 부처님 경전 등을 연설함이며, 재물보시라 말한 것은 오염되지 않은 마음으로 살림살이 도구를 보시함이며, 무외보시란 마음에 손해를 끼침이 없어 놀라거나 겁에 질리는 마음을 없애주는 것을 말한다."고 하였다.】

經

佛子여 菩薩摩訶薩이 修此行時에 令一切衆生으로 歡喜愛樂하며 隨諸方土의 有貧乏處하야 以願力故로 往生於彼豪貴大富의 財寶無盡하야

假使於念念中에 有無量無數衆生이 詣菩薩所하야 白言호되 仁者하 我等이 貧乏하야 靡所資贍일세 飢羸困苦하야 命將不全이로소니 惟願慈哀로 施我身肉하사 令我得食하야 以活其命하소서하면

爾時에 菩薩이 卽便施之하야 令其歡喜하야 心得滿足케하며 如是無量百千衆生이 而來乞求라도 菩薩이 於彼에 曾無退怯하고 但更增長慈悲之心일세 以是衆生이 咸來乞求에 菩薩이 見之하고 倍復歡喜하야 作如是念호되 我得善利니 此等衆生이 是我福田이며 是我善友라 不求不請호되 而來敎我入佛法中하니 我今應當如是修學하야 不違一切衆生之

心이라하나니라

　불자여, 보살마하살이 이런 환희행을 닦을 때에 모든 중생으로 하여금 환희의 마음과 즐거운 마음을 내도록 주선하였으며, 모든 제불국토에 가난한 곳이 있으면 지난 겁의 원력으로써 재물과 보배가 그지없는, 그 지방의 귀족 대부호 집안에 태어나, 가령 잠깐 잠깐 사이에 한량없고 수없는 중생들이 보살 계신 곳을 찾아와 말하기를 '인자하신 분이여, 우리는 몹시 가난하여 살림살이가 넉넉하지 못하기에 굶주리고 힘이 들어 목숨을 부지할 수 없사오니, 바라옵건대 자비의 마음으로 불쌍히 여기어 저희에게 살을 보시하여 먹고 살아나게 하소서.' 하면, 그때 보살은 곧 보시하여, 그들의 마음이 기쁘고 만족하도록 해주는 것이다.

　이처럼 한량없는 백, 천 명의 중생이 찾아와 청할지라도 보살은 그들에게 조금이라도 물러서거나 겁을 내는 일이 없고, 다만 더욱 자비의 마음을 키워나가는 것이다. 이 때문에 중생들이 모두 찾아와 청할지라도 보살은 그들을 보고서 더욱 기뻐하는 마음에 이렇게 생각하는 것이다.

　'나는 지금 좋은 이익을 얻었다. 이러한 중생들이 나의 복전이며, 나의 선지식이다. 스스로 구하지도 않았고 청하지도 않았지만 일부러 찾아와 나로 하여금 불법에 들어갈 수 있도록 마련해준 것이다. 지금 나는 당연히 이처럼 배우고 닦아서 일체중생의 마음을 어겨서는 안 된다.'고….

● 疏 ●

於中文四니
一은 願具施緣이니 卽方便意樂으로 先作意故며 亦卽廣前爲大施主오
二假使下는 難求能求오
三爾時菩薩下는 明難捨能捨니 擧難況易이라 卽便施者는 無留滯也라
四如是下는 明一切無違니 有三意樂이라 初는 卽廣大意樂이니 能廣行故오 二但更下는 卽歡喜意樂也오 三作如是念下는 恩德意樂也오 我今應下는 是隨順心이라

이 경문은 4단락으로 나뉜다.

① 보시 인연을 갖출 수 있도록 원하는 것이다. 이는 方便意樂[9]으로 그들보다 먼저 생각하기 때문이며, 또한 앞서 말한 大施主에 관해 자세히 말한 것이다.

② '假使於念念中' 이하는 구하기 어려운 것을 잘도 구하는 것이다.

③ '爾時菩薩' 이하는 건네주기 어려운 물건을 미련 없이 건네주는 것임을 밝히고 있다. 이는 어려운 일을 들추어 쉬운 일을 비유한 것이다. '곧장 바로 보시한다[卽便施].'는 것은 멈칫거리지 않는 보시이다.

---

9 方便意樂: 無著論에서 말하는 6意樂 중의 하나. 意樂이란 어떤 목적을 향하여 나아가려는 마음을 말한다. 方便意樂은 6意樂 중 첫 번째로 그들보다 앞서 추구하는 것이다.

④ '如是無量百千衆生' 이하는 일체중생의 마음에 어긋남이 없는 보시를 밝히고 있다. 여기에는 3가지 意樂이 있다.

㉠ 廣大意樂이다. 이는 보시를 널리 행하기 때문이며,

㉡ '但更增長' 이하는 곧 歡喜意樂이며,

㉢ '作如是念' 이하는 恩德意樂이다.

'我今應當' 이하는 일체중생을 따르는 마음이다.

第二는 示異類身而行布施라

둘째는 다른 부류의 몸을 받아 보시를 행하는 부분을 밝혔다.

經

又作是念호되 願我已作現作當作所有善根으로 令我未來에 於一切世界一切衆生中에 受廣大身하야 以是身肉으로 充足一切飢苦衆生호되 乃至若有一小衆生이 未得飽足이라도 願不捨命하고 所割身肉도 亦無有盡하니라

또다시 이렇게 생각해야 한다.

'나는 과거 세계에 이미 지은 선근이나 현재 세계에 지은 선근이나 미래 세계에 지을 선근으로, 미래 일체 세계의 일체중생 가운데 엄청나게 큰 몸을 받아, 그처럼 큰 몸의 살점으로 모든 굶주린 중생들의 배를 채워주되, 하나의 조그만 중생까지 배불리 먹지 않은 이가 있으면 나의 목숨을 버리지 않을 것이며, 나의 몸에서 베

어낼 수 있는 살점도 다함이 없도록 할 것이다.'

◉ 疏 ◉

回現施善하야 未來受身은 以悲深故며 亦廣大心也니라

　　현재세에 보시한 선행을 돌이켜 미래세에 몸을 받은 것는 자비의 마음이 깊기 때문이며, 또한 광대한 마음 때문이다.

第二. 廻向行
　　(2) 보시의 회향행

經

以此善根으로 願得阿耨多羅三藐三菩提하야 證大涅槃하고 願諸衆生이 食我肉者도 亦得阿耨多羅三藐三菩提하야 獲平等智하야 具諸佛法하야 廣作佛事하며 乃至入於無餘涅槃이니 若一衆生이라도 心不滿足이면 我終不證阿耨多羅三藐三菩提라하니라

　　이러한 선근으로 아뇩다라삼먁삼보리를 얻어 대열반을 증득하기를 원하며, 나의 살점을 먹은 모든 중생 또한 아뇩다라삼먁삼보리를 얻어 평등한 지혜를 지니고서 불법을 갖추어 불사를 널리 지으며, 내지 무여(無餘)열반에 들어가기를 원하는 것이다.

　　만일 어느 한 중생이라도 마음에 만족하지 못함이 있으면, 나는

끝까지 아뇩다라삼먁삼보리를 증득하지 않겠다고 다짐해야 한다.

◉ 疏 ◉

初는 自期大果니 亦廣大意樂也오
後願施田도 亦得二果니 是善好意樂이라

앞부분은 스스로 큰 佛果를 기약함이니 또한 廣大意樂이며,

뒷부분의 보시복전 또한 須陀洹과 斯陀含 2果를 얻기 원함이니 이는 善好意樂이다.

第二 明離相施니 卽淸淨意樂也라 隨相·離相이 行必同時로되 言不竝彰일새 故分前後니 應將離相하야 別別貫前하야 如大般若로되 不欲繁文이라 故倂居一處니 前後體勢를 類此可知니라【鈔_ 隨相等者는 卽總示儀式이라 如大般若者는 如般若淸淨이 徧歷八十餘科에 遞爲其首하야 成百餘卷이니 如淸淨旣爾라 若以無生爲首면 亦徧歷諸法하며 無性·無得·無相等도 一一皆然이라 故賢首云若歷事備陳인댄 言過二十萬頌이라하다 今倂隨相하야 居於一處하고 倂諸離相하야 居於一處 猶般若目故로 束乃數紙나 展則成多니라】

제2부분, 보시의 相을 여읨을 밝히다

이는 淸淨意樂이다. 相을 따르는 行과 상을 여읜 行은 반드시 동시에 이뤄지지만, 이에 관한 설명은 동시에 밝힐 수 없기에 전후로 나누어 말한 것이다. 따라서 당연히 상을 여읜 行으로 하나하나

앞부분을 관통하여 大般若를 증득한 것처럼 써야 할 일이지만, 번잡한 문장을 쓰지 않고자 아울러 한 부분에서만 말한 것이다. 이와 같이 전후 문맥을 살펴보면 설명하지 않아도 알 수 있다.【초_ "相을 따르는 行" 등은 의식을 총체로 보여준 것이다. "大般若를 증득한 것처럼"이란 반야의 청정함이 80여 科를 두루 거쳐 가면서 번갈아 그 첫머리가 되어 백여 권을 이루고 있다. 이미 청정이 그러했던 것처럼 만일 無生으로 으뜸을 삼으면 또한 모든 법에 두루 거쳐 가면서 無性과 無得과 無相 등 하나하나가 모두 그와 같다. 이 때문에 賢首보살이 "만일 일을 두루 거쳐 자세히 말한다면 그 말이 20만 게송을 훨씬 넘는다."고 하였다.

여기에서는 "相을 따르는 行"을 아울러 한 곳에 두고, 모든 "상을 여읜 행"을 아울러 한 곳에 두는 것이 반야의 조목과 같기 때문에 이를 얼마 되지 않은 지문으로 묶었지만, 이를 모두 펼쳐놓으면 많은 부분을 이루게 된다.】

文分爲三이니 初는 人空觀이오 次는 法空觀이오 後는 二觀之益이니 卽成彼岸智니라

今은 初라

경문은 3부분으로 나뉜다.

(1) '나'라는 생각이 없는 人空觀이며,

(2) 법이라는 생각이 없는 法空觀이며,

(3) 인공관과 법공관의 이익이니, 곧 피안의 지혜를 성취하였다.

이는 (1) 인공관이다.

菩薩이 如是利益眾生호되 而無我想과 眾生想과 有想과 命想과 種種想과 補伽羅想과 人想과 摩納婆想과 作者想과 受者想하고

보살이 이처럼 중생에게 이익을 주지만, '나'라는 생각, 중생이라는 생각, 있다는 생각, 목숨이라는 생각, 가지가지 공덕이라는 생각, 보가라라는 생각, 사람이란 생각, 마납바[儒童]라는 생각, 손발로 짓는 이라는 생각, 받는 이라는 생각이 모두 없고,

● 疏 ●

如是利益眾生者는 牒前事行이니 欲顯正利益時에 即無我想等이라 故所無之法이 畧有十句라

"이처럼 중생에게 이익을 준다."는 것은 앞서 말한 자신의 살점을 보시하는 일을 이어서 말한 것이다. 바로 중생에게 이익을 줄 때에 "나라는 생각이 없어야 한다."는 등을 밝히고자 함이다. 따라서 없애야 할 생각에 대해 간단하게 10구로 말하고 있다.

我는 謂主宰니 諸蘊假者也라 故智論三十五에 云於五蘊中에 我我所心起故라하니 瑜伽도 大同此說이라

此句爲總이니 但是一我로되 隨事立下別名이라 然由迷緣實性하야 計有卽蘊·異蘊之我니 旣了性空에 迷想斯寂이라 故云無也니라 若別別觀無之所以는 如十定品第二辨이라

제1구에서 말한 我想이라는 '我'는 주재를 말한다. 五蘊이 화합

하여 형성된 거짓 존재이다. 따라서 지도론 35에 이르기를 "오온 중에서 '나'와 '나의 것'이라는 마음이 일어나기 때문"이라고 한다. 유가사지론도 크게는 이런 말과 같다.

'我想' 구절은 총체이다. 단 하나의 我이지만 사안에 따라서 아래의 別名을 세워 말하였다. 그러나 緣實性이 혼미함으로 말미암아 오온인 자아[卽蘊]와 오온이 아닌 자아[異蘊]가 있다고 생각하는 것이다. 이미 性空임을 알면 혼미한 생각이 이에 고요하게 될 것이기에 이런 생각들이 없다고 말한 것이다. 만일 개별로 이런 생각들이 없게 되는 이유를 살펴보면 十定品 제2에서 논변한 바와 같다.

二'衆生'者는 智論에 云'五蘊和合中生故'라하니 瑜伽에 名爲有情이니 謂諸賢聖이 如實了知에 唯有此法이오 更無餘故라하니라【鈔_ 智度論에 云'五陰和合中生이라 故名爲衆生'이라하니라
瑜伽等者는 論有二解니 今是其一이라
言'唯有此法'者는 有此有情法이니 有情은 卽識이니라
言'無餘'者는 無彼識外에 餘我體也니라】

제2구에서 말한 '衆生'이란 지도론에 이르기를 "오온이 화합한 가운데 생겨났기 때문"이라 하며, 유가사지론에서는 有情이라고 명명하였다. 이는 모든 성현이 여실히 깨달아 알았기에 오직 이 법만 있고 다시는 그 나머지가 없기 때문이라고 말하였다.【초_ 지도론에 이르기를 "오온이 화합한 가운데 생겨났기 때문에 그 이름을 중생이라 한다."고 하였다.

유가사지론 등이란 논에 2가지의 해석이 있는데, 여기에서는

그중 하나만을 말하였다.

"오직 이 법만이 있다."고 말한 것은 有情의 법이 있다는 것이니 有情이란 곧 識이다.

"다시는 그 나머지가 없다."고 말한 것은 그 識 외에는 나머지 자아의 체성이 없음을 말한다.】

三有想者는 智論·瑜伽에 俱名生者니 謂計有我人하야 能起衆事 如父生子故니라 有는 卽所起諸趣生也니라

제3구의 '有想'이란 지도론과 유가사지론에서는 모두 '生者'라 명명하였다. 나와 남이 있다는 생각으로 모든 일을 일으키는 것이다. 이는 마치 아버지가 자식을 낳음과 같기 때문이다. '有'는 곧 모든 6趣에서 태어나고 죽는 것을 일으켜주는 바이다.

四命者는 謂命根成就故니 瑜伽에 云壽命和合하야 現存活故라하니라

제4구의 '命'이란 목숨의 성취이기 때문이다. 유가사지론에 이르기를 "수명이 화합하여 현재 살아 있기 때문"이라고 하였다.

五種種者는 智論에 名爲衆數라하니 謂陰界入等 諸因緣이 是衆數法故오 新譯에 名異生은 能受異趣生故니라 【鈔_ 智論에 云從我人하야 有陰界等 衆數之法이며 又取我人爲陰界入諸法之數라하니 故로 衆多之法이 是種種義니라】

제5구의 '種種'이란 지도론에서는 이를 '중생의 부류[衆數]'라고 명명하였다. 陰界에 들어가는 등 모든 인연이 이러한 '중생의 부류' 법이며, 新譯에서 '異生'이라 명명한 것은 다른 길[異趣]에서 生을 받았기 때문이다. 【초_ 지도론에 이르기를 "나와 남을 따라서 음계

등 중생 부류의 법이 있으며, 또한 나와 남을 취하여 음계의 모든 법에 들어가는 부류가 된다."고 하였다. 따라서 수많은 부류의 법이 이 種種이다.】

六'補伽羅'者는 此云數取趣니 瑜伽에 云計有我人하야 數數往取諸趣無厭故니라하니라 此名은 依一聲中에 呼一人이어니와 若依多聲中에 呼多人인댄 卽云補特伽羅니라

제6구의 '補伽羅'란 중국 말로는 "번뇌와 업의 인연으로 자주 六趣에 왕래한다."는 뜻으로 쓰인 數取趣를 말한다. 유가사지론에서는 "나와 남을 꾀하여 자주자주 많은 길로 나아가되 싫어함이 없기 때문"이라고 하였다. 이러한 명칭은 하나의 소리로 한 사람을 부르는 것이지만, 만일 수많은 소리로 수많은 사람을 부른다면 이를 '補特伽羅'라 말한다.

七'人'者는 有靈於土木之稱이니 智論에 云行人法故라하며 大般若에 名士夫라하니 瑜伽에 釋云能作一切士夫用故라하니라

제7구의 '人'이란 흙과 나무 따위의 무정물보다 인간이 더 신령스럽다고 생각하는 것이다. 지도론에 이르기를 "사람의 법을 행한 때문"이라 하고, 대반야경에서는 '士夫'라 명명하였다. 유가사지론에서 이를 해석하여 이르기를 "모든 사대부의 작용을 쓰기 때문"이라 하였다.

八'摩納婆'는 此云儒童이니 謂計有我人하야 爲少年有學之者라 此名은 依一聲中에 但呼一人이어니와 若呼多人多聲中呼인댄 應云摩納婆嚩迦也니라

271

제8구의 '摩納婆(Mānavaka)'는 중국 말로는 '儒童'이다. 나와 남의 차이가 있다고 생각하여 어린 나이에 학문이 있다고 자부하는 자를 말한다. 이러한 명칭은 하나의 소리는 단 한 사람만을 부르는 것이지만, 만일 수많은 사람이 수많은 소리로 부른다면 당연히 '摩納婆嚩迦'라 말해야 할 것이다.

九作者者는 作諸業故니 智論에 云手足能有所作故라하니라

제9구의 '作者'란 모든 업을 짓기 때문이다. 지도론에 이르기를 "손과 발로 직접 하는 일이 있기 때문"이라 하였다.

十受者者는 智論에 云計後世受罪福果報故라하니라 大般若第三四와 大品第二와 及金剛般若中說은 數有增減하고 名或小異로되 大意不殊하니 廻向·十定은 準斯會釋호리라

제10구의 '受者'란 지도론에 이르기를 "후세에 받을 죄업의 과보와 복덕의 과보를 생각한 때문"이라 하였다. 대반야경 제3, 4와 대품경 제2 및 금강반야경에서 말한 그 수효에는 많고 적은 차이가 있고 명제는 간혹 조금 차이가 있으나 大意는 다르지 않다. 십회향과 십정은 이에 준하여 해석하고자 한다.

二. 明法空觀

 (2) 법공관을 밝히다

經

但觀法界와 衆生界와 無邊際法과 空法과 無所有法과 無相法과 無體法과 無處法과 無依法과 無作法하나니라

　단 법계, 중생계, 끝없는 법, 공한 법, 있는 바가 없는 법, 상이 없는 법, 체성이 없는 법, 처소가 없는 법, 의지가 없는 법, 지음이 없는 법을 살펴보아야 한다.

⦿ 疏 ⦿

菩薩이 旣了法空인댄 安有我耶아 故上云人空이라하니 非如二乘人空法有라 故此直云但觀法界空等이라하니 法界와 衆生界는 總擧所觀法體 不出此二니 菩薩이 了知究竟無差라 橫則無邊이니 等虛空故오 豎則無際니 離始終故니라

空法者는 此二 皆空也라 空亦總句니 何以知空가 但有名字오 無實所有故니라 無何所有오 一은 外無自共之相狀이오 二는 內無有爲無爲之體性이오 三은 無所住之處所謂不在內外中間有中住故오 四는 無二法之相依니 有去不留空故오 五는 無造作之功用이라 故無所有니 無所有故空이오 空故衆生界 卽法界也니라【鈔_ '一外無自共之相狀者는 自相者는 謂色碍相과 受領納等 各別所屬이오 共相者는 謂五蘊等이 同無常·苦·空·無我니 此二는 皆外相也니라

二의 爲·無爲는 諸法之體니 諸法이 不出此二니라

'有去不留空'者는 明空有無二故로 有卽是空이니 若去於有면 卽已去空이어니와 若有去存空이면 則空有爲二故니라】

273

보살이 이미 *法空*을 깨달으면 어찌 '나'라는 생각이 있을 수 있겠는가. 이 때문에 위의 문장에서 *人空*을 말하였다. 이는 이승의 *人空法有*와는 같지 않다. 따라서 바로 "단 법계 공 등을 살펴본다."고 말하였다. 법계·중생계는 살펴보아야 할 대상의 *法體*가 이 2가지 세계에서 벗어나지 않음을 총체로 들어 말한 것이다. 보살이 *究竟*에 어긋남이 없음을 안 것이다. 공간의 횡적으로는 끝이 없으니 허공과 같기 때문이며, 시간의 종적으로는 그지없으니 처음과 끝을 여읜 때문이다.

*空法*이란 법계·중생계가 모두 空이다. 空 또한 총체의 구절이다. 어떻게 공인 줄을 아는가? 단 *名字*만이 있을 뿐, 실제 있는 바가 없기 때문이다.

실제 있는 바가 없는 것은 무엇일까?

① 밖으로는 자신과 공동의 모습이 없음이며,

② 안으로는 *有爲*와 *無爲*의 *體性*이 없음이며,

③ 머무는 곳이 없음이다. 내외 중간에 있어 중간에 머물지 않기 때문이며,

④ 법계·중생계의 2가지 법이 서로 의지함이 없음이다. *有*를 버리고 空에 머무르지 않기 때문이며,

⑤ 조작의 작용이 없기에 있는 바가 없다. 있는 바가 없기 때문에 空이며, 공이기 때문에 중생계가 곧 법계이다. 【초_ "① 밖으로는 자신과 공동의 모습이 없다."는 것은 *自相*이란 *色碍*의 *相*과 *受領納* 등의 각기 다른 소속을 말하고, *共相*은 오온 등이 *無常, 苦*,

空, 無我와 같음을 말한다. 이런 2가지는 모두 겉모습이다.

"② 안으로의 有爲와 無爲"는 모든 법의 체성이다. 모든 법이란 이 2가지에서 벗어나지 않는다.

"有를 버리고 空에 머무르지 않는다."는 것은 空과 有가 둘이 아니기 때문에 有가 곧 空임을 밝힌 것이다. 만일 有를 버리면 그것은 곧 空을 버린 것이지만, 有는 버렸으나 空이 남아 있으면 그것은 곧 空과 有가 둘이기 때문이다.】

第三 觀益

(3) 인공관과 법공관의 이익

經

作是觀時에 **不見自身**하며 **不見施物**하며 **不見受者**하며 **不見福田**하며 **不見業**하며 **不見報**하며 **不見果**하며 **不見小果**하며 **不見大果**니라

이처럼 살펴볼 때에는

제 몸을 보아서도 안 되고,

보시하는 물건을 보아서도 안 되고,

받는 이를 보아서도 안 되고,

복전을 보아서도 안 되고,

업을 보아서도 안 되고,

업보를 보아서도 안 되고,

과보를 보아서도 안 되고,

작은 과보를 보아서도 안 되고,

큰 과보를 보아서도 안 된다.

◉ 疏 ◉

九句에 皆云不見者는 窮於法性하야 到彼岸故니 初三은 即是三輪이라 福田者는 施所生也오 業은 約成因招果니라 剋獲爲果오 酬因曰報니라 習因은 習續於前이오 習果는 剋獲於後니 習因習果를 通名爲因이라 能牽後報는 此報酬因이니 此則果通現得이라 又報는 謂有漏오 果는 謂無漏니 同是當果로되 漏無漏殊라 小施小果오 大施大果니라【鈔_ 剋獲爲果者는 此釋果報有二義니 一은 果通現在오 報唯未來니 如修初禪은 爲習因이오 證得初禪은 爲習果라 故云習因은 習續於前하고 習果는 剋獲於後라하니라 上一重因果는 望其當報면 總名爲因이오 生於初禪梵衆等天이라야 方名感報라 故上云酬因爲報라하니라 此則下는 結示니라

二又報謂有漏下는 則果之與報 俱在未來니라 大施大果 等者는 此等有三이니 一은 以一物施等 爲小오 多物施 爲大니라 二는 小心施 爲小오 大心施 爲大며 自利無常等 爲小오 心利他空觀等 爲大니라 三은 近果 爲小오 究竟果 爲大니라】

9구절에서 모두 "보아서는 안 된다."고 말한 것은 법성을 다하여 피안에 이르렀기 때문이다.

앞의 3가지(不見自身, 施物, 受者)는 身·口·意 3가지 法輪이다.

福田이란 보시에 의해 생겨나는 대상이며, 業이란 원인을 이루어 결과를 초래하는 것으로 말하였다.

얻어지는 것은 果라 하고 원인에 대한 보답을 報라고 말한다. 習因은 앞에 익히고 이어오며, 習果는 뒤에 얻어지는 것이다. 習因과 習果를 공통으로 '因'이라고 말한다. 뒤의 보답을 이끌어올 수 있는 것은 이런 과보가 원인을 따른 것이다. 이는 곧 과보가 현재 얻은 부분과 상통한다. 또한 報는 有漏를 말하고 果는 無漏를 말한다. 똑같이 果에 해당되지만 유루와 무루의 차이가 있다.

작게 베풀면 작은 과보가 있고, 크게 베풀면 큰 과보가 있다.
【초_ "얻어지는 것은 果라 한다."는 것은 과보를 해석하는 데 2가지 의미가 있다.

첫째, 果는 현재에 통하고 報는 오직 미래에 있다. 예컨대 初禪을 닦아가는 것은 習因이고, 초선을 증득한 것은 習果이다. 따라서 "習因은 앞에 익히고 이어오며, 習果는 뒤에 얻어진다."고 말하였다. 위 하나의 인과는 그에 따른 해당 과보에 대조해보면 총체로 모두 因이라 하고, 初禪天·梵衆天 등에 태어나야 바야흐로 그에 따른 보답이라 말한다. 따라서 위에서 "원인에 대한 보답을 報라고 말한다."고 하였다. "이는 곧 과보가 현재 얻은 부분과 상통한다此則." 이하는 끝맺음이다.

둘째, "또한 報는 有漏를 말한다." 이하는 果와 報가 모두 미래에 있다. "크게 베풀면 큰 과보가 있다." 등이란 여기에는 3가지가 있다.

① 하나의 물건을 보시하는 따위는 작은 보시이고, 많은 물건을 보시하는 것은 큰 보시이다.

② 작은 마음으로 보시하는 것은 작은 보시이고, 큰마음으로 보시하는 것은 큰 보시이다. 自利와 無常 등은 작은 마음이고, 利他와 空觀 등은 큰마음이다.

③ 근소한 果는 작은 과보이고 究竟의 과는 큰 과보이다.】

第二. 願行法施
제2단락, 법보시를 행하고자 서원을 세우다

經
爾時에 菩薩이 觀去來今 一切衆生의 所受之身이 尋卽壞滅하고 便作是念호되 奇哉라 衆生이여 愚癡無智하야 於生死內에 受無數身하야 危脆不停하야 速歸壞滅이 若已壞滅하며 若今壞滅하며 若當壞滅호되 而不能以不堅固身으로 求堅固身일세

我當盡學諸佛所學하야 證一切智하며 知一切法하고 爲諸衆生하야 說三世平等隨順寂靜不壞法性하야 令其永得安穩快樂이라하나니 佛子여 是名菩薩摩訶薩의 第一歡喜行이니라

그때 보살은 과거, 미래, 현재의 모든 중생이 받아 태어난 몸이 얼마 후 바로 사라지는 것을 보고서 갑자기 이런 생각을 하였다.

　　'이상하다 중생이여, 어리석고 지혜가 없어 나고 죽는 속에서 수없는 몸을 받아 위태롭고 연약하여 머물러 있지 못하고 곧장 사라지는 것이 이미 과거에 사라졌거나 지금 현재 사라지거나 장차 미래에 사라지게 될 것이다. 결국은 견고하지 못한 몸으로 견고한 몸을 구할 수 없는 법이다.

　　나는 마땅히 모든 부처님이 배우셨던 것을 모두 배워서 일체 지혜를 증득하고 일체 법을 알고, 중생을 위하여 삼세가 평등하고 고요하며 무너지지 않는 법성을 연설하여 중생으로 하여금 편안한 쾌락을 얻을 수 있도록 마련해줄 것이다.'

　　불자여, 이를 보살마하살의 제1 환희행이라고 말한다."

● 疏 ●

文分爲二니 初 觀悲境은 爲起願由오 二我當盡學下는 起願利益이니 不壞法性은 是堅固因이오 安穩快樂은 是堅固果니라

　　경문은 2부분으로 나뉜다.

　　(1) 자비의 경계를 살펴보는 것은 서원을 일으키는 유래이며,

　　(2) "나는 마땅히 모든 부처님이 배우셨던 것을 모두 배울 것이다." 이하는 서원을 일으켜서 중생에게 이익을 주고자 함이다. 법성을 무너뜨리지 않음은 견고한 몸의 원인이며, 중생의 편안함과 쾌락은 견고한 몸의 결과이다.

◉論◉

第一歡喜行은 檀波羅蜜로 爲體나 有四十三行經을 分爲五段호리니

一은 '佛子何等爲歡喜行'已下로 至'令一切衆生歡喜愛樂'히 有九行半經은 明行檀波羅蜜하야 學佛所修行分이오

二는 '隨諸方土有貧乏處'已下로 至'不違一切衆生之心'히 有十行半經은 明此位菩薩이 見貧乏之處하고 誓願生彼富貴家하야 悉捨資財와 及以身命하야 饒益分이오

三은 '又作如是念'已下로 至'三藐三菩提'히 有八行半經은 明菩薩이 於饑餓劫中에 作廣大身하야 捨之濟乏이오

四는 '菩薩如是'已下로 至'不見大果不見小果'히 有六行半經은 明知眞無想分이니 補特伽羅想은 此曰數數取趣오 摩納婆想者는 此曰少年이며 亦曰儒童이니 意云不分別善惡老少코 悉皆施與오

五는 '從爾時菩薩觀去來今'已下로 至'第一歡喜行'히 有七行半經은 明觀衆生의 不堅하고 自求堅固身하야 令永安穩分이라

제1 환희행은 보시바라밀로 체성을 삼는다. 43항의 경문은 5단락으로 나뉜다.

(1) '佛子何等爲歡喜行' 이하로 '令一切衆生歡喜愛樂'까지 9항 반의 경문은 보시바라밀을 행하여 부처님이 수행하셨던 바를 배워야 함을 밝힌 부분이다.

(2) '隨諸方土有貧乏處' 이하로 '不違一切衆生之心'까지 10항 반의 경문은 이 지위에 있는 보살이 가난한 이들을 보고서 맹세코 그곳의 부호 집안에 태어나 모든 살림살이와 몸과 목숨을 보시하여

중생에게 이익을 주고자 함을 밝힌 부분이다.

⑶ '又作如是念' 이하로 '三藐三菩提'까지 8항 반의 경문은 보살이 굶주림을 겪는 시간 속에서 커다란 몸을 받아 태어나 자신의 몸을 바쳐 가난한 중생의 구제를 밝힌 부분이다.

⑷ '菩薩如是' 이하로 '不見大果不見小果'까지 6항 반의 경문은 진리를 알고서 망상이 없음을 밝힌 부분이다. '補特伽羅想'은 중국 말로는 자주자주 6도의 악취에 태어나 중생을 제도하고자 함이며, '摩納婆想'은 중국 말로는 '어린 나이'이며, 또한 '바라문 청년[儒童]' 이라는 뜻이다. 여기에서 말한 뜻은 선악과 노소를 구분하지 않고 모두 평등하게 보시함을 말한다.

⑸ '爾時菩薩觀去來今' 이하로 '第一歡喜行'까지 7항 반의 경문은 중생의 몸이 견고하지 못함을 보고서 스스로 견고한 몸을 추구하여 중생으로 하여금 길이 평안하도록 마련해준다는 부분을 밝힌 것이다.

第二 饒益行

제2 요익행

釋相之中에 先畧 後廣이니 皆顯三聚 含於九戒니라
今初畧中에 文三이니 初 明持相이오 次 彰離過오 後 顯持意니
今은 初라

양상을 해석한 가운데 앞에서는 간단하게, 뒤에서는 자세히 말하고 있다. 이는 모두 三聚淨戒에 九戒를 포함하고 있음을 밝히고 있다.

1. 앞의 간단한 서술에 관한 경문은 3부분으로 나뉜다.

1) 계율을 지닌 모습을 밝힘이며,

2) 허물을 여의어야 함을 밝힘이며,

3) 계율을 지니고자 한 뜻을 밝힘이다.

이는 1) 계율을 지닌 모습을 밝힘이다.

經

佛子여 **何等**이 **爲菩薩摩訶薩**의 **饒益行**고
此菩薩이 **護持淨戒**하야 **於色聲香味觸**에 **心無所著**하고 **亦爲衆生**하야 **如是宣說**호되

"불자여, 어떤 것이 보살마하살의 요익행인가?

보살이 청정한 계율을 수호하여 지니면서 빛과 소리와 냄새와 맛과 감촉에 대하여 마음에 집착하는 바 없고, 또한 중생을 위하여 이처럼 설법하되,

● **疏** ●

初句는 爲總이라 總該三聚니 卽戒自性이오 於色聲下는 別釋淨義니 意地無著이 是眞律儀오 亦爲生說은 卽饒益有情戒也니라

첫 구절(護持淨戒)은 총체이다. 삼취정계를 총체로 갖추고 있으

니, 이는 戒의 자성이며,

'於色聲香味觸' 이하는 청정한 계율의 의의를 개별로 해석한 것이다. 意業의 터전에 집착이 없는 것이 진실한 律儀이며,

또한 중생을 위한 설법은 곧 중생에게 도움을 주는 계율이다.

二 彰其離過

2) 허물을 여의어야 함을 밝히다

經

不求威勢하며 不求種族하며 不求富饒하며 不求色相하며 不求王位하야 如是一切에 皆無所著하고

위엄과 권세를 구해서도 안 되며,

문벌을 구해서도 안 되며,

부귀를 구해서도 안 되며,

몸매를 구해서도 안 되며,

임금의 지위를 구해서도 안 된다.

이와 같이 그 모든 것에 모두 집착하는 바가 없어야 한다.

● 疏 ●

亦是於果無依니 顯淸淨義라【鈔_ 亦是於果無依는 卽第九淸淨戒之一也니라】

또한 결과에 집착이 없어야 한다. 이는 청정의 의의를 밝힌 것이다. 【초_ "또한 결과에 집착이 없어야 한다."는 것은 제9 淸淨戒 가운데 하나이다.】

三顯持戒意

3) 계율을 지니고자 한 뜻을 밝히다

經

但堅持淨戒하야 **作如是念**호되 **我持淨戒**하야 **必當捨離一切纏縛**과 **貪求熱惱**와 **諸難逼迫**과 **毁謗亂濁**하고 **得佛所讚 平等正法**이라하나니라

단, 청정한 계율을 굳건하게 지니면서 이렇게 생각해야 한다.

'내가 청정한 계율을 지키면서 반드시 모든 속박, 탐심, 괴로움, 모든 재난, 핍박, 훼방, 탁란을 버리고 부처님께서 찬탄하신 평등한 정법을 얻을 것이다.'

◉ 疏 ◉

初句는 爲總이니 盡壽堅持오 作如是下는 以誓自要하야 成上堅相이니 謂一切利養·恭敬·他論과 本隨煩惱를 不能伏故로 一切惡止하고 得佛正法이 是眞善行이니라【鈔_ 謂一切利養 等者는 出堅相也라 四分戒에 云明人能護戒면 能得三種樂이니 名譽及利養과 死得生天上

이라하니 若希此三이면 非眞堅持니라
本隨煩惱者는 下經自出이라 彼又具明이니 纏卽隨惑이오 縛卽根本이라 言一切惡止者는 卽是律儀오 善行은 卽是攝善이라】

첫 구절(但堅持淨戒)은 총체이다. 목숨이 다하는 날까지 굳건히 지키는 것이다.

'作如是念' 이하는 서원을 세워 스스로 다짐하여, 위에서 말한 굳건히 지키는 양상을 성취하고자 함이다. 이는 일체 利養, 공경, 他論, 근본번뇌, 수번뇌를 조복할 수 없기에 일체의 악을 버리고 부처님의 바른 법을 얻는 것이 진실한 선행임을 말한 것이다. 【초_ "이는 일체 利養 등을 말한다."는 것은 청정 계율을 굳건히 지키는 양상에서 나온 것이다. 四分戒에 이르기를 "명철한 사람이 계율을 지키면 3가지 즐거움을 얻을 수 있다. 명예와 利養과 사후 천상에 태어나게 된다."고 하였다. 이러한 3가지 즐거움을 바란다는 것은 진실하게 굳건히 지키는 계율이 아니다.

根本煩惱와 隨煩惱는 아래의 지문에서 말하고 있다. 뒷부분에서 또한 구체적으로 밝히고 있으니, 纏은 수번뇌이며, 縛은 근본번뇌이다.

"일체의 악을 버린다."고 말한 것은 곧 律儀이며, 善行이란 바로 선을 받아들인 것이다.】

纏은 謂八纏이니 卽無慚·無愧·掉擧·惡作·惛·睡·慳·嫉이라 初二는 障戒니 正障律儀오 次二는 障止오 次二는 障觀이오 後二는 障捨니 卽障善法饒益이라 於相修中에 纏繞身心일세 所以偏說이라 或說十纏이

니 謂加忿·覆이니 於被擧時에 爲重障故니라 此卽隨惑이라

縛은 謂四縛이니 卽貪欲·瞋恚·戒取·我見이라 貪利不遂에 熱惱生瞋하고 梵行命難에 則生毀謗하나니 謗則戒取오 我則濁亂이니 不毀不持이라야 方爲平等이니라【鈔_ 貪利已下는 會經四相이니 初 貪利는 卽經 貪求 爲一이오 二 熱惱는 卽瞋이오 三 諸難逼迫·毀謗은 卽是戒取오 四 濁亂은 卽是我見이니 正於持戒而說四故니라 然其戒取는 由癡而生이며 不了諸難而生毀謗도 亦是邪見이니 同三業故니라 故亦不出三毒及見이니 我見이 特爲諸見之主니라

不毀不持는 釋經得佛所讚平等正法이라 故淨名第三見阿閦佛品에 云不施不慳하며 不戒不犯하며 不忍不恚하며 不進不怠하며 不定不亂하며 不智不愚하며 不誠不欺하며 不來不去하며 不出不入이라하니 今取此勢에 但用一戒中義耳니 不犯故로 事相無違하고 不持故로 了戒空寂이니라】

　　纏이란 8가지 얽힘을 말한다. 그것은 곧 無慚, 無愧, 掉擧, 惡作, 혼침, 수면, 간탐, 질투이다.

　　처음 無慚·無愧 2가지는 戒의 장애이다. 바로 律儀를 가로막는다.

　　다음 掉擧·惡作 2가지는 止의 장애이다.

　　다음 혼침·수면 2가지는 觀의 장애이다.

　　뒤의 간탐·질투 2가지는 捨의 장애이다. 곧 善法과 饒益의 장애이다.

　　계율의 양상을 닦는 가운데 몸과 마음을 얽어 묶기에 바로 이

8가지 부분만을 말한 것이다. 혹은 10가지 얽힘[十纏]을 말하기도 한다. 이는 8가지 얽힘에다가 성냄[忿]과 잘못을 감추는[覆] 것을 더하였다. 성냄과 감추려는 마음을 가질 때에 큰 장애가 되기 때문이다. 이는 수번뇌이다.

縛이란 4가지 묶임을 말한다. 그것은 곧 탐욕, 瞋恚, 戒取, 我見이다. 탐욕의 이익을 뜻대로 이루지 못하면 극심한 괴로움으로 성을 내고, 모든 재난에 梵行으로 행하도록 일러주면 곧 헐뜯고 비방을 하게 된다. 謗이 곧 戒禁取見[10]이며, 我見이 곧 濁亂이다. 헐뜯거나 비방하지도 않고 계율을 지키는 데에 집착하지도 않아야 비로소 부처님의 평등한 바른 법이라 한다. 【초_ "탐욕의 이익을 뜻대로 이루지 못하면" 이하의 경문에서 말한 4相(貪求·熱惱·諸難逼迫과 毀謗·濁亂)을 회통한 부분이다. 첫째 貪利는 경문에서 말한 '貪求'가 첫째이고, 둘째 熱惱는 성냄이며, 셋째 諸難逼迫과 毀謗은 戒取이며, 넷째 濁亂은 我見이다. 바로 경문에서 계율을 지키는 데에 4가지를 말한 때문이다. 그러나 잘못된 戒取는 어리석음에 의해 생겨난 것이며, 모든 재난을 잘 알지 못하고서 헐뜯고 비방하는 마음을 내는 것 또한 삿된 견해이다. 삼업과 같기 때문이다. 따라서 또한 탐진치 삼독 및 삿된 견해에서 벗어나지 못하니, 특히 아견은 모든 삿된 견해의 주가 된다.

....

10 戒禁取見: 올바르지 못한 계율이나 금제 등을 열반으로 인도하는 올바른 길이라고 생각하고 그것을 받드는 것. 계나 서원을 세우는 집착. 외도의 계를 무상하고 열반으로 가는 훌륭한 계법이라고 집착하는 것을 말한다. 도가 아닌 것을 도라고 하는 그릇된 소견.

"헐뜯거나 비방하지도 않고 계율을 지키는 데에 집착하지도 않아야 한다."는 것은 경문의 "부처님께서 찬탄하신 평등한 정법을 얻는다."는 구절을 해석한 것이다. 따라서 유마경 제3 見阿閦佛品에서 다음과 같이 말하였다.

"베푸는 것도 아끼는 것도 아니고, 계를 지키는 것도 훼손하는 것도 아니며, 인욕도 성냄도 아니고, 정진도 게으름도 아니며, 선정도 산란도 아니고, 지혜로움도 어리석음도 아니며, 성실도 기만도 아니고, 오는 것도 가는 것도 아니며, 나가는 것도 들어오는 것도 아니다."

청량소에서 이 문장을 취함에 있어 단 하나의 계율에 관한 의의만을 인용했을 뿐이다. 계를 훼손하지 않았기 때문에 세속의 사법계에 어긋남이 없고, 계를 지키지도 않았기에 계의 空寂을 了達한 것이다.】

第二. 廣顯三聚
卽分爲三이니 初攝律儀오 二攝衆生이오 三攝善法이라【鈔_ 初攝律儀等者는 梁攝論에 云一은 攝律儀戒니 謂正遠離所應離法이오 二는 攝善法戒니 謂正修證應修證法이오 三은 饒益有情戒니 謂正利樂一切有情이라하니라 】
今은 初라

2. 삼취정계를 자세히 밝히다

이 경문은 3부분으로 나뉜다.

1) 율의를 받아들임이며,

2) 중생을 받아들임이며,

3) 선법을 받아들임이다. 【초_ "1) 율의를 받아들임" 등이란 梁攝論에서 다음과 같이 말하였다.

① 율의를 받아들이는 계이다. 이는 바로 당연히 버려야 할 법을 멀리 여읨을 말한다.

② 선법을 받아들이는 계이다. 이는 바로 당연히 닦아 증득해야 할 법을 닦아 증득함을 말한다.

③ 중생에게 도움을 주는 계이다. 이는 바로 일체중생에게 이익과 즐거움을 베풀어주는 것을 말한다.】

이는 1) 율의를 받아들임이다.

經

佛子여 菩薩이 如是持淨戒時에 於一日中에 假使無數百千億那由他諸大惡魔가 詣菩薩所호되 一一各將無量無數百千億那由他天女하야 皆於五欲에 善行方便하며 端正姝麗하야 傾惑人心이라 執持種種珍玩之具하고 欲來惑亂菩薩道意라도

爾時에 菩薩이 作如是念호되 此五欲者는 是障道法이며 乃至障礙無上菩提라할세 是故로 不生一念欲想하야 心淨如佛이니라

불자여, 보살이 이처럼 청정한 계율을 지닐 적에, 하루 동안에 가령 수없는 백천억 나유타의 수많은 큰 마군들이 보살이 계신 곳을 찾아오면서 저마다 각각 한량없고 수없는 백천억 나유타의 천상 여인을 데리고 왔는데, 모두가 다섯 욕심에 대하여 방편을 잘 행하며, 단정하고 아름다워서 사람의 마음을 홀리게 하며, 갖가지 좋은 물건들을 들고 와 보살의 도심을 현혹하고 어지럽힐지라도 그때 보살은 이렇게 생각해야 한다.

'이 다섯 욕심은 도의 장애가 되는 법이며, 위없는 보리까지도 장애가 되는 것이다.'

이 때문에 탐욕의 생각을 일으키지 아니하여 청정한 마음이 부처님과 같다.

◉ 疏 ◉

初는 卽堅持不犯이니 爲第一難持니라
文中亦二니 先은 顯難持之境이니 謂多而且麗하고 加以惑心이 日日長時라 故爲難也니라【鈔】'今初卽堅持不犯'者는 卽難行戒니라 準瑜伽論第四十二컨대 有其三種하니 一者는 菩薩이 現在에 具足大財大族과 自在增上하니 棄捨如是大財大族自在增上하고 具受菩薩淨戒律儀 是名第一難行戒니라
二者는 菩薩이 若遭急難과 乃至失命이라도 於所受戒에 尙無缺減이온 何況全犯가
三者는 如是徧一切하야 行住作意호되 恒住正念하야 常無放逸하며 乃

至命終히 於所受戒에 無有誤失하야 尙不犯輕이온 何況犯重가
釋日 今卽第一이오 次二는 疏中具之니라 】

　첫 구절(如是持淨戒)은 계율을 굳건히 지녀 범하지 않음이다. 이는 첫 번째 지니기 어려운 계율이다.

　이 경문은 또한 2부분으로 나뉜다.

　앞에서는 계율을 지니기 어려운 경계를 밝힌 것이다. 마군이 수없이 많으며, 또한 아름다운 천상의 여인이 도심을 현혹하는 바, 나날이 커나가기 때문에 계율을 지키기 어렵다고 말한 것이다. 【초_ "첫 구절은 계율을 굳건히 지녀 범하지 않는다."는 것은 곧 難行戒이다. 유가론 제42에 준하여 살펴보면 거기에는 3가지가 있다.

　① 보살이여, 현재세에 큰 재물과 큰 문벌과 자재와 增上을 잘 갖추었을지라도 이와 같은 큰 재물, 큰 문벌, 자재, 증상을 모조리 버리고서 보살의 청정한 계율을 받아 갖추는 것을 제1난행계라고 말한다.

　② 보살이 위급하고 어려운 일이나 내지 목숨을 잃는 일을 겪을지라도 일찍이 받았던 계율을 조금이라도 손상해서는 안 된다. 하물며 전체를 범하여 훼손할 수 있겠는가.

　③ 이와 같이 일체 모든 일에 두루두루 계를 지녀 行住坐臥의 순간에도 마음은 "항상 바른 생각으로 살면서 언제나 마음대로 하는 일이 없으며, 목숨이 다하는 날까지 일찍이 받아온 계를 잃거나 범하는 일이 없어 오히려 가벼운 계도 범하는 일이 없다. 하물며 중대한 계를 범하는 일이 있겠는가."라고 생각해야 하는 것이다.

이를 해석하면 다음과 같다.

이는 곧 제1난행계이다. 아래의 2가지는 청량소에 잘 말해주고 있다.】

後爾時菩薩下는 起觀對治니 卽能持於難持也니라
言乃至者는 準大品컨대 云貪著五欲이면 障礙生天이온 況復菩提아 勝事皆障일세 故云乃至라하니라

뒤의 '爾時菩薩' 이하는 觀을 일으켜 이를 다스리는 것이다. 지키기 어려운 계를 지켜나감을 말해주고 있다.

'乃至'라 말한 것은 대품경을 준하여 살펴보면, "5가지 욕심을 탐하거나 집착하면, 사후 천상계에 다시 태어나는 데에 장애가 된다. 하물며 어떻게 보리지혜를 얻을 수 있겠는가."라고 하였다. 이처럼 좋은 일에 모두 장애가 되기에 '乃至'라 말한 것이다.

第二. 攝衆生戒

2) 중생을 받아들이는 계율

經

唯除方便으로 敎化衆生호되 而不捨於一切智心이니라
佛子여 菩薩이 不以欲因緣故로 惱一衆生이니 寧捨身命이언정 而終不作惱衆生事하나니라 菩薩이 自得見佛已來로 未曾心生一念欲想이어든 何況從事아 若或從事인댄 無有

是處니라

爾時에 菩薩이 但作是念호되 一切衆生이 於長夜中에 想念五欲하며 趣向五欲하며 貪著五欲하며 其心決定하며 耽染하며 沈溺하며 隨其流轉하며 不得自在하나니 我今應當令此諸魔와 及諸天女와 一切衆生으로 住無上戒하고 住淨戒已하야는 於一切智에 心無退轉하야 得阿耨多羅三藐三菩提하며 乃至入於無餘涅槃케호리라

何以故오 此是我等의 所應作業이라 應隨諸佛하야 如是修學이니라

　오직 방편으로 중생을 교화하되 일체 지혜의 마음을 버리지 않아야 한다.

　불자여, 보살은 탐욕의 인연 때문에 어느 한 중생도 괴롭혀서는 안 된다. 차라리 나의 목숨을 버릴지언정 결코 중생을 괴롭히는 일을 해서는 안 된다.

　보살이 부처님을 뵌 이후로 일찍이 그의 마음 한 생각에 탐욕심을 일으킨 적도 없는데, 하물며 이런 탐욕의 일을 행할 턱이 있겠는가. 혹시라도 그처럼 탐욕의 일을 행한다는 것은 도저히 있을 수 없다.

　그럴 때, 보살은 이렇게 생각했을 뿐이다.

　'일체중생이 오랜 암흑의 밤 속에서 다섯 욕심만을 생각하고, 다섯 욕심만을 향하여 나아가고, 다섯 욕심만을 탐착하는 데에 그 마음을 결정지어, 탐욕에 물들고 빠져서 탐욕의 물결을 따라 허우

적거림으로써 자유자재함을 얻지 못하고 있다.

　나는 오늘날 마땅히 마군과 천상 여인과 일체중생으로 하여금 위없는 계율에 머물게 할 것이며, 청정한 계율에 머문 뒤에는 일체 지혜의 자리에서 뒤로 물러서려는 마음을 없도록 하여, 나아가 아뇩다라삼먁삼보리를 얻게 하고, 내지 무여열반에 들도록 할 것이다.

　무엇 때문인가? 그것은 우리가 마땅히 해야 할 일이기에 부처님을 따라서 이처럼 배워야 할 것이다.'

● 疏 ●

於中四니 初는 明忘犯濟物이니 如祇陀·末利는 唯酒唯戒니라 唯除教化는 卽行於非道。不捨智心은 卽通達佛道니라【鈔_ 祇陀·末利者는 末利夫人이 爲救廚子하야 飮酒塗飾等이며 祇陀太子는 爲順國人하야 亦和飮酒로되 而不忘戒니 並如別說이라】

　이 경문은 4부분이다.

　(1) 계를 범한 줄조차 잊고서 중생을 제도함을 밝힌 것이다. 예컨대 기타 태자와 말리 부인이 술을 마시면서도 계율을 잊지 않은 것이다. '唯除教化'는 도리가 아닌 일을 행함이며, "일체 지혜의 마음을 버리지 않음"은 곧 부처님의 도를 통달함이다.【초_ 기타 태자와 말리 부인이란, 말리 부인은 부엌데기를 구하기 위해서 술을 마시고 화장한 일 등이며, 기타 태자는 나라 사람들과 함께하기 위해서 또한 그들과 함께 술을 마셨지만 계를 잊지는 않은 일이다. 이는 모두 별도로 말한 바와 같다.】

二佛子下는 輕身益物이라 爲第二難持니 乃至捨命이라도 亦無缺故니라

(2) '佛子菩薩' 이하는 나의 몸을 가볍게 여기고 중생에게 이익을 주는 것이다. 이는 제2난지계이다. 심지어 목숨을 버리는 한이 있더라도 또한 계율을 무너뜨리는 일이 없기 때문이다.

三菩薩自得下는 彰持分齊라 是第三難持니 謂恒住正念하야 無誤失故일세니라 卽以難況易하며 以誤況故니 本性慣習故니라 分齊者는 初發心住에 了見心性하야 成正覺故로 解法無生하고 常見佛故로 觸境皆佛이어니 豈容佛所에 生欲想耶아

(3) '菩薩自得' 이하는 계를 지니는 구분과 한계를 밝힌 것이다. 이는 제3난지계이다. 언제나 바른 생각에 마음을 두어 잘못이 없기 때문이다. 이는 지키기 어려운 계율로써 쉬운 것을 비유하였고, 잘못을 통하여 그 원인의 이유를 비유한 것이다. 이는 본성의 관습 때문이다.

구분과 한계라 하는 것은 初發心住에서 마음의 자성을 보고서 正覺을 성취한 까닭에 법의 無生을 알고 언제나 부처님을 친견한 까닭에 만나는 경계가 모두 부처님이다. 굳이 부처님이 계시는 도량에만 머무르려는 생각을 가지겠는가.

四爾時菩薩下는 明深起大悲이니 是善士相이라
在文分三이니 初는 悲物著欲이오 二는 生勸持心이오 三은 徵釋所以니라
今初는 七句니 初二는 爲總이니 無時不起 是長夜中이라
想念下는 別이니 一은 想念未得이오 二는 趣向可得이오 三은 貪著已得이오 四는 決謂爲淨이오 五는 耽染無厭이오 六은 迷醉沈溺이오 七은 隨境

295

流轉이오 八은 欲罷不能이니라【鈔─ 深起大悲者는 論云 云何菩薩善士戒오 畧有五種하니 謂諸菩薩이 自具尸羅 一이오 勸他受戒 二오 讚成功德 三이오 見聞法者하고 深心歡喜 四오 設有毁犯이라도 如法悔除 五라하니 釋曰 今正當中三에 疏文自配니 自具尸羅는 前文已有오 已毁令悔는 文中畧無니라

二我今下는 生勸持心이니 初는 勸他持戒오 次住淨戒下는 兼讚戒功德이오

三徵釋者는 大悲益他 菩薩家業故니라】

(4) '爾時菩薩' 이하는 지극한 마음으로 大悲를 일으킴을 밝힌 것이다. 이는 善士相이다.

이 문장은 3부분으로 나뉜다.

① 물욕에 집착하는 중생을 가엾이 여김이며,

② 계율을 지니도록 권면하는 마음을 일으킴이며,

③ 그 이유를 묻고 해석한 것이다.

① 물욕에 집착하는 중생을 가엾이 여기는 7구 가운데, 처음 2구(爾時菩薩~於長夜中)는 총체로 말한 것이다. 어느 시간이든 물욕에 대한 집착의 마음을 일으키지 않음이 없는 것을 오랜 암흑의 밤[長夜中]이라고 말한다.

'想念五欲' 이하는 개별로 해석한 부분이다.

제1구(想念五欲)는 얻지 못한 것을 얻고자 생각함이며,

제2구(趣向五欲)는 얻을 수 있는 길로 치달려나감이며,

제3구(貪著五欲)는 이미 얻은 것을 탐욕으로 집착함이며,

제4구(其心決定)는 결코 이는 청정한 일이라고 잘못 인식한 것을 말하며,

제5구(耽染)는 탐착에 물들어 만족함이 없음이며,

제6구(沈溺)는 혼미에 빠져 허우적거림이며,

제7구(隨其流轉)는 경계를 이리저리 흘러다님이며,

제8구(不得自在)는 그만두려고 해도 그만두지 못한 것이다.【초_ "지극한 마음으로 大悲를 일으킴을 밝힘이다."는 것은 논에서 다음과 같이 말하였다.

"어떤 것이 보살의 善士戒인가? 간단하게 5가지가 있다.

모든 보살이 스스로 계를 갖춤이 첫째요,

남들에게도 계를 받도록 권면함이 둘째요,

성취한 공덕을 찬탄함이 셋째요,

법문 듣는 이를 보고서 지극한 마음으로 기뻐함이 넷째요,

설령 계율을 범하거나 훼손했을지라도 如法하게 뉘우치고 없애는 것이 다섯째이다."

이에 대해 다음과 같이 해석하였다.

위의 논에서 말한 3가지(모든 보살이 스스로 계를 갖춤이 첫째요, … 공덕을 찬탄함이 셋째요)를 청량소에 배대하여 말할 수 있다. "스스로 계를 갖춘다."는 것은 앞의 문장에 이미 말한 바 있고, "계율을 범하거나 훼손했을지라도 여법하게 뉘우치고 없앤다."는 부분은 청량소에서 생략하여 언급하지 않았다.

② '我今' 이하는 계율을 지니도록 권면하는 마음을 일으킴이다.

첫 부분(我今應當~住無上戒)은 마군, 천상 여인, 일체중생을 권면하여 계를 지니도록 함이며, 다음 '住淨戒' 이하(~入於無餘涅槃)는 겸하여 계를 지닌 데에서 얻어지는 공덕을 찬탄하였다.

③ 그 이유를 묻고 해석함이란 大悲의 마음으로 그들에게 이익을 주는 것이 보살의 가업이기 때문이다.】

第三. 明攝善法戒

文分爲二니 初는 明自分現攝이오 後는 辨朝勝進當攝이라

今은 初라 善法雖多나 不出悲智故로 文中畧擧니라

於中分三이니 初는 雙標悲智오 二 然知已 下는 雙釋二相이오 三 如是解者已 下는 雙明二果니 今은 初라

3) 선법을 받아들이는 계를 밝히다

이 경문은 2부분으로 나뉜다.

(1) 자신이 현재 받아들여야 할 바를 밝힘이며,

(2) 수승하게 닦아나가면서 마땅히 받아들여야 할 바를 논변하였다.

이는 (1) 자신이 현재 받아들여야 할 바를 밝힘이다.

선법이 비록 많으나 大悲大智에서 벗어나지 않기에, 경문에서 간단하게 들어 말하였다.

이는 다시 3부분으로 나뉜다.

첫째는 大悲大智를 모두 밝힘이다.

둘째 '然知不離衆生' 이하는 대비대지의 2가지 양상을 모두 해석하였다.

셋째 '如是解者' 이하는 대비대지의 2가지 결과를 모두 밝히고 있다.

이는 첫째, 大悲大智를 모두 밝힘이다.

經

作是學已에 離諸惡行과 計我無知하고[11] 以智入於一切佛法하야 爲衆生說하야 令除顚倒라하나니라

이렇게 배워서 모든 악행과 '나'라고 고집하는 무지를 여의고, 지혜로 일체 부처님의 법에 들어가 중생을 위해 설법하여 중생의 전도망상을 버리도록 하는 것이다.

● **疏** ●

先智後悲니 智中에 先明離過니 謂離惡行無明이오 後以智下는 明其成德이오 '爲衆生'下는 卽是攝悲니라

앞에서는 大智를, 뒤에서는 大悲를 말하였다.

----

11 計我無知: 이 구절은 앞부분에 붙여볼 경우 현재의 토에 해당된다. 청량소에서 '謂離惡行無明'이라 하여, 분명 無知를 無明으로 해석하였다. 따라서 "'나'라고 고집하는 무지를 여의고"라고 해석한 것이다. 그러나 일설에는 計我無知 구절을 뒤의 문장과 연결 지어 "이전에 나의 무지 때문에 불법에 들어가지 못함을 알고서, 이제 지혜로 일체 부처님의 법에 들어간다."는 뜻으로 해석하기도 한다. 이런 경우에는 '計我無知하야 以智入於一切佛法하야'로 현토해야 한다. 참고로 이를 갖춰놓은 것이다.

앞의 大智에서는 먼저 잘못을 여의어야 함을 밝히고 있다. 악행과 무명을 여읨을 말한 것이다.

뒤 '以智' 이하에서는 지혜공덕의 성취를 밝혔으며, '爲衆生說' 이하는 大悲로 중생을 받아들인 것이다.

■

二는 釋二相中에 悲智雙運이라
文分爲二니 先은 以智導悲하야 自成正觀이오 二一切諸法下는 通明入法하야 顯彼倒因이니 今은 初라

둘째는 대비대지의 2가지 양상을 해석한 가운데 대비대지를 모두 운용함이다.

이 경문은 2부분으로 나뉜다.

① 대지로써 대비를 이끌어내어 스스로 正觀을 성취함이며,

② '一切諸法' 이하는 전체로 법에 들어감을 밝혀 전도망상의 원인을 밝히고 있다.

이는 ① 대지로써 대비를 이끌어냄이다.

經

然知不離衆生하고 有顚倒오 不離顚倒하고 有衆生이며

그러나 중생을 떠나서는 전도망상이 있지 않고, 전도망상을 떠나서는 중생이 있지도 않음을 알아야 하며,

● 疏 ●

文有四對니 前三은 二互相望이오 後一은 當體以辨이라 前三對中에 前二는 不離오 後一은 不卽이니 卽顯生之與倒는 非卽離也라 衆生은 卽能起顚倒之人이니 乃染分依他오 顚倒는 卽所起之妄이니 是徧計所執이라

初 對明不離者는 謂依似執實故로 離生無倒오 依執似起라 離倒無生이니라【鈔_ 謂依似執實者는 衆生이 是依他似有故니라 顚倒는 謂執似爲實이 如依繩之依他하야 執爲蛇實이라 依執似起者는 卽唯識云依他起自性으로 分別緣所生이라하니 謂依徧計之執하야 起依之似니 似는 卽衆生이라】

경문에는 4가지의 상대가 있다. 앞의 3가지는 2가지씩 서로 대조를 이루며, 뒤의 한 가지는 그 자체로 분별하였다.

앞의 3가지 상대 가운데, 앞의 2가지 상대는 서로 여읠 수 없음을 말하였고, 뒤의 한 가지는 곧 그것이 아님을 말하고 있다. 중생에게 있어서 전도망상이란 서로가 여읠 수 없는 부분임을 밝힌 것이다. 중생은 전도망상을 일으키는 주체 인물이기에 染分의 依他起性이며, 전도망상이란 일어나는 대상으로서의 妄心이기에 徧計所執性이다.

처음에 중생과 전도가 서로 떨어질 수 없다는 점을 상대로 밝힌 것은, 유사한 점에 준하여 이를 실상이라 고집하는 까닭에 중생을 떠나서는 전도망상이 있지 않고, 집착에 의해 유사한 것으로 착각을 일으키기에 전도망상을 떠나서는 중생이 있지도 않음을 말한

다.【초_ "유사한 점에 준하여 이를 실상이라 고집한다."는 것은 중생이 依他起性으로 실제 있다고 잘못한 때문이다. '顚倒'는 근사한 것에 집착하여 실제 존재하는 것처럼 생각하는 것이 마치 새끼줄을 보면서 의타기성에 의하여 실제 뱀인 것처럼 착각하는 예이다.

"집착에 의해 유사한 것으로 착각을 일으킨다."는 것은 유식론에 이르기를 "의타기성이 분별심의 반연에 의해 생겨나는 것이다."고 하였다. 偏計所執에 의하여 유사한 것을 일으키는 것이니, 유사한 것으로 착각하는 것은 곧 중생이다.】

經
不於顚倒內에 **有衆生**이오 **不於衆生內**에 **有顚倒**며

전도망상 속에 중생이 있지 않고 중생 속에 전도망상이 있지 않음을 알아야 하며,

● 疏 ●
第二對는 明不相在하야 重釋前義니 言不離者는 明因果相待緣成이라 非先有體하야 二物相在니라 因中無果故로 倒內無生이니 若必有者인댄 則應偏計 是依他起이며 果中無因故로 生內無倒니 若要令有者인댄 則應無有不倒衆生이니라【鈔_ 初云'因中無果故倒內無生'者는 順說正義也며 次若必下는 反釋揀非니 非先有故니라 偏計는 是因이라 因中有果故로 偏計中에 有依他起오 果中無因故로 生內無倒者는 順說正義也오 若要令有下는 反釋揀非也니 若果有因인댄 有衆生

等이면 卽有顚倒어늘 今有不倒衆生이라 故知果中無有因也니라 】

　　제2對는 중생과 전도망상이 서로 존재하지 않음을 밝혀, 앞서 말한 제1상대의 의의를 거듭 해석한 것이다. 중생과 전도망상이 서로 여읠 수 없다고 말한 것은 인과가 서로를 필요로 하여 반연이 이뤄지는 것일 뿐, 먼저 체성이 있어 중생과 전도 2가지가 서로 존재함이 아님을 밝혀주는 것이다.

　　원인 가운데 과보가 없기 때문에 전도망상 속에 중생이 있지 않다. 만일 반드시 중생이 있다고 한다면 그것은 곧 변계소집성이 의타기성에 의해 일어난 것이다.

　　과보 가운데 원인이 없기 때문에 중생 속에 전도망상이 있지 않다. 만일 중생에게 전도망상이 있다고 요하면 그것은 곧 전도되지 않은 중생이 없을 것이다. 【초_ 첫 부분에 "원인 가운데 과보가 없기 때문에 전도망상 속에 중생이 있지 않다."는 것은 바른 의의를 순으로 설명한 것이며, 다음 "만일 반드시 중생이 있다고 한다면" 이하는 거꾸로 해석하여 잘못된 부분을 밝힌 것이니, 먼저 중생이 있지 않기 때문이다.

　　변계소집성은 원인이다. 원인 가운데 결과가 있기 때문에 변계소집성 가운데 의타기성이 있다.

　　결과 가운데 원인이 없기 때문에 중생 속에 전도가 없다는 것은 바른 의의를 순으로 설명한 것이다.

　　'若要令有' 이하는 거꾸로 해석하여 잘못된 부분을 밝힌 것이다. 만일 결과에 원인이 있다면 중생 등이 있으면 곧 전도망상이

있기 마련인데, 여기에서는 전도망상이 없는 중생이 있기 때문에 과보 속에 원인이 없음을 알 수 있다.】

經

亦非顚倒가 是衆生이오 亦非衆生이 是顚倒며

전도망상이 중생도 아니고, 또한 중생이 전도망상도 아님을 알아야 하며,

● 疏 ●

第三對는 明不卽이니 不壞因果能所徧計之二相故니 由前二對하야 則知生倒非一非異오 非卽非離니라【鈔_ 第三對者는 因卽能徧計오 果卽所徧計니 所徧計는 卽依他也니라 由前已下는 結歸中道니라】

제3대는 서로 하나가 될 수 없음을 밝힌 것이다. 인과의 주체의 徧計와 대상의 徧計라는 2가지 양상이 무너지지 않기 때문이다. 앞서 말한 2가지 상대를 연유하여 곧 중생과 전도망상이 하나도 아니요 다른 것도 아니며, 하나로 합해진 것도 아니요 서로 여읜 것도 아님을 알 수 있다.【초_ 제3대는 因은 주체의 徧計이며, 果는 대상의 徧計이다. 대상의 변계는 곧 의타기성이다. '由前' 이하는 중도로 귀결 지은 것이다.】

經

顚倒가 非內法이오 顚倒가 非外法이며 衆生이 非內法이오

衆生이 **非外法**이라

　　전도망상이 내면의 법도 아니고 전도망상이 밖의 법도 아니며, 중생이 내면의 법도 아니고 중생이 밖의 법도 아님을 알아야 한다.

● 疏 ●

第四對는 當體以辨이니 倒心은 託境方生이라 故非內法이니 若是內者인댄 無境應有오 境由情計라 故非外法이니 若是外者인댄 智者 於境에 不應不染이라 旣非內外어니 寧在中間이리오 則當體自虛어니 將何對他以明卽離아

衆生도 亦爾라 旣蘊求無라 故非內法이오 離蘊亦無라 故非外法이니 旣非內外오 亦絶中間인댄 本性自空이어니 何能起倒며 將何對他하야 明非卽離아 旣如是知면 則自無倒며 爲物說此면 倒感自除니라

　　제4대는 그 자체로 논변한 것이다. 전도망상의 마음은 경계에 가탁해야 비로소 생겨나는 것이다. 따라서 내면의 법이 아니다. 만일 내면의 법이라면 경계가 없어도 당연히 있어야 할 것이다. 외적 경계는 情識의 계교에 의한 것이기에 밖에 있는 법이 아니다. 만일 이것이 밖에 있다면 지혜로운 이가 경계에 물들지 않을 수 없을 것이다. 이처럼 안팎에 있는 법도 아니라면 어떻게 중간에 있을 수 있겠는가. 곧 그 자체가 스스로 공허한 것인데 무얼 가지고 그것을 상대로 하나가 되느니, 서로 여의게 되느니를 밝힐 수 있겠는가.

　　중생 또한 그와 같다. 이미 오온에서 구하는 바가 없기에 내면의 법이 아니며, 오온을 여의어서도 또한 법이란 없는 터라 따라서

밖에 있는 법도 아니다. 이처럼 내면도 밖도 아니며, 또한 중간 자리도 끊어졌다면 본성이 절로 공한 것인데, 어떻게 전도망상을 일으킬 것이며, 무얼 가지고 중생과 전도망상에 대하여 하나이니 여의었느니를 밝힐 수 있겠는가. 이미 이와 같이 알면 곧 스스로 전도됨이 없고, 중생을 위해 이를 말해주면 전도망상의 의혹이 절로 사라질 것이다.

二. 通明入法
② 전체로 법에 들어감을 밝히다

經
一切諸法이 虛妄不實하야 速起速滅하야 無有堅固호미 如夢如影하며 如幻如化하야 誑惑愚夫하나니

일체 모든 법이 허망하여 진실하지 못하기에 잠깐 일어났다 잠깐 사라지는 것이다. 견고하지 못함이 마치 꿈과 같고 그림자와 같으며, 요술과 같고 변화와 같아서 어리석은 이를 속여 현혹하는 것이다.

◉ 疏 ◉
顯彼倒因이니 謂由不達緣成不堅하야 妄生偏計라 故云誑惑愚夫이어니와 實則愚夫自誑이 若獼猴執月이니라【鈔_ 實則愚夫自誑者는 如

獮猴執月이니 月豈有心誑獮猴耶아 愚夫執虛爲實이니 明是自誑이
라 經云誑愚夫者는 是愚夫不了之境이 義似誑耳니라】

　　전도망상의 원인을 밝힌 것이다. 이는 반연으로 견고치 못한 몸을 지니고 있다는 점을 알지 못한 까닭에 망상으로 변계소집성을 일으켜내는 것이다. 따라서 "어리석은 이를 속인다."고 말했지만, 실제는 어리석은 이가 스스로 자신을 속이는 것이 마치 원숭이가 달을 잡으려는 것과 같다.【초_ 실제 어리석은 이가 스스로 자신을 속임은 마치 원숭이가 달을 잡으려는 것과 같을 뿐이다. 하늘의 달이 어찌 원숭이를 속이려는 고의의 마음이 있었겠는가. 어리석은 이가 공허한 것을 실제 존재한 것으로 착각하는 것은 분명 스스로 자신을 속이는 일이다. 경문에서 "어리석은 이를 속여 현혹한다."는 것은 어리석은 중생의 알지 못하는 경계가 스스로 자신을 속이는 것과 같다는 뜻이다.】

三 雙明二果

卽前悲智所成之果也며 亦九戒中에 二世樂戒也라【鈔_ 卽前悲智者는 如是解者 覺了一切等은 卽智果也오 通達生死及與涅槃은 具二果也니 有大悲故로 通達生死하고 有大智故로 通達涅槃이라 又 自度等은 卽智果也오 令他得度는 卽悲果也니라 二利는 皆卽悲智果耳니라

亦九戒中者는 論云當知하라 此戒는 畧有九種하니 謂諸菩薩이 爲諸

有情하야 於應遮處에 而正遮止는 一이오 於應開處而正開許는 二오 是諸有情에 應攝受者는 正攝受之는 三이오 應調伏者에 正調伏之는 四오 菩薩이 於中에 身語二業이 常淸淨轉하나니 是則名爲四種淨戒니라 復有所餘의 施·忍·精進·靜慮·般若波羅蜜多俱行淨戒니 則爲五種이라 總說컨대 名爲九種淨戒니라 能令自他로 現法後法에 皆得安樂이라하니라

釋曰 今但通說悲智之果니 智果로 了一切行이 卽般若相應이라 故云亦是니라 若別配者인댄 令他解脫離垢는 卽是遮止開許니 斯卽制聽二戒 可以離垢解脫이오 其'令他安穩'은 卽是攝受오 '令他調伏'은 其名全同하니 皆令他得二世樂也니라 五度助戒는 含在其中하니 有攝善故니라 】

셋째, 대비대지의 2가지 결과를 모두 밝히다

이는 곧 앞서 말한 大悲와 大智에 의해 성취된 결과이며, 또한 9戒 가운데 二世樂戒이다.【초_ "곧 앞서 말한 大悲와 大智에 의함"이란 이와 같이 해석한 자가 일체 모든 행을 깨달았다 등은 곧 大智에 의한 결과이며, 생사와 열반을 통달함은 대지와 대비의 결과를 모두 갖추고 있다. 대비가 있기 때문에 생사를 통달하고, 대지가 있기 때문에 열반을 통달할 수 있다. 또한 스스로 자신을 제도하는 등은 대지의 결과이며, 남들까지 제도하는 것은 대비의 결과이다. 自利와 利他는 모두 대지와 대비의 결과이다.

"또한 9戒 가운데"란 논에서 다음과 같이 말하였다.

"이러한 계율에 대략 9가지가 있음을 알아야 한다.

① 모든 보살이 모든 중생을 위하여 당연히 금지해야 할 일은 바로 금지하고,

② 당연히 개방해야 할 일은 바로 개방하며,

③ 모든 중생 가운데 당연히 받아들여야 할 자는 바로 받아들이고,

④ 당연히 조복해야 할 자는 바로 조복하는 것이다.

그러나 보살이 그런 속에서 몸가짐[身業]과 말씨[語業]를 언제나 청정하게 굴리는 것이다. 이를 곧 4가지의 청정 계율이라고 말한다.

다시 나머지의 보시바라밀, 인욕바라밀, 정진바라밀, 선정바라밀, 반야바라밀이 있는데, 이를 청정한 계율로 행하는 것이 곧 5가지의 청정 계율이라고 말한다.

이를 총괄하여 9가지의 청정 계율이라고 말한다. 이는 나와 남으로 하여금 모두 현재세의 법과 미래세의 법에 모두 안락을 얻게 만들어주는 것이다."

이에 대한 해석은 다음과 같다.

"여기에서는 단 대비대지의 결과를 전체로 말해주는 것이다. 대지의 결과로 일체 행을 깨달음이 곧 반야와 상응하는 까닭에 '또한[亦是…]'이라 말한 것이다.

만일 개별로 짝한다면 그들을 해탈시켜주고 때를 여의도록 한 것은 곧 금지해야 하는 것과 개방해야 하는 것이다. 이는 곧 '제재하느냐 따르느냐'라는 2가지의 계율로써 때를 여의도록 만들어줌이며, 해탈을 시켜줌이다. 그들을 평안하게 만들어주는 것[슈他安穩]

은 곧 그들을 받아들임이며, 그들을 조복하는 것은 계율의 명제가 모두 똑같은 것이다. 이는 모두 중생으로 하여금 현재세와 미래세에 쾌락을 얻도록 마련해준 것이다. 계율에 도움이 되는 5바라밀은 그 가운데 포괄되어 있는 것으로 선한 법을 받아들였기 때문이다."】

經

如是解者는 卽能覺了一切諸行이라 通達生死와 及與涅槃하야 證佛菩提하야
自得度하고 令他得度하며 自解脫하고 令他解脫하며 自調伏하고 令他調伏하며 自寂靜하고 令他寂靜하며 自安穩하고 令他安穩하며 自離垢하고 令他離垢하며 自淸淨하고 令他淸淨하며 自涅槃하고 令他涅槃하며 自快樂하고 令他快樂이니라

이처럼 이해하는 자는 곧 일체 모든 행을 깨달았기에, 태어나고 죽는 일과 열반을 통달하였고 부처님의 보리를 증득하여

스스로 제도하고 남을 제도하며,

스스로 해탈하고 남을 해탈하게 하며,

스스로 조복하고 다른 이를 조복하게 하며,

스스로 고요하고 다른 이를 고요하게 하며,

스스로 편안하고 남을 편안하게 하며,

스스로 때를 여의고 다른 이의 때를 여의게 하며,

스스로 청정하고 다른 이를 청정하게 하며,

스스로 열반하고 남을 열반하게 하며,
스스로 즐겁고 남들도 즐겁게 해주는 것이다.

◉ 疏 ◉

先總後別이니 總中에 由解諸法不實幻化하야 是覺了諸行이니 了行相虛를 名達生死오 知行體寂이 是了涅槃이오 了之究竟이 卽得菩提니라 '自得度'下는 別有九對니 一度苦오 二 脫集이니 以了生死故오 三 調之以道오 四 寂之以滅이니 以了涅槃故오 次四는 卽證四諦之德이니 如次配上이니 謂由斷苦라 故得安穩等오 九는 卽證佛菩提之樂이라

앞 구절은 총체로, 뒤 구절은 개별로 말하였다.

앞의 총체 구절에서는 모든 법이 진실하지 못한 허깨비와 같은 존재임을 앎으로 말미암아 모든 行을 깨달음이니, 行의 相이 공허함을 아는 것을 생사를 통달함이라 말하고, 行의 본체가 적멸임을 아는 것이 열반을 了達함이며, 요달의 究竟이 곧 보리지혜를 얻은 것이다.

'自得度' 이하는 개별 해석으로 9가지의 상대가 있다.

① 苦에서 벗어남이며,

② 集에서 벗어남이니 생사의 도리를 깨달은 때문이며,

③ 道로써 조복하며,

④ 滅로써 고요함이니 열반을 깨달은 때문이며,

다음 ⑤~⑧ 4가지는 苦集滅道 四諦의 덕을 증득한 것으로, 위의 차례와 같이 짝하고 있다. 苦를 끊음으로 말미암아 안온을 얻는

등을 말하며,

⑨ 佛菩提의 즐거움을 증득함이다.

─

第二 勝進當攝
(2) 수승하게 닦아나가면서 마땅히 받아들여야 한다

經

佛子여 此菩薩이 復作是念호되 我當隨順一切如來하야 離一切世間行하며 具一切諸佛法하며 住無上平等處하며 等觀衆生하며 明達境界하며 離諸過失하며 斷諸分別하며 捨諸執著하며 善巧出離하며
心恒安住無上·無說·無依·無動·無量·無邊·無盡·無色·甚深智慧라하나니
佛子여 是名菩薩摩訶薩의 第二饒益行이니라

불자여, 보살이 다시 이렇게 생각해야 한다.

'나는 마땅히 일체 여래를 따라서 일체 세간 중생의 행을 여의며,

일체 부처님 법을 갖추고 위없이 평등한 곳에 머물며,

중생을 평등하게 보고 경계를 밝게 통달하며,

모든 허물을 여의고 모든 분별을 끊으며,

모든 집착을 버리고 선교(善巧)방편으로 삼계 화택(火宅)에서 벗어나며,

마음은 항상 위없고 말할 수 없고 의지한 데 없고 변동이 없고 한량없고 그지없고 다함이 없고 색상이 없고 지극히 깊은 지혜에 머물 것이다.'

불자여, 이를 보살마하살의 제2 요익행이라고 말한다."

● 疏 ●

於中에 有二十句하니 前十은 具勝德이니 一 順佛이오 二 離世오 三 行勝法이오 四 住等理오 五 等慈오 六 明智오 七 離過오 八 忘緣이오 九 捨執이오 十 不斷煩惱而入涅槃이며 後十은 住深智니 末句는 爲總이니 卽是佛智오 餘는 別顯深廣之義니 一 上無過오 二 言不及이오 三 離依著이오 四 無變動이오 五 超數量이오 六 無邊畔이오 七 無終盡이오 八 絶色相이니 由上故深이니라

여기에는 20구가 있다. 앞의 10구는 훌륭한 덕을 갖추고 있다.

제1구(隨順一切如來)는 부처님을 순종함이며,

제2구(離一切世間行)는 세간 중생의 행을 여읨이며,

제3구(具一切諸佛法)는 훌륭한 부처님의 법을 행함이며,

제4구(住無上平等處)는 평등한 이치에 머무는 것이며,

제5구(等觀衆生)는 평등한 자비이며,

제6구(明達境界)는 밝은 지혜이며,

제7구(離諸過失)는 허물을 여읨이며,

제8구(斷諸分別)는 반연을 잊음이며,

제9구(捨諸執著)는 집착을 버림이며,

제10구(善巧出離)는 번뇌를 끊지 않고 열반에 들어감이다.

뒤의 10구는 심오한 지혜에 머무는 것이다.

마지막 구절(甚深智慧)은 총체로 이는 부처님의 지혜이며, 나머지는 심오하고도 광대한 지혜에 관한 의의를 개별로 밝힌 것이다.

제1구(無上)는 위로 그보다 더한 것이 없으며,

제2구(無說)는 말로 표현할 수 없으며,

제3구(無依)는 의지와 집착을 여읨이며,

제4구(無動)는 변하거나 흔들림이 없으며,

제5구(無量)는 수효의 한계를 초월함이며,

제6구(無邊)는 끝이 없음이며,

제7구(無盡)는 다함이 없음이며,

제8구(無色)는 색상이 끊어진 자리이며,

위의 모든 것을 연유한 까닭에 심오한 지혜라 한다.

● 論 ●

第二饒益行中은 以戒波羅蜜로 爲體니 有四十二行經은 分爲五段호리니

一은 '佛子何等爲菩薩饒益行'已下로 至'得佛所讚平等正法'히 有六行半經은 明於五塵境界에 不着分이오

二는 '佛子菩薩如是持淨戒時'已下로 至 '一切智心'히 有八行經은 明魔將天女하야 不能惑亂分이오

三은 '佛子'已下로 至'無餘涅槃'히 有八行半經은 明菩薩이 不以五欲

으로 惱衆生分이오

四는 '何以故'已下로 至'令他快樂'히 有十三行半經은 明善自調伏하야사 方能說法하야 令他得樂分이오

五는 '佛子'已下로 至'饒益行'히 有六行經은 明得離世間行하고 入甚深智慧分이라

제2 요익행은 지계바라밀로써 체성을 삼는다. 42항의 경문은 5단락이다.

(1) '佛子何等爲菩薩饒益行' 이하로 '得佛所讚平等正法'까지 6항 반의 경문은 五塵 경계에 집착하지 않음을 밝힌 부분이며,

(2) '佛子菩薩如是持淨戒時' 이하로 '一切智心'까지 8항 경문은 마군이 천계 여인을 데리고 왔지만 보살을 현혹하지 못함을 밝힌 부분이며,

(3) '佛子' 이하로 '無餘涅槃'까지 8항 반의 경문은 보살이 五欲으로써 중생을 괴롭히지 않음을 밝힌 부분이며,

(4) '何以故' 이하로 '令他快樂'까지 13항 반의 경문은 자신 먼저 잘 조복해야 비로소 남을 위해 설법하여 남들로 하여금 즐거움을 얻게 함을 밝힌 부분이며,

(5) '佛子' 이하로 '饒益行'까지 6항 경문은 세간 중생의 행을 여의고 지극히 심오한 부처님의 지혜에 들어감을 밝힌 부분이다.

第三 無違逆行

제3 무위역행

卽是忍度니 於釋相中에 文分二別이니 初는 畧辨行相이오 後는 對境正修니 今은 初라

이는 인욕바라밀이다. 이의 行相을 해석한 경문은 2단락으로 구별된다.

1. 간단하게 行相을 논변함이며,
2. 경계를 상대로 바르게 닦음이다.

이는 1. 간단하게 行相을 논변함이다.

經

佛子여 何等이 爲菩薩摩訶薩의 無違逆行고
此菩薩이 常修忍法하야 謙下恭敬하야 不自害하고 不他害하고 不兩害하며 不自取하고 不他取하고 不兩取하며 不自著하고 不他著하고 不兩著하며
亦不貪求名聞利養하고
但作是念호되 我當常爲衆生說法하야 令離一切惡하며 斷貪瞋癡와 憍慢覆藏과 慳嫉諂誑하야 令恒安住忍辱柔和라 하나니라

"불자여, 어떤 것이 보살마하살의 어기지 않는 행인가?

보살이 항상 인욕(忍辱) 법문을 닦아 겸손하고 공경하여

스스로 해하지 않고 남을 해하지 않고 나와 남을 모두 해하지

않으며,

　스스로 탐하지 않고 남을 탐하게 하지 않고 나와 남을 모두 탐하지 않게 하며,

　스스로 집착하지 않고 남을 집착하게 하지 않고 나와 남을 모두 집착하지 않게 하며,

　또한 명예와 이양(利養)도 탐욕으로 추구하지 아니하고,

　단 이렇게 생각해야 한다.

　'나는 마땅히 언제나 중생을 위하여 법을 말하여 그들로 하여금 일체 악을 여의게 하고, 탐욕, 성냄, 어리석음, 교만, 감추는 일, 간탐, 질투, 아첨, 속임을 끊도록 하여, 그들을 항상 인욕법문에 안주하여 부드럽고 화평하도록 만들어줄 것이다.'

● 疏 ●

分三이니 一은 修忍行이오 二는 離忍過오 三은 修忍意라
今은 初니 常修忍法은 卽標行所屬이오 謙下等言은 彰忍之相이라
文有十句하니 初는 總顯自性이니 謙尊而光하며 卑而不可踰 若海之下에 百川歸焉이라 恭敬崇彼어니 安敢不忍이리오
不自害下는 九句別明이니 通有三釋하니 一은 約三毒이오 二는 就三業이오 三은 據三忍이라 初云前三은 治瞋行忍이니 瞋必害故니 一은 無如前境而自刑害오 二는 力及害他오 三은 以死相敵에 無論先後一時오 但取兩害니라 次三은 治貪成忍이라 故梁攝論에 云取는 是貪愛別名이라하니 一은 自貪名利오 二는 使彼令取며 或隨喜彼取며 三은 兼

317

行上二니라 後三은 治癡修忍이니 癡故執著이니 一은 著己德能하야 云何毁我오하며 二는 彼人若是하야 云何辱我오하며 三은 俱染이니 可知니라 此九皆過니 菩薩正觀일새 以不不之니 能治之觀는 下文自辨호리라
【鈔 一無如前境者는 天宮云自害 畧由五緣이니 謂貪·瞋·邪見·愚癡·不善心이라】

이는 3단락으로 나뉜다.

1) 인욕행을 닦아감이며,

2) 허물을 참고 여읨이며,

3) 인욕을 닦는 의도이다.

이는 1) 인욕행을 닦아감이다.

"항상 인욕법문을 닦는다[常修忍法]."는 것은 인욕의 수행에 속한 바임을 나타냄이며, '謙下' 등의 말은 인욕의 모습을 밝힌 것이다.

이의 경문에는 10구가 있다.

첫 구절(謙下恭敬)은 인욕의 자체를 총체로 밝힌 것이다. 겸손하면 할수록 존귀한 자는 더욱 빛나고, 낮은 지위에 있는 사람일지라도 그를 넘어서지 못한다. 이는 마치 가장 아래에 있는 바다로 모든 강물이 흘러드는 것과 같다. 공경하는 마음으로 남들을 높여야 하니 어떻게 감히 참지 않을 수 있겠는가.

'不自害' 이하 9구는 인욕행을 개별로 밝힌 것이다. 이는 공통으로 3가지 해석이 있다.

⑴ 三毒으로 말하였고,

⑵ 三業으로 닦아나감이며,

(3) 三忍에 의거함이다.

(1) 三毒으로 말한 것은

앞 3구(不自害, 不他害, 不兩害)는 瞋을 다스려서 참음을 행한 것이다. 瞋은 반드시 해를 주기 때문이다.

① 自害란 나의 앞에 그 어떤 일도 없는데 스스로 자신을 해침이며,

② 他害란 나의 힘이 남을 해치는 데에 미침이며,

③ 兩害란 죽을힘을 다해 서로 겨루면, 선후와 일시를 막론하고 두 사람 모두 해를 끼칠 뿐이다.

다음 3구(不自取, 不他取, 不兩取)는 탐심을 다스려 인욕을 성취함이다. 따라서 梁攝論에 이르기를 "取는 탐욕과 애욕의 別名"이라 하였다.

① 自取란 스스로 명예와 이익을 탐함이며,

② 他取란 남들로 하여금 탐욕을 부리도록 만들거나 혹은 남들의 탐욕을 따라서 좋아하는 것이며,

③ 兩取란 위의 自取와 他取 2가지를 모두 겸하여 행한 것이다.

뒤의 3구(不自著, 不他著, 不兩著)는 어리석음을 다스려 인욕을 닦음이다. 어리석은 까닭에 집착하는 것이다.

① 自著이란 자신의 공덕과 능력에 집착한 나머지 어떻게 나를 훼손할 수 있겠는가라는 것이다.

② 他著이란 그 사람도 이와 같으니 어떻게 나를 욕하겠는가라고 집착하는 것이다.

③ 自著과 他著 2가지 집착이란 나와 남이 모두 물든 것이다. 이는 설명하지 않아도 알 수 있다.

이처럼 위에 열거한 9가지는 모두 잘못된 것들이다. 보살이 바른 觀을 가지고서 해서는 안 될 일들을 범하지 않는다. 잘못을 다스릴 수 있는 주체의 正觀은 아래 경문에서 논변하고자 한다.【초_ "① 自害란 나의 앞에 그 어떤 일도 없는데 스스로 자신을 해침"이란 天宮이 이르기를 "自害는 간단히 말하면 5가지에 반연하고 있다. 탐욕·성냄·삿된 견해·어리석음·착하지 못한 마음을 말한다."고 하였다.】

二約三業者는 害必加身이오 著必由意오 自他讚擧 名爲取也니 苟心讚他라도 尙爲諂媚온 況自稱擧아 故竝安忍之니라【鈔_ 苟心讚他者는 智論 五十三에 說호되 '舍利弗이 讚須菩提하사되 善說法이로다 好人相은 不自讚이오 不自毁이며 於他外人에 亦不讚毁이니라 若自讚이면 非大人相이오 不爲人讚而便自美어나 若自毁者는 是妖諂人이라 若毁他者는 是讒賊人이 若讚他者는 是諂媚人이라 須菩提는 了無生法故로 舍利弗 雖讚而不諂이오 以稱實讚故며 又以斷法愛故로 心不高하고 亦不愛著이라 但益無障礙因이라 所謂一切法 無所依止라 故無障礙라하고 又言取卽是著이라】

(2) 三業으로 닦아나감을 말한 것은

自害와 他害의 害란 반드시 그 몸[身]에 가해지는 것이며,

自著과 他著의 집착이란 반드시 意業에 의한 것이며,

나와 남을 칭찬하는 口業을 탐욕[取]이라고 말한다. 진실한 마

음으로 남을 칭찬하는 것도 오히려 아첨한다고 말하는 법인데, 하물며 스스로 자신을 칭찬하는 일이야! 이 때문에 그 모든 것을 참는 것이다. 【초_"진실한 마음으로 남을 칭찬한다."는 지도론 권 53에서 말한 부분이다.

"사리불존자가 수보리존자를 찬탄하여 말하였다.

'설법을 잘하도다. 좋은 사람의 모습이란 스스로 자신을 치켜세우지 않고 스스로 자신을 깎아내리지도 않으며, 다른 이에 대해서도 함부로 치켜세우거나 깎아내리지 않는다.

만약 스스로 자신의 몸을 치켜세운다면 어른다운 모습이 아니며, 남들이 찬탄하지 않는데 지나치게 자신을 아름답게 꾸민다거나 스스로를 깎아내린다면 이러한 사람은 요사한 아첨꾼이다.

남들을 깎아내리는 자는 남을 해치는 나쁜 사람이며, 남을 찬탄하는 자는 아첨꾼이다.'

수보리존자는 無生의 현상과 작용에 대해 말씀하신 까닭에 사리불존자가 아무리 찬탄하였을지라도 아첨이 아니다. 여실하게 찬탄한 때문이다. 또한 바른 법에 대한 애착조차 끊은 까닭에 마음을 드높이지 않고 또한 집착하지도 않는다. 단 걸림 없고 막힘없는 인연을 더할 뿐이다. 이른바 일체 법의 그 어디에도 집착하는 바가 없는 까닭에 걸림이 없는 것이다."

또한 "취함은 곧 집착"이라고 말하였다.】

三約三忍者는 害는 卽冤害오 取는 卽不能安受饑寒等苦하야 妄受取故오 著은 則不見諦理니 由見諦理하야 三忍皆成이라 故思益에 云諸

法念念滅하야 其性常不住라 於中無罵辱이며 亦無有恭敬이니 若節節解身이라도 其心常不動等이라 又上三은 卽約違順中容之境이라 故成三毒이니 餘可準思니라

(3) 三忍에 의거하여 말한 것은

自害와 他害의 害란 곧 억울하고 해치는 일이며,

自取와 他取의 取란 굶주림과 추위 등의 고통을 편안한 마음으로 받아들이지 못하고 잘못 탐착하기 때문이며,

自著과 他著의 著이란 진리를 보지 못한 데에서 생겨나는 것이다.

그러나 진리를 깨달음으로써 3가지 인욕을 모두 성취할 수 있다. 따라서 사익경에 이르기를 "모든 법이 한 생각 한 생각의 찰나에 사라져 그 자체가 영원히 존재할 수 없다. 그런 가운데 욕지거리와 모욕이 없으며, 또한 공경하는 마음조차도 없다. 만일 나의 몸의 관절 마디마디를 해체한다 할지라도 나의 마음은 언제나 흔들림이 없다." 등을 말하였다.

또한 위의 3가지는 逆境, 順境, 중도의 경계로 말하였다. 이 때문에 삼독을 이룬 것이다. 나머지는 이에 준하여 생각하면 말하지 않아도 알 수 있다.

二亦不下는 離忍過也라 名은 引中人하고 利는 誘下士어니와 菩薩은 上士라 故不貪求니라

2) '亦不貪求' 이하는 허물을 참고 여읨이다. 명성[名聞]이란 중등의 사람을 이끌어나갈 수 있고, 편안하게 살아가는 것[利養]은 하

등의 사람을 꾀어나갈 수 있지만, 보살은 으뜸가는 분이기에 이러한 유를 탐착하지 않는다.

三但作下는 修忍之意也라 所以修者는 先自忍已하고 後爲生說하야 令修忍行이니 離惡斷惑이 是內安忍이오 惑亡智現이면 則住法忍이라 旣去煩惱鑛穢면 則身心柔和하야 堪任法器 如彼鍊金이니 上來는 皆是淸淨忍也니라

3) '但作是念' 이하는 인욕을 닦는 의도이다. 인욕을 닦아가는 바는 자신이 먼저 참아야 한다. 그리고 그 뒤에 중생을 위해 인욕의 법문을 말해주어 그들로 하여금 인욕의 행을 닦도록 해야 한다. 악행을 여의고 미혹을 끊음은 마음의 인욕이며, 미혹이 사라져 지혜가 나타나면 法忍에 머물게 된다. 이처럼 번뇌의 쇠똥 찌꺼기를 말끔히 버리면 몸과 마음이 부드럽고 평화로워서 法器를 성취함이 마치 정제된 황금과도 같다.

위에서 말한 바는 모두 청정 法忍이다.

第二는 對境修忍에 廣顯行相이라
文中分二니 先은 明修忍行이오 後는 明修忍意라
前中有三하니 初는 耐冤害오 次는 安受苦오 三은 諦察法이라【鈔_ 初 耐冤害'等者는 三忍之義는 畧見初會어니와 今更重依攝論釋之니라 無性論云'耐冤害者는 是諸有情成熟轉因이라하야늘 世親이 釋云'能忍他人所作怨害하야 勤修饒益有情事時에 由此忍力하야 化生雖苦

나 而不退轉이라

言'安受苦忍'者는 是成佛因이니 寒熱飢渴 種種苦事를 皆能忍受하야 無退轉故니라

言'諦察法忍'者는 是前二忍所依止處니 堪忍甚深廣大法故라하야늘 世親이 釋云堪能審諦觀察諸法이라하니라

或由諦察爲前二依者는 世親이 釋云由此忍力하야 建立次前所說二忍이라하니라 梁攝論에 云由觀察法忍하야 菩薩이 能入諸法眞理라하니 此忍이 卽是前二依處니 以能除人法二執故니라 】

2. 경계를 상대로 인욕을 닦아가는 수행 모습을 자세히 밝히다

이 경문은 2부분으로 나뉜다.

1) 인욕을 닦아가는 행을 밝혔고,

2) 인욕을 닦아야 하는 그 의도를 밝혔다.

1) 인욕을 닦아가는 행은 다시 3부분으로 구분된다.

⑴ 억울하고 해되는 일을 참음이며,

⑵ 괴로움을 편안한 마음으로 받아들임이며,

⑶ 자세히 살피는 법이다. 【초_ "⑴ 억울하고 해되는 일을 참음"이란 3가지 인욕의 의미에 대해서 처음 법회에 간단하게 밝힌 바 있지만, 여기에서 다시 攝論을 근거로 해석하고자 한다.

無性 스님의 논에서는 "억울하고 해되는 일을 참음이란 모든 중생의 轉因을 성숙시키는 일"이라고 말했는데, 世親보살은 이에 대해 해석하기를 "남들이 저지른 억울하고 해되는 일을 참고서 중생에게 도움 되는 일을 부지런히 닦아가야 한다. 그럴 때에 이러한

인욕의 힘을 바탕으로 하여 중생을 교화하는 데 아무리 힘들어도 물러서지 않는다."고 하였다.

"괴로움을 편안한 마음으로 받아들임"이란 무성 스님은 "성불할 수 있는 원인이다. 추위와 더위, 그리고 굶주림과 목마름 등 갖가지 괴로운 일들을 모두 참고 받아들이면서 뒤로 물러서지 않기 때문이다."고 하였다.

"자세히 살피는 法忍"이라 말한 것은 "앞서 말한 2가지 인욕이 의지할 수 있는 대상이다. 지극히 심오하고 광대한 법을 감당하고 참기 때문이다."고 했는데, 世親은 이를 "모든 법을 자세히 살피는 것을 감내하는 것이다."고 해석하였다.

또한 "자세히 살피는 法忍으로 말미암아 앞서 말한 2가지 인욕이 의지할 수 있는 대상이다."는 말에 대해서 世親은 "이러한 인욕의 힘을 통하여 앞서 말한 2가지의 인욕을 성립할 수 있다."고 하였다. 梁攝論에 이르기를 "法忍을 관찰함으로 말미암아 보살이 모든 법의 진리에 들어갈 수 있다."고 하였다. 이러한 인욕이 바로 앞서 말한 2가지 인욕의 의지처이다. 이는 我執과 法執 2가지를 모두 없앴기 때문이다.】

今初 分二니 先은 彰難忍之境이오 後는 明能忍之行이니 此亦難行忍也니라【鈔_ 此亦難行忍下는 難行有三이니 一은 忍羸劣有情所不饒益이오 二는 忍自臣隸所不饒益이오 三은 忍種性卑賤所不饒益이니 今同第三이라】

今은 初라

(1) 억울하고 해되는 일을 참는 데에는 2가지가 있다.

첫째, 참기 어려운 경계를 밝힘이며,

둘째, 행하기 어려운 인욕을 잘도 행한 부분을 밝힌 것이다. 이 또한 難行忍이다.【초_"이 또한 難行忍" 이하는 행하기 어려운 인욕 3가지를 말하고 있다.

① 용렬한 중생에게 도움이 되지 않는 일을 참음이며,

② 나의 신하와 노예들에게 도움이 되지 않는 일을 참음이며,

③ 비천한 종족들에게 도움이 되지 않는 일을 참는 것이다. 여기에서 말한 바는 ③과 같다.】

이는 첫째, 참기 어려운 경계를 밝힘이다.

經

佛子여 菩薩이 成就如是忍法에 假使有百千億那由他阿僧祇衆生이 來至其所하야 一一衆生이 化作百千億那由他阿僧祇口하고 一一口에 出百千億那由他阿僧祇語호되 所謂不可喜語와 非善法語와 不悅意語와 不可愛語와 非仁賢語와 非聖智語와 非聖相應語와 非聖親近語와 深可厭惡語와 不堪聽聞語니 以是言辭로 毁辱菩薩하며

又此衆生이 一一各有百千億那由他阿僧祇手호되 一一手에 各執百千億那由他阿僧祇器仗하고 逼害菩薩하야 如是經於阿僧祇劫토록 曾無休息하면

불자여, 보살이 이처럼 인욕을 성취하면 가령 백천억 나유타

아승기 중생들이 보살이 있는 곳으로 찾아오는데, 하나하나 중생마다 백천억 나유타 아승기 입으로 변화하여 그들의 하나하나 입에서 백천억 나유타 아승기 말들을 지껄일지라도, 이른바 기쁘지 않은 말, 착하지 않은 말, 반갑지 않은 말, 사랑할 수 없는 말, 어질지 못한 말, 슬기롭거나 지혜롭지 못한 말, 성현과 맞지 않는 말, 성현에 가까이할 수 없는 말, 매우 싫은 말, 차마 들을 수 없는 말 들.

이러한 말들로 보살을 헐뜯고 욕하거나, 또한 이런 중생이 저마다 백천억 나유타 아승기 손을 가졌고, 손마다 각각 백천억 나유타 아승기 무기들을 들고서 보살을 겁박하여 이처럼 아승기겁이 다하도록 그치지 않을지라도.

● 疏 ●

分三이니 初는 明口加毁辱故니 梁攝論에 以耐冤害로 亦名他毁辱忍이라하니 畧顯十種호리라 一은 觸忌諱故오 二는 惡軌則故오 三은 令憂感故오 四는 無風雅故오 五는 極庸賤故오 六은 詮邪惡故오 七은 不入人心故오 八은 詮猥雜故오 九는 極鄙惡故오 十은 極麤獷故니라 '以是言下는 總結所作이니 多人多口 各多惡言이라
二'又此下는 身加逼害이니 上二事廣이오
三'如是經下는 總辨長時니 是謂難忍之境也니라

이 경문은 3부분으로 나뉜다.

① 입[口業]으로 훼방과 욕지거리를 가하기 때문임을 밝힌 것이다. 梁攝論에서는 "억울하거나 해가 되는 일을 참고 견디는 것을

또한 '他毁辱忍'이라 명명한다."고 하였다. 이에 대해 간단하게 10가지를 밝히고자 한다.

㉠ 不可喜語는 꺼리는 부분을 부딪쳤기 때문이며,

㉡ 非善法語는 잘못된 궤범이기 때문이며,

㉢ 不悅意語는 걱정과 슬픔을 만들어주기 때문이며,

㉣ 不可愛語는 풍류와 고상함이 없기 때문이며,

㉤ 非仁賢語는 용렬하고 비천하기 때문이며,

㉥ 非聖智語는 사악하게 말하였기 때문이며,

㉦ 非聖相應語는 사람들의 마음에 받아들일 수 없기 때문이며,

㉧ 非聖親近語는 외람되고 잡되기 때문이며,

㉨ 深可厭惡語는 몹시 비루하고 악하기 때문이며,

㉩ 不堪聽聞語는 몹시 거칠고 사납기 때문이다.

'以是言' 이하는 그들이 지껄이는 말을 총체로 끝맺음이다. 수많은 사람의 수많은 입에서 제각기 수많은 악담을 내뱉은 것이다.

② '又此衆生' 이하는 손과 몸[身業]으로 핍박과 상해를 가한 것으로, 위의 2가지 일을 자세히 말한 것이다.

③ '如是經於' 이하는 기나긴 세월을 총체로 말한 것이다. 이는 참기 어려운 일들을 말한다.

二. 明能忍之行

둘째, 행하기 어려운 인욕을 잘도 행함을 밝히다

菩薩이 遭此極大楚毒하야 身毛皆竪하야 命將欲斷이라도 作是念言호되 我因是苦하야 心若動亂이면 則自不調伏하며 自不守護하며 自不明了하며 自不修習하며 自不正定하며 自不寂靜하며 自不愛惜하며 自生執著하리니 何能令他로 心得淸淨이리오하나니라

보살이 이처럼 극심한 고초를 당하여 머리카락이 곤두서고 목숨이 끊어지려 할지라도 이렇게 생각해야 한다.

'내가 이만한 고통 때문에 마음이 흔들린다면, 나를 조복하지 못하고, 나를 지켜나가지 못하고, 내가 분명히 알지 못하고, 내가 닦아가지 못하고, 내가 바른 선정을 얻지 못하고, 나의 마음이 고요하지 못하고, 내가 선근을 아끼지 못하고, 스스로 집착을 내는 것이다. 어떻게 남들의 마음을 청정케 할 수 있겠는가.'

● 疏 ●

先은 結前生後니 謂遭前極苦오 二作是念下는 正顯忍相이니 以失自要니라

文有十句하니 初一은 假設不忍하면 失念易志라 故云動亂이오 餘九는 明失이니 一은 則不調瞋恚오 二는 則不護根門이오 三은 迷忍法門이오 四는 不修忍行이오 五는 隨風外轉이오 六은 動亂內生이오 七은 不惜善根이오 八은 未忘彼此니라

上八은 自損이니 由此 不能利他어니와 今能忍故로 以不不之하야 便成

八行하야 自他俱利며 自他俱調니 若說此勝利면 成善士行이니라

① 앞부분은 위의 경문을 끝맺으면서 뒤의 문장을 일으키고 있다. 앞에서 말한 극심한 고초를 말한다.

② '作是念' 이하는 바로 인욕의 양상을 밝힌 것으로, 잘못된 일들을 통하여 스스로 다짐한 것이다.

이 경문에는 10구가 있다.

첫 구절(我因是苦 心若動亂)은 만약 이런 고초를 참아내지 못한다면 생각을 잃게 되고 뜻이 변하는 까닭에 마음이 흔들리는 것이다. 나머지 9구는 잘못된 부분들을 밝히고 있다.

제1구(自不調伏)는 성내는 마음을 다스리지 못함이며,

제2구(自不守護)는 선근의 문을 수호하지 못함이며,

제3구(自不明了)는 인욕의 법문을 알지 못해 혼미함이며,

제4구(自不修習)는 인욕의 행을 닦지 않음이며,

제5구(自不正定)는 바람결 따라 밖으로 전전함이며,

제6구(自不寂靜)는 마음이 흔들리는 것이며,

제7구(自不愛惜)는 선근을 아끼지 못함이며,

제8구(自生執著)는 나와 남을 잊지 못함이다.

위의 8구는 자신의 몸을 손상시키는 일이다. 이러한 잘못 때문에 남들에게 도움을 줄 수 없다. 그러나 이제는 이런 고초를 참았기 때문에 해서는 안 될 일들을 하지 않음으로써 곧 8가지의 선행을 성취하여, 나와 남에게 모두 이익이 되고, 나와 남이 모두 조복받을 수 있었다. 만일 이에 관한 수승한 이익으로 말하면 善士行을

성취한 부분이다.

二 安受苦忍
(2) 괴로움을 편안한 마음으로 받아들이는 인욕

經

菩薩이 爾時에 復作是念호되 我從無始劫으로 住於生死하야 受諸苦惱라하야 如是思惟하고 重自勸勵하야 令心淸淨하야 而得歡喜하며 善自調攝하야 自能安住於佛法中하고 亦令衆生으로 同得此法이니라

보살이 그때 또다시 이렇게 생각해야 한다.

'내가 그 시작도 알 수 없는 예전으로부터 생사의 바다 속에 머물면서 온갖 고통을 받아왔다.'

이처럼 생각하고서 다시 정신을 가다듬어 마음이 청정하여 환희를 얻도록 노력하고, 스스로 조복하고 거두어들여서 불법 가운데 편안히 머물도록 하고, 또한 중생으로 하여금 이런 법을 다 함께 얻도록 힘써야 한다.

● 疏 ●

雖仍前文이나 義當安受라 故引往所受苦하야 以況今苦하야 而欲安受니 所以引者는 無始는 顯昔苦時長이오 諸苦는 明其事廣이니 雖事

331

廣時長이나 而空無二利어니와 今時促苦少라 能成忍度면 自利利他어니 安不忍哉리오

故鍊磨頌에 云汝已惡道經多劫하야 無益受苦尚能超어늘 今行少善得菩提니 大利不應生退屈하라하니 由斯重自勸勉誡勵하야 令淨而無亂하며 喜不憂感하며 調其瞋蔽하야 攝護根門이니 是自住忍法하야 令物同忍이니라【鈔】故鍊磨頌者는 唯識論 第九에 明資糧位할새 釋於二取隨眠에 猶未能伏滅하야 云此位에 二障을 雖未伏除하야 修勝行時에 有三退屈이나 而能三事로 鍊磨其心하야 於所證修에 勇猛不退하나니 一은 聞無上正等菩提廣大深遠하고 心便退屈에 引他況已證大菩提者하야 鍊磨自心하야 勇猛不退라하니

釋曰 卽第一菩提廣大屈에 引他況已鍊이니 廣者는 無邊이오 大者는 無上이오 深者는 難測이오 遠者는 時長이니 由斯故退에 引他鍊之니라 攝論頌에 云十方世界諸有情이 念念速證善逝果하니 彼旣丈夫我亦爾니 不應自輕而退屈이라하니라

唯識論에 云二는 聞施等波羅蜜多 甚難可修하고 心便退屈에 省己意樂하야 能修施等하야 鍊磨自心하야 勇猛不退라하니

釋曰 卽第二 萬行難修屈에 省己增修鍊이니 頌云汝昔惡經多劫에 無益勤苦尚能超어늘 今行少善得菩提하나니 大利不應生退屈이라하니라

唯識論에 云三聞諸佛圓滿轉依를 極難可證하고 心便退屈에 引他粗善하야 況己善因하야 鍊磨自心하야 勇猛不退라하니

釋曰 卽第三轉依難證屈에 引粗況妙鍊이니 頌云博地一切諸凡夫도

332

尙擬遠證菩提果어든 汝已勤苦經多劫이라 不應退屈卻沈淪이라하니라
唯識論에 云由斯三事하야 鍊磨其心이라 堅固熾然하야 修諸勝行이라하니

釋曰 今是十行이 正是其位라 故疏引之니라 】

　비록 앞 문장을 뒤이어 쓰고 있으나 그 의미는 당연히 어떤 고초도 받아들여야 한다는 것이다. 따라서 지난날 받았던 괴로움을 인용하여 오늘날의 괴로움에 비유하여 편안하게 받아들이고자 함이다. 인용한 부분은 그 시작도 알 수 없는 오랜 세월의 괴로움을 밝혔고, 모든 괴로움이란 그 괴로운 일들이 많음을 밝힌 것이다. 비록 수많은 괴로운 일로 영겁을 지내오면서 自利와 利他의 행이 조금도 없었지만, 이제는 시간이 촉박하고 괴로운 일도 적다. 인욕바라밀을 성취하면 나와 남에게 모두 도움이 되니 어찌 참지 않을 수 있겠는가.

　옛 鍊磨頌에서 이르기를 "그대가 오랫동안 삼악도를 지나오면서 아무런 이익 없이 받아온 고통을 벗어나야 하는데, 이제는 적은 선이라도 행하여 보리지혜를 얻었으니 큰 이익을 향하여 물러서려는 생각을 내서는 안 된다."고 하였다.

　이러한 각오와 다짐을 통하여 다시 한 번 정신을 가다듬어 마음이 청정하여 흐트러진 생각이 없도록 하고, 환희의 마음으로 걱정하거나 슬퍼하지 않고, 성낸 마음에 가려져 있는 것들을 조복하여 선근법문을 받아들이고 보호해야 한다. 이는 스스로 인욕의 법문에 머물면서 중생으로 하여금 이러한 인욕의 법문에 다 함께 하

도록 힘써야 한다. 【초_ '옛 鍊磨頌'이란 유식론 제9에서 資糧位를 밝힐 적에, 二取(名言取·我執取, 즉 所知·煩惱 二障) 隨眠도 오히려 없애지 못함을 해석하면서 다음과 같이 말하였다.

"이 지위에서 所知障·煩惱障을 없애지 못한 까닭에 수승한 行을 닦을 때 3가지의 退屈心이 있지만, 3가지의 일로써 그 마음을 연마하여 증득해나갈 때에 용맹정진으로 물러서지 않는다.

첫째는 無上正等菩提가 광대하고도 심원하다는 말을 듣고서 멈칫멈칫 물러서려는 마음이 일어나면, 이미 大菩提를 증명한 사람을 끌어다가 나의 마음을 연마하여 용맹정진으로 물러서지 않도록 해야 한다."

이에 대해 해석하였다.

첫째는 廣大, 深遠한 보리지혜에 대해 퇴굴심이 일어나면, 남들의 수행을 인용하여 자신을 비유하면서 연마하는 것이다. '廣'이란 끝이 없음이며, '大'란 그보다 더 높은 것이 없음이며, '深'이란 헤아리기 어려움이며, '遠'이란 장구한 세월을 말한다. 이러한 이유 때문에 퇴굴심이 일어나면, 남들의 수행을 인용하여 자신을 연마해나가는 것이다. 섭론의 게송에 이르기를 "시방세계 모든 중생이 한 생각 한 생각의 찰나에 바로 부처님의 善逝果를 증명하였다. 그들이 대장부라면 나 역시 대장부이다. 나 자신을 경멸하여 퇴굴심을 가져서는 안 된다."고 하였다.

유식론에서 말하였다.

"둘째는 보시바라밀 등이란 몹시 닦기 어렵다는 말을 듣고서 멈칫멈칫 물러서려는 마음이 일어나면, 내가 어떤 목적을 향하여 나아가려는 마음이 있는가를 성찰하여 보시바라밀 등을 닦으면서 나의 마음을 연마하여 용맹정진으로 물러서지 않도록 해야 한다."

이에 대해 해석하였다.

둘째는 萬行을 몹시 닦기 어렵다는 말에 퇴굴심이 일어나면, 자신을 성찰하여 수련을 더해야 한다. 섭론의 게송에 이르기를 "그대가 오랫동안 삼악도를 지나오면서 아무런 이익 없이 받아온 고통을 벗어나야 하는데, 이제는 적은 선이라도 행하여 보리지혜를 얻었으니 큰 이익을 향하여 물러서려는 생각을 내서는 안 된다."고 하였다.

유식론에서 말하였다.

"셋째는 시방제불의 원만한 轉依를 지극히 증명하기 어렵다는 말을 듣고서 멈칫멈칫 물러서려는 마음이 일어나면, 남들의 대수롭지 않은 선이라도 인용하여 자기의 善因에 비유함으로써 나의 마음을 연마하여 용맹정진으로 물러서지 않도록 해야 한다."

이에 대해 해석하였다.

셋째는 제불의 원만한 轉依를 지극히 증명하기 어렵다는 말에 퇴굴심이 일어나면, 남들의 대수롭지 않은 선이라도 인용하여 미묘한 연마를 비유해야 한다. 섭론의 게송에 이르기를 "드넓은 온 누리 모든 범부들도 오히려 멀리나마 菩提果를 증득하려고 생각하는데, 그대는 이미 오랜 겁을 고생고생 지내온 몸이다. 퇴굴심으로 생사고해에 빠져서는 안 된다."고 하였다.

유식론에서 말하였다.

"이러한 3가지 일을 통하여 그 마음을 연마하기에 굳건하고 불길처럼 성대하게 모든 勝行을 닦을 수 있다."

이에 대해 해석하였다.

여기에서 말한 十行이 바로 그런 지위이다. 때문에 청량소에서 이를 인용한 것이다.】

第三諦察法忍

(3) 자세히 살피는 법인

經

復更思惟하되 此身이 空寂하야 無我我所하며 無有眞實하며 性空無二하며 若苦若樂이 皆無所有하니
諸法空故로 我當解了하야 廣爲人說하야 令諸衆生으로 滅除此見이라
是故로 我今에 雖遭苦毒이나 應當忍受니라

다시 이렇게 생각해야 한다.

'이 몸은 공허한 것이어서 나도 없고 나의 것도 없으며, 진실하지 아니하며, 성품이 공하여 둘이 없으며, 괴롭고 즐거움이 모두 없다.

모든 법이 이처럼 공허한 까닭에 나는 당연히 이런 것을 이해하고 널리 남들을 위해 이런 도리를 말해주어 여러 중생으로 하여

금 이런 소견을 없애도록 해야 한다.

　이 때문에 나는 오늘날 아무리 모진 고초를 겪는다 할지라도 참고 견디어야 한다.'

◉ 疏 ◉

亦仍前起라 故云復更이라 斯則一忍之中에 便具三忍이니 表非全異故로 一境具明이니라

文分三別이니 一은 自成法忍이라 文有五句하니 初句는 總標오 '無我已下는 釋成空義니 以苦·空·無常·無我 四行으로 釋之호되 倒爲其次니라 又約大乘이라 故苦樂等 雙遣이니 一은 人我法我兩亡이오 二는 常與無常 非實이니 相待有故오 三은 空有俱寂이라 故云無二오 四는 苦樂皆遣이라 云無所有니라

二諸法空下는 令他成忍이라 衆生迷空이라 故應爲說이니 皆淸淨忍也니라

三是故下는 結行應修라 然莊嚴論中에 由三思五想하야 則能忍受니 一은 思他毁辱我가 是我自業이오 二는 思彼我俱是行苦오 三은 思聲聞自利도 尙不以苦加人이니

此三은 文在安受忍中이니 思昔諸苦하야 自他調攝故니라

言 '五想'者는 一은 本親想이니 衆生이 無始로 無非親屬故오 二는 修法想이니 打罵不可得故오 三은 修無常想이오 四는 修苦想이오 五는 修攝取想이니 卽此文攝이니 對前可思니라

　이 또한 앞 문장을 뒤이어 썼기에 '다시[復更]'라고 말한 것이다.

이는 하나의 인욕 가운데 3가지의 인욕을 갖추고 있지만 전체가 다른 것이 아님을 나타낸 까닭에 하나의 경계에서 구체적으로 밝힌 것이다.

경문은 3부분으로 나뉜다.

① 스스로 法忍을 이룸이다. 경문은 5구이다.

첫 구절(此身空寂)은 총체로 밝힘이며, '無我我所' 이하는 空한 의의를 해석하여 끝맺음이다. 苦, 空, 無常, 無我 4가지 行으로 해석하되 그 차례는 거꾸로 배열하였다.

또한 대승의 도리로 말한 까닭에 괴로움과 즐거움 등을 모두 떨쳐버린 것이다.

㉠ 無我我所는 人我見과 法我見을 모두 버림이다.

㉡ 無有眞實은 常과 無常이 모두 진실이 아니다. 상대로 존재한 때문이다.

㉢ 性空無二는 空과 有가 모두 적멸이기에 無二라 말하였다.

㉣ 苦樂無有는 괴로움과 즐거움을 모두 떨쳐버렸기에 없다고 말한 것이다.

② '諸法空故' 이하는 남들로 하여금 인욕을 성취하도록 한 것이다. 중생이 空한 도리를 알지 못하여 혼미한 까닭에 당연히 그들을 위해 이를 말해주어야 한다. 이는 모두 청정 법인이다.

③ '是故' 이하는 당연히 인욕행을 닦아야 함으로 끝맺은 것이다. 그러나 莊嚴論에서 "3가지 생각[三思]과 5가지 생각[五想]을 통하여 참고 받아들일 수 있다."고 말하였다.

3가지 생각[三思]이란 다음과 같다.

㉠ 남들이 나를 욕하는 것은 나의 자업자득이라 생각함이며,

㉡ 나와 그들이 모두 괴로운 일임을 생각함이며,

㉢ 자신의 이익을 도모하는 聲聞도 남들에게 괴로운 일을 가하지 않음을 생각함이다.

3가지의 생각은 "편안한 마음으로 참고 받아들인다."는 경문에 담겨 있다. 지난 생에 받아왔던 수많은 고초를 생각하면서 나와 남을 조복하고 받아들이기 때문이다.

5가지 생각[五想]이라 말한 것은 다음과 같다.

㉠ 본래 친속이라는 생각이다. 중생은 그 시작도 없는 세월 속에 친속 아닌 사람이 없기 때문이다.

㉡ 법을 닦아야 한다는 생각이다. 매를 맞거나 욕을 얻지 않기 때문이다.

㉢ 無常을 닦아야 한다는 생각이다.

㉣ 고행을 닦아야 한다는 생각이다.

㉤ 攝取를 닦아야 한다는 생각이다. 이 경문에서 말한 攝이다. 앞의 문장과 대조하여 생각하면 알 수 있다.

第二. 明修忍意

2) 인욕을 닦아야 하는 그 의도를 밝히다

經

爲慈念衆生故며 饒益衆生故며 安樂衆生故며 憐愍衆生故며 攝受衆生故며 不捨衆生故며 自得覺悟故며 令他覺悟故며 心不退轉故며 趣向佛道故라하나니 是名菩薩摩訶薩의 第三無違逆行이니라

 자비의 마음으로 중생을 염려한 때문이며,

 중생에게 이익을 주고자 한 때문이며,

 중생을 안락하게 하기 위한 때문이며,

 중생을 가엾이 여기기 위한 때문이며,

 중생을 거두어 붙잡아주기 위한 때문이며,

 중생을 버리지 않기 위한 때문이며,

 스스로 깨달음을 얻기 위한 때문이며,

 다른 이를 깨닫도록 하기 위한 때문이며,

 마음이 퇴전하지 않도록 하기 위한 때문이며,

 부처님 도에 향하여 나아가기 위한 때문이다.

 이를 보살마하살의 제3 어기지 않는 행이라고 말한다."

● 疏 ●

文有十句하니 義兼通別이라 通則三忍이 皆爲此十이니 在義可知오 別則爲初五故로 修耐冤害니 慈念爲總이오 次는 但欲饒益於他라 不懼他不饒益이오 本欲安人이어니 豈當加報리오 愍彼淪倒어니 寧懷恨心이리오 以忍調行하야 攝諸恚怒니라

次一은 安受苦忍이니 隨逐衆生호되 無疲苦故니라 次二句는 爲覺自他하야 修諦察法이오 後二는 通於前三이라 上一'爲'言은 下流至此니 斯卽九中二世樂也니라【鈔_ 愍彼淪倒者는 準智論컨대 云羅睺羅 被外道打悲泣이어늘 人間其故어늘 答曰 我苦는 少時爾어니와 奈渠長苦何오하니 卽愍其淪溺이어늘 而言倒者는 亦愍其因이 但由顚倒니 如提婆菩薩이 被外道開腹하야 弟子 欲追어늘 菩薩이 廣說法空하야 誡諸弟子호되 云此等顚倒하야 妄見我人이라 故生此惡이니 不了性空하야 無有眞實等이라

斯卽九中二世樂者는 論云 二世樂忍有九니 謂菩薩이 住不放逸一이며 於諸善法에 悉能堪忍二며 於諸寒熱에 悉能堪忍三며 於諸饑渴四며 於蚊虻觸五며 於諸風日六며 於蛇蠍觸七며 於諸劬勞所生種種 若身若心 疲倦憂惱八며 於墮生老病死苦等 有情에 現前하야 哀愍而修忍行九라 上七은 皆有悉能堪忍之言이라 論云如是順忍에 得二世樂이라하니 斯亦總相이니 愍念衆生하야 令得二世樂也라】

경문에 10구가 있다. 그 의미는 총체와 개별을 모두 겸하여 밝히고 있다.

총체로 보면 三忍이 모두 10구이다. 그 의미는 설명하지 않아도 알 수 있다.

개별로 말하면 첫 부분 5구는 억울함과 해를 참고 견디는 수행이다.

'慈念衆生故' 구절은 총체이고,

다음 구절(饒益衆生故)은 남들에게 도움을 주고자 원할 뿐이기에

341

남들이 나에게 보답의 도움을 주지 않을까는 두려워하지 않는다.

본래 남들을 편안하게 해주고자 함이니[安樂衆生故], 어찌 보답이 더해지기를 바라겠는가.

그들이 어려움에 빠지고 전도된 것을 가엾이 여길 뿐이니[憐愍衆生故], 어찌 섭섭한 마음을 품겠는가.

인욕으로써 나의 行을 조복하여 모든 성내는 중생을 받아들이는[攝受衆生故] 것이다.

다음 1구(不捨衆生故)는 괴로움을 편안한 마음으로 받아들이는 인욕이다. 중생을 따르되 피곤해하거나 힘들어 함이 없기 때문이다.

다음 2구(自得覺悟故 令他覺悟故)는 나와 남의 깨달음을 위하여 자세히 살피는 법을 닦음이며,

끝 2구(心不退轉故 趣向佛道故)는 앞의 3구에 통한다.

첫 구절(爲慈念衆生故)에서 말한 '爲' 자는 아래 구절을 모두 관류하여 끝까지 이르고 있다. 이는 9가지 樂忍 가운데 二世樂忍이다.

【초_ "그들이 어려움에 빠지고 전도된 것을 가엾이 여긴다."는 것은 지도론에 준하면, 나후라가 외도에게 얻어맞고서 구슬프게 통곡하였다. 어떤 사람이 통곡하는 이유를 묻자, 그는 "나의 아픔은 잠깐이지만 그들의 오랜 고통을 어찌할 것인가."라고 말하였다. 바로 어려움에 빠져 전도된 외도를 가엾이 여긴 것이다. 그러나 '倒[淪倒]'라 말한 것은 또한 그처럼 고통을 받게 되는 원인이 단 전도에 의한 것이기 때문이다.

예를 들면 제바보살이 외도에게 배를 갈리는 고통을 당하였다.

보살의 제자들이 그 외도를 찾고자 하자, 보살이 모든 법이 공한 것임을 자세히 말해주면서 그 제자들을 경계하였다.

"그들이 전도망상으로 나와 남을 차별하는 허망한 견해를 지닌 까닭에 이처럼 악한 일을 저지른 것이다. 자성이 공함을 알지 못하여 진실함이 없다." 등을 말하였다.

"이는 9가지 樂忍 가운데 二世樂忍이다."는 것은 지도론에 이르기를 "二世樂忍에 9가지가 있으니, 아래와 같다.

① 보살이 멋대로 하지 않는 데에 머물며,
② 모든 善法을 잘 참고 견디며,
③ 모든 추위와 더위를 잘 참고 견디며,
④ 모든 굶주림과 목마름을 잘 참고 견디며,
⑤ 모기와 등에가 무는 것을 잘 참고 견디며,
⑥ 온갖 비바람과 햇살을 잘 참고 견디며,
⑦ 독사, 전갈 따위가 무는 것을 잘 참고 견디며,
⑧ 모든 힘든 일에 의해 생겨나는, 몸과 마음의 온갖 피곤함과 걱정을 잘 참고 견디며,
⑨ 생사와 생로병사의 고통 속에서 허우적대는 중생의 앞에 몸을 나타내어 그들을 가엾이 여겨 忍行을 닦는다."고 하였다.

위의 7구절에는 모두 "잘 참고 견딘다."는 말을 덧붙여 보아야 한다.

논에 이르기를 "이와 같은 順忍에 二世樂을 얻는다."고 하니 이 또한 總相이다. 중생을 가엾이 생각하여 그들로 하여금 二世樂

을 얻도록 함이다.】

● 論 ●

第三無違逆行은 以忍波羅蜜로 爲體라 有三十行經을 分爲三段호리니 一은 '佛子'已下로 至'忍辱柔和'히 有五行半經은 明不害自他하야 忍辱柔和分이오

二는 '佛子'已下로 至'令他心得淸淨'히 有十三行半經은 明菩薩의 身語加害堪忍分이오

三은 '菩薩爾時'已下로 至'無違逆行'히 有十行半經은 明菩薩의 觀空成忍分이라

제3 무위역행은 인욕바라밀로써 체성을 삼는다. 30항 경문은 3단락으로 나뉜다.

(1) '佛子' 이하로 '忍辱柔和'까지 5항 반의 경문은 나와 남에게 해를 끼치지 않고자 인욕으로 부드럽고 화기로움을 밝힌 부분이며,

(2) '佛子' 이하로 '令他心得淸淨'까지 13항 반의 경문은 보살의 몸과 말에 해를 더할지라도 참고 견딤을 밝힌 부분이며,

(3) '菩薩爾時' 이하로 '無違逆行'까지 10항 반의 경문은 보살이 空한 도리를 보고서 인욕을 성취한 것을 밝힌 부분이다.

第四 無屈撓行

제4 무굴요행

佛子여 何等이 爲菩薩摩訶薩의 無屈撓行고

"불자여, 어떤 것이 보살마하살의 굽히지 않는 행인가?

● 疏 ●

撓者는 曲也며 弱也니 卽牢强精進也니라

撓는 굽힘이며, 나약함이다. 이는 굳건한 정진이다.

釋相中에 二니 先은 總顯其相이오 後는 隨難別釋이라

前中文三이니 初는 正顯精進이오 二'性無'下는 明離過失이오 三'但爲' 下는 辨進所爲니라

此之三段은 初는 卽總擧오 次는 是釋精이니 謂無雜故오 三은 是釋進이니 趣所爲故니라 今은 初라

무굴요행에 대한 양상의 해석은 2부분이다.

1. 앞에서는 그 양상을 총체로 밝혔고,

2. 뒤에서는 논란에 따라 개별로 해석하였다.

1. 앞의 그 양상을 총체로 밝힌 경문은 3단락이다.

1) 바로 정진을 밝혔고,

2) '性無三毒' 이하는 잘못을 버려야 함을 밝혔으며,

3) '但爲知一切' 이하는 정진으로 행해야 할 바를 논변하였다.

이 3단락의 첫째는 정진의 총체를 열거하였고, 둘째는 정진의

'精' 자를 해석함이니, 혼잡함이 없기 때문이며, 셋째는 정진의 '進' 자를 해석함이니, 위하여 나아가야 하기 때문이다.

이는 1) 바로 정진의 명칭을 열거하여 밝힌 부분이다.

經

此菩薩이 **修諸精進**호되
所謂第一精進과 **大精進**과 **勝精進**과 **殊勝精進**과 **最勝精進**과 **最妙精進**과 **上精進**과 **無上精進**과 **無等精進**과 **普徧精進**이니라

보살이 모든 정진을 수행하나니,

이른바 제일 정진, 위대한 정진, 수승한 정신, 특별히 수승한 정진, 가장 수승한 정진, 가장 미묘한 정진, 최상의 정진, 위가 없는 정진, 같은 게 없는 정진, 두루 널리 하는 정진이다.

● **疏** ●

正顯中에 初句는 標行所屬이오 所謂已下는 顯勝列名이니 精進多名은 望業用故니라
初第一者는 亦是首義니 此義有三이니 一은 大故第一이니 謂爲大菩提故오 二는 勝故第一이니 光明功德故오 三은 殊勝故第一이니 謂超出故니라
第二 大亦三義하니 一은 最勝故大니 勝中極故니 如世大王이오 二는 最妙故大니 事理融通故니 如世大德이오 三은 上故大니 行體高上이니

如世尊長이니라

第三 勝者도 亦有三義하니 一은 無上故勝이니 不可加故오 二는 無等故勝이니 不可匹故오 三은 普徧故勝이니 體周法界하야 無可勝故니라【鈔_ 此義有三者는 此十地勢라 十句相釋이니 以二三四로 釋於初句하고 以五六七로 釋第二大字하고 以八九十으로 釋第三勝字니 文並可知니라】

바로 정진의 명칭을 열거하여 밝힌 가운데, 첫 구절(修諸精進)에서 말한 정진이란 무굴요행이 속한 바를 나타냄이며, '所謂' 이하는 훌륭한 점을 밝혀 그 명칭을 열거한 것이다. 정진의 명칭이 많은 것은 業用을 대조하여 말한 때문이다.

(1) '第一'이란 또한 첫머리라는 뜻으로 여기에는 3가지의 의의가 있다.

① 위대한 까닭에 제일이다. 위대한 보리이기 때문이다.

② 수승한 까닭에 제일이다. 광명공덕이기 때문이다.

③ 특별히 수승한 까닭에 제일이다. 세간을 뛰어넘었기 때문이다.

(2) 大 또한 3가지의 의의가 있다.

① 가장 수승한 까닭에 위대하다. 수승한 가운데 극치이기 때문이다. 세간의 대왕과 같다.

② 가장 미묘한 까닭에 위대하다. 사법계와 이법계가 원융하게 상통한 때문이다. 세간의 대덕과 같다.

③ 최상인 까닭에 위대하다. 행하는 몸이 드높기 때문이다. 세

간의 존장과 같다.

(3) 勝 또한 3가지의 의의가 있다.

① 위가 없는 까닭에 수승하다. 이보다 더할 수 없기 때문이다.

② 같은 게 없는 까닭에 수승하다. 그와 짝할 수 없기 때문이다.

③ 두루 널리 존재한 까닭에 수승하다. 그 자체가 법계에 두루 하여 그 누구도 이길 수 없기 때문이다. 【초_ "여기에는 3가지의 의의가 있다."는 것은 十地의 형세이다. 10구로 모두 해석한 것으로 제2~4구는 첫째 구절(第一精進)을 해석하였고, 제5~7구는 제2 大精進의 '大'字를 해석하였고, 제8~10구는 제3 勝精進의 '勝'字를 해석하였다. 경문의 뜻은 모두 설명하지 않아도 알 수 있다.】

二 離過

2) 잘못을 버린다

經

性無三毒하며 性無憍慢하며 性不覆藏하며 性不慳嫉하며 性無諂誑하며 性自慚愧하야 終不爲惱一衆生故로 而行精進이오

자성에 탐진치 삼독이 없고, 자성에 교만이 없고, 자성에 덮어 숨김이 없고, 자성에 간탐과 질투가 없고, 자성에 아첨과 속임이 없고, 자성이 스스로 부끄러워하는 마음으로 마침내 한 중생이라

도 괴롭히는 일을 하지 않기 위한 까닭에 정진을 행하는 것이다.

◉ 疏 ◉

離過中에 卽難行精進이라 性無間雜이 最爲難故로 先離自惱之過니 謂本隨煩惱 任運不起라 故曰性無라하니 圓融敎中에 地前得爾니라 後終不爲下는 明離惱他니라

잘못을 버리는 가운데 가장 행하기 어려운 정진이다.

자성에 간단과 혼잡이 없다는 것은 가장 어려운 일이기에 먼저 자신을 괴롭히는 번뇌를 버려야 한다. 이는 근본번뇌와 수번뇌가 마음대로 일어나지 않기 때문에 "자성에 …이 없다."고 말한 것이다. 理·事 원융의 화엄에서는 地前 보살이 이런 경지를 얻는다.

뒤 '終不爲惱' 이하는 남을 괴롭히는 잘못들을 모두 버려야 함을 밝힌 것이다.

三은 辨進所爲中에 有二十句하니 具含三種精進이라 '但爲'는 是被甲이니 四弘願故오 '而行'은 卽是方便加行이오 所爲之法은 是所攝善이라【鈔_ 具含三種者는 唯識說三이니 一은 被甲이오 二는 攝善이오 三은 利樂이라】

3) 정진으로 행해야 할 바를 논변함에는 20구가 있다. 3가지 정진을 갖추고 있다.

'단 …을 위한다[但爲].'는 것은 被甲정진으로 四弘誓願을 했기

때문이며,

'정진을 행한다[而行精進].'는 것은 方便加行이며,

'…을 하기 위한[所爲]'의 법이란 받아들여야 할 착한 행이다.
【초_ "3가지 정진을 갖추고 있다."는 것은 유식에서 말한 3가지 정진이다. ① 被甲정진, ② 攝善정진, ③ 利樂정진이다.】

文分爲四니 初三은 斷惑이오 次七은 度生이오 次四는 知法이오 後六은 求佛이니 卽四弘也라 今은 初라

경문은 4부분으로 나뉜다. (1) 앞의 3구절(제1~3)은 미혹을 끊음이며, (2) 다음 7구절(제4~10)은 중생을 제도함이며, (3) 다음 4구절(제11~14)은 법을 앎이며, (4) 뒤의 6구절(제15~20)은 성불을 추구함이다. 이것이 바로 사홍서원이다.

이는 (1) 앞의 3구절, 미혹을 끊음이다.

經

但爲斷一切煩惱故로 **而行精進**하며
但爲拔一切惑本故로 **而行精進**하며
但爲除一切習氣故로 **而行精進**하며

오직 일체 번뇌를 끊기 위하여 정진을 행하고,

오직 일체 미혹의 근본을 뽑기 위하여 정진을 행하고,

오직 일체 습기를 없애기 위하여 정진을 행하고,

◉ 疏 ◉

初는 斷現行이오 次는 斷種子오 後는 斷餘習이라

첫째는 현행번뇌를 끊음이며, 다음은 종자번뇌를 끊음이며, 뒤는 餘習을 끊음이다.

▪

次七度衆生

(2) 다음 7구는 중생을 제도함이다.

經

但爲知一切衆生界故로 而行精進하며
但爲知一切衆生의 死此生彼故로 而行精進하며
但爲知一切衆生煩惱故로 而行精進하며
但爲知一切衆生心樂故로 而行精進하며
但爲知一切衆生境界故로 而行精進하며
但爲知一切衆生의 諸根勝劣故로 而行精進하며
但爲知一切衆生心行故로 而行精進하니라

오직 일체중생의 세계를 알기 위하여 정진을 행하고,

오직 일체중생이 여기서 죽어 저곳에 태어나는 것을 알기 위하여 정진을 행하고,

오직 일체중생의 번뇌를 알기 위하여 정진을 행하고,

오직 일체중생의 마음에 좋아함을 알기 위하여 정진을 행하고,

오직 일체중생의 경계를 알기 위하여 정진을 행하고,

오직 일체중생의 근성이 수승하고 용렬함을 알기 위하여 정진을 행하고,

오직 일체중생의 마음의 작용을 알기 위하여 정진을 행하는 것이다.

◉ 疏 ◉

度衆生中에 爲成十力智故니 煩惱는 是漏니 意令其盡이오 境界는 卽徧趣行이오 心行은 義兼於業이오 生死는 義兼宿住오 處非處力은 總故不明이라

중생을 제도하는 것은 十力 지혜를 성취하기 위한 때문이다.

번뇌는 마음과 몸을 괴롭히는 망상에 얽매여 깨달음을 얻지 못한 범부의 경지[有漏]이다. 여기에서 말한 뜻은 그러한 번뇌를 모조리 없애고자 함이다.

경계는 人·天 등 여러 갈래의 길에 태어나는 道行이다.

心行에서 말한 뜻은 스스로 짓는 업을 겸하고 있다.

生死에서 말한 뜻은 세상에 태어나기 이전의 세계를 겸하고 있다.

十力의 하나인 '처하되 처하지 않는 힘[處非處力]'은 총체로 말한 까닭에 여기에서는 밝히지 않은 것이다.

三 有四句 知法

(3) 4구는 법을 앎이다.

經

但爲知一切法界故로 而行精進하며
但爲知一切佛法根本性故로 而行精進하며
但爲知一切佛法平等性故로 而行精進하며
但爲知三世平等性故로 而行精進하며

  오직 일체 법계를 알기 위하여 정진을 행하고,
  오직 일체 불법의 근본 자성을 알기 위하여 정진을 행하고,
  오직 일체 불법의 평등한 자성을 알기 위하여 정진을 행하고,
  오직 삼세의 평등한 자성을 알기 위하여 정진을 행하고,

● 疏 ●

知法中에 初總餘別이니 別中에 一은 事法界니 若自入法이면 則以淨信爲根本이어니와 若約利他면 則以慈悲로 爲根本等이라
二는 卽理法界니 云平等性이라
三은 事理無礙法界니 三世之事 卽平等理性也라 事隨理融하나니 義含事事無礙니라

  법을 아는 부분의 첫 구절은 총체로, 나머지는 개별로 말한 것이다.
  개별로 말한 데에는 3부분이 있다.
  ① 事法界이다. 자신이 법에 들어가려면 청정한 신심으로써 근

본을 삼는다. 그러나 利他로 말하면 자비로써 근본을 삼는다는 등이다.

② 理法界이다. 평등한 자성을 말한다.

③ 事理無礙法界이다. 삼세의 일이 곧 平等一如의 理性이다. 사법계가 이법계를 따라 원용함이다. 여기에서 말한 뜻은 事事無礙法界까지 포함하고 있다.

四 有六句 求佛

(4) 6구는 성불을 추구함이다.

經

但爲得一切佛法智光明故로 **而行精進**하며
但爲證一切佛法智故로 **而行精進**하며
但爲知一切佛法一實相故로 **而行精進**하며
但爲知一切佛法無邊際故로 **而行精進**하며
但爲得一切佛法廣大決定善巧智故로 **而行精進**하며
但爲得分別演說一切佛法句義智故로 **而行精進**이니라

오직 일체 불법의 지혜 광명을 얻기 위하여 정진을 행하고,

오직 일체 불법의 지혜를 증득하기 위하여 정진을 행하고,

오직 일체 불법의 일여실상(一如實相)을 알기 위하여 정진을 행하고,

오직 일체 불법의 그지없음을 알기 위하여 정진을 행하고,

오직 일체 불법의 광대하고 결정하고 뛰어난 지혜를 얻기 위하여 정진을 행하고,

오직 일체 불법의 구절과 뜻을 분별하여 연설하는 지혜를 얻기 위하여 정진을 행하는 것이다.

◉ 疏 ◉

求佛中에 初二는 卽智니 初句는 敎智光明이오 後句는 證智라
次二는 知境이니 先眞後俗이라
後二는 皆權智니 前句는 知機識藥이오 後句는 四辯宣陳이라 分別演說은 卽是樂說이니 說於法義오 句는 卽是辭라 上之四弘에 初二는 知苦斷集이오 後二는 修道證滅이니 卽無作四諦之境也니라

성불을 추구하는 부분의 첫째 2구는 부처님의 지혜이다. 앞의 '一切佛法智光明' 구절은 부처님이 중생을 교화하는 지혜의 광명이며, 뒤의 '一切佛法智' 구절은 부처님이 증득한 지혜이다.

다음 2구는 부처님의 경계를 앎이다. 앞의 '一切佛法一實相' 구절은 眞諦이며, 뒤의 '一切佛法無邊際' 구절은 俗諦이다.

뒤의 2구는 모두 방편의 지혜[權智]이다. 앞의 '一切佛法廣大決定善巧智' 구절은 중생의 근기를 알고 그에 대한 약을 앎이며, 뒤의 '分別演說一切佛法句義智'는 四無碍辯(法, 意, 辭, 樂說無碍辯)으로 설법하는 것이다. 分別演說은 樂說無碍辯이니 불법의 진리로 말함이며, 句는 곧 문장으로 辭無碍辯이다.

위의 사홍서원 가운데, 앞의 2가지는 苦諦를 아는 것과 集諦를 끊음이며, 뒤의 2가지는 道諦를 닦음과 滅諦를 증득한 것이다. 이는 곧 끊느니 증득하느니[斷證] 따위의 작위가 없는 無作四諦의 경계이다.

第二. 隨難別釋

於中에 二니 先은 明被甲精進이오 後는 明利樂精進이니 今은 初라

2. 논란에 따라 개별로 해석하다

이는 2부분으로 나뉜다.

1) 앞에서는 被甲精進을 밝혔고,

2) 뒤에서는 利樂精進을 밝히고 있다.

이는 1) 被甲精進을 밝힘이다.

經

佛子여 菩薩摩訶薩이 成就如是精進行已에 設有人이 言호되 汝頗能爲無數世界의 所有衆生하야 以一一衆生故로 於阿鼻地獄에 經無數劫토록 備受衆苦하야 令彼衆生으로 一一得値無數諸佛이 出興於世하고 以見佛故로 具受衆樂하며 乃至入於無餘涅槃하야사 汝乃當成阿耨多羅三藐三菩提하리니 能爾不耶아하면 答言我能이니라

設復有人이 作如是言호되 有無量阿僧祇大海어든 汝當以

一毛端으로 滴之令盡하며 有無量阿僧祗世界어든 盡末爲
塵하고 彼滴及塵을 一一數之하야 悉知其數하야 爲衆生故
로 經爾許劫토록 於念念中에 受苦不斷이라도 菩薩이 不以
聞此語故로 而生一念悔恨之心하고 但更增上歡喜踊躍하
야 深自慶幸호되 得大善利로다 以我力故로 令彼衆生으로
永脫諸苦하니라

　　불자여, 보살마하살이 이와 같은 정진 수행을 성취한 후에, 가령 어떤 사람이 '그대가 무수한 세계에 있는 중생을 위하여, 하나하나의 중생 때문에 아비지옥에서 수없는 겁 동안, 온갖 고통을 두루 겪으면서 그곳 중생으로 하여금 하나하나가 수없는 부처님이 세상에 출현하심을 만나게 하고, 부처님을 친견한 공덕으로 모두가 수많은 즐거움을 누리게 하며, 내지 무여열반에 들어가도록 마련해주고, 그처럼 중생을 위한 후에야 그대는 아뇩다라삼먁삼보리를 얻어야 할 것이다. 그처럼 할 수 있겠느냐?'라고 물어오면, '그렇게 하겠노라.'고 대답할 것이다.

　　또한 어떤 사람이 설령 '한량없는 아승기 큰 바닷물을 그대가 하나의 털끝으로 찍어내어 모두 마르도록 만들고, 한량없는 아승기 세계를 모두 부수어 티끌을 만들어서 그 물방울과 그 티끌을 하나하나 빠트림 없이 세어 모조리 그 수효를 알아가듯이, 중생을 위해서 그처럼 수많은 겁을 지내는 동안, 한 생각 한 생각의 찰나에도 끊임없이 그런 고통을 받아야 할 것이다.'라고 말할지라도, 보살은 이런 말을 들었다고 해서 잠깐이라도 후회하는 마음을 내지 아니하고, 오직 더욱 기쁜 마음에 뛸 듯이 좋아하면서 아주 다행으로 생각하여 '큰 도움을 얻었다.'고 여길 것이다. '나의 힘으로 저 중생들을 수많은 고통 속에서 영원히 벗어나도록 해줄 것이다.'

◉ 疏 ◉

今初는 全同瑜伽之文이로되 但論以被甲爲初니 約先心自誓故니라 本業三進之中에 初名大誓어늘 今居攝善之後니 就假設遇緣耳라 文有兩番問答하니 初番 可知니라【鈔_ 今初全同瑜伽者는 四十二云 '一은 擐誓甲이니 若我脫一有情苦호되 以千大劫으로 爲一日夜하야 處於地獄하야 經爾所時하야 證大菩提하고 乃至 過此千俱胝倍라도 無懈怠心'이온 況短時苦薄耶아 有能於此에 生少淨信已라도 長養無量勇猛大菩提性'이온 況成就耶아 故云約先心自誓니라】

앞에서 말한 피갑정진은 유가사지론의 경문과 모두 같지만, 단 유가론에서는 피갑정진을 첫머리로 삼았다. 이는 지난날 스스로 맹서한 마음으로 말한 때문이다.

本業의 3가지 정진 가운데, 첫째 이름이 大誓인데, 여기에서는 攝善의 뒤에 썼다. 이는 가설에 의한 만남의 인연으로 말한 때문이다.

이 경문에는 2차례의 문답이 있다.

첫째는 아비지옥에서 받은 고행으로, 이는 설명하지 않아도 알 수 있다.【초_ "앞에서 말한 피갑정진은 유가사지론의 경문과 모두 같다."는 것은 42에 이르기를 "첫째는 맹세의 갑옷을 둘러 입은 것이다. 만일 내가 어느 한 중생의 고통을 벗겨줄 수 있다면 千大劫으로 하루 밤낮을 삼아 지옥에 들어가 爾所時[12]를 지내면서 큰 보리지혜를 증명할 것이며, 내지 이에 1천만년[俱胝倍]을 지날지라도 게으른 마음이 없을 것이다. 하물며 짧은 시간의 대수롭지 않은 고통쯤이야! 여기에서 적은 청정한 신심을 낼 수 있을지라도 한량없는 용맹정진으로 큰 보리지혜의 자성을 키워나갈 터인데, 하물며 이를 성취하는 일이야! 이 때문에 지난날 스스로 맹서한 마음으로 말한다."고 하였다.】

後設復有下는 第二番中에 更難於前이라 得大善利者는 我本發心이 願代物苦라 但慮不容相代러니 今聞苦身이 能遂順本悲心이라 不慮時長하고 但增喜慶하야 長劫不懈은 況盡壽耶아 一念不悔는 卽忘身無間이오 自慶得利는 卽平等通達이니 有深功德이 爲難行也니라【鈔_有深功德者는 瑜伽에 難行精進에 有三하니

若諸菩薩이 無間遠離諸衣服想과 諸飮食想과 諸臥具想과 及己身想하야 於諸善法에 無間修習하야 曾無懈怠 是名第一難行精進이오

若諸菩薩이 如是精進호되 盡衆同分하야 於一切時에 曾無懈廢 是名第二難行精進이오

若諸菩薩이 平等通達하야 功德相應하며 不緩不急하야 無有顚倒하며 能引義利하야 精進成就 是名第三難行精進이라하니라

----

12 爾所時: 正法 5백 년의 기간을 말한다. 大悲經 등에 의하면 정법의 기간을 1천 년이라고도 말한다.

今文具三이니 '長劫不懈 況盡壽耶'는 卽是第二오 '一念不悔 卽忘身無間'은 卽是第一이오 '自慶已下'는 卽第三이오 前行에 初離過는 亦此第一이라 】

뒤의 '設復有人' 이하는, 둘째 영겁에 고통을 받은 일이 또한 앞의 것보다 어려움을 말하고 있다.

'得大善利'란 본래 나의 발심이 중생의 고통을 대신하기를 원한 것이다. 단, 그의 고통을 대신하지 못할까 염려될 뿐이다. 지금 힘들고 괴로운 나의 몸은 본래 자비의 마음을 따른 것이다. 영겁의 세월을 걱정하지 않는다. 단 기쁘고 경하하는 마음으로 영겁의 세월을 지낼지라도 게으르지 않을 터인데, 하물며 한 차례의 목숨이 다한 것쯤이야!

한 생각의 찰나에도 후회하지 않는다는 것은 끊임없이 나의 몸을 잊은 것이며, 스스로 기쁘고 경하하는 마음으로 도움을 얻었다는 생각은 평등한 도리를 통달함이다. 깊은 공덕을 두는 것이 행하기 어려운 정진이다. 【초_ '깊은 공덕'이란 유가사지론에서 말한 '행하기 어려운 정진[難行精進]'에 3가지가 있다.

만일 모든 보살이 여러 가지 의복에 관한 생각, 여러 가지 음식에 관한 생각, 여러 가지 침구에 관한 생각, 자기의 몸에 관한 생각들을 끊임없이 멀리 떨쳐버리고, 모든 善法에 대해 끊임없이 닦고 익혀 일찍이 게으름이 없어야 한다. 이를 첫째 행하기 어려운 정진이라고 말한다.

만일 모든 보살이 이와 같이 정진하되 모든 대중이 똑같은 부분을 다하여 모든 시간에 일찍이 그만두는 일이 없어야 한다. 이를 둘째 행하기 어려운 정진이라고 말한다.

만일 모든 보살이 평등한 도리를 통달하여 상응한 공덕을 얻으며, 느슨하지도 않고 서둘지도 않고서 전도망상이 없으며, 의리를 잘 이끌어 정진으로 성취해야 한다. 이를 셋째 행하기 어려운 정진이라고 말한다.

이 경문에는 3가지 의의를 갖추고 있다.

"영겁의 세월을 지낼지라도 게으르지 않을 터인데, 하물며 한 차례의 목숨이 다한 것쯤이야!"는 곧 둘째 행하기 어려운 정진이며,

"한 생각의 찰나에도 후회하지 않는다."는 것은 곧 "끊임없이 나의 몸을 잊은 것"으로 첫째 행하기 어려운 정진이며,

"스스로 기쁘고 경하하는 마음" 이하는 곧 셋째 행하기 어려운 정진이다.

앞의 문장에서 처음에 잘못을 버린다는 것 또한 첫째 행하기 어려운 정진이다.】

第二 利樂精進

2) 중생에게 이익과 즐거움을 주는 정진

菩薩이 以此所行方便으로 於一切世界中에 令一切衆生으

로 乃至究竟無餘涅槃하나니 是名菩薩摩訶薩의 第四無屈撓行이니라

보살이 이렇게 행하는 방편으로 일체 세계에서 일체중생으로 하여금 내지 구경 무여열반에 이르도록 이끌어주었다. 이를 보살 마하살의 제4 굽힘이 없는 행이라고 말한다."

● 疏 ●

卽用前加行攝善하야 以利衆生하야 令彼涅槃 眞安樂也니라

이는 앞서 말한 加行정진과 攝善정진으로 중생에게 이익을 주어 그들로 하여금 열반의 진실한 안락을 누리도록 해주는 것이다.

● 論 ●

第四無屈撓行은 以精進波羅蜜로 爲體라 有三十七行半經을 分爲三段호리니
一은 佛子已下로 至一切佛法句義故而行精進히 有二十二行半經은 明菩薩이 不求世利하고 爲求佛一切智故로 行精進分이오
二는 佛子菩薩摩訶薩已下로 至答言我能히 有六行經은 明菩薩이 爲衆生하야 入地獄受苦호되 無辭勞分이오
三은 設復有人已下로 至無屈撓行히 有八行半經은 明菩薩이 爲饒益衆生故로 多劫受苦호되 不辭勞分이라

제4 無屈撓行은 정진바라밀로 본체를 삼는다. 37항 반의 경문은 3단락으로 구분된다.

⑴ '佛子' 이하로 '一切佛法句義故而行精進'까지 22항 반의 경문은 보살이 세간의 이익을 추구하지 않고 부처님의 일체지를 추구하기 위한 까닭에 정진 수행함을 밝힌 부분이며,

⑵ '佛子菩薩摩訶薩' 이하로 '答言我能'까지 6항의 경문은 보살이 중생을 위하여 지옥에 들어가 고통을 받으면서도 그 힘든 일을 마다하지 않음을 밝힌 부분이며,

⑶ '設復有人' 이하로 '無屈撓行'까지 8항 반의 경문은 보살이 중생에게 도움을 주기 위한 까닭에 영겁의 고통을 받으면서도 그 힘든 일을 마다하지 않음을 밝힌 부분이다.

십행품 제21-1 十行品 第二十一之一
화엄경소론찬요 제39권 華嚴經疏論纂要 卷第三十九

화엄경소론찬요 제40권
華嚴經疏論纂要 卷第四十

◉

십행품 제21-2
十行品 第二十一之二

第五離癡亂行

제5 이치란행

釋相中二니 先은 總顯無癡亂이오 後는 別明無癡亂이니 今은 初라

이치란행의 양상에 관한 해석은 2부분이다.

앞에서는 어리석음과 산란함이 없음을 총체로 밝혔고,

뒤에서는 어리석음과 산란함이 없음을 개별로 밝혔다.

이는 앞의 어리석음과 산란함이 없음을 총체로 밝힌 부분이다.

經

佛子여 何等이 爲菩薩摩訶薩의 離癡亂行고
此菩薩이 成就正念하야 心無散亂하며 堅固不動하며 最上淸淨하며 廣大無量하며 無有迷惑이라

"불자여, 어떤 것이 보살마하살이 어리석음과 산란함을 여의는 행인가?

이를 닦는 보살이 바른 생각을 성취하여 마음에 산란함이 없으며, 견고하여 흔들리지 않으며, 최상으로 청정하며, 넓고 크며 한량없어 미혹이 있지 않다.

● 疏 ●

句雖有六이나 義乃有十이니 初總 餘別이라 總云成就正念이나 然通三

義니 皆名正念이라

비록 구절로 보면 6가지이지만 그 의의는 10가지이다.

첫 구절(成就正念)은 총체로, 나머지는 개별로 말하였다. 총체의 구절에서 "바른 생각을 성취하였다[成就正念]."고 말했지만 3가지 의의에 모두 통하니, 이를 모두 바른 생각이라 한다.

一은 就奢摩他品하야 名爲正念이니 正念은 卽定이라 以彼定心으로 離妄念之亂일세 故名爲正이니 此從業用立名이며 亦鄰近立稱이라 故八正道中에 正念定攝이니 起信論에 云心若馳散이어든 卽當攝來하야 令住正念이라하니라

(1) 사마타품에서 그 이름을 正念이라 했다. 그렇다면 正念은 곧 禪定이다. 선정의 마음으로 산란한 망념을 여의었기에 그 이름을 '正'이라 한다. 이는 業의 작용으로 명제를 세움이며, 또한 鄰近釋으로 명칭을 붙인 것이다. 따라서 八正道 가운데 正念이란 선정에 포함된다. 기신론에 이르기를 "마음이 치달려 산란하면 곧 이를 이끌어 들여 바른 생각에 머물도록 해야 한다."고 하였다.

二는 就毘鉢舍那品하야 亦名正念이니 謂不偏鑒達하야 明了於緣일세 故下經에 云正念諸法하야 未曾忘失이라하니라

(2) 위빠사나품에서도 또한 그 이름을 正念이라 했다. 어느 한쪽에도 치우치지 않고서 살펴보기에 반연을 밝게 아는 것이다. 따라서 아래의 경문에서 "모든 법을 바르게 생각하여 일찍이 잊거나 잘못하지 않는다."고 하였다.

三은 雙運道 名爲正念이니 次下經에 云以正念故로 善解世間等이라

하니 謂於緣明了는 是無癡義요 不異所緣이 名無亂義니 卽雙運也라 又下經에 云禪定持心常一緣이며 智慧了境同三昧라하니라 雖有毘鉢舍那와 及雙運道나 皆就心一境辨일새 名禪自性이라

(3) 止·觀 2가지 모두 운용하는 도를 正念이라 명명하였다. 다음 아래의 경문에서 이르기를 "바른 생각 때문에 세간을 잘 안다."는 등이다. 반연을 밝게 아는 것은 어리석음이 없다는 뜻이며, 반연의 대상에 차이가 없다는 것은 산란함이 없다는 뜻이다. 이것이 바로 '2가지 모두 운용하는 도'이다. 또한 아래의 경문에 이르기를 "禪定으로 마음을 지님에 언제나 하나의 반연이며, 지혜로 경계를 요달함에 삼매와 같다."고 하였다.

비록 위빠사나 및 2가지 모두 운용하는 도가 있으나 모두 마음의 한 경계로 말한 것이기에 그 이름을 禪自性이라 한다.

別中初句는 復是無亂之總이니 謂不隨境轉일새 故無散亂이오 三은 障不能壞일새 名爲堅固오 四는 緣不能牽일새 故云不動이오 五는 超劣顯勝일새 故云最上이오 六은 異世無染일새 故云淸淨이니 上五는 釋無亂也오 下四義는 釋無癡니 謂七稱法界라 故云廣이오 八은 趣一切智일새 故云大오 九는 引發難量일새 故云無量이오 十은 不捨大悲일새 名無迷惑이니 上九 別句는 攝爲三禪이니 前六은 現法樂住오 次二는 引生功德이오 後一은 饒益有情이라【鈔_ 上九別句者는 三禪은 卽瑜伽一切禪也니 唯識에 但列而不釋名이어니와 瑜伽는 釋廣이라 今依攝論컨대 無性釋에 云一은 安住靜慮니 謂得現法樂住하야 離慢見愛하야 得淸淨故오 二는 引發靜慮니 謂能引發六神通等殊勝功德故오 三은 成所

作事靜慮니 謂欲饒益諸有情類하야 以能止息饑儉疾疫과 諸怖畏
等 苦惱事故니라 】

개별로 밝힌 가운데, 첫 구절(心無散亂)인 둘째 의의는 또한 산란한 마음이 없는 총칭이다. 경계에 따라 전변하지 않기에 "마음에 산란함이 없다."고 말한 것이다.

셋째 의의는 장애가 마음을 무너뜨리지 못하기에 그 이름을 '堅固'하다고 말한다.

넷째 의의는 반연이 그 마음을 이끌고 가지 못하기에 이를 '不動'이라 말한다.

다섯째 의의는 열등한 가운데 뛰어난 것으로 수승함을 나타냈기에 이를 '最上'이라 말한다.

여섯째 의의는 다른 세계에 의해 더럽힘이 없기에 이를 '淸淨'이라 말한다.

위의 5가지 의의는 '산란함이 없는 마음[無亂]'을 해석한 것이다.

아래의 4가지 의의는 '어리석음이 없는 마음[無癡]'을 해석한 것이다.

일곱째 의의는 법계에 부합한 까닭에 '넓다[廣]' 말하고,

여덟째 의의는 一切智를 향하여 나아간 까닭에 '크다[大]' 말하고,

아홉째 의의는 헤아리기 어려움을 이끌어냈기에 '한량없다[無量]' 말하고,

열째 의의는 大悲의 마음을 버린 적이 없기에 그 이름을 '미혹이 없다[無迷惑]'고 말한다.

9가지 의의를 말한 위의 別句는 三禪을 포괄하고 있다. 앞의 6가지 의의는 '현재의 상황에 즐거운 마음으로 머무는[現法樂住]' 것이며, 다음 2가지 의의는 '중생을 인도한 공덕[引生功德]'이며, 뒤의 1가지 의의는 '중생에게 도움을 줌[饒益有情]'이다.【초_ "9가지 의의를 말한 위의 別句는 三禪을 포괄한다."에서 三禪은 유가사지론에서 말한 一切禪이다. 유식에서는 그 명제를 열거만 했을 뿐 그에 대해 해석하지 않았다. 그러나 유가사지론에서는 자세히 해석하고 있다.

여기에서 섭론을 근거로 말하면, 無性 스님의 해석은 다음과 같다.

① 安住靜慮이다. '현재의 상황에 즐거운 마음으로 머무는[現法樂住]' 선정을 얻어 慢見 애착을 버리고서 청정을 얻었기 때문이다.

② 引發靜慮이다. 6가지 신통 등으로 훌륭한 공덕을 이끌어내기 때문이다.

③ 成所作事靜慮이다. 모든 중생에게 이익을 주고자 굶주림, 가난, 질병, 모든 공포와 두려움 따위의 괴롭고 힘든 일들을 없애주기 때문이다.】

第二는 別顯無癡亂이니 如次 釋前十義하야 即爲十段이라 亦初一爲總이니 釋前正念이오 第二復次下는 別釋上九라
今初는 分二니 初句는 結前生後오 後善解已下는 顯正念之能이라

文曲分二니 先은 雙標요 後는 雙釋이니 今은 初라

뒤의 어리석음과 산란한 마음이 없는 수행을 개별로 밝힌 부분이다.

경문의 차례와 같이 앞서 말한 10가지 의의를 해석한 까닭에 10단락으로 되어 있다.

또한 첫 단락(以是正念故~不斷善根 心常增長廣大智故)은 총체로 밝힌 부분으로, 앞서 말한 正念을 해석하였다.

제2단락 '復次此菩薩摩訶薩' 이하는 위에서 말한 9가지 의의를 개별로 해석하였다.

제1단락의 총체는 다시 2부분으로 나뉜다.

첫 구절(以是正念故)은 앞의 문장을 끝맺으면서 뒤의 문장을 일으키고 있다.

뒤의 '善解世間' 이하는 正念에 의한 능력을 밝힌 것이다.

이의 경문은 자세히 2부분으로 구분된다. 앞에서는 止·觀을 모두 내세웠고, 뒤에서는 止·觀을 모두 해석하였다.

이는 止·觀을 모두 내세운 부분이다.

經

以是正念故로 善解世間一切語言하고 能持出世諸法言說하나니

이처럼 바른 생각 때문에 세간의 일체 언어를 잘 이해하고, 출세간의 모든 법에 대한 말을 잘 받아 지니는 것이다.

● 疏 ●

正念有觀故로 能善解오 正念有止라 所以能持니라 世言無益일세 但
須善解오 出世有益일세 偏語憶持니라
出世不解면 應不持義하고 世言不持면 應無記憶이라 故文雖影畧이나
義必兩兼이니 解事解理故로 名善解니라

바른 생각에는 觀이 있기에 잘 이해하고, 바른 생각에는 止가 있기에 잘 받아 지니는 것이다. 세간의 말이란 도움이 없기에 잘 이해하는 데에 그칠 뿐이지만, 출세간의 말이란 도움이 있기에 유독 이를 받아 기억하고 지녀야 한다고 말하였다.

출세간의 모든 법에 대한 말을 이해하지 못하면 당연히 그 의미를 지니지 못하고, 세간의 말을 지니지 않으면 당연히 기억할 수 없다. 따라서 이 경문은 비록 한 부분을 생략하고 있으나 그 의미는 반드시 2가지 모두 겸하고 있다. 俗諦의 사법계와 眞諦의 이법계를 모두 알고 있기에 이를 '잘 이해하고 있다.'고 말한 것이다.

二 雙釋分二니 先은 通就諸境하야 明無癡亂이오 後此菩薩下는 別約
所持하야 明無癡亂이라 今은 初라

뒤에서는 止·觀을 모두 해석하였다.

이는 2부분으로 나뉜다.

1) 전체로 모든 경계에 나아가 어리석음과 산란함이 없음을 밝혔고,

373

2) '此菩薩' 이하에서는 개별로 지녀야 할 바를 들어서 어리석음과 산란함이 없음을 밝히고 있다.

이는 1) 모든 경계에서 어리석음과 산란함이 없음을 밝히고 있다.

經

所謂能持色法非色法言說하며 能持建立色自性言說과 乃至能持建立受想行識自性言說에 心無癡亂하며 於世間中死此生彼에 心無癡亂하며 入胎出胎에 心無癡亂하며 發菩提意에 心無癡亂하며 事善知識에 心無癡亂하며 勤修佛法에 心無癡亂하며 覺知魔事에 心無癡亂하며 離諸魔業에 心無癡亂하며 於不可說劫修菩薩行에 心無癡亂이니라

이른바 색상이 있는 법과 색상이 아닌 법의 말을 잘 지니고, 색상의 자성을 건립하는 말을 잘 지니고, 수·상·행·식의 자성을 건립하는 말까지 잘 지니어, 마음이 어리석거나 뒤숭숭하지 않으며,

세간에 있어 여기서 죽고 저기 나는 데 마음이 어리석거나 뒤숭숭하지 않으며,

모태에 들고 나오는 데 마음이 어리석거나 뒤숭숭하지 않으며,
보리심을 내는 데 마음이 어리석거나 뒤숭숭하지 않으며,
선지식을 섬김에 마음이 어리석거나 뒤숭숭하지 않으며,
불법을 부지런히 닦는 데 마음이 어리석거나 뒤숭숭하지 않으며,
마군의 일을 알아서 마음이 어리석거나 뒤숭숭하지 않으며,
마군의 업을 여의어 마음이 어리석거나 뒤숭숭하지 않으며,

말할 수 없는 겁 동안 보살행을 닦음에 마음이 어리석거나 뒤숭숭하지 않는다.

◉ 疏 ◉

據無癡亂은 文但有九라 開初爲二일세 句亦有十이니 謂法義別故니라 初句는 卽法無礙니 合蘊成二는 謂色與心이오 非色은 謂心이니 卽餘四蘊이라

마음이 어리석거나 뒤숭숭하지 않은 행에 준해보면 경문은 단 9구절이다. 그러나 첫 구절을 2구로 나누어 보기에 구절은 결국 10구이다. 이는 한 구절 내에서 말한 법과 이치[法無礙·義無礙]가 다르기 때문이다.

첫 구절(能持'色法'·'非色法'言說)은 곧 '법에 걸림이 없음[法無礙]'이다. 오온을 종합하여 둘로 보면 色과 心을 말한다. 색상이 아닌[非色] 것은 마음을 말하니 나머지는 受·想·行·識 四蘊이다.

二能持建立下는 義無礙也니 義有二種이라 自性亦二니 一事 二理니 事는 卽質礙로 爲色性等이오 理卽無性으로 爲色等性이라 皆無名相中에 施設建立하야 持言及義니 卽文義二持니라 今正覺理事하야 離妄分別이 名無癡亂이니 此二는 釋上能持오 下八은 釋上善解니 義必兼具라 故癡亂雙擧니라

제2구 '能持建立色自性' 이하는 '이치에 걸림이 없음[義無礙]'이다.
義에는 2가지가 있기에, 自性 또한 2가지가 있다.
(1) 사법계이며,

(2) 이법계이다.

사법계는 형질의 장애로 色性 등이며, 이법계는 자체가 없는 것으로 색 등의 성품이다. 모두 名相이 없는 속에서 시설하고 건립하여 언어 및 이치를 지니게 된 것이다. 곧 문장과 의의라는 2가지를 지니게 된다.

여기에서는 현실 세계의 事라는 존재와 진공 세계의 진리라는 존재를 바르게 깨달아 망상분별을 떨쳐버린 것이 바로 '어리석거나 뒤숭숭한 마음이 없는' 것이다.

제1, 제2 구는 위에서 말한 '能持(正念有止 所以能持)'를 해석하였고,

아래 8구는 위에서 말한 '善解(正念有觀 故能善解)'를 해석하였다. 경문에서 말하고 있는 진리[義]는 반드시 '能持'와 '善解'를 모두 겸하고 있기에 어리석음과 산란함을 모두 들어 말한 것이다.

三은 於五蘊生滅에 得無癡亂이니 十地品에 云死有二種業하니 一은 能壞諸行이오 二는 不覺知故로 相續不絕이라하니 今此菩薩은 於二事理에 靜無遺照라 故無癡亂이니라

제3구(死此生彼 心無癡亂)는 오온의 몸이 태어나고 죽는 데에 어리석음과 산란함이 없음을 말한다. 십지품에서 말하였다.

"죽음에는 2가지의 일이 있다.

(1) 모든 일을 무너뜨림이며,

(2) 지각이 없기 때문에 끊임없이 이어지는 것이다."

여기에서는 이를 닦아가는 보살은 현실 세계의 존재와 진공 세계의 진리를 고요한 마음으로 빠뜨림 없이 관조하기에 어리석음과

산란한 마음이 없는 것이다.

四는 偏語胎生하야 明無癡亂이니 瑜伽第二에 說四種入胎하니 一은 正知入이로되 而不知住·出이니 所謂輪王이오 二는 正知入·住로되 不正知出이니 所謂獨覺이오 三은 俱能正知니 所謂菩薩이오 四는 俱不正知니 謂餘有情이라 前之二人도 尚有癡亂也어니와 凡夫癡亂相者는 謂下者는 見所生處 在於廁穢며 中者는 見在宅舍며 上者는 見處華林이니 若男인댄 於母生愛오 於父生瞋이니 謂競母故오 女則反上이라 大集 二十七과 涅槃十八과 二十九와 俱舍第九에 皆具說之니라

제4구(入胎出胎)는 卵生·濕生·化生을 말하지 않고 유독 胎生만 말하여 어리석음과 산란한 마음이 없음을 밝혀주고 있다.

유가사지론 제2에서는 入胎의 4가지를 말해주고 있다.

(1) 태에 들어가는 것은 알지만 태에 머물고 태에서 나온 것을 알지 못함이니 이른바 전륜왕이다.

(2) 태에 들어가는 것과 태에 머무는 것은 알지만 태에서 나온 것을 알지 못함이니 이른바 독각이다.

(3) 入胎·住胎·出胎를 바르게 앎이니 이른바 보살이다.

(4) 입태·주태·출태를 모두 바르게 알지 못함이니 이른바 나머지 중생을 말한다.

앞의 전륜왕과 독각에게도 오히려 어리석음과 산란한 마음이 있는데, 범부의 어리석고 산란한 모습은 다음과 같다.

하등의 범부가 태어나는 곳은 더러운 측간에 있고, 중등의 범부가 태어나는 곳은 집 안에 있고, 상등의 범부가 태어나는 곳은

華林園에 있다. 사내아이일 경우에는 어머니를 사랑하고 아버지에게 성을 낸다. 이는 하나의 어머니를 두고서 아들과 아버지가 경쟁 관계이기 때문이다. 딸의 경우는 사내아이와 반대이다. 이는 대집경 27, 열반경 18과 29, 구사론 제9에서 자세히 말하고 있다.

次三及十은 文竝可知니라 八九는 各有通別이니 別은 謂四魔十魔及業이니 如離世間品 及大品魔事品과 起信論說이라 若依智論인댄 除諸法實相코 皆菩薩魔事니 起心動念이 悉是魔業이로되 今以智覺察하야 不隨其轉이 如人覺賊 及偸狗故며 知魔界如는 與佛界如로 如無二故로 旣覺其事인댄 卽不造其業이니라【鈔】別有四魔者란 四는 謂天·陰·煩惱·及死니라

言十魔者는 一은 蘊魔니 生取著故오 二는 煩惱魔니 恒雜染故오 三은 業魔니 能障礙故오 四는 心魔니 起高慢故오 五는 死魔니 捨生處故오 六은 天魔니 自慢縱故오 七은 善根魔니 恒執取故오 八은 三昧魔니 久耽昧故오 九는 善知識魔니 起著心故오 十은 菩提法智魔니 不願捨離故니라

言及業者는 忘失菩提心코 修諸善根이면 是爲魔業이라

二는 惡心布施하고 瞋心持戒하고 捨惡性人하고 遠懈怠者하고 輕慢亂意하고 譏嫌惡慧하며 乃至第十增長我慢하야 無有恭敬하고 於諸衆生에 多行惱害하고 不求正法眞實智慧하며 其心弊惡하야 難可開悟 是爲魔業이라

如人覺賊及偸狗者는 卽涅槃南經邪正品이오 北經도 亦如來性品이라 卽第七經에 如人覺賊에 賊無能爲니라 又因迦葉問依四種人하야 難云 世尊이시여 魔等도 尙能變作佛身이온 況當不能作羅漢等이닛가

【佛言하사되 善男子여 於我所說에 若生疑者인댄 尚不應受이온 況如是等가 是故로 應當善分別知니라

善男子여 譬如偸狗 夜入人舍에 其家婢使 若覺知者인댄 即應驅罵호되 汝疾出去하라 若不出者인댄 當奪汝命호리라 偸狗聞之하고 即去不還이니라 汝等아 從今으로 不應如是降伏波旬이어든 應作是言호되 波旬이여 汝今不應作如是像하라 若故作者인댄 當以五繫로 繫縛於汝라하면 魔聞是已에 便當還去를 如彼偸狗하야 更不復還이라하며 下廣說佛說魔說之相이오 此文은 但令覺察이니라 】

다음 제5~7의 3구(發菩提意, 事善知識, 勤修佛法) 및 제10구(於不可說劫修菩薩行)의 경문은 아울러 설명하지 않아도 알 수 있다.

제8구(覺知魔事)와 제9구(離諸魔業)는 각각 전체와 개별로 말하고 있다. 개별의 해석으로는 四魔와 十魔 및 業을 말한다. 이는 이세간품 및 대품경 魔事品과 기신론에서 말한 바와 같다.

지도론에 준하면, 모든 법의 實相을 제외하고는 모두 보살의 마군에 관한 일이기에, 일어나는 마음과 움직이는 생각들이 모두 마군의 일이다.

여기에서는 지혜로 살펴 알기에 마군을 따라 휘둘리지 않는다. 이는 마치 도둑과 도둑개를 알아채는 일과 같기 때문이다. 마군 세계에서 벌어지는 일들이 부처 세계에서 벌어지는 일들과 너무나 똑같아 둘의 차이가 없음을 알기 때문이다. 이처럼 마군의 일을 알아채면 곧 마군의 일을 범하지 않을 것이다. 【초_ "개별의 해석으로는 四魔"라는 4가지 마군은 도를 닦아가는 데에 장애가 되는 天

魔·蘊魔·煩惱魔·死魔를 말한다.

十魔라 말한 것은

① 蘊魔, 탐착을 내기 때문이다.

② 煩惱魔, 언제나 雜染을 일으키기 때문이다.

③ 業魔, 장애가 되기 때문이다.

④ 心魔, 自高·自慢의 마음을 일으키기 때문이다.

⑤ 死魔, 살던 곳을 버리도록 하기 때문이다.

⑥ 天魔, 자만으로 방종하도록 하기 때문이다.

⑦ 善根魔, 언제나 집착하도록 하기 때문이다.

⑧ 三昧魔, 오랫동안 혼매함을 탐착하도록 하기 때문이다.

⑨ 善知識魔, 집착의 마음을 일으키기 때문이다.

⑩ 菩提法智魔, 버리기를 원하지 않기 때문이다.

'業'이라 말한 것은 보리심을 망각하고서 모든 선근을 닦으면 마군의 업이 되기 때문이다.

둘째, 마군의 업이란, 악한 마음으로 보시하고 성내는 마음으로 계를 지키며, 악독한 성질을 가진 사람을 버리고 게으른 자를 멀리하며, 산란한 생각을 가벼이 여기고 나쁜 지혜를 혐오하며, 내지 열 번째, 아만심을 키워 공경하는 마음이 없으며, 모든 중생에게 수많은 괴롭힘을 자행하고 바른 법의 진실한 지혜를 추구하지 않으며, 그 마음이 심하게 가려서 도저히 깨우쳐주기 어려운 일이 마군의 업이다.

"마치 도둑과 도둑개를 알아채는 일과 같다."는 것은 涅槃南經

邪正品에서 나온 고사이며, 涅槃北經 또한 如來性品에서 인용한 고사이다.

이는 곧 제7經에서 "집주인이 도둑이 들어온 줄을 알면, 그 도둑이 도둑질을 할 수 없는 것과 같다."고 하였다.

또한 가섭존자가 4가지 부류의 사람들에게 의지하는 문제에 관하여 여쭌 적이 있는데, 이를 계기로 부처님에게 따져 물었다.

"세존이시여, 마군 등도 오히려 부처님 몸으로 변신하는데, 하물며 나한 등의 모습으로 변신하지 못할 턱이 있겠습니까?"

"선남자여, 내가 말한 부분에 대해서도 의심을 내면 오히려 받아들일 수 없는 법인데, 하물며 이와 같은 따위야… 이 때문에 잘 분별하여 알아야 한다.

선남자여, 비유하면 저 도둑개가 깊은 밤에 살짝 남의 집에 들어가다가 그 집의 여종에게 발각되면, 여종은 곧장 큰소리로 왜장치며 몰아낼 것이다.

'도둑개 이놈! 빨리 가! 가지 않으면 가만두지 않겠다.'

도둑개는 질러대는 고함소리를 듣자마자 곧장 도망쳐 다시는 찾아오지 않는다.

그대들은 지금부터 이와 같이 파순을 항복받지 못하거든 이렇게 꾸짖어야 한다.

'파순아! 너는 이제부터 그와 같은 모습으로 변신하지 마라. 다시 이런 짓을 하면 다섯 가지 오랏줄로 너를 꽁꽁 묶겠다.'

이처럼 꾸짖으면 마군 파순은 그 말을 듣자마자 줄행랑을 칠 것이다. 마치 도둑개처럼 다시는 찾아오지 않을 것이다."

　　부처님의 말씀과 마군의 말이 어떤 모습인지는 아래에서 자세히 말할 것이며, 여기 경문에서는 단지 이를 깨달아 살펴보도록 한 것이다.】

第二는 別約所持法門하야 明無癡亂이니 文有二別이니 先은 正明이오 後는 徵釋이니 今은 初라

　　2) 개별로 지녀야 할 법문을 들어서 어리석음과 산란함이 없는 마음을 밝혀주고 있다.

　　경문은 2부분으로 나뉜다.

　　첫째는 바로 밝혔고, 둘째는 묻고 해석한 것이다.

　　이는 첫째, 바로 밝힌 부분이다.

經

此菩薩이 成就如是無量正念하고 於無量阿僧祇劫中에 從諸佛菩薩善知識所하야 聽聞正法하나니
所謂甚深法과 廣大法과 莊嚴法과 種種莊嚴法과 演說種種名句文身法과 菩薩莊嚴法과 佛神力光明無上法과 正希望決定解淸淨法과 不著一切世間法과 分別一切世間法과 甚廣大法과 離癡翳照了一切衆生法과 一切世間共法不共法과 菩薩智無上法과 一切智自在法이라

菩薩이 聽聞如是法已에 經阿僧祇劫토록 不忘不失하고 心常憶念하야 無有間斷이니라

이처럼 닦아가는 보살이 이처럼 한량없는 바른 생각을 성취하고서, 한량없는 아승기겁 동안에 여러 부처님과 보살과 선지식에게서 열다섯 가지의 바른 법을 들을 수 있었다.

이른바 지극히 심오한 법, 넓고도 큰 법, 장엄한 법, 가지가지 장엄한 법, 가지가지 명사·어구·경문으로 연설하는 법, 보살의 장엄하는 법, 부처님 신력과 광명의 위없는 법, 바른 희망으로 결정한 이해인 청정한 법, 일체 세간에 집착하지 않는 법, 일체 세간을 분별하는 법, 매우 깊고 광대한 법, 어리석음과 가림을 떠나 일체 중생을 분명히 아는 법, 일체 세간이 함께하고 함께하지 않는 법, 보살 지혜의 위없는 법, 일체 지혜로 자재한 법이다.

보살이 이처럼 바른 법을 듣고서 아승기겁을 지내도록 잊지도 않았고 잃지도 않았다. 마음속에 언제나 끊임없이 기억하였다.

◉ 疏 ◉

文三이니 初는 結前標後오 次所謂下는 正顯所持오 三菩薩下는 結無癡亂이라

경문은 3부분이다.

(1) 앞의 문장을 끝맺으면서 다음 문장을 나타냄이며,
(2) '所謂' 이하는 바로 지녀야 할 바를 밝힘이며,
(3) '菩薩' 이하는 어리석음과 산란함이 없음을 끝맺음이다.

二正顯中에 有十五法하니

一 所證理體 大分深義니 所謂空故며 卽事眞故오

二는 卽體業用之法이오

三은 具德相故오

四는 一具一切라 故云種種이니 上四는 卽所詮理法이오

五는 卽能詮教法이니 義見初卷하다

六은 行法이니 以因嚴果故오

七은 果法이니 上七은 通明門法이라

下八은 唯約地位며 亦果行收니

謂八은 卽初地大願이니 已證理故로 名正希望決定解오 斷二障이라 故云淸淨이라하니라

九는 卽根本智오

十은 卽後得이니 此二는 通至七地오

十一 甚深廣大法은 卽八地法이니 證深法忍 如法界故오

十二는 九地니 是法師位니 了物機故오

十三은 十地니 知世間集 共不共等故니 苦·無常等은 通色心故로 名之爲共이라하고 色心類殊는 名爲不共이라 又器世間은 名共이니 共業感故오 衆生世間은 不共이니 自業成故니 此二는 唯約所知니라 又隨他意行을 名共이오 隨自意行이 名不共이라 又靜慮·無色·四等·五通은 雖共凡小나 菩薩은 無漏大悲라 故名不共이라

十四는 等覺智오

十五는 如來智니

上은 竪明諸位어니와 若約橫配者인댄 初一은 唯因이오 後一은 唯果오 中間六智는 通於因果하야 而別義相顯이라

(2) 바로 지녀야 할 바를 밝힌 가운데 15가지 법이 있다.

① 甚深法은 증득 대상의 진리 본체가 광대한 부분과 심오한 의의이다. 이른바 空이기 때문이며, 현상 세계와 하나가 된 진리이기 때문이다.

② 廣大法은 진리의 본체와 하나가 된 현상 세계 작용의 존재이다.

③ 莊嚴法은 공덕의 모습을 갖췄기 때문이다.

④ 種種莊嚴法은 하나의 가운데 모든 것을 갖추고 있기에 '가지가지[種種]'라고 말한다.

위의 4구는 말하고자 하는 대상의 진리 세계이다.

⑤ 演說種種名句文身法은 말하고자 하는 주체의 가르침이다. 그 의의는 책의 첫머리에 나타나 있다.

⑥ 菩薩莊嚴法은 수행해야 할 법이다. 원인으로 결과를 장엄하기 때문이다.

⑦ 佛神力光明無上法은 결과의 법이다.

위의 7구는 공통으로 수행하여 들어가야 할 入門의 법을 밝힌 것이다.

아래의 8구는 오직 지위만을 말하며, 또한 果行을 끝맺음이다.

⑧ 正希望決定解淸淨法은 初地의 大願이다. 이미 이치를 증득하였기 때문에 그 이름을 '바른 희망으로 결정한 이해[正希望決定解]'

라 하고, 煩惱障과 所知障을 끊은 까닭에 '淸淨'이라 말한다.

⑨ 不著一切世間法은 根本智이다.

⑩ 分別一切世間法은 後得智이다. 근본지와 후득지는 모두 七地에 이른 것이다.

⑪ 甚深廣大法은 八地의 법이다. 심오한 法忍을 증명함이 법계와 같기 때문이다.

⑫ 離疑翳照了一切衆生法은 九地의 법이다. 이는 법사의 지위이다. 중생의 근기를 잘 알기 때문이다.

⑬ 一切世間共法不共法은 十地의 법이다. '世間集'의 共·不共 등을 알기 때문이다. 苦와 無常 등은 色心의 공통인 까닭에 그 이름을 '함께한다[共]'고 말하고, 色心의 각기 다른 유는 그 이름을 '함께하지 않는다[不共]'고 말한다. 또한 器世間을 '함께한다[共]'고 말한 것은 '공동의 업을 공동으로 지었기[共業感]' 때문이며, 衆生世間을 '함께하지 않는다[不共]'고 말한 것은 '각기 따로 지은 업으로 이뤄졌기[自業成]' 때문이다. 이 2가지는 오직 所知障만으로 말한 것이다.

또한 他意를 따라 행하는 것을 共이라 하고, 自意를 따라 행하는 것을 不共이라 말하기도 한다. 또한 靜慮와 無色과 四等과 五通은 비록 범부·소인들과 똑같이 할 수 있지만, 보살은 無漏大悲이기에 그 이름을 '함께하지 않는다[不共]'고 말한다.

⑭ 菩薩智無上法은 等覺智이다.

⑮ 一切智自在法은 如來智이다.

위는 수직으로 모든 지위를 밝혔지만, 만일 횡으로 짝하면 첫 구절은 因이고 뒤 구절은 果일 뿐이며, 중간의 6가지 지혜는 인과를 통하여 개별의 의의에 따라 서로 밝히고 있다.

三菩薩聽聞下는 結無癡亂者는 不忘과 不癡와 不失과 不亂이라 心常憶下는 通結相續이라

(3) '菩薩聽聞' 이하는 어리석음과 산란함이 없음을 끝맺었다는 것은, '잊지도 않는다[不忘].' 함은 어리석지 않음이며, '잃지도 않는다[不失].' 함은 산란하지 않음이다. "마음속에 언제나 기억한다[心常憶]." 이하는 끊임없이 이어옴을 전체로 끝맺은 것이다.

第二 徵釋

둘째, 묻고 해석하다

經

何以故오 菩薩摩訶薩이 於無量劫 修諸行時에 終不惱亂一衆生하야 令失正念하야 不壞正法하며 不斷善根하야 心常增長廣大智故니라

무슨 까닭인가? 보살마하살이 한량없는 겁 동안 모든 행을 닦을 때에 시종 그 어느 한 중생이라도 그를 괴롭혀 바른 생각을 상실하여 바른 법을 파괴하도록 한 적이 없으며, 그들의 선근을 끊지 아니하여 그 마음에 항상 광대한 지혜를 키워나가도록 마련해주었기 때문이다.

● 疏 ●

釋中에 以因深故로 不亂衆生일새 得無亂果오 不壞正法하야 增廣大智일새 得無癡果오 不斷善根이라 得相續果니 因果影響이 屠然無差니라

해석 부분에서 심오한 원인이 있었기에 중생을 괴롭히지 않았다. 이 때문에 산란이 없는 결과를 얻게 된 것이며, 바른 법을 파괴하지 아니하여 광대한 지혜를 더욱 키워나간 때문에 어리석음이 없는 결과를 얻게 된 것이며, 그들의 선근을 끊지 않은 까닭에 끊임없이 이어가는 결과를 얻은 것이다. 인과 관계는 그림자처럼, 소리의 울림처럼 조금도 오차가 없다.

第二는 別釋上九라
今初는 釋前心無散亂이라

제2단락은 개별로 위의 9가지 '心無散亂'을 해석한 부분이다.
이는 1) 앞의 '心無散亂'을 해석하였다.

經

復次此菩薩摩訶薩은 種種音聲이 不能惑亂하나니
所謂高大聲과 麤濁聲과 極令人恐怖聲과 悅意聲과 不悅意聲과 諠亂耳識聲과 沮壞六根聲이라
此菩薩이 聞如是等無量無數好惡音聲호되 假使充滿阿僧祇世界라도 未曾一念心有散亂하나니

所謂正念不亂과 境界不亂과 三昧不亂과 入甚深法不亂과 行菩提行不亂과 發菩提心不亂과 憶念諸佛不亂과 觀眞實法不亂과 化衆生智不亂과 淨衆生智不亂과 決了甚深義不亂이니라

또한 이처럼 닦아가는 보살마하살은 가지가지 그 어떤 음성으로도 보살의 마음을 어지럽히지 못한다.

이른바 왜장치는 큰 소리, 거칠고 탁한 소리, 사람을 겁주는 소리, 듣기 좋은 소리, 듣기 싫은 소리, 귀를 귀찮게 하는 소리, 육근을 망가뜨리는 소리 들을 말한다.

이런 보살은 이처럼 한량없고 수없는 좋고 나쁜 소리들이 아승기 세계 온통 가득 들릴지라도 일찍이 한 생각의 찰나에도 마음이 어지럽지 않다.

이른바 바른 생각이 어지럽지 않고,

경계가 어지럽지 않고,

삼매가 어지럽지 않고,

깊은 법에 들어가는 데 어지럽지 않고,

보리행을 닦는 데 어지럽지 않고,

보리심을 내는 데 어지럽지 않고,

부처님을 생각하는 데 어지럽지 않고,

진실한 법을 관찰하는 데 어지럽지 않고,

중생을 교화하는 지혜가 어지럽지 않고,

중생을 청정케 하는 지혜가 어지럽지 않고,

깊은 이치를 결정적으로 아는 데 어지럽지 않음을 말한다.

● 疏 ●

文二니 初標라 二所謂下는 釋이라 釋中에 又二니 前釋種種音聲이니 畧列七種이라

言沮壞六根者는 非唯引奪耳根이라 亦令餘根不能緣境이라 故名沮壞根이니 以見等而爲義故니라 又沮壞者는 如治禪病經에 云因於外聲이 動六情根하야 心脉顚倒라 五種惡風이 從心脉入하나니 風動心故로 或歌或舞하야 作種種變이라하니 此卽破壞之義니 旣壞意身인댄 餘皆隨壞라 然色可冥目하고 觸味合知하고 香少詮顯이어니와 爲禪定刺는 唯在於聲이라 故偏語之하야 明無擬亂이언정 非餘四塵能亂也라 故上忍中에 遇身加害라도 心無散亂이라

경문은 2부분이다.

(1) 주된 뜻을 밝힘이며,

(2) '所謂高大聲' 이하는 개별로 해석하였다.

(2)의 개별 해석은 다시 2부분으로 나뉜다.

① 가지가지 음성을 해석하였다. 7가지 음성(高大, 麤濁, 極令人恐怖, 悅意, 不悅意, 諠亂耳識, 沮壞六根聲)을 간단하게 나열하였다.

"육근을 망가뜨리는 소리"라 말한 것은 오직 耳根을 빼앗을 뿐 아니라, 또한 나머지 감각기관까지도 경계를 따르지 못하도록 만드는 까닭에 "감각기관의 근기를 망가뜨린다[沮壞根]."고 말한 것이다. 눈으로 보는 감각 따위로 그 의의를 삼기 때문이다. 또한 '망가

뜨린다[沮壞]'는 것은 治禪病經에 이르기를 "밖의 음성이 六根의 情識을 흔들어 心脉이 전도된다. 따라서 5가지 궂은 바람이 心脉으로 들어가게 되고, 궂은 바람이 심맥을 흔들기 때문에 혹은 노래를 부르거나 춤을 추면서 가지가지 변화를 일으킨다."고 하였다.

 이는 곧 망가뜨렸다는 뜻이다. 이처럼 意根과 身根을 망가뜨리면 나머지도 모두 따라서 무너지게 된다. 그러나 色은 눈을 멀게 하고, 觸과 味는 종합하여 알게 하고, 香은 말로 밝히기 어렵지만, 禪定을 해치는 가시는 오직 음성에 있다. 따라서 여기에서는 음성만을 말하여 어리석음과 산란함이 없음을 밝히고 있지만, 사실은 나머지 4가지 色·觸·味·香을 어지럽히지 않은 게 아니다. 이 때문에 위의 인욕 부분에서 "나의 몸에 해를 더한다 할지라도 마음이 어지럽지 않다."고 말하였다.

二는 釋不能惑亂이니 文亦分二니 先은 總明長時不亂이오 後所謂下는 別顯不亂之相이라 句有十一하니 初總餘別이라

別爲五對니 一은 境審心定이오 二는 敎達行成이오 三은 憶因念緣이오 四는 觀眞起用이오 五는 外淨他惑이며 自決義門이니 雖遇惡聲이나 此皆無損이라 上皆一切種禪이니 謂通名義止觀과 及二利故니라【鈔 上皆一切種禪者는 瑜伽四十三에 一切種禪有六種七種하야 總成十三이니 言六種者는 一 善靜慮오 二 無記變化오 三 奢摩他오 四 毘鉢舍那오 五 於自他利正審思惟오 六 能引神通威力功德이라 言七種者는 一 名緣이오 二 義緣이오 三 止相緣이오 四 擧相緣이오 五 捨相緣이오 六 現法樂住오 七 能饒益他니라

今云名義는 卽後七中一二 是也오 止觀은 卽六七中 各是三四오 二利는 卽前六中五六과 及後七中 五六七이라】

② "그 어떤 음성으로도 보살의 마음을 어지럽히지 못함"을 해석하였다.

경문 또한 2부분으로 나뉜다.

앞에서는 장시간 어지럽지 않음을 총체로 밝혔고,

뒤의 '所謂正念' 이하는 어지럽지 않은 모습을 개별로 밝혔다.

11구가 있다. 첫 구절(正念不亂)은 총체로, 나머지는 개별로 말하였다.

개별에는 5가지의 相對가 있다.

㉠ 바깥 경계를 살피는 것과 내면 마음의 禪定[境界不亂 ↔ 三昧不亂],

㉡ 가르침의 통달과 보리행의 성취[入甚深法不亂 ↔ 行菩提行不亂],

㉢ 원인의 기억과 반연의 생각[發菩提心不亂 ↔ 憶念諸佛不亂],

㉣ 진실 법을 살피는 것과 교화의 작용을 일으킴[觀眞實法不亂 ↔ 化衆生智不亂],

㉤ 밖으로는 중생의 미혹을 청정하게 하는 것과 안으로는 자신의 진리 법문을 결정하는 것이다[淨衆生智不亂 ↔ 決了甚深義不亂].

이 때문에 아무리 궂은소리를 들을지라도 모두 손상을 입은 바 없다.

위는 모든 종류의 선정[一切種禪]이다. 이름에 반연하는 선정[名緣禪]·이치에 반연하는 선정[義緣禪]과 止·觀 및 自利·利他를 총체로 말한 때문이다. 【초_ "위는 모든 종류의 선정"이란 유가사지론 43에 의하면, 一切種禪에는 6가지 선[六種]과 7가지 선[七種]이 있는데, 이를 한데 합하면 모두 13가지 선이 있다.

'6가지 선'이라 말한 것은 ① 일체 선의 정려[善靜慮], ② 사람과 궁전 등을 변화하여 만들어내는 마음이 선도 아니고 악도 아닌 정려[無記變化靜慮], ③ 사마타, ④ 위빠사나, ⑤ 나와 남의 이익에 대하여 바르고 자세하게 생각하는 정려[於自他利正審思惟靜慮], ⑥ 신통과 위력의 공덕을 이끌어주는 정려[能引神通威力功德靜慮]이다.

'7가지 선'이라 말한 것은 ① 이름에 반연하는 정려[名緣靜慮], ② 이치에 반연하는 정려[義緣靜慮], ③ 그침의 相에 반연하는 정려[止相緣靜慮], ④ 들음의 相에 반연하는 정려[擧相緣靜慮], ⑤ 버림의 相에 반연하는 정려[捨相緣靜慮], ⑥ 현재의 법락에 머무는 정려[現法樂住靜慮], ⑦ 남들에게 이익을 주는 정려[能饒益他靜慮]이다.

위에서 말한 '名·義'는 7가지 선 가운데 ① 名緣, ② 義緣이다. '止·觀'은 6가지 선 가운데 ③ 사마타, ④ 위빠사나와, 7가지 선 가운데 ③ 心相緣, ④ 擧相緣이다. '자리·이타'는 6가지 선 가운데 ⑤ 於自他利正審思惟, ⑥ 能引神通威力功德과, 7가지 선 가운데 ⑤ 捨相緣, ⑥ 現法樂住, ⑦ 能饒益他를 말한다.】

第二 釋前堅固
2) 앞의 견고함을 해석하다

不作惡業故로 **無惡業障**하며 **不起煩惱故**로 **無煩惱障**하며 **不輕慢法故**로 **無有法障**하며 **不誹謗正法故**로 **無有報障**하니라

악업을 짓지 않았기에 악업의 장애가 없고,
번뇌를 일으키지 않았기에 번뇌의 장애가 없으며,
법을 가벼이 여기지 않았기에 법의 장애가 없고,
바른 법을 비방하지 않았기에 과보의 장애가 없다.

● 疏 ●

堅固는 謂四障不壞니 是知菩薩正念堅固요 亦是出前不亂之因이라 言法障者는 於法不了 如彼牛羊이니 此卽所知障也요 三障爲言은 攝在煩惱니 體卽無明故니 斯亦淸淨靜慮也니라

堅固함이란 4가지 장애에 의해 무너지지 않음을 말한다. 이는 보살의 바른 생각이 견고하고, 또한 앞서 말한 마음이 산란하지 않은 데서 나온 원인임을 알 수 있다.

'법의 장애[法障]'라 말한 것은 무지한 소와 염소처럼 법을 알지 못함이니, 이는 所知障이며, 그 밖의 악업, 번뇌, 과보 3가지 장애를 말한 것은 번뇌에 포괄되어 있는 것으로, 그 자체가 無明이기 때문이다. 이처럼 4가지의 장애가 없다는 것은 또한 淸淨靜慮이다.

第三 釋前不動

3) 앞서 말한 마음이 흔들리지 않음을 해석하다

經

佛子여 如上所說如是等聲이 一一充滿阿僧祇世界하야 於無量無數劫에 未曾斷絕하야 悉能壞亂衆生身心의 一切諸根호되 而不能壞此菩薩心이니라

불자여, 위에 말한 음성들이 하나하나 아승기 세계에 온통 가득하여 한량없고 수없는 영겁에 잠깐도 끊이지 않은 채, 중생의 몸과 마음과 모든 근을 모조리 무너뜨릴지라도 보살의 마음만큼은 무너뜨리지 못한다.

◉ 疏 ◉

不動은 謂惡緣不能牽故니라 '悉能壞亂衆生身心'者는 彰聲之過요 '不能壞亂菩薩心'者는 對顯難思니라

마음이 흔들리지 않는다는 것은 악연이 마음을 이끌어 가지 못한 때문이다.

"중생의 몸과 마음과 모든 근을 모조리 무너뜨린다."는 것은 궂은소리가 그 얼마나 큰 폐해를 끼치는가를 밝힌 것이며, "보살의 마음만큼은 무너뜨리지 못한다."는 것은 중생을 상대로 보살의 불가사의한 공덕을 밝힌 것이다.

第四 釋前最上

4) 앞서 말한 보살의 최상 공덕을 해석하다

經

菩薩이 入三昧中하야 住於聖法에 思惟觀察一切音聲하야 善知音聲의 生住滅相하며 善知音聲의 生住滅性하나니라

보살이 삼매에 들어 성인의 법에 머물면서 일체 음성을 생각하고 관찰하여, 음성의 생겨나고 머물고 사라지는 모양을 잘 알고, 음성의 생겨나고 머물고 사라지는 성품을 잘 알았다.

● 疏 ●

最上은 謂超劣顯勝故니라 此下三段은 亦卽出前無癡亂緣이니 正示現法樂住之相이라 言超勝者는 初標人揀禪이니 云菩薩入은 異凡小故오 住於已下는 擧法以揀이라 聖法은 卽是無漏니 揀於凡夫이오 思惟觀察은 揀於二乘이니 二乘 入禪에 不能緣境이라 故身子 不覺刑害之手하고 迦葉 不聞涅槃之音이라【鈔 身子不覺者는 準智論說컨대 舍利弗이 當道坐禪이러니 有大力鬼하니 名爲刑害라 以手搏之하니 從禪定起에 微覺頭痛하야 白佛이러니 佛言하사되 賴汝定力이로다 此鬼之力이 摑須彌山하야 令如微塵하나니 自今已後로 莫當道坐하라

迦葉不聞者는 如來二月十五日 晨朝에 出聲하야 普告一切言호되 如來 今日中夜에 當入無餘涅槃이니 若有疑者어든 今悉可問하야 爲最

後問이라하니라 然以佛神力으로 其聲이 徧滿三千大千世界하야 萬類皆至로되 而迦葉不聞이라가 定起에 方覺世界變異하고 驚恠詢問이라야 方知如來 入般涅槃이라
上之二事는 一은 定中에 不能覺觸이오 二는 定中에 不能聞聲이라 故知劣也어니와 今菩薩은 善知라 故爲超勝이니라 】

'보살의 최상 공덕'이란 용렬한 이들을 초월하여 훌륭함을 보여줬기 때문이다.

'釋前最上'의 아래 경문은 3단락이다. 이 또한 앞서 말한 어리석음과 산란함이 없는 반연에서 나온 것으로, 현재의 법에 즐겁게 머무는 모양을 보여준 것이다.

⑴ "용렬한 이들을 초월하여 훌륭함을 보여줬다."고 말한 것은 첫 구절(菩薩 入三昧中)에서 해당 인물을 말해주고 남다른 선정삼매를 구별하였다. "보살이 삼매에 들어갔다."고 말한 것은 범부 소인과 다르기 때문이다.

⑵ '住於聖法' 이하는 성인의 법을 들어 여느 삼매와 다름을 말한다. '성인의 법'은 無漏이니 범부와는 다르고, '思惟와 觀察'은 이승과는 다르다. 이승은 선정에 들면 경계를 반연하지 못하기에 사리불존자는 마군 刑害가 후려치는 손을 깨닫지 못하였고, 가섭존자는 열반하겠노라는 부처님의 음성을 듣지 못하였다. 【초_ "사리불존자는 마군 刑害가 후려치는 손을 깨닫지 못하였다."는 것은 지도론에 의하면, 사리불존자가 길을 가로막고 좌선하던 중 삼매에 들었는데, 큰 힘을 가진 귀신 '刑害'가 우람한 손으로 사리불을 후

려쳤다. 사리불이 선정에서 일어났을 때에 머리가 지끈거려 이 사실을 부처님께 말씀드리니, 부처님께서 말씀하셨다.

"너의 선정삼매 힘으로 그 정도였다. 그 마군의 힘이란 맨주먹으로 수미산을 쳐서 가루를 만들 정도이다. 이제부터는 길을 가로막고서 좌선하지 마라."

"가섭존자는 열반하겠노라는 부처님의 음성을 듣지 못하였다."는 것은, 여래께서 2월 15일 이른 새벽, 고요한 음성으로 모든 이들에게 널리 말씀하셨다.

"여래가 오늘 밤 무여열반에 들 것이다. 만약 의심이 있는 자가 있다면 지금 모두 묻도록 하라. 이것이 마지막 질문이다."

그러나 그 음성은 부처님의 신통력으로 삼천대천세계에 두루 울려 퍼져 모든 중생이 다 찾아왔지만, 가섭존자는 부처님의 음성을 듣지 못하였다. 선정에서 일어난 후에 처음으로 세계가 변한 줄을 알고서 깜짝 놀라 남들에게 묻고서야 비로소 여래께서 열반에 드심을 알았다.

위의 2가지 고사는 첫째, 선정삼매 속에서 외부의 접촉을 깨닫지 못하였고, 둘째, 선정삼매 속에서 소리를 듣지 못하였기에 용렬함을 알 수 있다. 그러나 여기에서 말한 보살은 일체 음성의 모양과 성품을 잘 알기에 뛰어나고 훌륭하다고 말한 것이다.】

善知已下는 正顯勝相이니 了性相故니라 相은 則念念不住라 取不可得이오 性은 則三相性空이라 固無所得이라 不得性相이어니 違順何依아
【鈔¸ 相則念念等者는 然三相·四相이 一念具足이니 已如初卷이어니

와 今性相別明이니 若相融爲四者인댄 攬緣名生이니 生卽無生이오 空有 無礙하야 虛相安立을 名之爲住니 住卽無住오 圓融形奪하야 隨緣轉變을 名之爲異라하니 異卽無異오 兩相이 都盡하야 各無自性을 名之爲滅이라하니 滅卽無滅이라 斯則卽相而性이니 固無所得이라 】

(3) '善知音聲' 이하는 바로 보살의 훌륭한 모양을 밝힌 것으로, 일체 음성의 모양과 성품을 잘 알기 때문이다. 일체 음성의 모양은 한 생각 한 생각의 찰나에도 멈추지 않기에 잡으려 해도 잡을 수 없고, 일체 음성의 성품은 '생겨나고 머물고 사라지는' 3가지 모양의 성품이 공한 터라 실로 얻을 대상이 없다. 이처럼 일체 음성의 모양과 성품을 얻을 수 없는데, 어떻게 어긋남과 따름을 의지할 수 있겠는가. 【초_ "일체 음성의 모양은 한 생각 한 생각의 찰나에도 멈추지 않는다." 등으로 말하지만, 그러나 '生·住·滅' 3가지 모양과 '生·住·壞·空' 4가지 모양이 한 생각의 찰나에 두루 갖춰져 있음을 이미 첫 권에서 말한 바와 같다. 하지만 여기에서는 일체 음성의 모양과 성품을 구분하여 밝히고 있다. 만일 서로 원만하게 융합하여 4가지 모양이 되는 것으로 말할 때에는 반연을 따르는 것을 '생겨났다[生]'고 말하지만, 생겨남은 곧 생겨났다는 자체가 없다.

空과 有가 서로 걸림 없이 虛相으로 존재함을 '머문다[住]'고 말하지만, 머문다는 것은 곧 머무는 자체가 없다.

원융하게 서로 압도하면서 반연을 따라 변해가는 것을 '달라졌다[異]'고 말하지만, 변하여 달라졌다는 것은 곧 달라졌다는 그 자체가 없다.

空과 有 2가지 모양이 모두 다하여 각각 자성이 없는 것을 '사라졌다[滅]'고 말하지만, 사라졌다는 것은 곧 사라졌다는 그 자체가 없다.

이는 현상 세계의 모양과 하나가 된 자성이기에 실로 얻을 수 있는 대상 자체가 없기 때문이다.】

第五. 釋前淸淨

5) 앞서 말한 보살의 청정 공덕을 해석하다

經

如是聞已에 不生於貪하며 不起於瞋하며 不失於念하야 善取其相호되 而不染著하며

이렇게 듣고서 탐심을 내지 않고, 성을 내지 아니하며, 생각을 잃지 않고서 그 모양을 잘 취하여 물들지 않으며,

● 疏 ●

卽淸淨禪이니 順·違·中境에 不生三毒이며 不染善取니 有定慧故니라 了相無相이라 故名善取니 有斯正念이면 大地爲鼓오 妙高爲椎어늘 豈能亂哉아【鈔_ '大地爲鼓'等者는 如幻三昧經에 云假使以大地爲鼓하고 須彌爲搥하야 於須菩提耳邊打라도 不能生微念心亂하나니 何以故오 入空定故니라】

이는 淸淨禪이다. 順境과 逆境, 그리고 그 중간 상태인 中境에 탐내는 마음, 성내는 마음, 어리석은 마음을 내지 않고, 일체 음성 [聲塵]에 물들지 않는다. 이는 定慧가 있기 때문이다. 일체 음성의 모양이 모양 자체가 없음을 잘 알고 있기에 이를 "잘 취하였다[善取]."고 한다. 이처럼 바른 생각이 있으면 대지로 북을 삼고 수미산으로 북채를 삼아 두들긴들 어찌 그 소리가 마음을 어지럽힐 수 있겠는가. 【초_ "대지로 북을 삼고" 등이란 여환삼매경에서 다음과 같이 말하였다.

"가령 대지로 북을 삼고 수미산으로 북채를 삼아 수보리존자의 귓전에서 두들긴다 할지라도 마음이 조금도 어지럽지 않다. 무엇 때문일까? 空의 삼매에 들어간 때문이다."】

第六 釋廣

6) 앞서 말한 보살의 드넓은 공덕을 해석하다

經

知一切聲이 皆無所有하야 實不可得이라 無有作者하며 亦無本際하야 與法界等하야 無有差別이니라

일체 음성이 모두 없는 것이어서 실로 얻을 수 없다. 이런 음성을 만들어내는 이도 없고, 근본 실체도 없어 법계와 평등하기에 차별이 없다.

● *疏* ●

廣이니 謂稱法界 如虛空故며 亦近釋前이라 又(文)有六句하니 初總餘別이니 別中에 無得은 相空이오 無作은 人空이오 無際는 性空이니 此三相盡故로 法界理現이라 '與法界'等은 事如理故오 無有差別은 理卽事故니라

보살의 드넓은 공덕은 법계와 하나가 되어 허공과 같기 때문이다. 또한 가까이 앞의 경문에서 해석하였다.

이 문장은 6구이다. 첫 구절(知一切聲 皆無所有)은 총체로, 나머지 구절은 개별로 말하였다.

개별 가운데, "실로 얻을 수 없다[實不可得]."는 것은 모양이 空함이고, "음성을 만들어내는 이도 없다[無有作者]."는 것은 사람이 공이며, "근본 실체도 없다[亦無本際]."는 것은 性이 공함이다. 이처럼 3가지의 모양이 다한 까닭에 법계의 이치가 나타난다. "법계와 평등하다[與法界等]."는 것은 현상 세계의 事法界가 진공 세계의 理法界와 같기 때문이고, "차별이 없다[無有差別]."는 것은 이법계가 바로 사법계이기 때문이다.

第七 釋前大義

7) 앞서 말한 보살의 큰 공덕을 해석하다

經

菩薩이 如是成就寂靜身語意行에 至一切智하야 永不退轉하고

　보살이 이처럼 고요한 몸과 말과 뜻으로 하는 행을 성취하여 모든 현상을 모조리 아는 지혜에 이르러 영원히 물러서지 않으며,

◉ **疏** ◉

大者는 趣一切智하야 不退轉故니 卽難行禪也니라

　보살의 큰 공덕이란 모든 현상을 모조리 아는 부처님의 지혜를 추구하여 물러서지 않기 때문이다. 이는 실행하기 어려운 것을 실행하는 선정이다.

第八 釋前無量

　8) 앞서 말한 보살의 한량없는 공덕을 해석하다

經

善入一切諸禪定門하야 知諸三昧가 同一體性하며 了一切法이 無有邊際하며 得一切法眞實智慧하며 得離音聲甚深三昧하며 得阿僧祇諸三昧門하야 增長無量廣大悲心하나니 是時에 菩薩이 於一念中에 得無數百千三昧일세 聞如是聲호되 心不惑亂하야 令其三昧로 漸更增廣하니라

일체 선정의 문에 잘 들어가 모든 삼매가 하나의 성품임을 알고, 일체 법이 끝이 없음을 알며, 일체 법의 진실한 지혜를 얻고, 음성을 여읜 깊은 삼매를 얻으며, 아승기 삼매 문을 얻어 한량없이 광대한 자비심을 키워나가는 것이다.
　　이때 보살이 한 생각의 찰나에 수없는 백천 삼매를 얻었기에 이와 같은 소리를 들을지라도 마음이 산란하지 않고 그 삼매를 점점 더욱 광대하게 만들어주는 것이다.

◉ 疏 ◉

無量者는 謂引發難量故니라 文分爲三이니 初는 引自利德이라 文有六句하니 初는 標一切門禪이오 次四는 別顯이오 後一은 類結多門이니 則何定不攝가

復云門者는 三昧無量하야 數如虛空이어늘 今一中攝多이라 故名爲門이니 如牽衣一角이며 如鼇王來니라

次增長下는 引利他德이오 後是時下는 結不爲亂이니 非唯不亂이라 本定更增이 如豬揩金山과 風熾於火니라【鈔_ 非唯不亂者는 下出增相이니 豬以穢身으로 揩於金山에 非唯不污라 而令山色으로 轉益明淨하나니 斯는 乃外境之豬益定山之淨이라】

　　無量이란 헤아리기 어려운 공덕을 이끌어 내주기 때문이다.
　　경문은 3부분으로 나뉜다.
　　(1) 自利의 공덕을 이끌어 일으켰다. 이의 경문은 모두 6구(善入一切諸禪定門~得阿僧祇諸三昧門)이다.

첫 구절(善入一切諸禪定門)은 일체 모든 분야의 선정을 밝혔고, 다음 4구(知諸三昧同一體性~得離音聲甚深三昧)는 개별로 밝힘이며, 맨 끝 구(得阿僧祇諸三昧門)는 일체 모든 분야의 선정을 유별로 끝맺음이니 그 어떤 선정인들 이에 포괄되지 않겠는가.

다시 門이라 말한 것은 삼매가 한량없어 그 수효가 허공처럼 그지없는데, 여기에서는 하나 가운데 많은 것을 포괄하고 있기에 그 이름을 '門'이라 한다. 이는 옷의 한 모서리를 드는 것과 같고, 암벌이 날아가면 모든 벌이 따라오는 것과 같다.

(2) '增長無量廣大悲心' 구절은 利他 공덕을 이끌어냄이며,

(3) '是時' 이하는 마음이 산란하지 않음을 끝맺었다. 이는 마음이 어지럽지 않을 뿐 아니라 본래의 선정이 더욱 증가함이 돼지가 금산에 비벼대는 것과 바람이 불길을 더욱 거세게 만드는 것과 같다. 【초_ "마음이 어지럽지 않을 뿐 아니라"는 것은 아래에서 말한 본래 선정을 더욱 키워주는 모양이다. 돼지가 더러운 몸으로 金山에 아무리 비벼댈지라도 더럽혀지지 않을 뿐 아니라 오히려 산 빛이 더욱 맑게 빛나게 된다. 이는 바깥 경계의 돼지가 선정의 깨끗한 산을 더욱 청정하게 해주기 때문이다.】

第九 釋無迷惑

9) 미혹이 없는 바를 해석하다

作如是念호되 我當令一切衆生으로 安住無上淸淨念中하야 於一切智에 得不退轉하야 究竟成就無餘涅槃이라하나니 是名菩薩摩訶薩의 第五離癡亂行이니라

　이런 생각을 한다.

　'나는 일체중생으로 하여금 위없는 청정한 생각에 편안히 머물러, 모든 것을 아는 지혜에 이르러 물러서지 않고서 끝내 무여열반을 성취케 하리라.'

　이를 보살마하살의 제5 어리석음과 산란함을 여읜 행이라고 말한다."

● 疏 ●

迷惑은 謂耽著禪昧하야 不起大悲 是爲迷惑이어늘 今悲以導禪이라 故無迷也니 此卽饒益有情禪也니라 住淸淨念은 卽現世樂이오 得智斷果는 卽後世樂이니 是謂與二世樂也니라

　미혹이란 禪昧를 탐착하여 利他의 大悲心을 일으키지 않음이 미혹이다. 여기에서는 대비의 마음으로 禪을 유도한 까닭에 미혹이 없다. 이는 곧 중생에게 도움을 주는 선정[饒益有情禪]이다.

　청정한 생각에 안주한다는 것은 현세의 즐거움이고, 智德과 斷德의 결과를 얻음은 후세의 즐거움이다. 이를 "현세와 후세의 즐거움을 가피로 주었다."고 말한다.

◉ 論 ◉

第五離癡亂行은 以禪波羅蜜로 爲體라 有四十九行經을 分爲六段호리니

一은 '佛子'已下로 至'修菩薩行心無癡亂'히 有十行經은 明以正念으로 隨於生死中利生無亂分이오

二는 '此菩薩'已下로 至'心常憶念無有間斷'히 有九行經은 明菩薩이 聞持하야 正念不亂分이오

三은 '何以故'已下로 至'未曾一念心有散亂'히 有七行半經은 明以正念으로 於好惡音聲에 無散亂分이오

四는 '所謂正念不亂'已下로 至'而不能壞此菩薩心'히 有八行半經은 明聞法及利生에 無餘障分이오

五는 '菩薩入三昧中'已下로 至'等無差別'히 有五行經은 明觀聲無體하야 堪忍分이오

六은 '菩薩如是成就寂靜身語意行'已下로 至'離癡亂行'히 有九行經은 明身口意淨에 堪入諸法호되 不離一性分이라

제5 이치란행은 선정바라밀로 체성을 삼는다. 49항 경문은 6단락으로 나뉜다.

(1) '佛子' 이하로 '修菩薩行心無癡亂'까지 10항 경문은 바른 생각으로 생사에 따라 중생에게 이익을 주되 산란이 없음을 밝힌 부분이며,

(2) '此菩薩' 이하로 '心常憶念無有間斷'까지 9항 경문은 보살이 이를 듣고 지녀 바른 생각이 산란하지 않음을 밝힌 부분이며,

(3) '何以故' 이하로 '未曾一念心有散亂'까지 7항 반의 경문은 바른 생각으로 좋은 소리나 궂은소리에 산란이 없음을 밝힌 부분이며,

(4) '所謂正念不亂' 이하로 '而不能壞此菩薩心'까지 8항 반의 경문은 법문을 듣고 중생에게 이익을 주는 데 나머지 장애가 없음을 밝힌 부분이며,

(5) '菩薩入三昧中' 이하로 '等無差別'까지 5항 경문은 음성의 자체가 없음을 보고서 견디고 참음을 밝힌 부분이며,

(6) '菩薩如是成就寂靜身語意行' 이하로 '離瞋亂行'까지 9항 경문은 身·口·意 삼업이 청정하여 모든 법에 들어가되 하나의 성품을 여의지 않음을 밝힌 부분이다.

第六 善現行

제6 선현행

體卽般若니라【鈔_ 體卽般若者는 亦忘三輪而照也니라 般若三輪者는 境·智·衆生分別】

선현행의 본체는 반야바라밀이다.【초_ 본체가 반야바라밀이라는 것 또한 般若三輪 자체마저 잊고서 관조하는 것이다. 般若三輪이란 관조의 대상인 경계, 관조의 주체인 지혜, 이의 주체인 중생의 분별을 말한다.】

就釋相中에 文分二別이니 先明行相이오 後顯成益이라

前中에 亦二니 先畧後廣이니 今은 初라

선현행의 형상을 해석한 경문은 2부분으로 나뉜다.

1. 선현행의 형상을 밝혔고,

2. 이익의 성취를 밝히고 있다.

1. 선현행의 형상을 해석한 앞부분 또한 2부분으로 나뉜다. 앞에서는 간단하게, 뒤에서는 자세히 말하였다.

이는 1) 선현행의 형상을 간단하게 말한 부분이다.

經

佛子여 何等이 爲菩薩摩訶薩의 善現行고
此菩薩이 身業淸淨하며 語業淸淨하며 意業淸淨하며 住無所得하며 示無所得身語意業하야 能知三業이 皆無所有하며 無虛妄故로 無有繫縛하며 凡所示現이 無性無依니라

"불자여, 어떤 것이 보살마하살의 잘 나타나는 행인가?

이런 행을 닦는 보살이 몸으로 짓는 업이 청정하고 말로 짓는 업이 청정하고 뜻으로 짓는 업이 청정하여, 얻은 바 없는 자리에 머물러 얻은 바 없는 몸과 말과 뜻의 업을 보여주어 세 가지 업이 모두 아무런 것이 없는 공임을 알고, 허망함이 없기에 얽매임이 없으며, 무릇 나타내어 보여주는 바가 자성도 없고 의지함도 없다.

◉ 疏 ◉

前中又二니 先은 總標오 後能知下는 解釋이니 今은 初也라

三業淸淨이 是能示體니 示於三業이 正是現義라 住無得現일새 現卽無得하야 寂用無礙 斯卽中道니 可稱善現이어니와 若異後有無하야 而說中者면 相待中也니라【鈔_ 住無得現者는 住無所得은 卽空觀也오 示無所得身等은 假觀也라 故云住無得現이라하니라 言現卽無得은 上二不二 中道觀也라 故云寂用無碍 斯爲中道라하니라 從若異後下는 結彈古人이니 以瓔珞으로 三慧別配하야 得中道慧는 是相待中이니 非得中也라】

앞의 간단하게 말한 부분은 다시 2부분으로 나뉜다.

앞부분(佛子何等~示無所得身語意業)은 총체로 밝혔고, 뒤의 '能知三業' 이하는 총체에 관한 해석이다.

이는 (1) 총체로 말한 부분이다.

삼업이 청정함은 얻은 바 없는 삼업을 보여줄 수 있는 주체이다. 삼업을 보여줌은 바로 그 의의를 나타낸 것이다. 얻은 바 없는 자리에 머물면서 이를 보여주기에 보여준 바 역시 얻은 바 없어 고요한 본체와 현상의 妙用에 장애가 없는, 그것이 바로 中道이다. 이를 잘 나타낸[善現] 것이라 말할 수 있다. 그러나 후세에 有無로 달리 구분하여 중도를 說한다면 그것은 有無相待의 중도이다.【초_ "얻은 바 없는 자리에 머물면서 이를 보여준다."에서 "얻은 바 없는 자리에 머문다." 함은 空觀이며, "얻은 바 없는 신업 등을 보여준다." 함은 假觀이다. 이 때문에 "얻은 바 없는 자리에 머물면서 이를 보여준다."고 말한 것이다. "보여준 바 역시 얻은 바 없다."고 말함은 위의 공관과 가관이 둘이 아닌 中道觀이다. 이 때문에 "고요한 본체와 현상의 妙用에 장애가 없는 中道"라고 하였다. '若異後有無' 이하는 옛사람의 말을 탄핵하면서 끝맺은 부분이다. 瓔珞으로 聞·思·修 三慧에 개별로 짝하여 중도의 지혜를 얻는다는 것은 상대적인 중도이기에, 여기에서 말한 '寂用無礙'의 중도를 얻은 게 아니다.】

二釋中에 能知三業 皆無所有는 是住無得義오 不妄取有하야 離二邊縛은 是淸淨義오 凡所示現이 無性無依는 釋示無得義니 以境無定性이며 心無所依하야 皆不可得也니 三業皆示일새 故致凡言이라

(2) 총체에 관한 해석 가운데, 삼업이 모두 없음을 아는 것은 얻은 바 없는 자리에 머문다는 뜻이고, 부질없이 有에 집착하지 아니하여 유와 무의 속박을 여읨은 청정하다는 뜻이며, 모든 보여주는 바가 자성이 없고 의지함이 없다는 것은 얻음이 없음을 보여준다는 뜻을 해석한 것이다. 객관의 경계는 일정한 체성이 없고 주관의 마음은 의지한 바가 없기에 모두 얻을 수 없는 것이다. 삼업을 모두 보여주었기에 '무릇[凡]'이라 말한 것이다.

二는 廣辨行相中三이니 初는 如實隨覺慧오 二'佛子此菩薩作如是'下는 於五明等 善巧慧오 三'菩薩爾時'下는 能作有情義利慧라
今은 初니 如實覺於三業하야 而現三業이라 於中에 先別明이오 後總結이니 前中三業이 卽爲三段이라 今初는 意業이라

2) 선현행의 형상을 자세히 논변한 가운데 3부분으로 나뉜다.

(1) 여실하게 깨달음을 따르는 지혜이고,

(2) '佛子此菩薩作如是' 이하는 五明 등 善巧方便의 지혜이며,

(3) '菩薩爾時' 이하는 중생의 의리를 마련해주는 지혜이다.

이의 (1)은 여실하게 삼업을 깨달아 삼업을 나타냄이다.

이는 첫째, 앞에서 개별로 밝혔고,

둘째, 뒤에서 총체로 끝맺고 있다.

첫째, 개별로 밝힌 가운데 삼업이 곧 3단락이다.

이는 ① 意業이다.

經

住如實心하야 **知無量心自性**하고 **知一切法自性**이 **無得無相**하야 **甚深難入**하며

여실한 마음에 머물러 한량없는 마음의 성품을 알고 일체 법의 성품을 알지만, 얻은 것도 없고 형상도 없고 지극히 심오하여 들어가기 어려우며,

● 疏 ●

意業은 是二本故로 首而明之니 '如實心'者는 用所依也오 住者는 心冥體也오 '知無量心'等者는 不礙用也니 即所示意業 多心多法은 皆有諦也오 境既無相이어니 心何所得가 即無諦也오 有無不二라 故曰甚深이니 即中道義也오 不可以次第三觀而觀이라 故名難入이라 唯圓機라야 方能入故니라 何者오 若偏觀三諦하면 是常 是斷이니 是相

412

待故어니와 若總觀者면 一則壞於三諦오 異則迷於一實이라 故卽一而三이며 卽三而一이며 非三非一이오 雙照三一이라 在境則三諦圓融하고 在心則三觀俱運이니 住之與知가 卽是觀也니라

 의업은 신업과 구업 2가지의 근본인 까닭에 첫머리에서 이를 밝힌 것이다. '如實心'이란 작용이 의지하는 대상이고, '머문다[住]'는 것은 마음이 본체에 하나가 됨이며, "한량없는 마음의 성품을 안다." 등은 작용에 장애가 없다. 보여준 의업의 수많은 마음과 수많은 법은 모두 有諦[世諦]이며, 경계가 이미 형상이 없는데 어떻게 마음을 얻을 수 있겠는가. 이는 곧 無諦[眞諦]이며, 유제와 무제가 둘이 아니기에 '甚深'이라 하니 곧 中道義이다. 차례차례 空·假·中 觀으로 볼 수 없기에 이를 '難入'이라 한다.

 따라서 오직 圓機만이 비로소 들어갈 수 있기 때문이다. 무슨 까닭일까? 만일 三諦 가운데 한쪽만을 보면 이는 常見이거나 斷見이다. 이는 상대적이기 때문이다. 그러나 이를 총체로 살펴보면 '하나'라 하면 三諦를 무너뜨리고, '다르다'고 하면 하나의 실상을 알지 못한 까닭에, 하나이면서도 셋이고, 셋이면서도 하나이며, 셋도 아니고 하나도 아니며, 셋과 하나를 모두 관조하는 것이다. 경계에 있어서는 三諦가 원융하고, 마음에 있어서는 三觀을 모두 운용하니, '…에 머무는[住]' 것과 '아는[知]' 것이 곧 觀이다.

二 釋示身業

② 신업을 보인 데 대해 해석하다

住於正位眞如法性하야 **方便出生**호되 **而無業報**하야 **不生不滅**하며

바른 자리인 진여실상의 법성에 머물러 방편을 내지만 업보가 없어 나지도 않고 멸하지도 않으며,

● 疏 ●

正位等三은 卽示所依오 方便已下는 依體起用이니 由非惑業之生일새 故生滅이 卽無生滅이라 此中正位는 卽眞如異名이니 非約見道니라 以知契會일새 故稱爲住라하니 無住住者卽住眞如니라

'바른 자리[正位]' 등 3가지는 의지할 대상을 보여줌이며, '방편' 이하는 본체에 의하여 작용을 일으킴이다. 惑業으로 태어난 것이 아닌 까닭에 태어나고 사라짐이 곧 태어나고 사라짐 자체가 없다.

여기에서 말한 正位는 眞如의 다른 이름이지 見道로 말한 게 아니다. 지혜로 깨달아 알고 있기에 '…에 머문다[住]'고 말하였다. 머문 바가 없는 것으로 머문 것이 곧 진여에 머묾이다.

三. 釋示語業

③ 어업을 보인 데 대해 해석하다

經

住涅槃界하고 住寂靜性하고 住於眞實無性之性하야 言語道斷하니 超諸世間하야 無有所依니라

열반계에 머물고 고요한 성품에 머물며 진실하여 성품이 없는 성품에 머물면서 말로 표현할 수 없고 세간을 초월하여 의지한 바가 없다.

◉ 疏 ◉

前之三句는 示之所依오 言語道斷은 顯示而無相이니 卽言亡言이 是斷言道라 故晉經云非有說有라 言語道斷이라하니라 【鈔_ 晉經云非有說有者는 今經無此니 示言相隱일세 但有言語道斷이라호되 卽通身意라 故引晉經이니 意在有說之言이라 】

앞의 3구(住涅槃界~無性之性)는 어업을 보여주는 근거의 대상이며, "말로 표현할 수 없다."는 것은 언어로 보여주되 형상이 없음을 밝힘이다. 말했지만 말없는 자리가 말로 표현할 수 없는 진리이다. 따라서 晉經에 이르기를 "있지 않은 것을 있는 것으로 표현하기에 말로 표현할 수 없는 자리"라고 한다. 【초_ "晉經에 이르기를 있지 않은 것을 있는 것으로 표현한다."는 부분은 본 경문에서 말한 바가 없다. 말로 보여줬던 그 형상이 보여줄 수 없는 자리이기에 단 "말로 표현할 수 없다."고 하지만, 身業과 意業에 통하기에 晉經을 인용한 것이다. 이를 인용한 뜻은 말로 표현할 수 있는 말이라는 데 있다.】

然이나 上之所住가 總有七種하니 體一名異니 異從義別이라
一如實心者는 卽自性淸淨心이니 是爲總相이라 次正位等三은 卽心之體性이니 正位者는 法所住故오 眞如는 語其自體니 是實是常이오 法性은 約爲諸法之本이니 迷此眞如며 有諸法故로 成諸法已에 不失自性이라 故名法性이니 亦卽因相이라 涅槃等三은 卽是果相이니 住涅槃界는 卽是眞如 體圓寂故며 出二礙故니라 故로 智論에 云有菩薩發心에 卽觀涅槃行道라하니 恐此涅槃이 濫唯在果라 故云住寂靜性이라하니 謂約眞如 體無妄動이 卽是涅槃이라 如此之性이 體爲有無라 故云無性이라하니 無性之性이 卽是實性이라 非謂斷無일새 故擧多名하야 方顯所住之深奧니 依此示現이라야 方明所現之爲善이라

그러나 위에서 말한 머문 자리에는 모두 7가지 종류가 있다. 그 자체는 하나이지만 이름에 차이가 있다. 그 차이에 따라 구별하면 아래와 같다.

㉠ 如實心이란 자성의 청정한 마음으로, 이는 總相이다.

다음 正位·眞如·法性 3가지는 마음의 體性이다.

㉡ 정위는 법이 머무는 대상이기 때문이다.

㉢ 진여는 그 자체를 말하니 실상이며 영원한 존재이다.

㉣ 법성은 모든 법의 근본으로 말하였다.

이러한 진여를 알지 못하고 모든 법을 두기 때문에 모든 법을 완성하여도 자성을 잃지 않는다. 따라서 그 이름을 법성이라 하니 또한 원인의 양상[因相]이다. 涅槃界·寂靜性·眞實無性之性 3가지는 결과의 양상[果相]이다.

㉤ 열반계에 머문다는 것은 진여 본체가 원만하고 고요한 때문이며, 煩惱障·所知障에서 벗어났기 때문이다.

㉥ 그러므로 지도론에 이르기를 "보살이 발심하면 곧바로 열반을 보고서 도를 행한다."고 하였다. 이러한 열반이 외람되게 결과에만 있는 것으로 생각할까 두려운 까닭에 "고요한 성품에 머문다[住寂靜性]."고 말하였다.

㉦ 진여의 본체에 부질없는 움직임이 없는 것을 열반이라고 말하였다.

이와 같은 성품의 체성이 있는 부분과 없는 부분이 있기에 "성품이 없다[無性]."고 말한다. '성품이 없는 성품'이 곧 實性이다. 그러나 전혀 없다는 것을 말함도 아니다. 따라서 많은 명칭을 들어 바야흐로 머문 바가 심오함을 나타낸 것이다. 이를 토대로 보여야만 비로소 잘 나타나는 바가 됨을 밝힌 것이다.

二. 總結三業

둘째, 삼업을 총체로 끝맺다

經

入離分別無縛著法하며 入最勝智眞實之法하며 入非諸世間所能了知出世間法하나니 此是菩薩의 善巧方便으로 示現生相이니라

분별을 여의어 속박이 없는 법에 들어갔으며,

가장 훌륭한 지혜의 진실한 법에 들어갔으며,

세간으로는 알 수 없는 출세간의 법에 들어갔다.

이는 보살의 뛰어난 방편으로 태어난 형상을 나타낸 것이다.

◉ 疏 ◉

總結三業中에 初句는 結心이라 故無縛著이오 次句는 結身이라 卽所住眞如等이오 三은 結前語라 卽超諸世間等이오 末句는 總結三業이니 皆寂用無礙라 故名善巧니 善現之名이 從斯而立이니라

삼업을 총체로 끝맺는 가운데 첫째 구절은 의업을 끝맺기에 속박이 없으며,

둘째 구절은 신업을 끝맺기에 진여 등에 머문 바이며,

셋째 구절은 앞서 말한 구업을 끝맺기에 세간 등을 초월하며,

끝 구절은 삼업을 총체로 끝맺었다.

모두 고요한 본체와 현상의 작용에 걸림이 없기 때문에 이를 善巧라 한다. 善現이라는 명칭은 여기에서 성립된 것이다.

第二는 辨五明處와 三聚中에 決定善巧慧라 故於文中에 解世間法이라 於中分三이니 初는 以理會事오 二菩薩如是下는 事理無礙오 三永不下는 順理起悲라 今은 初라

(2) 五明處와 三聚淨戒 가운데 결정과 뛰어난 지혜를 논변하였

다. 따라서 경문은 세간법으로 해석하였다.

이는 3부분으로 나뉜다.

첫째는 이법계로 사법계를 해석하고,

둘째 '菩薩如是' 이하는 이법계와 사법계에 걸림이 없으며,

셋째 '永不' 이하는 이법계를 따라 대비심을 일으켰다.

이는 첫째, 이법계로 사법계를 해석함이다.

|經|

佛子여 此菩薩이 作如是念호되 一切衆生이 無性爲性이며 一切諸法이 無爲爲性이며 一切國土가 無相爲相이며 一切三世가 唯是言說이며 一切言說이 於諸法中에 無有依處며 一切諸法이 於言說中에 亦無依處라하나니라

불자여, 이처럼 선현행을 닦는 보살이 이런 생각을 한다.

'일체중생이 성품이 없는 것으로 성품을 삼았으며,

일체 법이 작위가 없는 것으로 성품을 삼았으며,

일체 국토가 형상이 없는 것으로 형상을 삼았으며,

일체 삼세가 오직 말일 뿐이며,

일체 모든 말이 모든 법 가운데 의지한 곳이 없으며,

일체 모든 법이 말 가운데 의지한 곳이 없다.'

◉ 疏 ◉

文有六句하니 一은 衆生緣生이라 故說無性이오 二는 法依眞起라 故會

歸無爲오 三은 國是心之相分故오 四는 時依法以假言故오 五는 名無得物之功故니 若名在法中이면 見義應知名故오 六은 物無當名之實故니 若法在名中이면 聞名則應識義며 召火에 應當燒口故니라【鈔_名無得物之功者는 若依世俗인댄 名以召實하고 實以當名이라 故使命火에 不得於水오 命水에 不得於火어니와 今約眞諦라 故平等無依니라 此五六句는 皆先標無依하고 後若名在法等은 反以釋成이니 如有一人이 雖先知有나 曾未相識이면 忽然見面이라도 終不得知此是某人 此爲見義不知名耳 義卽境義 六中有人雖聞其名 竟不識面이오 召火不燒口니 明知하라 名中無有義也니라 亦應云言飯卽應已飽等이라 故智論四十七에 云凡有二法하니 一者는 名字오 二者는 名字義니 如火能照能燒는 是其義니 照是造色이오 燒是火用이라 二法和合이 名爲火也라하니라 今聞火名하고 不得照燒之義라 故無得物之功等이라】

경문은 6구이다.

① 중생이 반연으로 생겨나기에 성품이 없다 말하며,

② 법이 진여에 의지하여 일어나기에 작위가 없는 데 귀결되며,

③ 나라는 마음의 相分이기 때문이며,

④ 삼세의 시간은 법을 의지한 假言이기 때문이며,

⑤ 언설의 명제란 그 존재의 의의를 알 수 있는 기능이 없기 때문이다. 만일 그 명제가 법의 존재 가운데 있다면 의미를 볼 때에 당연히 그 명제를 알아야 하기 때문이다.

⑥ 만물의 존재는 명제에 실상이 없기 때문이다. 만약 법이 명

제 속에 있다면 명제를 들으면 당연히 그 의미를 알 수 있어야 할 것이며, 불을 부르면 당연히 입이 불타야 하기 때문이다. 【초_ "언설의 명제란 그 존재의 의의를 알 수 있는 기능이 없다."는 것은 만약 세속의 이치[世諦]로 말하면 명제는 실체를 말하고, 실체는 그 명제에 해당된다. 따라서 한 번 불이라고 이름 붙이면 다시는 물이 될 수 없고, 물이라 이름 붙이면 다시는 불이 될 수 없다. 그러나 여기에서는 하나의 근본자리인 眞諦로 말한 까닭에 평등하여 의지함이 없다.

이 때문에 제5, 6구는 모두 앞에서 의지함이 없음을 밝혔고, 뒤의 "만일 그 명제가 법의 존재 가운데 있다면" 등은 반대로 해석하여 끝맺음이다. 예컨대 일찍이 그 어떤 사람이 있는 줄은 알지만 정작 그 얼굴을 서로 알지 못하면, 갑자기 그의 얼굴을 마주하고서도 결국 그 누구인 줄 모르는 법이다. 이것이 의미를 볼지라도 그 이름을 알지 못한다는 것이다. 그 의미는 바로 경계의 의의[境義]이다.

제6구에서 어떤 사람이 그 이름을 들었을지라도 결국 그 얼굴을 알 길이 없고, 불을 부를지라도 입은 불타지 않는다. 여기에서 분명히 알아야 할 것은 그 명제 속에는 그 의미가 없다는 사실이다. 또한 당연히 밥이라 말하면 바로 배가 불러야 한다는 등이다. 이 때문에 지도론 47에서 말하였다.

"무릇 2가지 법이 있다. ① 名字이며, ② 名字의 의의이다. 예컨대 불이 밝게 비춰주고 불태울 수 있는 주체는 그 명자의 의의이다. 비춰지는 것은 색을 만들고, 불태우는 것은 불의 작용이다. 주

421

체와 작용이 서로 하나로 화합할 때에 불이라 말할 수 있다."
　여기에서 말한 것은 불이라는 명제만 들었을 뿐, 비춰주고 불 태울 수 있는 주체의 의의를 알지 못하기 때문에 존재의 의의를 알 수 있는 기능이 없다는 등으로 말하였다.】

二 明事理無礙

　둘째, 사법계와 이법계에 걸림이 없음을 밝히다

經
菩薩이 如是解一切法이 皆悉甚深하며 一切世間이 皆悉寂靜하며 一切佛法이 無所增益하며 佛法이 不異世間法하고 世間法이 不異佛法하며 佛法世間法이 無有雜亂하고 亦無差別하며 了知法界가 體性平等하야 普入三世하니라

　보살이 이와 같이 일체 모든 법이 모두 지극히 심오함을 알며,
　일체 모든 세간이 모두 고요함을 알며,
　일체 모든 불법이 더함이 없음을 알며,
　불법이 세간법과 다르지 않고,
　세간법이 불법과 다르지 않으며,
　불법과 세간 법이 뒤섞이지 아니하고, 또 차별도 없음을 알며,
　법계의 자체 성품이 평등하여 삼세에 두루 들어감을 분명히 아는 것이다.

● 疏 ●

文有七句하니 初一은 總顯甚深이오 餘句는 別顯深相이라 然世法與佛法이 實無二體어늘 假約事理하야 以分其二라 故以五句로 顯非一異이니 一은 世相卽空이라 故云寂靜이오 二는 佛法平等이라 故無增益이오 三은 以理無不事라 故佛法이 不異世法이오 事無不理라 故世法이 不異佛法오 四는 此全理之事가 與全事之理로 而事理不雜이오 五는 各全收盡에 互無所遺라 故云亦無差別이니라

末句는 了前諸法이 同法界體라 故得鎔融하야 普入三世니 橫竪該攝이라 若約漏無漏說하 爲世法佛法이 各具事理釋者인댄 一은 生死卽涅槃이라 故云世間寂靜이라하고 二는 無有一法도 非佛法故로 更何所增가 三은 二法이 染淨雖殊나 同一眞性이라 故不相異오 四는 不壞相故로 無有雜亂이오 五는 皆是卽理之事라 而各互收無遺일세 卽無差別也오 六은 同一法界니 總顯所因이라

경문은 7구이다. 첫 구절(解一切法 皆悉甚深)은 총체로 밝힘이며, 나머지 구절은 지극히 심오한 형상을 개별로 밝힌 것이다. 그러나 세간법과 불법이 실로 2가지가 아니다. 사법계와 이법계를 방편으로 들어 2가지로 구분하기에 5구로 하나도 아니고 다른 것도 아님을 밝힌 것이다.

제1구(一切世間 皆悉寂靜)는 세간의 형상이 空이기에 寂靜이라 하며,

제2구(一切佛法 無所增益)는 佛法이 평등하기에 더할 것이 없으며,

제3구(佛法不異世間法 世間法不異佛法)는 이법계가 사법계 아님이

없기 때문에 불법이 세간법과 다르지 않고, 사법계가 이법계 아님이 없기 때문에 세간법이 불법과 다르지 않으며,

제4구(佛法世間法 無有雜亂)는 모든 이법계의 세간법이 모든 세간법의 이법계와 事理가 뒤섞이지 않으며,

제5구(亦無差別)는 각각 모든 것을 모조리 수습하여 서로 유실한 바가 없기에 또한 차별이 없다고 한다.

끝 구절(了知法界 體性平等 普入三世)은 앞의 모든 법이 법계의 본체와 똑같기에 하나로 원융하여 삼세에 널리 들어감을 아는 것이다. 이는 시공의 종횡으로 모두 받아들인 것이다.

만일 有漏의 세간법과 無漏의 불법이 각각 사법계와 이법계를 갖추고 있는 것으로 해석하면 다음과 같다.

제1구는 생사가 곧 열반이기에 '세간이 모두 고요하다.' 하며,

제2구는 어느 한 가지 법도 불법 아닌 게 없기 때문에 '다시 그 무엇을 더할 수 있겠는가.'라고 말하며,

제3구는 세간법과 불법 2가지는 물들고 청정한 차이가 있지만 모두 똑같이 眞性이기에 서로 다르지 않으며,

제4구는 형상을 무너뜨리지 않기 때문에 뒤섞이거나 산란함이 없으며,

제5구는 모두 이법계와 하나가 된 세간의 일이기에 각각 서로 수습하여 빠뜨림이 없기에 차별이 없으며,

제6구는 똑같은 법계이기에 원인이 되는 바를 총체로 밝힌 것이다.

三 順理起悲

셋째, 진리에 따라 대비심을 일으키다

經

永不捨離大菩提心하며 **恒不退轉化衆生心**하며 **轉更增長大慈悲心**하야 **與一切衆生**으로 **作所依處**니라

영원히 큰 보리심을 버리지 않고, 언제나 중생을 교화하는 마음이 물러서지 않으며, 더욱 큰 자비심을 키워나가면서 일체중생이 의지할 데를 마련해주는 것이다.

● 疏 ●

謂無緣之悲로 以導前忘機之智하야 入假化物이라 初句는 爲總이니 謂雖深入智慧이나 不忘本心이니 非如八地心欲放捨니라
下三句는 別이니 一은 不捨願也오 二는 增大悲油오 三은 兼前智光이라 故堪爲依處니라【鈔_ '非如八地'者는 八地菩薩이 證無生忍하야 便欲放捨利衆生事어든 諸佛勸超하야 令憶本願하야 利益衆生이니 是不忘本心이라 '不捨願也等은 卽菩提燈이라】

집착이 없는 대비의 마음으로 앞서 말한 세간사를 잊은 지혜를 이끌어 세속에 들어가 중생을 교화하는 것이다.

첫 구절(永不捨離大菩提心)은 총체로 말하였다. 아무리 지혜에 깊이 들어갔을지라도 본심을 잊어서는 안 된다. 八地에서 마음을 놓

고자 하는 것과는 같지 않다.

아래 3구는 개별로 밝힌 부분이다.

제1구(恒不退轉化衆生心)는 서원의 심지를 버리지 않고,

제2구(轉更增長大慈悲心)는 대비의 기름을 쏟아주는 것이며,

제3구(與一切衆生作所依處)는 앞서 말한 지혜 광명을 겸하고 있기에 부처님은 의지처가 되기에 충분하다. 【초_ "팔지와 같지 않다."는 것은, 팔지보살이 無生忍을 증명하여 갑자기 중생에게 이익이 되게 놓아버리고자 하면, 여러 부처님이 초탈할 것을 권하여 그로 하여금 本願을 생각하여 중생에게 이익을 주도록 하였다. 이는 본심을 잊지 않음이다. 서원의 심지 등을 버리지 않음은 곧 보리지혜의 등불이다.】

第三 作一切有情義利慧
於中二니 先은 建攝生志오 二는 後己先人이니 今은 初라

(3) 일체 유정의 의리를 마련해주는 지혜

이의 경문은 2가지이다.

첫째, 중생을 받아들이는 뜻을 세움이며,

둘째, 나를 뒤로하고 남을 앞세움이다.

이는 첫째, 중생을 받아들이는 뜻을 세움이다.

菩薩이 爾時에 復作是念호되 我不成熟衆生이면 誰當成熟이며 我不調伏衆生이면 誰當調伏이며 我不敎化衆生이면 誰當敎化며 我不覺悟衆生이면 誰當覺悟며 我不淸淨衆生이면 誰當淸淨이리오 此我所宜요 我所應作이라하니라

그때 보살이 다시 이런 생각을 한다.

'내가 중생을 성숙시키지 않으면 누가 성숙시키며,

내가 중생을 조복하지 않으면 누가 조복하며,

내가 중생을 교화하지 않으면 누가 교화하며,

내가 중생을 깨우쳐주지 않으면 누가 깨우쳐주며,

내가 중생을 청정케 하지 않으면 누가 청정케 하겠는가.

이는 당연히 내가 할 바이며, 내가 해야 할 일이다.'

◉ 疏 ◉

文有五句하니 成熟은 是總이니 或因成果熟故며 或始末勸獎故니라 餘句는 是別이니 一은 折伏이오 二는 攝化오 三은 令悟本性하야 成大菩提오 四는 斷惑淸淨하야 得涅槃果니라

경문은 5구이다. 성숙은 총체이다. 혹은 원인이 이뤄짐에 결과가 무르익기 때문이며, 혹은 시종 권장한 때문이다. 나머지 구절은 개별로 말한 것이다. ① 折伏이며, ② 받아들여 교화함이며, ③ 중생으로 하여금 본성을 깨달아 큰 보리지혜를 성취케 함이며, ④ 미혹을 끊어 청정케 하여 열반과를 얻도록 함이다.

二. 後己先人

둘째, 나를 뒤로하고 남을 앞세우다

經

復作是念호되 若我自解此甚深法인댄 唯我一人이 於阿耨多羅三藐三菩提에 獨得解脫이오 而諸衆生은 盲冥無目하야 入大險道하며 爲諸煩惱之所纏縛하며 如重病人하야 恒受苦痛하며 處貪愛獄하야 不能自出하며 不離地獄餓鬼畜生閻羅王界하며 不能滅苦하고 不捨惡業하며 常處癡闇하야 不見眞實하며 輪廻生死하야 無得出離하며 住於八難하야 衆垢所著이며 種種煩惱가 覆障其心하며 邪見所迷로 不行正道니라

菩薩이 如是觀諸衆生하고 作是念言호되 若此衆生이 未成熟未調伏이어늘 捨而取證阿耨多羅三藐三菩提인댄 是所不應이니 我當先化衆生하야 於不可說不可說劫에 行菩薩行하야 未成熟者를 先令成熟하며 未調伏者를 先令調伏이라하나니라

또 이런 생각을 한다.

'만일 나만 이처럼 심오한 법을 알면 나 한 사람만 아뇩다라삼먁삼보리에 홀로 해탈하고, 다른 중생은 캄캄하고 눈이 없어 아주 험난한 길로 들어갈 것이며, 모든 번뇌에 속박이 되어 중병을 앓는

사람처럼 항상 고통을 받고, 탐애의 지옥에 떨어져 나오지 못하며, 지옥, 아귀, 축생, 염라왕 세계를 벗어나지 못하여 고통을 없애지 못하고, 악업을 버리지 못하며, 항상 어리석고 어둠 속에 있으면서 진실한 이치를 보지 못하고, 생사의 바퀴 속에서 벗어나지 못하며, 팔난에 머물면서 더러운 때에 물들고 가지가지 번뇌가 그들의 마음을 가리며, 삿된 소견에 빠져 바른 도를 행하지 못할 것이다.'

보살이 이처럼 중생을 관찰하고서 이런 생각을 한다.

'이 중생들이 성숙되지 못하고 조복되지 못한 것을 그냥 버려둔 채, 나 홀로 아뇩다라삼먁삼보리를 증득한다는 것은 차마 못 할 일이다. 내가 먼저 중생을 교화하여 말할 수 없고 말할 수 없는 겁에 보살의 행을 행하여, 성숙하지 못한 이를 먼저 성숙케 하고 조복하지 못한 이를 먼저 조복케 하리라.'

● 疏 ●

文分爲四니 一은 假設自度오 二而諸衆生下는 觀物輪廻하야 具業惑苦오 三菩薩如是下는 結所不應이니 有二過故니라 一은 違本誓心이오 二는 墮慳貪失이니 此爲不可니라 四我當下는 決志先拔이라【鈔 '二墮慳貪失'者는 法華第一에 云 自證無上道 大乘平等法이오 若以小乘化를 乃至於一人이라도 我則墮慳貪이니 此事爲不可라하니라】

경문은 4부분으로 나뉜다.

① 자신의 제도를 가설로 말하고,

② '而諸衆生' 이하는 중생이 생사 속에 윤회하여 業惑의 고통

429

을 갖추고 있음을 살펴봄이며,

③ '菩薩如是' 이하는 당연히 그처럼 할 수 없음을 끝맺음이다. 이는 2가지의 잘못이 있기 때문이다. 하나는 본래 서원한 마음에 어긋난 일이며, 다른 하나는 慳貪의 잘못에 떨어진 것이기에 절대 할 수 없는 일이다.

④ '我當' 이하는 중생을 먼저 구제하고자 결연한 의지를 가짐이다. 【초_ "다른 하나는 慳貪의 잘못에 떨어진다."는 것은 법화경 제1에 이르기를 "스스로 無上道인 대승평등법을 증명하고, 만일 소승으로 그 어느 한 사람을 교화했을지라도 나는 慳貪의 잘못에 떨어진 것이기에 이런 일을 절대 할 수 없다."고 하였다.】

第二. 顯行成益
2. 선현행의 이익 성취를 밝히다

經

是菩薩이 住此行時에 諸天魔梵沙門婆羅門과 一切世間乾達婆阿修羅等이 若有得見이어나 暫同住止어나 恭敬尊重이어나 承事供養이어나 及暫耳聞하야 一經心者라도 如是所作이 悉不唐捐하야 必定當成阿耨多羅三藐三菩提하나니 是名菩薩摩訶薩의 第六善現行이니라

이 보살이 선현행에 머물러 있을 때, 모든 하늘, 마군, 범천,

사문, 바라문과 모든 세간의 건달바, 아수라 들이 만일 만나보거나 잠깐 함께 있거나 공경하고 존중하고 섬기고 공양하거나, 잠깐 귀에 들었거나 마음에 한번 거치기만 하여도, 이처럼 하는 일이 모두 헛되지 아니하여 반드시 아뇩다라삼먁삼보리를 성취할 것이다.

이를 보살마하살의 제6 잘 나타나는 행이라고 한다."

◉ 疏 ◉

於中 三業不空이 是爲徧益이오 終至菩提일세 是究竟益이니라

여기에 삼업이 공허하지 않음이 두루 이익이 되고 마침내 보리에 이르기에 이것이 究竟의 이익이다.

◉ 論 ◉

第六善現行은 以般若波羅蜜로 爲體라 有四十行半經을 分爲四段호리니

一은 佛子已下로 至方便現生相히 有十行半經은 明知生之無性하야 示現方便現生分이오

二 佛子已下로 至與一切衆生作所依處히 有十行經은 明菩薩이 達心境一切法이 無性無依하고 而敎化衆生하야 與作依處分이오

三은 菩薩爾時已下로 至不行正道히 有十一行經은 明念度衆生分이오

四는 '菩薩如是觀諸衆生已下로 至善現行히 有九行經은 明度衆生未盡에 不取自證涅槃分이라

제6 선현행은 반야바라밀로 본체를 삼는다.

40항 반의 경문은 4단락이다.

(1) '佛子' 이하로 '方便現生相'까지 10항 반의 경문은 자성이 없음을 알고서 곧 태어나 보여주는 것을 나타낸 부분이며,

(2) '佛子' 이하로 '與一切衆生作所依處'까지 10항 경문은 보살이 마음과 경계의 모든 법이 자성이 없고 의지처가 없음을 통달하고서 중생을 교화하여 의지처가 되어줌을 밝힌 부분이며,

(3) '菩薩爾時' 이하로 '不行正道'까지 11항 경문은 중생 제도의 생각을 밝힌 부분이며,

(4) '菩薩如是觀諸衆生' 이하로 '善現行'까지 9항의 경문은 중생 제도를 다하지 못하여 자신의 열반 증득을 서두르지 않음을 밝힌 부분이다.

십행품 제21-2 十行品 第二十一之二
화엄경소론찬요 제40권 華嚴經疏論纂要 卷第四十

화엄경소론찬요 제41권
華嚴經疏論纂要 卷第四十一

십행품 제21-3
十行品 第二十一之三

第七 無著行
제7 무착행

體卽方便이라
무착행의 자체는 방편바라밀이다.

經

佛子여 何等이 爲菩薩摩訶薩의 無著行고
"불자여, 어떤 것이 보살마하살의 집착이 없는 행인가?

◉ 疏 ◉

依唯識二方便하야 由廻向故로 不住生死하고 由拔濟故로 不住涅槃하나니 俱無住故로 名爲無著이라
本業後四라도 亦各有三方便하니 一은 進趣向果오 二는 巧會有無오 三은 一切法不捨不受니라
初는 卽廻向이오 二는 由巧會故로 方能拔濟오 不捨不受는 相同般若니라 唯識엔 唯明後得일새 故不立之어니와 本業은 約兼正不同이니 不妨此一이니라【鈔_ '不捨不受'下는 三에 雙出經論有無之由니 兼正之義는 下文當知니라】

유식 2가지 방편을 의지하여, 회향을 연유하여 생사에 머물지 않고 중생의 제도를 연유하여 열반에 머물지도 않는다. 모두 머묾

이 없기에 그 이름을 無著이라 한다

본업경에서는 뒤의 4가지 또한 각각 3가지 방편이 있다고 한다.

(1) 나아가 결과로 향함이고,

(2) 有와 無를 잘 아는 것이며,

(3) 모든 법을 버리지도 받아들이지도 않는다.

(1)은 회향이고, (2)는 잘 알기에 중생을 제도할 수 있으며, (3) 모든 법을 버리지도 받아들이지도 않는다는 것은 반야와 같다. 유식에서는 오직 後得智만을 밝힌 까닭에 이를 말하지 않았지만, 본업에서는 兼正의 의미가 똑같지 않은 것으로 말하였다. 이처럼 하나만으로 말한 게 나쁘지 않다. 【초_ '不捨不受' 이하는 (3)의 경론의 有無 연유와 兼正이 이미를 모두 들어 말한 것임을 알아야 한다.】

三皆善巧일세 故俱無住著이니 則不二而二之悲智와 即二不二之一心이 是無著也니라【鈔_ 則不二 下는 初는 合釋前二니 以二同唯識故니 以進趣同廻向은 即大智故오 巧會同拔濟는 即大悲故니라 此二相即일세 故唯一心이오 二即一心일세 故不著二오 一心即二일세 故不著一心이니라】

3가지 방편이 모두 훌륭하기에 모두 집착이 없다. 이는 둘이 아니면서도 둘이 되는 大悲·大智와 둘이면서도 둘이 아닌 하나의 마음이 바로 집착이 없는 것이다. 【초_ '則不二' 이하는 첫째는 앞서 말한 2가지를 종합하여 해석한 것이다. 이 2가지는 유식과 같기 때문이다. 닦아나가는 게 회향과 같음은 大智이기 때문이며, 잘 알고서 중생을 제도하는 것과 같음은 大悲이기 때문이다. 대비와 대지 2가지는 서로 하나이기에 오직 하나의 마음이다. 대비와 대지 2가지는 하나의 마음이기에 2가지에 집착하지 않고, 하나의 마음이 곧 2가지이기에 하나의 마음에 집착하지 않는다.】

有는 是幻有오 無는 是眞空이니 幻有는 是不有有故로 卽眞空이오 眞空은 是不空空故로 卽幻有니라 此二無礙일새 故名巧會니 如是相融이라 故無所著이니라 有能起用이오 空可觀察일새 故皆不捨오 若受有는 同凡夫오 受無는 同趣證일새 故俱不受니라

有는 幻有이며, 無는 眞空이다. 환유는 존재하지 않는 존재이기에 곧 진공이며, 진공은 이 공이 아닌 공이기에 곧 환유이다. 이처럼 진공과 환유 2가지가 서로 장애가 없기 때문에 그 이름을 '잘 이해한다[巧會]'고 말한다. 이와 같이 서로 원융하기에 집착하는 바가 없다.

환유는 작용을 일으키고 진공은 관찰할 수 있기에 모두 버릴 수 없고, 유를 받으면 범부와 같고, 無를 받으면 나아가 증득하는 과정과 같기에 모두 받지 않는다.

二釋相中에 大分爲二니 前은 明自分無著이오 後明勝進無著이라 於自分中에 已含前說二三方便이오 在文分三이니 初는 唯明自行無著이오 二何以下는 徵釋所由오 後菩薩如是下는 類顯萬行이니 今은 初라

무착행의 해석은 크게 2부분으로 나뉜다.

1. 집착이 없는 자신을 밝혔고,
2. 수승하게 닦아가는 데 집착이 없음을 밝힌 것이다.

1. 집착이 없는 자신을 밝힌 부분은 이미 앞서 말한 2~3가지 방편을 포함하고 있다.

이의 경문은 3부분으로 나뉜다.

1) 오직 자신의 행에 집착이 없음을 밝혔고,

2) '何以故' 이하는 유래한 바를 묻고 해석함이며,

3) '菩薩如是' 이하는 만행을 유별로 밝혔다.

이는 1) 오직 자신의 행에 집착이 없음을 밝힘이다.

經

佛子여 此菩薩이 以無著心으로 於念念中에 能入阿僧祇世界하야 嚴淨阿僧祇世界호되 於諸世界에 心無所著이니라 往詣阿僧祇諸如來所하야 恭敬禮拜하며 承事供養호되 以阿僧祇華와 阿僧祇香과 阿僧祇鬘과 阿僧祇塗香末香과 衣服珍寶와 幢幡妙蓋諸莊嚴具의 各阿僧祇로 以用供養하나니 如是供養은 爲究竟無作法故며 爲住不思議法故니라 於念念中에 見無數佛호되 於諸佛所에 心無所著하며 於諸佛刹에 亦無所著하며 於佛相好에 亦無所著하며 見佛光明하고 聽佛說法에 亦無所著하며 於十方世界와 及佛菩薩所有衆會에 亦無所著하며 聽佛法已하고 心生歡喜하야 志力廣大하야 能攝能行諸菩薩行호되 然於佛法에 亦無所著이니라 此菩薩이 於不可說劫에 見不可說佛이 出興於世하고 一一佛所에 承事供養을 皆悉盡於不可說劫호되 心無厭足하야

見佛聞法과 **及見菩薩衆會莊嚴**에 **皆無所著**하며 **見不淨世界**호되 **亦無憎惡**하나니

불자여, 이를 수행하는 보살이 집착이 없는 마음으로 한 생각 한 생각의 찰나에 아승기 세계에 들어가 아승기 세계를 깨끗이 장엄하면서도 모든 세계에 집착하는 마음이 없다.

아승기 모든 여래가 계신 곳에 찾아가 공경하고 예배하며, 받들어 섬기고 공양하되, 아승기 꽃, 아승기 향, 아승기 꽃장식, 아승기 바르는 향과 가루 향, 의복과 보배, 당기와 깃발, 일산과 모든 장엄 거리를 각각 아승기로 공양 올렸다.

이처럼 공양하는 것은 지음이 없는 법을 끝내기 위함이며, 불가사의의 법에 머물기 위한 때문이다.

한 생각 한 생각의 찰나에 수없는 부처님을 친견하되 모든 부처님이 계신 곳에 집착하는 마음이 없으며, 모든 부처님 세계에도 집착하는 마음이 없으며, 부처님 잘 생긴 모습에도 집착이 없으며, 부처님의 광명을 보고 부처님의 법문을 듣는 데도 집착이 없으며, 시방의 세계와 부처님과 보살과 모인 대중에게도 집착이 없으며, 불법을 듣고는 환희의 마음을 내고 뜻과 힘이 광대하여, 모든 보살의 행을 가지고 잘 행하면서도 부처님 법에 집착함이 없다.

이런 수행을 하는 보살이 말할 수 없는 겁에 말할 수 없는 부처님이 세상에 나오심을 보고, 한 분 한 분 부처님 계신 곳마다 섬기고 공양하기를 말할 수 없는 겁이 다하도록 할지라도 마음에 싫어함이 없으며, 부처님을 뵙고 법문을 듣고 보살과 모인 대중의 장엄

을 볼지라도 모두 집착이 없으며, 청정하지 못한 세계를 보고서도 싫어하거나 미워하는 생각이 없다.

● 疏 ●

初中에 先은 明淨境無著이오 後見不淨下는 染境不嫌이라
前中三이니
一은 明嚴刹無著이오
二往詣下는 於三寶無著이니 於中에 初는 敬事供佛이오 次如是下는 顯供所爲오 後於念念下는 別示無著之相이니 義兼三寶와 及自進修에 皆無所著이라 言念念者는 顯速而且多오
三此菩薩下는 長時無著이오 二見不淨一句는 染境不嫌이니 唯一句者는 染易捨故일세니라

　1) 오직 자신의 행에 집착이 없음을 밝히는 가운데, 경문은 다시 2부분으로 나뉜다.
　⑴ 청정한 경계에 집착이 없음을 밝힘이며,
　⑵ '見不淨' 이하는 물든 경계를 싫어하지 않음이다.
　⑴ 청정한 경계는 다시 3부분이다.
　① 장엄 청정한 세계에 집착이 없음을 밝힘이며,
　② '往詣' 이하는 삼보에 집착이 없음이다.
　이의 첫 부분은 공경히 섬기는 것과 부처님을 공양함이며,
　다음 '如是' 이하는 공양하는 바를 나타냄이며,
　뒤 '於念念' 이하는 개별로 집착이 없는 모습을 보여준 것이다.

그 뜻은 삼보 및 자신의 닦아나가는 데 집착하는 바가 없음을 겸하였다. 念念이라 말한 것은 빠르고 또 많음을 나타낸 것이다.

③ '此菩薩' 이하는 첫째, 장시간 집착이 없음이며, 둘째 '見不淨世界' 1구는 물든 경계를 싫어하지 않음이다. 오직 '見不淨世界' 1구는 오염된 경계를 쉽게 버릴 수 있기 때문이다.

第二. 徵釋所由

2) 유래한 바를 묻고 해석하다

經

何以故오 此菩薩이 如諸佛法而觀察故니 諸佛法中에 無垢無淨하며 無闇無明하며 無異無一하며 無實無妄하며 無安穩無險難하며 無正道無邪道니라

무슨 까닭일까? 이런 행을 닦는 보살이 부처님 법과 같이 관찰하기 때문이다. 모든 불법 가운데 때 묻음도 없고 깨끗함도 없으며, 어둠도 없고 밝음도 없으며, 다름도 없고 하나도 없으며, 진실함도 없고 허망함도 없으며, 편안함도 없고 험난함도 없으며, 바른 길도 없고 삿된 길도 없다.

● 疏 ●

徵意에 云欣淨惡穢는 人之常情이어늘 菩薩은 如何不嫌不著고 釋意

에 云不依佛慧면 淨穢自生이어니와 順法而觀이어니 二相安在오 故云 如諸佛法而觀察故라하니 佛法은 卽法界佛慧也니라

여기에서 물은 뜻은 "청정한 곳을 좋아하고 더러운 곳을 싫어하는 것은 사람의 일반적인 마음인데, 보살은 어찌하여 싫어하지도 않고 집착하지도 않는 것일까?"라는 점이다.

이에 대해 해석한 뜻은 다음과 같다.

"부처님의 지혜를 따르지 않으면 청정하고 더러운 세계가 절로 생겨나지만 법을 따라 살펴보면 청정과 더러운 모습이 어떻게 있을 수 있겠는가. 이 때문에 '부처님 법과 같이 관찰하기 때문이다.'고 하였다. 부처님의 법은 곧 법계의 부처님 지혜이다."

第三 類顯萬行

3) 만행을 유별로 밝히다

經

菩薩이 如是深入法界하야 敎化衆生호되 而於衆生에 不生執著하며 受持諸法호되 而於諸法에 不生執著하며 發菩提心하야 住於佛住호되 而於佛住에 不生執著하며 雖有言說이나 而於言說에 心無所著하며 入衆生趣호되 於衆生趣에 心無所著하며 了知三昧하야 能入能住호되 而於三昧에 心無所著하며 往詣無量諸佛國土하야 若入若見하고 若於中

住호되 **而於佛土**에 **心無所著**하며 **捨去之時**에 **亦無顧戀**하나니라

보살이 이처럼 법계에 깊이 들어가 중생을 교화하되 중생에게 집착을 내지 않으며,

모든 법을 받아 지니되 모든 법에 집착을 내지 않으며,

보리심을 내어 부처님 계신 곳에 머물면서도 부처님 계신 데 집착을 내지 않으며,

비록 말을 하면서도 말에 집착하는 마음이 없으며,

중생의 길에 들어가되 중생의 길에 집착하는 마음이 없으며,

삼매를 알고서 삼매에 들어가고 머무르되 삼매에 집착하는 마음이 없으며,

한량없는 부처님 국토에 나아가 들어가기도 하고 보기도 하고 그 가운데 머물기도 하되 부처님 국토에 집착하는 마음이 없으며, 버리고 떠날 때에도 연연해하지 않는다.

● 疏 ●

若自若他에 皆無所著이라 於中 初句는 結前生後오 '教化' 已下는 廣列所行이라 言佛所住者는 卽聖天梵等이라 餘並可知니라【鈔_ 卽聖天梵等은 後會에 當廣明호리라】

나와 남에 모두 집착하는 바가 없다. 이의 경문 중에 첫 구절(如是深入法界~不生執著)은 앞 문장을 끝맺으면서 뒤 문장을 일으킴이며, '教化' 이하는 행하는 바를 자세히 나열하였다. '부처님 계신 곳'

이라 말한 것은 곧 聖天梵 등이다. 나머지는 모두 설명하지 않아도 알 수 있다.【초_ '곧 聖天梵 등'은 뒤의 會에 자세히 밝히고 있다.】

第二 勝進無著

文分爲三이니 初는 明自行이오 二得授記已下는 利他오 三菩薩如是觀身下는 結行成滿이니 今은 初라

2. 수승하게 닦아가는 데 집착이 없다

경문은 3부분으로 나뉜다.

1) 自利行을 밝혔고,

2) '得授記' 이하는 利他行이며,

3) '菩薩如是觀身' 이하는 자리이타행의 원만한 성취를 끝맺음이다.

이는 1) 자리행이다.

經

菩薩摩訶薩이 以能如是無所著故로 於佛法中에 心無障礙하야 了佛菩提하며 證法毘尼하며 住佛正敎하며 修菩薩行하며 住菩薩心하며 思惟菩薩解脫之法하며 於菩薩住處에 心無所染하며 於菩薩所行에 亦無所著하며 淨菩薩道하며 受菩薩記하니라

보살마하살이 이처럼 집착하는 바가 없기 때문에 그 어느 불법

에도 마음에 장애가 없어, 부처님의 보리를 알고 법의 비니를 증득하고 부처님 바른 가르침에 머물고, 보살의 행을 닦고 보살의 마음에 머물고 보살의 해탈 법을 생각하고, 보살의 머무는 곳에 마음이 물들지 않고 보살의 행하는 바에 또한 집착하는 바 없고, 보살의 도를 청정케 하며, 보살의 수기를 받는다.

◉ **疏** ◉

分二니 先은 牒前自分이오 後於佛法下는 正顯勝進이라

有十一句하니 初總餘別이라

總은 謂了達敎理行果之法故오

別中에 一은 了果法이니 謂佛菩提오

二는 了理法이니 謂證法毘尼니라 毘尼는 梵音에 具云毘奈耶니 此稱爲滅이니 若律藏受名인댄 義兼調伏이어니와 今云法滅이라 通四種法하야 皆有滅義하니 謂敎詮滅故며 行滅惑故며 果證滅故며 理本寂滅故니라 今文上下에 旣有餘三이니 故此滅者는 卽理滅也니라 又與證義相應하니 圓融敎中에 此容證故니라

三은 住佛正敎는 卽了敎法이니 如所敎住故니라

四修菩薩行下는 皆行法也라 三句는 隨相行이니 行은 卽萬行이오 心은 謂四等이오 解脫은 卽諸解脫門이라 次二句는 無相行이니 住處는 卽前敎理及果와 所行은 卽前萬行等이니 皆無染著也라 由此故로 能淨菩薩道하야 堪受記別이니라

경문은 2부분으로 나뉜다.

앞은 앞의 자리행 부분을 이어 말하였고, 뒤 '於佛法' 이하는 바로 수승하게 닦아나감을 밝혔다.

11구인데 첫 구절은 총체이고, 나머지는 개별이다.

총체는 敎·理·行·果의 법을 아는 것을 말한 때문이다.

개별로 말한 구절 가운데, 제1구(了佛菩提)는 佛果를 아는 것이니 부처님의 보리지혜를 말하고,

제2구(證法毘尼)는 理法을 아는 것이니 法毘尼의 증득을 말한다. 毘尼는 범음에 따라 구체적으로 말하면, 毘奈耶이며, 중국에서는 '滅'이라는 뜻이다. 만일 律藏의 입장에서 말하면 調伏의 의미를 겸하고 있지만, 여기에서는 法滅을 말한다. 4가지 법을 통틀어 모두 滅義가 있다. 敎는 滅을 말한 때문이며, 行은 미혹을 滅한 때문이며, 果는 증득을 滅한 때문이며, 理는 본래 寂滅한 때문이다. 이의 경문 위아래에 이미 나머지 3가지가 있기 때문에 여기에서 말한 滅은 곧 본래 적멸을 말하는 理滅이다. 또한 證義와도 상응하니 圓融敎에서는 증득을 용납한 때문이다.

제3구 住佛正敎는 곧 敎法을 아는 것이다. 가르쳐준 바와 같이 머물기 때문이다.

제4구 '修菩薩行' 이하는 모두 行法이다. 3구(修菩薩行 住菩薩心 思惟菩薩解脫之法)는 相을 따른 행[隨相行]이다. 行은 萬行이고, 마음은 慈·悲·喜·捨 四無量心을 말하며, 해탈은 모든 해탈문이다. 다음 2구(於菩薩住處心無所染 於菩薩所行亦無所著)는 상이 없는 행[無相行]이다. 보살이 머무는 곳이란 앞의 교리 및 果이며, 보살이 행한 바는 앞

의 萬行 등이다. 모두 더럽혀지거나 집착함이 없다. 이러한 연유로 보살의 도를 청정하게 하여 기별을 받을 수 있었다.

第二 大悲利他中에 二니 先은 增長大悲요 後는 要心拔濟니 今은 初라

2) 大悲 利他行은 다시 2부분으로 나뉜다.
(1) 大悲의 마음을 더욱 키워나감이다.
(2) 마음에 중생을 제도하고자 요함이다.
이는 (1) 大悲의 마음을 더욱 키워나가는 부분이다.

經

得受記已에 作如是念호되 凡夫愚癡하야 無知無見하며 無信無解하며 無聰敏行일세 頑嚚貪著하야 流轉生死하야 不求見佛하며 不隨明導하며 不信調御하고 迷誤失錯하야 入於險道하며 不敬十力王하고 不知菩薩恩하야 戀著住處하며 聞諸法空하고 心大驚怖하며 遠離正法하고 住於邪法하며 捨夷坦道하고 入險難道하며 棄背佛意하고 隨逐魔意하야 於諸有中에 堅執不捨로다하야 菩薩이 如是觀諸衆生하고 增長大悲하야 生諸善根호되 而無所著이니라

수기를 받고서 이렇게 생각한다.

'범부가 어리석어 알지 못하고 보지 못하며, 신심이 없고 이해가 없으며, 총명하고 민첩한 행이 없으며, 사납고 어리석어 생사에

헤매면서도 부처님 뵙기를 구하지 않고, 밝은 지도를 따르지 않으며, 바르게 이끌어주는 것을 믿지 않고, 혼미하고 잘못되어 험난한 길로 들어가며, 열 가지 힘을 가지신 부처님을 공경하지 않고, 보살의 은혜를 알지 못하여 머무른 곳에 탐착하며, 모든 법이 공하다는 말을 듣고서 공포한 마음을 내고, 바른 법에서 멀리 떠나고 삿된 법에 머물며, 평탄한 길을 버리고 험난한 길에 들어가며, 부처님의 뜻을 저버리고 마군의 뜻을 따르면서 모든 유(有)의 존재에 굳게 집착하고 버리지 못하였다.'

보살이 이처럼 중생을 살펴보고 대비심을 더욱 키워 모든 선근을 내면서도 집착하는 바 없다.

◉ 疏 ◉

前中二니 先은 觀其所悲오 後는 增悲無著이라

前中又二니 先은 觀迷四諦故로 入於險道오 後는 觀迷勝義故로 入於險道니 今은 初也라

初二句는 標起念時오 '凡夫'已下는 辨所念境이니 有十三句하니 初總餘別이라 總은 謂迷於四諦를 皆曰愚癡오 別中에 前五는 彰迷오 後七은 顯過라

前中에 一은 不知苦諦오 二는 不見集過오 三은 不信性本寂滅이오 四·五는 不能修道니 一은 解오 二는 行이라

後七顯過에 一은 不見集過라 故頑嚚貪著이니 卽癡愛也오 二는 由貪愛故로 受生死苦오 次不求見下 四句는 釋不修道니 初三은 闕道緣

이오 四는 由不信故로 迷正道하고 失本解하야 以邪爲正을 名爲錯誤오 後一은 由前不修라 故入險失滅이니 上一向是凡이라【鈔_ 頑囂卽癡愛者는 尚書 堯典注에 云心不則德義曰頑이오 言不道忠信曰囂라하니 故頑卽癡오 囂是愛也니라】

(1) 大悲의 마음을 더욱 키워나가는 부분은 다시 2부분으로 나뉜다.

첫째, 대비의 대상을 살펴봄이며,

둘째, 대비의 마음을 더욱 키워나가면서도 집착이 없음을 말한다.

첫째 '대비의 대상' 부분은 다시 2부분으로 나뉜다.

① 四諦를 알지 못한 까닭에 험난한 길로 들어감을 살펴봄이며,

② 勝義를 알지 못한 까닭에 험난한 길로 들어감을 살펴봄이다.

이는 ① 四諦를 알지 못한 부분이다.

첫 2구(得受記已 作如是念)는 생각을 일으킨 때를 밝혔고,

'凡夫' 이하는 생각하는 대상의 경계를 말한 것으로, 여기에는 13구(凡夫愚癡~入於險道)가 있다.

13구 가운데 첫 구절 '凡夫愚癡'는 총체이며, 나머지 12구는 개별이다.

첫 구절(凡夫愚癡)의 총체로 말한 부분은 四諦를 알지 못하여 혼미함을 모두 어리석음[愚癡]이라고 말한다.

12구의 개별로 말한 가운데, 앞의 5구(無知, 無見, 無信, 無解, 無聰敏行)는 혼미함을 밝혔고, 뒤의 7구(頑囂貪著, 流轉生死, 不求見佛, 不隨明導, 不信調御, 迷誤失錯, 入於險道)는 혼미함에 의해 생겨난 잘못을 밝힌

것이다.

앞의 5구 가운데,

제1구 '無知'는 苦諦를 알지 못함이며,

제2구 '無見'은 集過를 보지 못함이며,

제3구 '無信'은 성품이 본래 寂滅임을 믿지 못함이며,

제4, 5구 '無解'·'無聰敏行'은 도를 닦지 않음이다.

제1구 '無知'는 이해로, 제2구 '無見'은 行으로 말하였다.

뒤의 7구는 혼미함에 의해 생겨난 잘못을 밝힌 가운데,

첫째 제7구 '頑嚚貪著'은 集過를 보지 못한 까닭에 사납고 탐착함이니 곧 癡愛이며,

둘째 제8구 '流轉生死'는 탐착 때문에 생사의 고통을 받음이며,

다음에 '不求見' 이하 4구(不求見佛 不隨明導 不信調御 迷誤失錯)는 도를 닦지 않은 부분을 해석하였다. 앞의 3구(不求見佛~不信調御)는 도의 반연이 없음이며, 제4구(迷誤失錯)는 믿지 않기 때문에 바른 도를 알지 못하고 근본 이해를 상실하여 삿된 길을 바른 길로 잘못 생각한 까닭에 그 이름을 錯誤라 한다.

맨 끝의 1구(入於險道)는 앞서 말한 '닦지 않은' 때문에 험난한 길로 들어가 滅의 도리를 상실한 것이다. 위는 하나같이 범부이다.
【초_ "頑嚚이 곧 癡愛"라 하는 것은 尚書 堯典 주에 이르기를 "德義를 본받지 않는 마음씨를 頑이라 하고, 충실과 믿음으로 말하지 않는 입을 嚚이라 한다."고 하였다. 따라서 頑이란 곧 어리석음이며, 嚚은 곧 애착이다.】

二不敬下는 明迷勝義故로 入於險道니 通於凡小라 初二句는 離勝緣이오 次二句는 闕勝因이니 三有와 生空이 皆爲住處니라 怖法空者는 謂斷滅故라 故大般若諸會之末에 善現이 皆愍衆生怖畏法空하야 而興問言호되 云何令諸衆生으로 悟諸法空이닛가 佛言하사되 非先有法이오 後說爲無니 旣非先有인댄 後亦非無어니 自性常空이니 勿生驚怖어다 遠離已下는 覆疏上義니 由著處怖空일세 故遠正住邪하고 捨夷入險하며 由離勝緣일세 故背佛隨魔하고 執有不捨라 魔樂生死하고 佛住空故일세니라

二菩薩如是下는 增長悲心하야 結成無著이라

② '不敬十力王' 이하는 勝義를 알지 못한 까닭에 험난한 길로 들어감을 밝힘이다. 이는 범부와 소승에 통한다.

처음 2구(不敬十力王 不知菩薩恩)는 좋은 인연을 버림이며, 다음 2구(戀著住處 聞諸法空)는 좋은 원인[勝因]을 없앤 것이다. 三有와 生空이 모두 머문 곳[住處]이다.

法空에 대해 겁을 내는 것은 斷滅을 말한 때문이다. 따라서 大般若를 설한 모든 법회의 끝부분에 선현보살이 모두 다음과 같이 말하였다.

중생들이 법이 공하다는 말을 듣고서 겁내는 것을 불쌍히 여겨 부처님께 여쭈었다.

"어떻게 하면 모든 중생으로 하여금 모든 법이 공함을 깨닫게 할 수 있습니까?"

"먼저 有의 법이 뒤에 無가 된다고 말하는 것이 아니다. 먼저

有가 아니라면 뒤에 또한 無도 아니다. 자성이 언제나 공한 것이다. 두려운 마음을 내지 마라."

'遠離(遠離正法~堅執不捨)' 이하는 위에서 말한 뜻을 거듭 해석하였다. 집착한 곳과 空을 겁내는 까닭에 '바른 법에서 멀리 떠나고[遠離正法] 삿된 법에 머물며[住於邪法], 평탄한 길을 버리고 험난한 길에 들어가며[捨夷坦道 入險難道], 좋은 인연을 버림으로 말미암아 부처님의 뜻을 저버리고[棄背佛意] 마군의 뜻을 따르며[隨逐魔意], 有의 존재에 굳게 집착하고 버리지 못한다[於諸有中 堅執不捨]. 마군은 생사를 좋아하고 부처님은 空에 머물기 때문이다.

둘째 '菩薩如是' 이하(菩薩如是觀諸衆生~而無所著)는 대비의 마음을 더욱 키워나가면서도 집착이 없음을 끝맺었다.

第二는 要心拔濟니 以大悲隨逐이라 文分二別이니 先은 起行이오 後는 顯無著이니 今은 初라

(2) 마음에 중생을 제도하고자 大悲의 마음으로 중생을 따르는 것이다.

경문은 2부분으로 나뉜다.

첫째는 이타행을 일으킴이며,

둘째 '乃至' 이하는 집착이 없음을 밝힌 것이다.

이는 첫째, 이타행을 일으킴이다.

菩薩이 爾時에 復作是念호되 我當爲一衆生하야 於十方世界 一一國土에 經不可說不可說劫토록 敎化成熟하고 如爲一衆生하야 爲一切衆生도 皆亦如是호되 終不以此로 而生疲厭하야 捨而餘去라하며
又以毛端으로 徧量法界하야 於一毛端處에 盡不可說不可說劫토록 敎化調伏一切衆生하고 如一毛端處하야 一一毛端處에 皆亦如是하니라

그때 보살이 또 이런 생각을 한다.

'내가 한 중생을 위하여 시방세계의 하나하나 국토에 말할 수 없고 말할 수 없는 겁을 지나도록 교화하여 성숙시키고, 한 중생을 위하는 것처럼 일체 모든 중생을 위해서도 모두 그와 같이 하되 마침내 이 때문에 힘들어하거나 싫어하는 마음으로 그냥 버려두고 다른 데로 가지 않을 것이며,

또한 털끝으로 법계를 두루 헤아려 하나의 털끝에서 말할 수 없고 말할 수 없는 겁이 다하도록 일체중생을 교화하고 조복하며, 하나의 털끝에서 그랬던 것처럼 하나하나 모든 털끝에서도 그와 같이 하리라.'

● 疏 ●

文二니 先은 明心無疲厭이니 以無著故로 卽大悲堅固하야 不以難化而厭捨之오 後又以下는 明其心廣大니 謂一毛量處에 化多衆生호되

法界皆爾 是爲廣大니라

경문은 2부분이다.

앞부분은 힘들어하거나 싫어하는 마음이 없음을 밝히고 있다. 집착이 없기 때문에 大悲의 마음이 굳건하여 중생을 교화하기 어렵다는 이유로 싫어하거나 버리지 않음이며,

뒷부분의 '又以毛端' 이하는 그 마음이 넓고 큼을 밝힘이다. 한 털끝으로 헤아릴 수 있는 작은 곳에서 많은 중생을 교화하되 모두 법계처럼 여기는 것이 그 마음이 넓고 큰 것이다.

二 顯無著

둘째, 집착이 없음을 밝히다

經

乃至不於一彈指頃도 執著於我하야 起我我所想하며 於一一毛端處에 盡未來劫토록 修菩薩行호되 不着身하며 不着法하며 不着念하며 不着願하며 不着三昧하며 不着觀察하며 不着寂定하며 不着境界하며 不着敎化調伏衆生하며 亦復不着入於法界하나니라

何以故오 菩薩이 作是念호되 我應觀一切法界가 如幻하며 諸佛이 如影하며 菩薩行이 如夢하며 佛說法이 如響하며 一切世間이 如化하야 業報所持故며 差別身이 如幻하야 行力

所起故며 一切衆生이 如心하야 種種雜染故며 一切法이 如
實際하야 不可變異故라하나니라
又作是念호되 我當盡虛空徧法界하야 於十方國土中에 行
菩薩行호되 念念明達一切佛法하야 正念現前하야 無所取
著이라하나니라

 손가락을 한 번 튕길 잠깐 사이까지도 '나'에 집착하여 '나'와 '나의 것'이란 생각을 일으키지 않으며, 하나하나 털끝처럼 작은 곳에서 미래 세월이 다하도록 보살의 행을 닦되 몸에 집착하지 않고 법에 집착하지 않으며, 생각에 집착하지 않고 소원에 집착하지 않으며, 삼매에 집착하지 않고 관찰에 집착하지 않으며, 고요한 선정에 집착하지 않고 경계에 집착하지 않으며, 중생을 교화하고 조복하는 데 집착하지 않으며, 또한 법계에 들어가는 데도 집착하지 않는다.

 무엇 때문인가? 보살이 이런 생각을 하기 때문이다.

 '나는 마땅히 일체 법계가 요술과 같다고 보아야 한다. 모든 부처님이 그림자와 같고, 보살의 행이 꿈과 같고, 부처님의 설법이 메아리와 같고, 일체 세간이 변화와 같으니 업보로 유지되기 때문이며, 차별한 몸이 허깨비와 같으니 행위와 업력으로 일으킨 때문이며, 일체중생이 마음과 같으니 가지가지로 물든 때문이며, 일체 법이 실제와 같으니 변할 수 없기 때문이다.'

 또 이런 생각을 한다.

 '나는 마땅히 허공과 법계에 두루 다한 시방의 국토에서 보살

의 행을 행하되, 생각마다 일체 불법을 분명히 통달하여 바른 생각이 앞에 나타나 집착한 바 없게 하리라.'

◉ 疏 ◉

文三이니 初는 擧少況多요 次於一一下는 廣顯無著이오 後何以下는 徵釋所以니 所以不著者는 後釋有二意니 一은 稱深無相而興念故요 二는 廣徧虛空起加行故니라

前中에 無相難明일새 寄以喻顯이라 然此諸喻 通喻諸法이니 如下本品이어니와 今取義便하야 各擧其一이면 則明前所見이 皆無相也니라

初句는 爲總이니 觀事法界 從緣如幻하야 無實體故로 是以不著이오 餘句는 爲別이라 一은 佛隨機現이 如影隨質故며 又現心水故요 二는 菩薩行이 想念生故며 未大覺故요 三은 緣成之聲故며 隨感有說故니라 餘句는 經文自釋이오 一切法如實際者는 總結이라【鈔_ 想念生者는 此有二意하니 一은 要想念이니 念方能起行이 如夢從想이라 故智論에 云所聞見事 多思惟念이라 故夢見也라하니라 未大覺者는 大覺은 是佛이니 近而說之면 七地已前도 猶爲夢行이오 八地爲覺이어니와 八地之中도 無明未盡이라 亦是夢境이니 永斷夢妄思想念하야 無復諸大·陰·界·入은 唯佛一人이라 是故로 如來獨稱大覺이라하니라】

경문은 3부분이다.

① 적은 것을 들어 많은 것을 비유하였다.

② '於一一毛端處' 이하는 집착이 없음을 널리 밝혔다.

③ '何以故' 이하는 그 이유를 묻고 해석하였다. 집착을 하지 않

는 이유는 뒤의 해석에서 2가지 뜻으로 말하였다.

㉠ 형상이 없는 심오한 자리에 걸맞게 생각을 일으키기 때문이며,

㉡ 허공에 두루 널리 加行을 일으키기 때문이다.

㉠의 형상이 없는 심오한 자리는 밝히기 어려운 까닭에 가탁으로 비유를 들어 밝혔다. 그러나 이러한 모든 비유는 모든 법에 대한 공통의 비유이다. 아래 본 품에서 말한 바와 같지만, 여기에서는 편의를 취하여 각각 그중 하나만을 들어 말한 것으로 앞의 소견이 모두 형상이 없는 것임을 밝히고 있다.

처음 구(一切法界 如幻)는 총체이다. 사법계가 반연을 따름이 허깨비와도 같아서 실체가 없다는 사실을 보았기 때문에 집착하지 않은 것이다.

나머지 구는 개별이다.

제1구 '諸佛如影'은 부처님이 機緣을 몸으로 나타냄이 마치 그림자가 형체를 따름과 같기 때문이며, 또 마음의 호수에 나타난 그림자와 같기 때문이다.

제2구 '菩薩行如夢'은 보살의 행이 想念에 의해 생겨난 때문이며, 大覺이 아닌 때문이다.

제3구 '佛說法如響'은 반연으로 이뤄진 소리이기 때문이며, 느낌에 따라 말을 하기 때문이다.

나머지 구절(一切世間如化~不可變異故)은 경문을 스스로 해석한 부분이다. "일체 법이 실제와 같다."는 것은 총체로 끝맺는 구절이다.

【초_ "想念에 의해 생겨났다."는 것은 2가지 뜻이 있다. 첫째는 想念을 필요로 한다. 생각이 바야흐로 행동을 일으킨다. 꿈이란 생각했던 것을 따라 나타나는 것과 같다. 이 때문에 지도론에 이르기를 "듣고 보았던 일들이 생각 속에 많이 가지고 있기 때문에 꿈에 나타난 것이다."고 하였다.

"大覺이 아니다."에서 대각은 부처님이다. 가까이 말하면 七地 이전까지도 오히려 꿈속에서 행한 것이며, 八地에서야 覺이라 할 수 있다. 그러나 팔지 중에서도 無明이 다한 것은 아니기에 이 또한 꿈속의 경계이다. 꿈속의 망상을 영원히 끊은 다음 다시 모든 四大, 五陰, 十八界, 六入이 없는 경지는 오직 부처님 한 분만이 가능하다. 이 때문에 부처님만을 유독 大覺이라고 말한다.】

又前明法界如幻은 卽體從緣이오 後結一切法如實際는 卽事而寂이라 世人이 皆謂實際不變이오 而謂諸法無常이라하니 以其所知로 喩所不知일세 故置如言이어니와 理實圓融이라 世間之相이 卽是常住니라
二又作下는 徧周虛空호되 起加行故어니와 所以不著이라 初明處廣이오 念念明達은 彰其解廣이오 正念現前은 是不著因이라

또한 앞에서 법계가 허깨비와 같다고 밝힌 것은 곧 본체가 반연을 따름이며, 맨 끝에서 "일체 법이 실제와 같다."고 끝맺은 것은 사법계와 하나가 되어 고요함이다. 세간 사람들은 모두 실제는 변하지 않는다고 말하고 모든 법은 無常하다고 말한다. 따라서 그들이 아는 바로써 알지 못한 부분을 비유한 까닭에 '…과 같다[如]'는 말을 했지만, 이치는 실로 원융하다. 세간의 형상이 곧 常

住이다.

㈡ '又作是念' 이하는 허공에 두루 널리 加行을 일으키기 때문에 집착하지 않는다. 첫 구절(我當盡虛空徧法界)은 광대한 공간을 밝혔고, "생각마다 일체 불법을 분명히 통달한다."는 것은 이해가 광대함을 나타냄이며, "바른 생각이 앞에 나타난다."는 것은 집착을 버릴 수 있는 원인이다.

第三 結行成滿
3) 자리이타행의 원만한 성취를 끝맺다

經

菩薩이 如是觀身無我하며 見佛無礙하고 爲化衆生하야 演說諸法하야 令於佛法에 發生無量歡喜淨信하야 救護一切호되 心無疲厭이니라 無疲厭故로 於一切世界에 若有衆生이 未成就未調伏處어든 悉詣於彼하야 方便化度호되 其中衆生의 種種音聲과 種種諸業과 種種取着과 種種施設과 種種和合과 種種流轉과 種種所作과 種種境界와 種種生과 種種殁에 以大誓願으로 安住其中하야 而敎化之하고 不令其心으로 有動有退하며 亦不一念도 生染着想하나니 何以故오 得無所著無所依故로 自利利他가 淸淨滿足이니 是名菩薩摩訶薩의 第七無著行이니라

보살이 이와 같이 나의 몸에 '나'라는 존재가 없음을 보고, 부처님을 보는 것도 원융하여 걸림이 없고, 중생의 교화를 위해 모든 법을 연설하여 그들로 하여금 부처님 법에 한량없는 즐거움과 청정한 신심을 내게 하여 모든 이들을 구호하되 힘들어하거나 싫어하는 생각이 없다.

  힘들어하거나 싫어하는 생각이 없기에 모든 세계에 성취하지 못하였거나 조복하지 못한 중생이 있는 곳이면 모조리 그곳을 찾아가 방편으로 교화하여 제도하되, 그 가운데 중생의 가지가지 음성, 가지가지 업, 가지가지 집착, 가지가지 시설, 가지가지 화합, 가지가지 윤회, 가지가지 하는 일, 가지가지 경계, 가지가지로 태어남, 가지가지로 죽는 것 들을, 큰 서원으로 그 가운데 편안히 머물면서 교화하고, 그 마음이 흔들리거나 물러서지 않으며, 또한 한 생각의 찰나에도 더러운 생각을 내지 않는다.

  무슨 까닭일까? 집착하는 바 없고 의지하는 바 없기에 자신을 이롭게 하고 남들을 이롭게 함이 청정하고 만족하니, 이를 보살마하살의 제7 집착 없는 행이라고 말한다."

◉ 疏 ◉

成滿中에 分三이니 初는 結自行成이오 二爲化下는 結利他行成이오 三何以下는 徵釋이니 雙結二行成就니라
二利他中三이니 初爲化下는 總顯敎化無疲오 次無疲厭故下는 別示無厭之相이라 其中施設者는 隨方儀式異故오 和合者는 善惡緣會

故니 餘는 可知니라【鈔】'四施設者¹³ 下는 隨難別釋이라 而經云種種 生者는 疏以易故로 不廣釋之어니와 今當重釋호리니 卽四生等이라 又 緣起經에 說三種生하니 經中에 有一苾芻 問言호되 世尊이시여 如是四 種生身之相이 由生老死하니 有何差別이닛가

釋曰 '四種生身之相者는 謂名色·六入·觸·受也라

經云 世尊이 告曰 '此四種生身之相은 若次第生과 若屬彼生과 若如 是生이니라

'世尊이시여 云何次第生身之相이닛가

世尊이 告曰 於其最初에 有下種生이오(一也라)

從此無間하야 有漸增生이오(二也라)

從此無間하야 有出胎生이오(三也라)

從此無間하야 有漸長生이오(四也라)

旣成長已에 受用言說로 能得生이니(五也라) 卽受用生이니

如是品類 名次第生이니라

次明屬彼生이니 經云 '世尊이시여 此屬誰生이닛가

世尊이 告曰 '蘊·界·處生이 都無有我니 所以者何오 以諸蘊等이 漸 增長故로 在性無常하니 卽無性法이니 有此生相이니라

三은 明如是生이니 經云 '世尊이시여 云何而生이닛가

世尊이 告曰 '由命根力하야 有暫時住分限法故로 其性無常하니 卽無

----

13 번역의 대본인 纂要에서는 '四施設者'로 쓰여 있으나 청량소초 원본을 살펴보면, 其中施設 者로 쓰여 있다. 뿐만 아니라, 이는 ⑵ 利他中의 3가지를 말하는 가운데 四라는 글자는 해당 부 분에 없다. 오자로 생각되기에 청량소초를 따라 번역하는 바이다.

常法이니 如是而生이라하니라

經云種種歿者는 或延或促과 三性等殊니 涅槃十二에 云死者 捨所受身이 有二種하니

一은 命盡死라 此有三種하니 一은 命盡이라 非是福盡이니 謂正報雖亡이나 依報猶在故오 二는 福盡이라 非命盡이니 謂依報滅壞나 正報猶在오 三은 福命俱盡이니 謂依正俱亡이라

二는 外緣死니 亦有三種이라 一은 非分自害오 二는 橫爲他害오 三은 俱害니 又有三種이라 一은 放逸死니 謂有謗大乘方等 般若波羅蜜이오 二者는 破戒死니 謂有毀犯去來現在 佛所制戒오 三은 壞命根死니 謂捨五陰身이라 今此菩薩이 悉竝委知니라 】

　　자리이타행의 원만한 성취를 끝맺은 경문은 3부분으로 나뉜다.

　　(1) 自利行의 성취를 끝맺음이며,

　　(2) '爲化' 이하는 利他行의 성취를 끝맺음이며,

　　(3) '何以' 이하는 묻고 해석함이니 자리행·이타행의 성취를 모두 끝맺음이다.

　　(2) 이타행은 다시 3부분으로 나뉜다.

　　① 중생의 교화에 힘들어함이 없음을 총체로 밝혔고,

　　② '無疲厭故' 이하는 힘들어함이 없는 형상을 개별로 보여줌이다. 그중에 말한 施設이란 지방에 따라 그 의식이 각기 다르기 때문이며, 화합이란 선악의 반연을 만난 때문이다. 나머지는 설명하지 않아도 알 수 있다. 【초_ "그중에 말한 施設이란" 이하는 논란될 부분을 따라 개별로 해석하였다. 경문에서 말한 '種種生'이란 청

량소에서는 쉽게 생각한 까닭에 자세히 해석하지 않았지만, 여기에서는 다시 해석해야 할 필요성이 있다. 이는 곧 胎卵濕化 四生 등을 말하며, 또한 緣起經에서는 3가지 生(次第生, 屬彼生, 如是生)으로 말하고 있다.

연기경에 의하면 다음과 같다.

어느 한 스님이 여쭈었다.

"세존이시여, 이와 같이 4가지 몸을 받아 태어난 형상이 태어나고 늙어가고 죽음을 따르는데, 무슨 차별이 있습니까?"

이에 대한 해석은 다음과 같다.

"4가지 몸을 받아 태어난 형상이란 名色과 六入과 觸과 受를 말한다."

다시 경문에 의하면 다음과 같다.

세존께서 말씀하셨다.

"4가지 몸을 받아 태어난 형상은 次第生과 屬彼生과 如是生이 있다."

"세존이시여, 어떤 것이 次第生身의 형상입니까?"

세존께서 말씀하셨다.

"그 최초에 下種生이 있고,(1)

이로부터 끊임없이 漸增生이 있으며,(2)

이로부터 끊임없이 出胎生이 있고,(3)

이로부터 끊임없이 漸長生이 있으며,(4)

모두 성장한 후에는 受用言說로 生을 얻으니(5) 곧 受用生이다.

이와 같은 유를 次第生이라 말한다."

둘째, 屬彼生을 밝히고 있다. 경문은 다음과 같다.

"세존이시여, 이들은 어디에 속해 살아가는 것입니까?"

세존께서 말씀하셨다.

"五蘊, 十八界, 十二處의 생이 모두 자아의 존재가 없다. 그 이유는 무엇인가? 오온 등이 차츰차츰 커나가기 때문에 성품에 있는 것이 無常하기에 곧 자성이 없는 법[無性法]이다. 이처럼 살아가는 형상을 가지고 있다."

셋째, 如是生을 밝히고 있다. 경문은 다음과 같다.

"세존이시여, 어떻게 살아가는 것입니까?"

세존께서 말씀하셨다.

"命根의 힘에 의하여 잠시 머무는 分限法이기에 그 자체가 無常하다. 이것이 곧 무상한 법이다. 이와 같이 살아간다."

경문에서 '種種歿'이라 말한 것은 혹자는 장수를, 혹자는 단명으로 三性 등의 차이가 있다.

열반경 12에 이르기를 "죽은 자가 받아온 몸을 버리는 데에는 2가지 종류가 있다."고 한다.

첫째는 목숨이 다하여 죽음[命盡死]이다. 여기에는 3가지 종류가 있다.

① 목숨이 다한 것일 뿐, 복덕이 다한 것은 아니다. 正報는 사라졌지만 依報만큼은 아직 남아 있기 때문이다.

② 복덕이 다한 것일 뿐, 목숨이 다한 것은 아니다. 의보는 사

라졌지만 정보는 아직 남아 있기 때문이다.

③ 복덕과 목숨이 모두 다함이다. 의보와 정보가 모두 사라짐을 말한다.

둘째는 외부 사정으로 죽음[外緣死]이다. 이 또한 3가지 종류가 있다.

① 분수에 맞지 않는 自害의 죽음이며,

② 橫厄에 의한 他害의 죽음이며,

③ 자해와 타해에 의한 죽음이다. 여기에는 또한 3가지 종류가 있다.

㉠ 放逸에 의한 죽음이다. 大乘과 方等의 반야바라밀을 비방함을 말한다.

㉡ 파계에 의한 죽음이다. 과거, 미래, 현재의 부처님이 제정한 계율을 훼손하거나 범함을 말한다.

㉢ 命根이 무너짐에 의한 죽음이다. 五陰身을 버림을 말한다.

여기에서는 보살이 모두 이를 잘 알고 있음을 말한다.】

後는 結成無著이오

③ '不令' 이하는 집착이 없음을 끝맺음이다.

三은 徵釋이니 雙結을 可知니라

(3) 묻고 해석함이다. 자리행과 이타행의 성취를 모두 끝맺음을 설명하지 않아도 알 수 있다.

● 論 ●

第七無著行은 以方便波羅蜜로 爲體라 有六十五行經을 分爲六段하리니

一은 佛子已下로 至然於佛法亦無所著히 有十二行半經은 明菩薩이 嚴淨佛刹하고 供養諸佛호되 心無所著分이오

二는 此菩薩已下로 至能如是無所著故히 有十五行經은 明菩薩供佛無厭하야 處事法而常行호되 中無所著分이오

三은 於佛法中心無障礙已下로 至諸善根而無所著히 有十一行經은 明觀衆生苦하야 長自大悲分이오

四는 菩薩爾時已下로 至何以故히 有十行半經은 明菩薩이 常住生死하야 敎化衆生호되 無著分이오

五는 菩薩作是念已下로 至心無疲厭히 有九行經은 明敎化衆生에 觀法如幻分이오

六은 無疲厭故已下로 至無著行히 有七行半經은 明菩薩이 見未調伏衆生하고 而往彼生分이라

제7 無著行은 방편바라밀로 체성을 삼는다.

65항의 경문은 6단락으로 나뉜다.

(1) '佛子' 이하로 '然於佛法亦無所著'까지 12항 반의 경문은 보살이 불국토를 청정 장엄하고 모든 부처님께 공양하면서도 마음에 집착하는 바가 없음을 밝힌 부분이며,

(2) '此菩薩' 이하로 '能如是無所著故'까지 15항의 경문은 보살이 부처님께 공양하는 데 싫어하는 마음이 없이 모든 일과 법에 대

처하여 언제나 행하되 그 가운데 집착하는 바가 없음을 밝힌 부분이며,

(3) '於佛法中心無障礙' 이하로 '諸善根而無所著'까지 11항의 경문은 중생의 고통을 보면서 자신의 大悲 마음을 키워나감을 밝힌 부분이며,

(4) '菩薩爾時' 이하로 '何以故'까지 10항 반의 경문은 보살이 생사에 항상 머물면서 중생을 교화하되 집착이 없음을 밝힌 부분이며,

(5) '菩薩作是念' 이하로 '心無疲厭'까지 9항의 경문은 중생을 교화함에 있어 법이 허깨비와 같다는 점을 관조하였음을 밝힌 부분이며,

(6) '無疲厭故' 이하로 '無著行'까지 7항 반의 경문은 보살이 조복받지 못한 중생을 보고서 그곳을 찾아가 태어남을 밝힌 부분이다.

第八 難得行
　　제8 난득행

體卽是願이니 就釋相中에 文分二別이니 前은 明自分行이오 後는 明勝進行이라 然此二行은 各攝上求下化之願이로되 畧無神通이라
今初는 分四니 初는 明自行이오 次는 辨利他오 第三은 雙結二行이니 動寂無礙오 第四는 雙非二行이니 拂迹入玄이라
初中에 分三이니 一은 明修成善根이오 二는 顯善根行相이오 三은 行成

467

利益이니 今은 初라

이 자체는 원바라밀이다. 난득행의 형상을 해석한 가운데, 경문은 2부분으로 나뉜다.

1. 자신의 분수에 관한 행을 밝혔고,
2. 수승하게 닦아나가는 행을 밝혔다.

그러나 이 2가지의 행이 각각 상구보리와 하화중생의 소원을 포괄하고 있지만, 신통에 대해서는 조금도 말하지 않았다.

1. 자신의 분수에 관한 부분은 다시 4단락으로 나뉜다.

1) 자리행을 밝혔고,
2) 이타행을 논변하였으며,
3) 자리와 이타행을 모두 끝맺은 것으로, 동할 적이나 고요할 적에 걸림이 없으며,
4) 자리와 이타행을 모두 부정함이니, 현실의 자취를 떨쳐버리고 현묘한 자리에 들어감이다.

1) 자리행은 다시 3가지로 나뉜다.

⑴ 선근을 닦아 성취함을 밝혔고,
⑵ 선근의 行相을 밝혔으며,
⑶ 선근의 행을 성취한 이익이다.

이는 ⑴ 선근을 닦아 성취함이다.

佛子여 何等이 爲菩薩摩訶薩의 難得行고 此菩薩이 成就

難得善根과 **難伏善根**과 **最勝善根**과 **不可壞善根**과 **無能過善根**과 **不思議善根**과 **無盡善根**과 **自在力善根**과 **大威德善根**과 **與一切佛同一性善根**하나니라

"불자여, 어떤 것이 보살마하살의 얻기 어려운 행인가?

이를 닦는 보살이 얻기 어려운 선근, 굴복하기 어려운 선근, 가장 수승한 선근, 깨뜨릴 수 없는 선근, 앞설 수 없는 선근, 헤아릴 수 없는 선근, 그지없는 선근, 자재한 힘의 선근, 큰 위덕의 선근, 모든 부처님과 똑같은 성품의 선근을 성취하였다.

◉ 疏 ◉

斯卽起行所依라 善은 謂順理益物이오 根은 謂增上生長이니 獲之在己일세 故名成就니라
文有十句하니 初總餘別이니 總具後九라 受難得名이라

이는 곧 난득행을 일으키려는 의지의 대상이다. 善은 이치를 따라 중생에게 이익을 줌을 말하고, 根은 더욱 위로 생겨나고 커나감을 말한다. 이러한 것을 얻어 나의 몸에 두었기에 그 이름을 '성취'라 한다.

경문은 10구이다.

첫 구절은 총체이고, 나머지는 개별이다. 총체로 말한 첫 구절은 뒤의 9구를 모두 갖추고 있기에 '얻기 어렵다'는 명제를 붙인 것이다.

二. 顯善根行相

(2) 선근의 行相을 밝히다

經

此菩薩이 **修諸行時**에 **於佛法中**에 **得最勝解**하며 **於佛菩提**에 **得廣大解**하며 **於菩薩願**에 **未曾休息**하며 **盡一切劫**토록 **心無疲倦**하며 **於一切苦**에 **不生厭離**하며 **一切衆魔**의 **所不能動**이며 **一切諸佛之所護念**이며 **具行一切菩薩苦行**하며 **修菩薩行**하야 **精勤匪懈**하며 **於大乘願**에 **恒不退轉**이니라

이를 닦는 보살이 모든 행을 닦을 적에 불법 가운데 가장 훌륭한 이해를 얻으며, 부처님 보리지혜에 넓고 큰 이해를 얻으며, 보살이 일으킨 서원에 대해 조금도 쉬지 않고 행하며, 일체 겁이 다하도록 게으른 마음이 없으며, 모든 중생의 고통을 대신하여 받음에 싫은 생각을 내지 않으며, 모든 마군에게 마음이 흔들리지 않으며, 모든 부처님이 보호하고 염려하시는 가피를 받고, 모든 보살이 닦았던 고행을 두루 행하며, 보살의 행하였던 바를 닦되 부지런히 꾸준하여 게으름이 없으며, 대승의 서원을 닦음에 언제나 물러서지 않는다.

● **疏** ●

亦有十句하니 **如次對前**이니 **謂由得最勝解故**로 **受難得名等**이라 **亦可由有難得根**하야 **能有勝解**니라

又亦以後一行으로 行前十善하며 隨前一善하야 具後十行이니 而別配分明이라【鈔_ 三'又亦以後'下는 通相釋成이니 亦具前二意니 但前別配오 後徧通耳라 故疏結從前義하야 云別配分明이라하다】

　　이 또한 10구이다. 차례와 같이 앞에서 말한 10가지의 선과 짝을 이루고 있다. 여기에서 말한 "가장 훌륭한 이해를 얻음[得最勝解]"으로 말미암아 앞서 말한 "가장 얻기 어려운 선근을 성취했다[成就難得善根]."는 명제를 받게 되는 등등을 말하고, 또한 역으로 "가장 얻기 어려운 선근을 성취함"으로 말미암아 "가장 훌륭한 이해를 얻은 것"이다.

　　또한 뒤의 경문에서 말한 하나의 行으로써 앞서 말한 10가지의 선을 행하고, 앞서 말한 하나의 선을 따라 뒤의 경문에서 말한 10가지의 행을 갖추고 있으니, 개별로 짝한 바가 분명하다.【초_ 셋째, "또한 뒤의 경문에서 말한[又亦以後]" 이하는 전체의 양상을 해석하여 끝맺는 것이며, 또한 앞의 2가지 뜻을 모두 갖추고 있으나, 앞은 개별로 짝하였고 뒤는 두루 공통으로 말한 차이가 있을 뿐이다. 이 때문에 청량소에서는 앞에서 말한 의미를 끝맺으면서 "개별로 짝한 바가 분명하다."고 말한 것이다.】

三 行成利益
　　(3) 선근의 행을 성취한 이익

是菩薩이 安住此難得行已하야는 於念念中에 能轉阿僧祗劫生死하야 而不捨菩薩大願하나니 若有衆生이 承事供養하며 乃至見聞이라도 皆於阿耨多羅三藐三菩提에 得不退轉이니라

이를 닦는 보살이 이처럼 얻기 어려운 행에 편안히 머물고서, 한 생각 한 생각마다 아승기겁에 끊임없이 생사를 윤회하면서도 보살의 대원을 버리지 않는다.

만일 어떤 중생이 이런 보살을 받들어 섬기고 공양하거나, 내지 보살의 얼굴을 보고 그 이름을 듣기만 하여도 모두 아뇩다라삼먁삼보리에서 물러서지 않는 지위를 얻을 것이다.

● 疏 ●

文中에 先은 結前이오 後於念念 下는 顯益이라 於中에 初는 自益이니 能轉生死는 成大智益이오 不捨大願은 成大悲益이라 若有已下는 顯能益他니 由前自行하야 成此能益이오 未正利他니라

경문의 앞부분은 앞의 문장을 끝맺고, 뒷부분의 '於念念' 이하는 이익을 밝힌 것이다.

이의 앞부분은 자신의 이익이다. 생사의 윤회는 大智의 이익을 성취함이며, 큰 원력을 버리지 않음은 大悲의 이익을 성취함이다.

'若有' 이하는 남들에게 이익이 되는 바를 밝힌 것이다. 이는 앞서 말한 '자신의 행'으로 말미암아 이익의 주체가 성취되어 절로

되는 것이지, 바로 남들에게 이익을 주고자 하는 의도로 이처럼 한 게 아니다.

第二 辨利他行

文分爲三이니 謂法·喩·合이라 今은 初라

2) 이타행을 논변하다

경문은 3부분으로 나뉜다. 법, 비유, 결합이다.

이는 (1) 법이다.

經

此菩薩이 雖了衆生非有나 而不捨一切衆生界하나니

이를 닦는 보살이 비록 어느 한 중생도 없는 줄을 알면서도 일체 중생세계를 버리지 않는다.

● 疏 ●

謂有大智故로 了衆生非有는 則不住生死오 有大悲故로 不捨衆生界는 則不住涅槃이니 大悲·般若 互相輔翼하야 成無住道니라

大智가 있기 때문에 어느 한 중생도 없는 줄을 아는 것은 생사에 머물지 않음이며, 大悲가 있기 때문에 일체 중생세계를 버리지 않음은 열반에 머물지 않음이다. 大悲와 般若[大智]가 서로서로 도움이 되어 머문 바가 없는 도[無住道]를 성취하는 것이다.

473

二 喻
(2) 비유

經

譬如船師가 **不住此岸**하며 **不住彼岸**하며 **不住中流**하고 **而能運度此岸衆生**하야 **至於彼岸**하나니 **以往返無休息故**인달하니라

마치 뱃사공이 이 언덕에도 머물지 않고 저 언덕에도 머물지 않고 바다 한복판에도 머물지 않으면서, 이 언덕의 중생을 저 언덕으로 건네주는 것과 같다. 이처럼 이 언덕 저 언덕을 쉬지 않고 오가기 때문이다.

◉ 疏 ◉

喻中에 初句는 喻能化요 次三句는 喻悲智不住之行相이오 後而能下 三句는 喻不住之功能이니 初二句는 正喻功能이오 以往返不息一句는 結能度所以니라

비유 가운데 첫 구절의 뱃사공은 교화의 주체를 비유하였고,

다음 3구(不住此岸, 彼岸, 中流)는 대비와 대지로 멈추지 않는 행동양상을 비유하였으며,

뒤의 '而能' 이하 3구는 멈추지 않는 작용을 비유한 것이다. 첫 2구(而能運度此岸衆生 至於彼岸)는 바로 작용을 비유함이며, '以往返不

息' 1구는 제도할 수 있는 그 이유를 끝맺음이다.

三法合中에 二니 先은 正合이오 後는 徵釋이니 今은 初라

(3) 법으로 끝맺은 부분은 2가지이다.

첫째, 바로 끝맺음이며,

둘째, 묻고 해석함이다.

이는 첫째, 바로 끝맺음이다.

經

菩薩摩訶薩도 亦復如是하야 不住生死하며 不住涅槃하며 亦復不住生死中流하고 而能運度此岸衆生하야 置於彼岸의 安穩無畏無憂惱處호되
亦不於衆生數에 而有所着하야
不捨一衆生하고 着多衆生하며 不捨多衆生하고 着一衆生하며
不增衆生界하고 不減衆生界하며
不生衆生界하고 不滅衆生界하며
不盡衆生界하고 不長衆生界하며
不分別衆生界하고 不二衆生界니라

보살마하살도 그와 같아서 생사에도 머물지 않고 열반에도 머물지 않고 또한 생사의 중간에도 머물지 않고서, 이 언덕의 중생을

저 언덕의 편안하고 두려움이 없고 근심이 없고 고뇌가 없는 곳으로 건네주었지만, 또한 중생의 수효에 집착하지도 않는다.

따라서 어느 한 중생을 버리고 많은 중생에게 집착하지도 않고, 많은 중생을 버리고 어느 한 중생에게 집착하지도 않으며,

중생계에 대해 더하려는 마음도 없고 중생계에 대해 줄이려는 마음도 없으며,

중생계에 태어나려는 마음도 없고 중생계에 사라지려는 마음도 없으며,

중생계를 다하려 하지도 않고 중생계를 키우려 하지도 않으며,

중생계를 분별하지도 않고 중생계를 둘로 생각지도 않는다.

⊙ 疏 ⊙

前中에 具含三段이니 生死는 卽此岸이오 涅槃은 合彼岸이오 合上中流도 亦言生死者는 以發心之後 成佛之前에 十地三賢이 尙居二死라 是以로 中流는 卽是生死라 故云生死中流오 非生死涅槃之中間을 名生死中也니라 文旨顯然하니 晉譯失旨는 不應廣引이니라 有以煩惱爲中流는 約其漂溺이니 從因說也오 有以聖賢爲中流는 約受生死之人也오 有以中道爲中流는 約觀行說이니 竝不應住니라

"安穩已下는 涅槃之德이니 常故安穩이오 樂故無畏오 我故無憂오 淨則無惱니라

亦不已下는 廣明以智導悲하야 合前往反無休息義니 謂由不住著故니라 所以往反하야 運濟無休니라 及顯法中에 非有·不捨之義는 謂

非唯悲故不捨라 亦由了其非有하야 無可捨故니 則終日度而無度 也니라 初句는 總明이오 不捨下는 別有五對十句하니 初는 一多對니 已 化·未化俱有捨著二義하니 思之니라 二는 增減對니 化之成道라도 生 界不減이오 不從化者라도 生界不增이니 此約多人相望이오 三은 約 一人이니 果起不生이오 惑盡非滅이며 四는 謂空爲盡이오 謂有爲長이 며 五는 一對總結이니 四對不亡은 竝名爲二오 今無分別은 契本不二 니라【鈔 亦由了其非有無可捨者는 卽大智不捨生死也라 已化未 化者는 著已化者는 言屬我故니 未化未屬일새 故不著也오 著未化者 는 是所應化故니 已化竟者일새 故不著之니라】

첫째, 바로 끝맺은 부분은 3단락이다.

① 생사는 此岸이며, 열반은 彼岸에 붙여 봄이다. 위에서 말한 '바다의 한복판' 또한 생사에 붙여 말한 것은 발심 이후, 성불 이전엔 十地와 三賢도 아직은 육체적인 죽음[分段死]과 불가사의한 변화의 죽음[變易死] 속에 있기에 생사의 한복판에 있는 中流가 곧 생사이다. 이 때문에 生死中流라 말한 것이지 생사와 열반의 중간을 생사중류로 말한 게 아니다. 경문의 뜻이 뚜렷하니 잘못된 晉譯의 부분을 자세히 인용할 게 없다.

혹자가 번뇌로 중류를 삼은 것은 바다 한복판에 떠내려가는 것으로 말하니 원인을 따라 말한 부분이며, 혹자가 성인으로 중류를 삼은 것은 생사를 받은 사람으로 말하며, 혹자가 中道로 중류를 삼은 것은 觀行으로 말한 것이다. 아무튼 이는 모두가 머물러서는 안 될 자리임을 말해주는 것이다.

② '安穩' 이하는 열반의 공덕이다. 常이기 때문에 편안하고, 樂이기 때문에 두려움이 없고, 我이기 때문에 근심이 없고, 淨이기 때문에 고뇌가 없다.

③ '亦不於衆生數' 이하는 大智로 大悲를 유도함을 자세히 밝혀, 앞서 말한 "이 언덕 저 언덕을 쉬지 않고 오가는" 뜻에 붙여 말한 것이다. 어느 한쪽에 머물러 있지 않았기 때문임을 말한다. 따라서 부지런히 오가면서 쉬지 않고 중생을 제도하는 것이다.

법을 밝히는 부분에서 "어느 한 중생도 없는 줄을 알면서도[衆生非有] 일체 중생세계를 버리지 않는다[不捨一切衆生界]."는 의미는 오직 大悲의 마음 때문에 일체중생을 버리지 않을 뿐 아니라, 또한 "어느 한 중생도 없는 줄을 앎"으로 말미암아 버릴 게 없기 때문이다. 이는 진종일 중생을 제도하면서도 제도한 바가 없기 때문이다.

첫 구절(亦不於衆生數而有所着)은 총체로 밝힘이며,

'不捨一衆生' 이하는 개별로 밝힌 五對 十句이다.

第一對 2구(不捨一衆生着多衆生, 不捨多衆生着一衆生): 하나의 중생과 많은 중생을 상대로 말하였다. 이미 교화받은 중생과 교화받지 않은 중생에게 모두 놓아버리거나 집착하는 2가지 의미가 있다. 이는 생각하면 설명하지 않아도 알 수 있다.

第二對 2구(不增衆生界, 不減衆生界): 중생계의 증가와 감소를 상대로 말하였다. 중생을 교화하여 도를 이뤘다 할지라도 중생계가 줄어드는 것이 아니고, 중생이 교화를 따르지 않는다 할지라도 중생계가 더해지는 것은 아니다. 이는 많은 사람을 상대로 말한 것이다.

第三對 2구(不生衆生界, 不滅衆生界): 한 사람의 생멸을 상대로 말하였다. 결과로 일어난다 할지라도 태어나는 것이 아니고, 미혹이 다한다 할지라도 사라지는 것이 아니다.

第四對 2구(不盡衆生界, 不長衆生界): 空으로 중생계가 다하였다 말하고, 有로 중생계가 커나간다고 잘못 생각하고 있다.

第五對 2구(不分別衆生界, 不二衆生界): 총체로 끝맺음이다. 위의 4가지 상대가 없어지지 않은 것은 모두 둘의 차이가 있다고 여긴 때문이다. 여기에서 둘의 분별이 없는 것은 본래 둘이 없는 자리에서 하나가 된 것이다. 【초_ "어느 한 중생도 없는 줄을 앎으로 말미암아 버릴 게 없기 때문이다."는 것은 大智로 생사를 버리지 않음이다.

"이미 교화받은 중생과 교화받지 않은 중생"이란 이미 교화받은 중생에게 집착하는 것은 나에게 속해 있기 때문이며, 교화받지 않은 중생은 나에게 속해 있지 않기 때문에 집착하지 않는다. 교화받지 않은 중생에게 집착하는 것은 당연히 교화해야 할 대상이기 때문이니 이미 교화를 마친 자이기에 집착하지 않는다.】

第二 徵釋中에 文有兩番하니 前番은 正徵不著이오 後番은 重徵前義니 今은 初라

둘째, 묻고 해석한 부분의 경문에는 2차례의 물음과 해석이 있다.

① 집착하지 않음을 물었고,

② 앞서 물은 뜻을 거듭 물은 것이다.
이는 ① 집착하지 않음을 물음이다.

經

何以故오 菩薩이 深入衆生界如法界하야 衆生界와 法界가 無有二하야 無二法中에 無增無減하며 無生無滅하며 無有無無하며 無取無依하며 無著無二니

무슨 까닭일까? 보살이 중생계가 법계와 하나로 똑같다는 데에 깊이 들어가, 중생계와 법계가 둘이라는 차별이 없다. 둘이 없는 법에는 더하는 것도 없고 줄어든 것도 없으며, 생겨나는 것도 없고 사라지는 것도 없으며, 있지도 않고 없지도 않으며, 취함도 없고 의지함도 없으며, 집착도 없고 둘이라는 것도 없다.

◉ 疏 ◉

先은 徵意니 云現化衆生은 有增有減이어늘 而言不著은 其故 何耶아 釋意에 云 '以菩薩深觀生界 同於法界無增等故로 所以不著이니라 文中에 初二句는 總이니 上句는 是不異義故로 云如也오 下句는 是相卽義라 故云無二니라
後無二法中下는 別彰無二之相卽하야 屬對上文이오 無取·依·著은 釋不分別이오 餘文은 相顯이라 此文昭著어늘 而末學之徒 但謂一分衆生不成佛이라 故名不減生界이라하니 深可悲哉인저【鈔_ 此文昭著下는 結彈法相師니 已如玄中이라 而云但謂者는 然其亦有此義로

480

되 但非究竟耳라 以生界有二義하니 一은 性義니 卽衆生是法界義오 二者는 是性分義니 謂衆生相이로되 若依究竟이면 相卽同性하야 亦理平等이라 但取分義인댄 衆生成佛이 義則有減이로되 但不盡故로 言無減이니 卽少分之義오 非究竟理라 故可悲之니라】

앞부분은 묻는 뜻이다.

"현상변화의 중생세계란 더하기도 하고 줄어들기도 하는데, 집착이 없다고 말한 이유는 무엇인가?"

다음과 같이 해석하였다.

"보살이 중생의 세계가 법계처럼 더하지도 덜하지도 않음을 깊이 살펴 알았기에 집착하지 않은 것이다."

경문의 첫 2구절(菩薩深入~法界無有二)은 총체로 말하였다. 위 구절(菩薩深入衆生界如法界)은 중생계와 법계가 다르지 않기 때문에 중생계와 법계가 '같다[如: 衆生界如法界]'고 말하였고, 아래 구절(衆生界法界無有二)은 중생세와 법계가 모두 하나로 똑같기 때문에 중생계와 법계가 '둘이 없다[無二].'고 말한 것이다.

뒤의 '無二法中' 이하는 개별로 중생계와 법계가 둘이 없이 하나가 됨을 밝혀 위의 경문 2구절에 귀속시켜 배대하였고, "취함도 없고 의지함도 없으며 집착도 없다."는 것은 중생계와 법계가 다르지 않음을 해석하였고, 나머지 문장은 서로 그 뜻을 밝히고 있다.

이 문장에서 말한 뜻은 분명함에도, 末學의 무리들이 "단 일부분의 중생이 성불하지 못한 부분을 말한 까닭에 '중생계가 줄어들지 않는다.'고 한다."고 말하니 매우 슬픈 일이다.【초_"이 문장에서 말한 뜻은 분명하다." 이하는 法相師에 대한 탄핵을 끝맺은 것으로 청량소에서 말한 바와 같다. '단 … 말한다[但謂].'는 것은 물론 또한 그런 의미가 있기는 하지만, 단 마지막 경계의 도리는 아니다.

중생계에는 2가지 의미가 있다.

① 본성으로 말한 의의이다. 곧 중생이 법계라는 뜻이다.

② 性分으로 말한 의의이다. 중생의 형상으로 말했지만, 究竟의 뜻을 따르면 형상이 곧 본성과 같아 또한 그 이치가 평등하다. 단 분수의 의의를 취하여 말하면 중생이 성불했다는 의의로 말할 경우 중생계가 다소 줄어든 건 사실이지만, 단 중생이 모두 성불한 것은 아니기에 중생계가 줄어들었다고 단정지어 말할 수 없다. 중생계의 극히 적은 일부분이 줄어들었다는 의미이지 마지막 경계의 진리는 아니기에 '매우 슬픈 일'이라 탄식한 것이다.】

第二番 重徵前義
② 앞서 물은 뜻을 거듭 묻다

經

何以故오 菩薩이 了一切法이 法界無二故니라

무엇 때문일까? 보살이 일체 법이 법계와 둘이 아닌, 하나의 도리임을 알았기 때문이다.

◉ 疏 ◉

徵意云何以生界가 卽同法界아 釋云一切諸法이 皆同法界어늘 豈獨衆生而不同也리오

물음의 뜻은 "어찌하여 중생계가 법계와 같은 것일까?"에 있다. 이에 대해 해석하기를 "일체 모든 법이 모두 법계와 똑같은 하나의 도리인데, 어찌 유독 중생만 다르겠는가."라고 하였다.

第三은 雙結二行이니 動寂無礙며 亦名無盡心行이라

3) 자리와 이타행을 모두 끝맺은 것으로 동할 때나 고요할 때 걸림이 없으며, 또한 '그지없는 심행'이라고도 말한다.

經

菩薩이 如是以善方便으로 入深法界일세 住於無相호되 以清淨相으로 莊嚴其身하며 了法無性호되 而能分別一切法相하며 不取衆生호되 而能了知衆生之數하며 不着世界호되 而現身佛刹하며 不分別法호되 而善入佛法하며 深達義理호되 而廣演言教하며 了一切法離欲眞際호되 而不斷菩薩道하고 不退菩薩行하며 常勤修習無盡之行호되 自在入於清淨法界하나니라
譬如鑽木하야 以出於火에 火事無量이나 而火不滅인달하야 菩薩도 如是하야 化衆生事가 無有窮盡이나 而在世間하야

常住不滅이니라

　　보살이 이처럼 좋은 방편으로 깊은 법계에 들어가

　　형상이 없는 데 안주하되 청정한 모습으로 그 몸을 장엄하며,

　　법의 성품이 없음을 알지만 일체 법의 형상을 분별하며,

　　중생에 집착하지 않으면서도 중생의 수를 알며,

　　세계에 집착하지 않으면서도 부처님 세계에 몸을 나타내며,

　　법을 분별하지 않으면서도 부처님의 법에 잘 들어가며,

　　이치를 깊이 통달하고서도 말씀과 가르침으로 널리 연설하며,

　　일체 법이 탐욕을 여읜 진정한 자리임을 알면서도 보살의 도를 끊지 않고, 보살의 행에서 물러나지 않으며,

　　그지없는 행을 부지런히 닦되 자재하게 청정한 법계에 들어갔다.

　　비유하면, 나무를 비벼서 불씨를 얻어 불 피우는 일이 한량없으나 불의 원소는 사라지지 않는 것처럼, 보살도 그와 같이 중생을 교화하는 일이 끝이 없지만 세간에 항상 머물면서 사라지지 않는다.

● **疏** ●

有法·喩·合하니 法中十句는 初二는 牒前起後니 旣方便深入일새 故性相無礙니라

住於下에 餘有八對는 正顯行相이니 一은 約起行之身이오 二는 了法藥이오 三은 識根緣이오 四는 游佛刹이오 五는 達佛法이오 六은 深契離言호되 不捨言說이오 七은 無求離欲而萬行爰修이니 前七은 明卽寂之用이오 八常勤下 一對는 明卽用之寂이며 亦通顯所由니 由勤修故로 涉

權하고 入法界故로 常寂이라

'譬如下는 二喻中에 木은 喻法界요 火는 喻成身智요 火事는 喻悲化
無邊하고 本火不滅은 喻身智常湛이라

菩薩下는 三合을 可知니라

이 경문은 법과 비유와 결합이다.

법을 말한 부분은 10구이다.

처음 2구(菩薩如是~入深法界)는 앞 문장을 뒤이어서 뒤의 문장을 일으켰다. 이미 방편으로 법계에 깊이 들어갔기에 근본 성품과 현상세계에 걸림이 없다.

'住於無相' 이하의 나머지 8對는 바로 난득행의 양상을 밝힘이다.

第一對: 난득행을 일으키는 몸으로 말하였고,

第二對: 法藥을 앎이며,

第三對: 根緣을 앎이며,

第四對: 부처님 세계에 노닒이며,

第五對: 불법을 통달함이며,

第六對: 말을 여읜 도리를 깊이 깨쳤음에도 말을 버리지 않음이며,

第七對: 구함이 없고 하고자 함을 여의었지만 모든 행을 닦음이다.

앞의 7對는 寂靜과 하나가 된 작용을 밝혔다.

第八對: '常勤' 이하의 상대는 작용과 하나가 된 적정을 밝혔고, 또한 유래한 바를 전체로 밝힌 것이다. 부지런히 닦은 까닭에

방편으로 베풀고, 법계에 들어간 까닭에 언제나 고요하다.

'譬如' 이하의 2가지 비유 가운데, 나무는 법계를, 불씨는 성취한 몸의 지혜를, 불을 피우는 일은 대비심의 교화가 그지없음을, 본래 불의 원소가 사라지지 않음은 몸의 지혜가 영원히 담담하게 존재함을 비유하였다.

'菩薩' 이하는 3가지를 종합하여 끝맺은 것임을 말하지 않아도 알 수 있다.

第四는 雙非二行하야 拂迹入玄이라

4) 자리와 이타행을 모두 부정함이니 현실의 자취를 떨쳐버리고 현묘한 자리에 들어감이다.

經

非究竟이며 非不究竟이며 非取며 非不取며 非依며 非無依며 非世法이며 非佛法이며 非凡夫며 非得果니라

　구경(究竟)도 아니고 구경이 아닌 것도 아니며,
　취하는 것도 아니고 취하지 않는 것도 아니며,
　의지처도 아니고 의지처가 아닌 것도 아니며,
　세간의 법도 아니고 부처님의 법도 아니며,
　범부도 아니고 증과(證果)를 얻은 것도 아니다.

◉ 疏 ◉

拂迹入玄者는 然初自行에 云能轉生死而不捨大願은 謂其已有權實雙行이나 而多明照體大智오 次利他之中에 旣云無住運濟는 則悲智相導나 而多似起用大悲오 次復以導悲之智로 遺彼著心은 復似悲智二心이 行有前後라 故第三段에 辨動寂雙行이니 理無不盡이로되 而猶慮物이니 謂二事不融이라 故此明形奪兩亡과 權實無寄니 豈唯十行菩薩修行善巧아 彌顯功德林悲濟之深이라【鈔_ 總彰大意니 云菩薩慈悲 重重일세 顯悲智無碍하야 收上四段이어니와 四段別說이면 一은 自行이오 二는 化他오 三은 雙行이오 四는 雙拂이라 今明自行에 卽有自他雙行하고 雙行旣俱에 義必不著이니 卽是雙拂이니 從增科之하야 顯菩薩悲深耳라】

"현실의 자취를 떨쳐버리고 현묘한 자리에 들어간다."는 것은 첫째, 自利行에서 이르기를 "아승기겁에 끊임없이 생사를 윤회하면서도 보살의 대원을 버리지 않는다."고 한다. 이는 이미 방편의 權敎와 불변의 實敎를 모두 행한 것이지만, 관조의 본체인 大智를 보다 더 밝힌 것이다.

다음 '利他'의 부분에서 이미 "부지런히 오가면서 쉬지 않고 중생을 제도한다."고 말한 것은 大悲와 大智가 서로 이끌어주고 있지만, 작용을 일으키는 많은 부분이 大悲와 같다는 것이다.

그다음에 또다시 大悲의 마음을 이끌어주는 지혜로 집착의 마음을 버리는 것 또한 대비와 대지 2가지 마음이 행하는 데 전후의 차례가 있는 것과 같다. 이 때문에 제3단락에서 동할 적이나 고요할 적에 모두 행함에 대해 논변하였다.

　　이는 근본 이치를 모두 다하지 않음이 없지만 아직도 중생을 염려하고 있다. 이는 2가지의 일을 원융하게 하지 못했다고 말할 것이다. 따라서 여기에서는 2가지 모두 놓아버리는 것과 방편과 진실 그 어느 것 하나도 발붙일 수 없음을 밝힌 것이니, 어찌 十行菩薩의 훌륭한 수행에 그칠 뿐이겠는가. 대비의 마음으로 중생을 제도하는 공덕림보살의 깊은 공덕을 밝힌 것이다.【초_ 큰 뜻을 총체로 밝힌 것이다. 이는 보살의 자비 마음이 거듭거듭 깊기에 大悲와 大智에 걸림이 없음을 밝혀, 위의 4단락을 수습한 것이다. 그러나 이를 별개로 말하면 ① 스스로 행함이며, ② 남을 교화함이며, ③ 스스로 행하고 남을 교화하는, 2가지를 모두 행함이며, ④ 이 2가지를 모두 떨쳐버리는 것이다. 여기에서는 스스로 행함을 밝힘에 있어 나와 남이 모두 행하고, 나와 남이 모두 행하고 나면 그 도리는 반드시 한 걸음 더 나아가 집착을 버려야 한다. 이것이 바로 2가지를 모두 떨쳐버린 것이다. 여기에 한 부분을 추가하여 대비의 마음으로 중생을 제도하는 공덕림보살의 깊은 공덕을 밝혔다.】

文有五對十句라 然其所非之法이 卽前權實二行이라 且如究竟은 卽實이오 不究竟은 卽權이라 今乃雙非者는 實卽權故로 非究竟이오 權卽實故로 非不究竟이라 又但言非究竟이오 非謂有不究竟일세 故亦非之니 是則借權以遣實이라 實去而權亡하고 借實以破權이라 權亡實不立하고 言窮慮絶하니 何實何權가 體本寂寥어니 孰非孰是아 惟翛然無寄하야 理自玄會일세 故辨雙非언정 非有雙非可立이라 然雙

非는 是遮오 雙是는 爲照니 卽遮而照라 故雙非는 卽是雙行이오 卽照而遮일세 雙行은 卽爲雙遣이라 總前諸段하야 理極於斯니 下諸句中에 皆倣於此니라

二는 對所化니 能所取寂일세 故非是取오 了知心行일세 故非不取니라

三은 約化處니 不著世界라 故非是依오 依刹現身이라 故非無依오 亦約所證이니 智無分別而善入故니라

四는 約化法이니 深達義理일세 故非世法이오 隨世語言이라 故非佛法이니라

五는 證離欲際일세 故非凡夫오 不斷菩薩行일세 故非得果니라

경문은 5對 10구이다. 그러나 '…이 아니다[非].'에서 대상의 법은 곧 앞서 말한 權敎와 實敎 2가지 行이다.

第一對(非究竟 非不究竟): 또한 究竟이 곧 諸法實相의 實敎이며, 구경이 아닌 것은 임시방편의 權敎이다. 그러나 여기에서 이것도 저것도 모두 아니라고 부정하는 것은, 실상이 곧 방편이기에 구경이 아니며, 방편은 곧 실상이기에 구경이 아닌 것도 아니다.

또한 '구경이 아니다.'고 말한 것일 뿐, '구경이 아닌' 또 다른 어떤 존재가 있다는 말은 아니다. 따라서 '구경이 아니다.'고 말하는 것 또한 아니라고 부정한 것이다. 이는 방편의 권교를 빌려 실상의 실교를 떨쳐버림으로써 실교가 사라짐에 따라 방편의 권교도 절로 사라지고, 실상의 실교를 빌려 방편의 권교를 타파함으로써 권교가 사라짐에 따라 실교의 설 자리가 절로 없어진 것이다. 도저히 말로 표현할 수 없고 생각할 수조차 없는데 그 무엇이 제법실상의

실교이며, 그 무엇이 임시방편의 권교인가. 본체가 본래 고요한데 그 무엇이 아닌 것이고 그 무엇이 그것이라는 것인가. 오직 말끔하게 떨쳐버려 그 어디에도 붙일 게 없어야 이치를 절로 깊이 알 수 있다. 따라서 이것도 저것도 모두 아니라고 부정한 것을 논변할 뿐이지, 이것도 저것도 모두 아니라는 부정을 다시 성립시킬 수 있는 또 다른 논지가 있는 것도 아니다.

그러나 이것도 저것도 모두 아니라고 부정하는 것은 '막아 없애버림[遮]'이며, 이것저것을 모두 긍정하는 것은 그것을 뛰어넘어 그 실체를 '비춰보는[照]' 것이다.

막아 없애버리는 것과 하나가 된 觀照이기에 이것도 저것도 모두 아니라는 부정은 곧 이것저것을 모두 긍정하는 것이며, 관조와 하나가 된 막아 없애버림이기에 이것저것을 모두 긍정하여 행하는 것은 곧 이것저것을 모두 부정하여 떨쳐버린 것이다.

앞의 모든 단락을 총괄하여 말한 논지는 이 단락에 이르러 극치의 이치를 말해주고 있다. 아래의 모든 구절은 모두 이와 같다.

第二對(非取 非不取): 교화의 대상을 상대로 말하였다. 교화의 대상을 취하는 주체와 교화를 받는 대상이 모두 고요하기에 취하여 교화하는 것도 아니고, 心行을 알았기에 취하지 않는 것도 아니다.

第三對(非依 非無依): 교화의 장소로 말하였다. 중생세계에 집착하지도 않는다. 따라서 이는 의지처가 아니다. 불국토에 의지하여 몸을 나타내기에 의지처가 없는 것도 아니다. 또한 증득의 대상으로 말한다. 분별이 없는 지혜로 잘 증득하여 들어갔기 때문이다.

第四對(非世法 非佛法): 교화의 법으로 말하였다. 이치를 깊이 통달하였기에 세간법이 아니다. 하지만 세간의 언어를 따라 말하기에 언어를 초월한 부처님의 법이 아니다.

第五對(非凡夫 非得果): 욕심을 여읜 자리를 증명하였기에 그는 범부가 아니지만, 보살행을 모조리 끊지 못하였기에 佛果를 얻은 것도 아니다.

第二 明勝進行

文分爲二니 初는 明慧行이오 後는 辨悲行이라

今初는 分二니 先은 牒前自分行이라

2. 수승하게 닦아나가는 행을 밝히다

이 경문은 2부분으로 나뉜다.

1) 앞은 大智行을 밝힘이며,

2) 뒤(菩薩如是 이하)는 大悲行을 말하였다.

1) 대지행은 다시 2부분으로 나뉜다.

(1) 앞서 말한 自利行을 뒤이어 말하였다.

經

菩薩이 成就如是難得心하야 修菩薩行時에

보살이 이처럼 얻기 어려운 마음을 성취하고 보살행을 닦을 때에

後는 正辨勝進行相이니 皆卽事入玄이라 分四니 初는 總明離相無說이라

(2) 바로 수승하게 닦아나가는 행상을 논변하였다. 이는 모두 사법계에서 현묘한 경지에 들어감이다.

4부분으로 나뉜다.

첫째, 형상을 여의어 말할 수 없음을 총체로 밝혔다.

經

不說二乘法하고 **不說佛法**하며 **不說世間**하고 **不說世間法**하며 **不說衆生**하고 **不說無衆生**하며 **不說垢**하고 **不說淨**하나니

이승의 법도 말하지 않고 부처님의 법도 말하지 않으며,

세간도 말하지 않고 세간의 법도 말하지 않으며,

중생도 말하지 않고 중생이 없음도 말하지 않으며,

때 묻은 것도 말하지 않고 청정한 것도 말하지 않는다.

二는 徵釋하야 以顯雙非니라

둘째, 묻고 해석하여 2가지 모두 부정함을 밝혔다.

經

何以故오 **菩薩**이 **知一切法**이 **無染無取**며 **不轉不退故**로

菩薩이 於如是寂滅微妙甚深最勝法中修行時에 亦不生念호되 我現修此行하며 已修此行하며 當修此行이라하야 不着蘊界處와 內世間外世間內外世間하고 所起大願諸波羅蜜과 及一切法에 皆無所著이니라

무슨 까닭인가? 보살은 일체 법이 물듦도 없고 집착도 없으며, 전변하지도 않고 물러서지도 않음을 알기 때문에, 보살이 이처럼 적멸하고 미묘하고 지극히 심오하고 가장 수승한 법을 수행할 때, '내가 현재에 이런 행을 닦고 있으며, 과거에 이런 행을 닦았고, 미래에 이런 행을 닦을 것이다.'는 생각을 내지 않아, 5온, 18계, 12처와 내면의 세간법, 바깥의 출세간법, 안팎의 세간과 출세간법에 집착하지 않고, 일으킨 큰 서원의 모든 바라밀다와 일체 법에 모두 집착하는 바 없다.

◉ 疏 ◉

釋意에 云所以不說者는 一은 無法可說故오 二菩薩於如是下는 明無心說이니 謂不起念故니라

해석한 뜻이다. '…을 말하지 않는다[不說…].'는 것은 첫째, 법이란 말할 수 없기 때문이다. 둘째 '菩薩於如是' 이하는 무심에 대한 말을 밝힘이니 생각을 일으키지 않았기 때문이다.

三은 轉釋無念所以라

셋째, 일어나는 생각이 없는 이유를 전전하여 해석하였다.

經

何以故오 法界中에 無有法名向聲聞乘과 向獨覺乘이며 無有法名向菩薩乘과 向阿耨多羅三藐三菩提며 無有法名向凡夫界며 無有法名向染向淨과 向生死向涅槃이니

무엇 때문인가?

법계에는 그 어떤 법도 성문승이라는 이름과 독각승이라는 이름이 없으며,

그 어떤 법도 보살승이라는 이름과 아뇩다라삼먁삼보리라는 이름이 없으며,

그 어떤 법도 범부세계라는 이름이 없으며,

그 어떤 법도 더러움이라는 이름과 청정하다는 이름과 생사라는 이름과 열반이라는 이름이 없다.

● 疏 ●

無念者는 稱法界故라 故不說聲聞法等이라

일어나는 생각이 없는 것은 법계와 하나가 되었기 때문이다. 따라서 성문법 등을 말할 수 없다.

四는 假徵以顯雙運이라

넷째, 가설로 물어 긍정과 부정을 모두 운용함을 밝혔다.

經

何以故오 諸法이 無二며 無不二故니라
譬如虛空이 於十方中과 若去來今에 求不可得이나 然이나 非無虛空인달하야 菩薩도 如是하야 觀一切法이 皆不可得이나 然非無一切法이니 如實無異호되 不失所作하야 普示修行菩薩諸行하며 不捨大願하고 調伏衆生하며 轉正法輪하야 不壞因果호되 亦不違於平等妙法하며 普與三世諸如來等하야 不斷佛種하고 不壞實相하며 深入於法하야 辯才無盡하며 聞法不着하야 至法淵底하며 善能開演하야 心無所畏하며 不捨佛住하고 不違世法하야 普現世間호되 而不着世間이니라

무엇 때문인가? 모든 법이 둘이 없고, 둘이 아닌 것도 없기 때문이다.

비유하면 허공을 시방의 과거, 미래, 현재 세계에서 구하여도 찾을 수 없으나 허공이 없는 것도 아닌 것처럼 보살도 그와 같다. 일체 법을 모두 얻을 수 없다는 이치를 보았지만 일체 법 자체가 없다는 것은 아니다.

진여의 실상과 똑같아 차이가 없지만 하는 일에 실상을 잃지 않고 보살이 닦아왔던 행을 수행하도록 널리 보여주며, 큰 원력을 버리지 않고 중생을 조복하며, 바른 법륜을 굴려 인과를 무너뜨리지 않되 평등하고 미묘한 법을 어기지 않으며, 널리 삼세제불과 평

등하여 부처의 종성을 끊지 않고 진여실상을 파괴하지 않도록 하며, 법에 깊이 들어가 설법의 변재가 그지없으며, 법문을 듣고 집착하지 않고서 법의 깊은 밑바닥까지 이르며, 개도(開導)와 연설을 잘하여 두려운 마음이 없으며, 부처님 머무신 곳을 버리지 않고 세간법을 어기지 않고서 세간에 두루 몸을 나타내되 세간에 집착하지 않는다.

● 疏 ●

徵意에 云旣無所著이면 何以復修二利之行고 釋意에 云性相雙非일세 故能雙運이라

文有法·喩·合하니 法中에 諸法無二故로 無說無著이오 無不二故로 不妨起行이라

二喩는 可知라

三合中에 皆顯性不礙相이니 於中二니 先은 正明이오 後普與下는 辨功成德立이니 勝進之相이라 故晉經은 此初에 有此菩薩言이라

　　물음의 뜻은 "이미 집착한 바 없다면, 무엇 때문에 다시 자리행과 이타행을 닦아야 하는가?"이다. 이에 대한 해석은 "근본의 성품과 현상의 모습을 모두 부정하여 초탈한 까닭에 이를 모두 운용할 수 있다."는 것이다.

　　경문은 법·비유·결합으로 구성되어 있다.

　　① 법에는 모든 법이 둘이 없기 때문에 말할 수 없고 집착할 것도 없지만, 둘이 없는 것도 아니기 때문에 행을 일으킴이 나쁘지

않다.

　② 비유 부분은 설명하지 않아도 알 수 있다.
　③ 끝맺은 부분은 모두 서로 장애가 되지 않음을 밝힌 것이다. 이는 다시 2부분으로 나뉜다. 앞은 그 뜻을 바로 밝힘이며, 뒤의 '普與三世' 이하는 공덕 성취를 말한 것으로 훌륭하게 닦아가는 모습이다. 따라서 晉經에는 이의 첫머리에 '此菩薩'이란 구절이 있다.

第二 辨悲行中에 分三이니 一은 牒智顯悲라
　2) 大悲行을 논변한 가운데 3부분으로 나뉜다.
　(1) 지혜를 이어서 大悲의 마음을 밝혔다.

經
菩薩이 如是成就難得智慧心하야 修習諸行호되
　보살이 이처럼 얻기 어려운 지혜의 마음을 성취하고서 모든 행을 닦되,

● 疏 ●
悲假智深일세 所以先牒이라
　대비의 마음은 지혜의 힘을 빌려 더욱 깊어지기에 먼저 지혜를 들어 말한 것이다.

二. 正顯悲相

(2) 대비의 모습을 나타냈다.

經

於三惡趣에 **拔出衆生**하야 **敎化調伏**하야 **安置三世諸佛道中**하야 **令不動搖**니라

지옥, 아귀, 축생의 세계에서 중생을 구제하여 교화하고 조복하여 삼세 부처님의 도에 안주하여 흔들리지 않도록 마련해준다.

三은 偏語化惡하야 顯勝進相이라
文中三이니 初는 明惡是所悲오 次는 明善非化境이오 後는 徵釋所由니 今은 初라

(3) 악한 이들을 교화하는 부분만을 말하여, 훌륭하게 나아가는 모습을 밝혔다.

경문은 3부분이다.

① 악한 이는 大悲의 대상임을 밝혔고,

② 선한 이는 교화의 대상이 아님을 밝혔으며,

③ 그 이유를 묻고 해석하였다.

이는 ① 大悲의 대상이다.

復作是念호되 世間衆生이 不知恩報하고 更相讐對하며 邪見執著하야 迷惑顚倒하며 愚癡無智하야 無有信心하며 隨逐惡友하야 起諸惡慧하며 貪愛無明의 種種煩惱가 皆悉充滿하니 是我所修菩薩行處라

다시 이런 생각을 한다.
'세간의 중생이 은혜를 갚을 줄 알지 못하고 서로 원수로 대하며,
삿된 소견에 집착하여 미혹하고 전도되며,
어리석고 지혜가 없어 신심이 없으며,
나쁜 벗을 따라 나쁜 생각을 일으키며,
탐욕과 애착과 무명의 가지가지 번뇌로 모두 가득 차 있다.
이는 내가 보살행을 닦을 만한 곳이다.

● 疏 ●

悲中에 先은 明有違教之惑이오 後貪愛下는 明總具塵勞니 惑病旣深에 方假醫救니라
前中에 '不知恩報'者는 必無敬養이오 '更相讐對'는 則難以訶責이오 '邪見執著'은 則不受正教오 '迷惑顚倒'는 所領不眞이오 '愚癡無智'는 爲說不知오 '無有信心'은 絕於希向이오 '隨逐惡友'는 必遠善人이오 '起諸惡慧'는 無由正解라 故難化也니라

大悲의 行相을 밝힌 가운데, 앞부분은 가르침을 어기는 중생의 미혹을 밝혔고, 뒤의 '貪愛' 이하는 온갖 번뇌를 지니고 있음을

밝히고 있다. 미혹의 병을 이미 깊이 앓고 있기에 바야흐로 의원의 힘을 빌린 것이다.

앞부분에서 말한 "은혜를 갚을 줄 알지 못한다."는 것은 반드시 공경하고 공양하려는 마음이 없음이며,

"서로 원수로 대한다."는 것은 그를 꾸짖기도 어려움이며,

"삿된 소견에 집착한다."는 것은 바른 가르침을 받아들이지 않음이며,

"미혹하고 전도되었다."는 것은 이해하는 바가 진실하지 못함이며,

"어리석고 지혜가 없다."는 것은 그를 위해 말해주어도 알아듣지 못함이며,

"신심이 없다."는 것은 희망과 지향점이 사라짐이며,

"나쁜 벗을 따른다."는 것은 반드시 착한 사람을 멀리함이며,

"나쁜 생각을 일으킨다."는 것은 바른 이해를 따르지 않는 것이다. 이 때문에 그들을 교화하기 어렵다.

二 善非化境

② 선한 이는 교화의 대상이 아니다

設有知恩과 **聰明慧解**와 **及善知識**이 **充滿世間**이면 **我不於**

中에 修菩薩行이니

　　설령 은혜를 갚을 줄 아는 사람, 총명하고 지혜 있는 사람, 그리고 선지식이 가득한 세간이라면, 나는 그런 세계 속에서 보살행을 닦지 않을 것이다.

◉ 疏 ◉

可知니라

　　이는 말하지 않아도 알 수 있다.

三 徵釋所由

　　③ 그 이유를 묻고 해석하다

經

何以故오 我於衆生에 無所適莫하며 無所冀望하며 乃至不求一縷一毫와 及以一字 讚美之言하고 盡未來劫토록 修菩薩行호되 未曾一念도 自爲於己요 但欲度脫一切衆生하야 令其淸淨하야 永得出離니라
何以故오 於衆生中에 爲明導者가 法應如是하야 不取不求하고 但爲衆生하야 修菩薩道하야 令其得至安穩彼岸하야 成阿耨多羅三藐三菩提라하나니 是名菩薩摩訶薩의 第八難得行이니라

501

무엇 때문인가? 나는 중생에게 있어 긍정도 부정도 없으며, 바라는 것도 없다. 내지 실 한 올, 터럭 끝 하나라도 구하는 바가 없고, 칭찬하는 말 한 마디도 추구하지 않으며, 미래의 세월이 다하도록 보살행을 닦되 한 생각의 찰나도 내 몸을 위하지 않으며, 단 일체중생을 제도하여 청정케 하고 영원히 고해에서 벗어나게 하려는 것이다.

무슨 까닭인가? 중생 속에 명철한 지도자의 법이란 으레 이처럼 집착하지도 않고 구하지도 않으며, 단 중생을 위하여 보살의 도를 닦아 중생으로 하여금 편안한 저 언덕에 이르러 아뇩다라삼먁삼보리를 성취하도록 하려는 것이다.'

이를 보살마하살의 제8 얻기 어려운 행이라고 말한다."

◉ 疏 ◉

徵釋中에 初徵次釋이오 後는 轉徵釋이라
初徵意에 云菩薩化生에 理宜平等이어늘 偏惡棄善은 其故 何耶오
次釋意에 云菩薩이 於物에 無主定於親疎하고 就於惑重하야 偏是化境이니 如母矜病子이니 豈不等耶아 又若求名利인댄 應化知恩이니 本爲淨他라 理應隨惡이라 若棄惡從善이면 魔攝持故니라【鈔˰ 若棄惡從善 魔攝持故者는 卽五十八經에 說十種魔業中에 云捨惡性人과 遠懈怠者는 輕慢亂意며 譏嫌惡慧니 是爲魔業이라하고 又云已得解脫과 已安穩者는 常樂親近而供養之하고 未得解脫과 未安穩者는 不得親近하고 亦不敎化는 是爲魔業이라하니 卽棄惡從善也니라】

묻고 해석한 부분 가운데, 앞은 물음이며, 다음은 해석이며, 맨 끝은 다시 한 번 묻고 해석한 것이다.

첫 부분에서 물은 뜻은 "보살이 중생을 교화하는 이치는 평등한데, 악한 이에게 치우쳐 선한 이들을 버린 까닭은 무엇인가?"라는 점이다.

다음은 해석한 뜻이다. "보살은 중생에 대해 親疎의 편견을 가지지 않는다. 미혹이 보다 심각한 곳을 찾아가 교화의 경계를 삼은 것으로, 자애로운 어머니가 병을 앓는 자식을 유독 불쌍히 여기는 것과 같다. 이 어찌 평등함이 아니겠는가.

또한 보살이 만일 名利를 구한다면 당연히 은혜를 갚을 줄 알아야 한다고 교화했을 것이다. 하지만 중생의 청정을 위한 가르침이다. 당연히 악한 자를 우선으로 따를 수밖에 없다. 만약 악한 이들을 멀리 버리고 선한 이만을 따른다면 마군에게 포섭당하기 때문이다."【초_ "만약 악한 이들을 멀리 버리고 선한 이만을 따른다면 마군에게 포섭당하기 때문이다."는 것은 58經에 10가지 종류의 마군의 일[魔業]을 설명한 중에 "악한 성품을 지닌 사람을 버리는 것과 게으른 자를 멀리하는 것은 산란한 마음을 대수롭지 않게 여김이며, 사악한 지혜를 꺼리는 일이기에 이를 마군의 일이라 한다."고 하며, 또 이르기를 "이미 해탈을 얻은 자와 이미 평온한 자에게는 항상 즐거운 마음으로 가까이하고 공양하지만, 해탈을 얻지 못한 이와 편안하지 못한 자에게 가까이하지도 않고 또한 교화하지도 않는 것은 마군의 일이다."고 하였다. 이는 악한 이를 버리

고 선한 자만을 따랐기 때문이다.】

三何以故下는 轉徵釋이니 徵云菩薩衆生은 本不相預어늘 何爲長劫에 悲救無求오 釋意云諸佛菩薩은 法爾同遵이니 不爾인댄 不名爲明導故니라

맨 끝의 '何以故' 이하는 다시 한 번 묻고 해석하였다.

물음의 뜻은 "보살과 중생이 본래 서로 함께할 수 없는데, 어찌하여 영겁에 대비의 마음으로 구제하면서도 추구하는 바가 없는 것일까?"라는 것이다. 이에 대해 해석한 뜻은 다음과 같다. "모든 부처님과 보살이 똑같이 따르는 법이다. 그렇게 하지 않으면 '명철한 인도자'라고 말할 수 없기 때문이다."

◉ 論 ◉

第八難得行은 以願波羅蜜로 爲體라 有七十行經을 分爲六段하리니 一은 佛子已下로 至一性善根히 有四行經은 明此位中十善根分이오 二는 此菩薩已下로 至得不退轉히 有八行半經은 明處苦無疲厭分이오 三은 此菩薩了衆生非有已下로 至何以故히 有十行經은 明不捨不著衆生界分이오 四는 菩薩深入衆生界已下로 至非得果히 有十三行半經은 明菩薩이 入衆生界不著호되 而亦不廢常在世間하야 現身度衆生分이오 五는 菩薩成就如是已下로 至不著世間히 有十九行半經은 明不說而說法自在分이오

六은 菩薩如是已 下로 至第八難得行히 有十四行半經은 明行菩薩行호되 不求果報分이라

제8 難得行은 원바라밀로 체성을 삼는다. 70항 경문은 6단락으로 나뉜다.

(1) '佛子' 이하로 '一性善根'까지 4항의 경문은 난득행의 지위에서 10가지 선근을 밝힌 부분이며,

(2) '此菩薩' 이하로 '得不退轉'까지 8항 반의 경문은 괴로움 속에서도 힘들어하거나 싫어함이 없음을 밝힌 부분이며,

(3) '此菩薩了衆生非有' 이하로 '何以故'까지 10항의 경문은 중생계를 버리지도 않고 집착하지도 않음을 밝힌 부분이며,

(4) '菩薩深入衆生界' 이하로 '非得果'까지 13항 반의 경문은 보살이 중생계에 들어가 집착하지도 않지만, 또한 언제나 세간에 몸을 나타내어 중생 제도를 그만두지 않음을 밝힌 부분이며,

(5) '菩薩成就如是' 이하로 '不著世間'까지 19항 반의 경문은 설법하지 않으면서도 설법이 자재함을 밝힌 부분이며,

(6) '菩薩如是' 이하로 '第八難得行'까지 14항 반의 경문은 보살행을 행하되 과보를 구하지 않음을 밝힌 부분이다.

第九 善法行

제9 선법행

體即力度니 就文分三이니 初는 徵名이오 二는 釋相이오 三은 結歎이니 今은 初라

이의 체성은 역바라밀이다.

경문은 3부분으로 나뉜다.

1. 명제에 대한 물음이며,
2. 선법행의 양상을 해석함이며,
3. 찬탄으로 끝맺음이다.

이는 1. 명제에 대한 물음이다.

經

佛子여 何等이 爲菩薩摩訶薩의 善法行고

"불자여, 어떤 것이 보살마하살의 법을 잘 닦는 행일까?

● 疏 ●

唯識有二니 一은 思擇力이오 二는 修習力이며 本業有三이니 一은 報通力이오 二는 修定通力이오 三은 變化通力이라 唯識은 約修오 本業은 約用이라 互擧一邊이니 由前二力하야 爲機說法이면 則成語意二業之善法하고 有本業三力이면 則成身意二業之善法하나니 以修定通이 卽意業故니라

依梁攝論컨대 由思擇力하야 能伏一切正行等所對治障하야 令不起故며 由修習力하야 能令一切善行堅固決定하니 旣言一切善行인댄 此則二力이 通三業善이라 此位는 大同九地하다【鈔_ 依梁論者는 正

思諸法過失及功德이니 此思擇이 若得增勝이면 自地惑 所不能動이라 體性堅强일세 故名爲力이라 修習力者는 心緣此法하야 作觀行에 令心與法和合成一이 猶如水乳며 亦如熏衣니라 】

유식에서는 선법행에 대해 2가지로 말하고 있다.

(1) 사유하고 선택하는 힘이며,

(2) 닦고 익히는 힘이다.

본업경에는 3가지가 있다.

(1) 욕계·색계·무색계의 하늘들이 그 과보로써 절로 얻는 신통력[報通力],

(2) 성문·연각·보살이 수행을 완성하여 얻는 신통력[修定通力],

(3) 부처님의 자재 무애한 신통력[變化通力]이다.

유식에서는 수행으로, 본업경에서는 妙用으로 말하였다. 이는 모두 한쪽만을 들어 말한 것이다. 유식에서 말한 2가지 힘으로 중생을 위해 설법하면 語業과 意業 2가지의 선한 법을 완성하고, 본업경에서 말한 3가지 힘이 있으면 身業과 意業 2가지의 선한 법을 완성할 수 있다. 이는 '수행을 완성하여 얻는 신통력[修定通力]'이 곧 意業이기 때문이다.

梁攝論에 의하면, 첫째 사유하고 선택하는 힘으로 말미암아 일체 바른 행 등을 위해 다스려야 할 장애들을 굴복시켜 다시는 일어나지 않도록 하기 때문이며, 둘째 닦고 익히는 힘으로 말미암아 일체 선행을 견고하게 결정하도록 마련해주는 것이다. 이처럼 '일체 선행'이라 말한 것은 곧 유식에서 말한 2가지 힘이 身·口·意 삼

업의 선에 통하기 때문이다. 이 지위는 크게는 九地와 같다.【초_
"梁攝論에 의하면"이란 바로 모든 법의 잘못 및 공덕을 사유하는
것이다. 이러한 사유와 선택의 힘에 좀 더 수승한 힘을 얻으면 자
신의 지위에 존재하는 미혹으로 동요되지 않을 것이다. 그 體性이
굳건하고 강하기에 그 이름을 '힘[力]'이라 한다.

修習力이란 마음이 법을 따라 觀行을 이뤄 마음과 법이 화합하
여 하나가 되는 것이 마치 물과 우유가 서로 어울리는 것과 같고,
또한 향기가 옷에 배어든 것과 같다.】

二釋相中二니 前은 自分이오 後는 勝進이라 然此二段이 各具二力이니
至文當知니라 亦有三力이니 謂普知根緣과 一音普應과 成就十身이니
義該三通이라

初自分中에 先은 總明이라

2. 선법행의 양상을 해석한 부분은 2단락으로 나뉜다.

1) 앞은 자신의 본분이고, 2) 뒤는 수승하게 닦아나가는 것이
다. 그러나 이 2단락에는 각각 2가지 힘을 갖추고 있다. 해당 경문
에서 이 점을 알아야 한다.

또한 3가지 힘이 있다. (1) 널리 근기와 반연을 앎이며, (2) 하나
의 음성으로 널리 응함이며, (3) 十身을 성취함이다. 그 의미는 위
에서 말한 3가지의 신통력(報通力, 修定通力, 變化通力)을 갖추고 있다.

이는 1) 자신의 본분 가운데, 총체로 밝힌 앞부분이다.

此菩薩이 **爲一切世間天人魔梵沙門婆羅門乾闥婆等**하야 **作淸凉法池**하야 **攝持正法**하고 **不斷佛種**하나니라

이 보살이 일체 세간의 하늘, 사람, 마군, 범천, 사문, 바라문, 건달바 등을 위하여 시원한 불법의 연못[法池]이 되어 바른 법을 거두어 지님으로써 부처의 종성이 끊어지지 않도록 하였다.

● 疏 ●

作淸凉法池는 **標也**라 **言含法喩**니 **謂如無熱惱池 淸淨無濁**이라 **下二句**는 **釋**이니 **上句**는 **如池含於德水**라 **故云攝持正法**이오 **下句**는 **以四辯才**로 **出願智等**하야 **饒益衆生**호되 **相續無盡**하야 **究竟 入於一切智海 名不斷佛種**이니 **如彼大池 流出四河**하야 **相續入海**니라

"시원한 불법의 연못이 되었다."는 구절은 이 경문의 주된 뜻을 말해주는 푯대이다. 이 구절은 법과 비유를 모두 포괄한 것으로, 극심한 고뇌가 없는 연못이 맑고 맑아 흐린 물이 없다는 말과 같다.

아래의 2구(攝持正法, 不斷佛種)는 해석이다. 위 구절은 그 연못에 공덕의 물을 담고 있기에 "바른 법을 거두어 지녔다[攝持正法]."고 말하고, 아래 구절은 四無碍辯으로 誓願과 지혜 등을 내어 끊임없이 중생에게 이익을 주되 결국에는 一切智의 바다에 들어가도록 하기에 이를 "부처의 종성이 끊어지지 않도록 하였다."고 말한다. 이는 큰 연못의 물이 사방으로 흘러넘치는 강줄기가 되어 끊임없이 바다로 흘러가는 것과 같다.

二는 別顯이라 文分爲二니 初는 廣攝持正法이오 二此菩薩大悲下는 廣不斷佛種이니 今은 初라

1) 자신의 본분 가운데, 개별로 밝힌 뒷부분이다.

이 경문은 다시 2부분으로 나뉜다.

⑴ 바른 법을 거두어 지님을 자세히 말함이며,

⑵ '此菩薩大悲' 이하는 부처의 종성이 끊어지지 않도록 함을 자세히 말하였다.

이는 ⑴ 바른 법을 거두어 지님을 자세히 말함이다.

經

得淸淨光明陀羅尼故로 說法授記에 辯才가 無盡하며
得具足義陀羅尼故로 義辯이 無盡하며
得覺悟實法陀羅尼故로 法辯이 無盡하며
得訓釋言辭陀羅尼故로 辭辯이 無盡하며
得無邊文句無盡義無礙門陀羅尼故로 無礙辯이 無盡하며
得佛灌頂陀羅尼가 灌其頂故로 歡喜辯이 無盡하며
得不由他悟陀羅尼門故로 光明辯이 無盡하며
得同辯陀羅尼門故로 同辯이 無盡하며
得種種義身句身文身中訓釋陀羅尼門故로 訓釋辯이 無盡하며
得無邊旋陀羅尼故로 無邊辯이 無盡이니라

청정한 광명 다라니를 얻었기에 설법하고 수기(授記)하는 변재가 끝이 없으며,

구족 원만한 뜻이 담긴 다라니를 얻었기에 뜻을 말하는 변재가 끝이 없으며,

실상 법을 깨닫는 다라니를 얻었기에 법을 말하는 변재가 끝이 없으며,

경전의 문장을 훈고 해석하는 다라니를 얻었기에 문장에 대한 변재가 끝이 없으며,

그지없는 문구, 그지없는 의미, 걸림 없는 법문의 다라니를 얻었기에 걸림 없는 변재가 끝이 없으며,

부처님의 관정 다라니를 얻어 정수리에 물을 부어주었기에 기쁨을 주는 변재가 끝이 없으며,

남을 의지하지 않고 깨닫는 다라니를 얻었기에 광명의 변재가 끝이 없으며,

같은 말을 하는 다라니를 얻었기에 그들과 같은 말을 하는 변재가 끝이 없으며,

가지가지의 뜻, 구절구절의 뜻, 경문의 체제를 훈고 해석하는 다라니를 얻었기에 훈고 해석하는 변재가 끝이 없으며,

끝없이 돌아가는 다라니를 얻었기에 끝없는 변재가 끝이 없다.

● **疏** ●

具十總持니 是攝持義니 十持는 爲體요 十辯은 爲用이라 初句는 爲總이

오寂障鑒法이 名淨光明이오 餘九는 爲別이라 初四는 卽四辯才오 四持는 卽池之德水오 四辯은 卽池之四口니라【鈔. 四辯卽喻者는 此中四河四口等은 皆依十定品이니

一 東恒伽河는 從銀色象口하야 流出銀沙하니 合以義辯으로 說一切義오

二 私陁河는 從金剛色師子口하야 流出金剛沙하니 合以法辯으로 說金剛句오

三 信度河는 從金色牛口하야 流出金沙하니 合以詞辯으로 說隨順世間緣起오

四 縛蒭河는 從琉璃色馬口하야 流出琉璃沙하니 合菩薩摩訶薩도 亦復如是라 以無盡辯으로 雨無盡百千億那由他不可說法等이라하고 下別合云호되 '云何菩薩四河고 一은 願智河오 二는 波羅蜜河오 三은 三昧河오 四는 大悲河라하니 竝如彼文하다】

10가지의 다라니를 모두 갖추고 있다. 다라니를 總持라 함은 攝持의 뜻이다. 10가지의 다라니는 본체이고, 10가지의 변재는 작용이다.

첫 구절(淸淨光明陀羅尼 說法授記辯才)은 총체이다. 장애를 고요하게 만들어주고 법을 비춰볼 수 있기에 그 다라니의 이름을 '청정광명'이라 한다.

나머지 9구절은 개별로 말하였다.

앞의 제1~4구는 4가지 변재이다. 4가지 다라니(具足義, 覺悟實法, 訓釋言辭, 無邊文句無盡義)는 연못의 공덕 물이고, 4가지 변재(義辯, 法辯,

辯辭, 無礙辯)는 연못에서 사방의 강줄기로 흘러넘쳐 가는 河口이다.
【초_ 4가지 변재가 곧 비유라는 것은, 여기에서 말한 4곳의 강하와 사방의 강줄기로 흘러넘쳐 가는 입 등은 모두 十定品을 근거로 말한 것이다.

① 東恒伽河는 은색 코끼리의 입처럼 생긴 河口에서 은빛모래가 흘러나온다. 이는 義辯으로 일체 의미를 설명하는 데 부합하며,

② 私陁河는 금강색 사자의 입처럼 생긴 하구에서 금강모래가 흘러나온다. 이는 法辯으로 金剛句를 설명하는 데 부합하며,

③ 信度河는 금색 소의 입처럼 생긴 하구에서 황금모래가 흘러나온다. 이는 詞辯으로 세간의 연기를 따름을 설명하는 데 부합하며,

④ 縛蒭河는 유리색 말의 입처럼 생긴 하구에서 유리모래가 흘러나온다. 보살마하살 또한 이와 같아 無盡辯으로 그지없는 백천억 나유타의 말할 수 없는 법들을 비 오듯이 내려준다는 데 부합한다.

또한 아래에서 개별로 부합하여 보면, "어떤 것이 보살의 4가지 강하인가? ① 願智河, ② 波羅蜜河, ③ 三昧河, ④ 大悲河이다."고 한다. 이는 모두 십정품에서 말한 바와 같다.】

五는 卽外力加辯이니 智水灌心故로 稱根令喜니 此卽得辯之緣이오

제5구 佛灌頂陀羅尼灌其頂 歡喜辯은 부처님의 힘에 의한 가피의 변재이다. 부처님이 지혜의 물을 마음에 부어주었기 때문에 중생의 근기에 맞추어 설법함으로써 중생의 마음을 기쁘게 만들어주는 것이다. 이는 변재를 얻게 된 인연이다.

六은 卽內力證辯이니 謂道契內心에 光明外徹이니 此乃得辯之因也오

제6구 不由他悟陀羅尼門 光明辯은 자신의 힘으로 증득한 변재이다. 도가 자기 내면의 마음에 결합하여 그 광명이 밖으로 나타난 것이다. 이는 변재를 얻게 된 원인이다.

七은 同類音辯이니 此約順機이오

제7구 同韻陀羅尼門 同辯이란 그 지방의 그 중생들과 같은 유의 음성으로 말하는 변재이다. 이는 중생의 근기를 따르는 것으로 말하였다.

八은 訓釋辯이니 此約窮法이니 前四辯中에 但通相文句이어나 此明曲盡其源이라 義身은 卽當名身이니 名所詮故오 體是名境이오 義卽境義니 梵云得種種名身故오

제8구 種種義身句身文身中訓釋陀羅尼門 訓釋辯은 경전에 대한 훈고 해석의 변재이다. 이는 법을 탐구함으로 말하였다.

앞의 4가지 변재에서는 겉 문장에 대한 통달로 말했을 뿐이지만, 여기에서는 문장의 내면적 원류를 자세히 다하였음을 밝힌 것이다. '의미의 자체[義身]'는 곧 '명제의 자체[名身]'에 해당된다. 의미란 명제를 말해주는 바이기 때문이며, '체제[體]'는 명제의 경계이고, 의미는 곧 경계의 의미이다. 梵本에서는 "名身의 가지가지를 얻었기 때문이다."고 말한다.

九는 總顯深廣이니 持辯無邊이니 旋有入空이며 旋空入有等이라 故無有邊이니 皆言無盡者는 稱法界故니라

제9구 無邊旋陀羅尼 無邊辯은 다라니와 변재가 심오하고도 광대함을 총체로 밝히고 있다. 다라니와 변재는 끝이 없다. 有의 세

계를 돌려서 空의 세계로 들어가고, 공의 세계를 돌려서 유의 세계로 들어가는 따위를 말한다. 따라서 無와 有의 세계가 모두 그지없다고 말한 것은 법계와 하나가 되었기 때문이다.

第二. 廣前不斷佛種中에 文分三別이니
初는 總明三業利生이오
二假使下는 假設深勝이오
三以得一切下는 總釋所以라
前二는 含於四河니 今初는 卽大悲河니라

(2) 부처의 종성이 끊어지지 않도록 함을 자세히 말한 가운데 경문은 3부분으로 나뉜다.

첫째는 삼업으로 중생에게 이익이 됨을 총체로 밝혔고,

둘째 '假使' 이하는 지극히 수승함을 가설하였으며,

셋째 '以得一切' 이하는 그 이유를 총체로 해석하였다.

첫째와 둘째는 4가지 강하[四河: 大悲河, 波羅蜜河, 三昧河, 願智河]를 포괄하고 있다.

이는 첫째, 삼업으로 중생에게 이익을 주는 大悲河이다.

經

此菩薩이 大悲堅固하야 普攝衆生하야 於三千大千世界에 變身金色하야 施作佛事호되 隨諸衆生의 根性欲樂하야 以

515

廣長舌로 於一音中에 現無量音하야 應時說法하야 皆令歡喜하며

이 보살이 대비심이 견고하여 널리 중생을 받아들여 삼천대천세계에 금빛의 몸으로 변하여 불사를 마련하되, 수많은 중생의 근성과 원하고 좋아하는 마음을 따라 진리를 설하기에 좋은 혀로써 하나의 음성에 한량없는 변화의 음성을 나타내어 때에 맞추어 설법하여 모든 중생을 기쁘게 해주는 것이다.

◉ 疏 ◉

大悲堅固는 標其體也니 悲紹佛種일새 故首明之오 普攝衆生은 正明不斷이오 於三千下는 示其攝相이라

대비심이 견고함은 그 본체를 밝힘이다. 대비의 마음으로 부처의 종성을 계승한 까닭에 맨 처음 이를 밝혔고, "널리 중생을 받아들이는" 것은 바로 부처의 종성을 끊이지 않도록 하기 위함을 밝힘이며, '於三千' 이하는 널리 중생을 받아들이는 양상을 보여줌이다.

二 假說深勝

둘째, 지극히 수승함을 가설하다

假使有不可說種種業報의 無數衆生이 共會一處호되 其會

廣大하야 充滿不可說世界어든 菩薩이 於彼衆會中坐에 是
中衆生이 一一皆有不可說阿僧祇口하고 一一口에 能出
百千億那由他音하야 同時發聲하야 各別言辭로 各別所問
이라도 菩薩이 於一念中에 悉能領受하고 皆爲酬對하야 令
除疑惑하나니 如一衆會中하야 於不可說衆會中에도 悉亦
如是니라

復次假使一毛端處에 念念出不可說不可說道場衆會하고
一切毛端處에도 皆亦如是하야 盡未來劫토록 彼劫은 可盡
이어니와 衆會는 無盡이어든 是諸衆會가 於念念中에 以各別
言辭로 各別所問이라도 菩薩이 於一念中에 悉能領受하야
無怖無怯하며 無疑無謬니라

而作是念하사되 設一切衆生이 以如是語業으로 俱來問我
라도 我爲說法을 無斷無盡하야 皆令歡喜하야 住於善道하고
復令善解一切言辭하야 能爲衆生하야 說種種法호되 而於
言語에 無所分別하며 假使不可說不可說種種言辭로 而來
問難이라도 一念悉領하고 一音咸答하야 普使開悟하야 無有
遺餘라하나니

　가령 말할 수 없는 가지가지 업보로 생긴 무수한 중생들이 한
도량에 모였으며, 그 법회가 엄청나게 커서 말할 수 없는 세계에
충만하였는데, 보살이 그 법회 대중의 한가운데 앉았을 적에, 그
법회에 모인 중생들이 하나하나 말할 수 없는 아승기의 각기 다른
입을 가졌고, 그 입마다 백천억 나유타 음성으로 한꺼번에 소리를

내어 각기 다른 언어로 각기 다른 질문을 할지라도, 보살은 한 생각의 찰나에 그들의 말과 질문을 모두 알아듣고 모두 따로따로 대답하여 그들의 의혹을 없애주었다. 하나의 법회에서 그러한 것처럼 말할 수 없는 법회에서도 모두 그와 같이 하였다.

또한 가령 한 털끝만 한 곳에서 한 생각 한 생각의 순간에 말할 수 없고 말할 수 없는 도량의 대중법회를 하듯이, 일체의 털끝만 한 곳에서도 모두 미래의 겁이 다하도록 그와 같이 한다. 미래의 겁은 다할지라도 대중의 법회는 끝이 없다. 이러한 모든 대중법회는 한 생각 한 생각의 순간에 제각기 다른 언어로 제각기 다른 질문을 할지라도, 보살은 한 생각의 찰나에 그들의 말과 질문을 모두 알아듣고서 두려움도 없고 겁을 내지도 않으며, 의심도 없고 잘못하는 일도 없다.

그럼에도 보살은 이런 생각을 한다.

'가령 일체중생이 이와 같은 말로써 한꺼번에 나에게 물을지라도 나는 그들을 위해 끊임없고 그지없는 설법으로 그들의 마음을 모두 기쁘게 하여 선한 도에 머물게 하고, 또 그들로 하여금 모든 말을 잘 이해하도록 하여 중생을 위해 가지가지 법을 일러주어도 그 말에 대하여 조금도 분별 의심이 없게 하며, 가령 말할 수 없고 말할 수 없는 가지가지 각기 다른 언어의 음성으로 묻는다 할지라도 한 생각의 찰나에 모두 알아듣고 하나의 음성으로 모두 그들의 의문에 대답하여 그들을 모두 한 점의 의혹 없이 깨닫게 해줄 것이다.'

● 疏 ●

於中有三하니 卽爲三河라

一은 大會斷疑니 明問答成就라 處多大衆하야 頓領頓酬는 由具諸度故니 卽波羅蜜河니라

二復次下는 微細斷疑니 前直明大會異問能答이어니와 今乃云於一毛端處에 有不可說如前大會하야 多劫殊問을 一念能答호되 不怖大衆하고 不怯文義하야 決斷揀擇은 顯轉超勝이니 是三昧力이니 卽三昧河라 故下經에 云菩薩이 住此三昧하야 於自身一一毛孔中에 見不可說不可說佛刹微塵數諸佛如來하며 亦見彼佛所有國土와 道場衆會聽法하며 乃至云其諸衆生도 亦無迫隘니 何以故오 入不思議三昧境界故라하니 彼約聽法이오 此約答問이니 以之爲異나 餘義大同이라 此約圓敎普賢位中일세 故於前地에 有斯自在하니 非三乘中에 得斯作用이니라

三而作是念下는 周徧斷疑라 上舉毛端多衆이나 猶有量故로 今明一切衆 各具多言을 悉能答故니 卽願智河라 願智相導하야 悲救無休일세 故云作念이라하니라

文中에 先顯多衆하고 後假使下는 復顯多言이라

이 경문에는 3단락이 있으니, 곧 3가지 강하[三河: 波羅蜜河, 三昧河, 願智河]이다.

① 대중법회에 의심을 끊어준 것으로, 문답의 성취를 밝혀주고 있다. 수많은 대중법회에서 한순간의 찰나에 각기 달리 대답해주는 것은 모든 바라밀을 갖추고 있기 때문이다. 이는 바라밀 강하[波

519

羅蜜河]이다.

② '復次假使一毛' 이하는 미세한 자리에서 의심을 끊어준 것이다. 앞에서는 다른 질문들을 능란하게 대답한 부분을 직접 밝혔지만, 여기에서는 "한 털끝만 한 곳에 말할 수 없는 도량의 대중법회"에서도 앞의 법회에서 대답했던 것처럼 영겁의 각기 다른 질문을 한 생각의 찰나에 능란하게 대답하되, 대중을 두려워하지 않고 경문의 뜻에 겁내지 않고서 결단하고 간택하는, 뛰어나고 훌륭한 부분을 밝혀주고 있다. 이는 삼매의 힘이니, 삼매의 강하[三昧河]이다.

이 때문에 아래의 경문에서 이르기를 "보살이 삼매에 머물면서 자신의 모공 하나하나 속에서 말할 수 없고 말할 수 없는 부처님 세계의 미세한 티끌 수효의 수많은 부처님을 보았으며, 또한 그 부처님이 소유한 국토를 보았고 도량의 대중법회에서 법을 듣는 것을 보았으며, 내지 그 모든 중생이 모여든 법당이 비좁지 않음을 보았다. 무엇 때문일까? 불가사의 삼매 경계에 들어간 때문이다."고 한다.

아래의 경문에서는 법문을 듣는 것으로, 여기에서는 물음에 대답하는 것으로 말한 점이 다르지만, 나머지 뜻은 크게는 똑같다. 이는 圓敎의 보현보살 지위로 말한 까닭에 前地에 이러한 自在가 있는 것이지, 삼승의 지위에서 이런 작용을 얻을 수 있는 게 아니다.

③ '而作是念' 이하는 두루 널리 의심을 끊어주는 것이다. 위에서 털끝의 많은 대중을 들어 말했지만, 그래도 한계점이 있다. 따라서 여기에서는 모든 중생의 각기 다른 수많은 언어에 대해 각기 다른 언어로 모조리 대답할 수 있는 이유를 밝히고 있다. 이는 誓

願과 지혜의 강하(願智河)이다.

　서원과 지혜가 서로를 이끌어 끊임없이 대비의 마음으로 중생을 구제하기에 "이런 생각을 한다."고 말한 것이다.

　경문의 앞부분은 많은 대중을 말하였고, 뒤의 '假使' 이하는 다시 수많은 언어로 대답함을 밝히고 있다.

第三. 總釋所以

셋째, 그 이유를 총체로 해석하다

經

以得一切智灌頂故며 **以得無礙藏故**며 **以得一切法圓滿光明故**며 **具足一切智智故**니라

　부처님의 일체 지혜로 이마에 물을 부어줌을 얻었기 때문이며,
　원융무애 지혜장(智慧藏)을 얻었기 때문이며,
　일체 법의 원만한 광명을 얻었기 때문이며,
　일체 지혜의 지혜가 구족한 때문이다.

● 疏 ●

所以得此四河廣利者는 畧擧四因이니 此之四因은 或以一因成前四河오 或以四因成其一河니 一은 他佛外加故오 二는 自藏離礙故오 三은 所照法圓故오 四는 能照智具故라 或各配屬이면 同體悲加故며

521

見心性故며 諸度圓故며 二智滿故니라【鈔_ 或各配屬下는 上卽通釋이라 故成一因이 成西河等이어니와 今此下는 別配니 同體悲加故는 卽以他佛外加로 爲大悲河因이오 二. 見心性故는 卽第二自藏離碍故니 自藏은 卽是如來藏性이라 此卽心性하야 能觀心性이 名爲上定故로 爲三昧河因이오 三. 諸度圓故는 卽第三所照法圓故니 爲波羅蜜河因이오 四. 二智圓滿故는 卽第四能照智異故니 爲願智河因이라 一切智는 是根本智오 重言智者는 卽後得智니 後得智攝願故일세니라 】

이러한 4가지 강하의 광대한 이익을 얻을 수 있었던 원인으로 간단하게 4가지를 들어 말하였다. 4가지 원인은 간혹 하나의 원인으로 앞의 4가지 강하를 성취하고, 간혹 4가지 원인으로 하나의 강하를 이루기도 한다.

① 여타 부처님의 가피이며,

② 자신의 智慧藏이 장애를 여읜 때문이며,

③ 관조의 대상인 법이 원만한 때문이며,

④ 관조의 주체인 지혜를 갖춘 때문이다.

혹은 각기 별개로 배속하면,

① 하나의 몸으로 생각하는 대비의 가피 때문이며,

② 마음의 성품 자리를 보았기 때문이며,

③ 모든 바라밀이 원만한 때문이며,

④ 根本智와 後得智가 원만한 때문이다.【초_ "혹은 각기 별개로 배속하면" 이하는 위에서 전체로 해석하였기에 "간혹 하나의 원인으로 앞의 4가지 강하를 성취했다." 등으로 말했지만, 이 아래에

서는 개별로 배속한 것이다.

① 하나의 몸으로 생각하는 대비의 가피 때문이란 곧 "① 여타 부처님의 가피"로 大悲河의 원인을 삼는다.

② 마음의 성품 자리를 보았기 때문이란 곧 "② 자신의 지혜장이 장애를 여읜 때문"이다. 자신의 지혜장이란 如來藏性을 말한다. 이는 마음의 성품과 하나가 되어 마음의 성품을 관조하는 것이 '최상의 선정[上定]'이기에 三昧河의 원인을 삼는다.

③ 모든 바라밀이 원만한 때문이란 곧 "③ 관조의 대상인 법이 원만한 때문"이기에 波羅蜜河의 원인을 삼는다.

④ 근본지와 후득지가 원만한 때문이란 곧 "④ 관조의 주체인 지혜를 갖춘 때문"이기에 願智河의 원인을 삼는다. 一切智는 근본지이며, 일체지에 다시 智[一切智智] 자를 더한 것은 후득지이다. 후득지가 誓願을 포괄하고 있기 때문이다.】

第二는 明勝進行이니 亦卽是前四河之相이라
文分爲二니 初는 牒自分行成이라

2) 수승하게 닦아나가는 행을 밝혔다. 이 또한 앞서 말한 4가지 강하의 양상이다.

경문은 2부분으로 나뉜다.

(1) 자리행의 성취를 이어 말하였다.

佛子여 此菩薩摩訶薩이 安住善法行已에

불자여, 이 보살마하살이 선법행에 안주한 후에

二는 正顯勝進이니 文分爲四라 一은 辨四河淸淨之義라

(2) 바로 수승하게 닦아나감을 밝혔다.

경문은 다시 4부분으로 나뉜다.

첫째, 4가지 강하가 청정한 의의를 논변하였다.

能自淸淨하고 亦能以無所著方便으로 而普饒益一切衆生호되 不見有衆生이 得出離者니

스스로 청정하고 또한 집착이 없는 방편으로 일체중생에게 널리 이익을 주면서도, 나의 제도에 힘입어 삼계에서 벗어난 중생이 있다고 생각지 않는다.

二는 辨四河入海에 無能障義라

둘째, 4가지 강하가 바다에 들어갈 때에 장애가 없는 의의를 말하였다.

經

如於此三千大千世界하야 如是乃至於不可說三千大千世界에 變身金色하고 妙音具足하야 於一切法에 無所障礙하야 而作佛事하나니라

　　삼천대천세계에서와 같이, 말할 수 없는 삼천대천세계까지도 황금색의 몸으로 변화하고 미묘한 음성이 구족하여 일체 법에 장애되는 바 없이 불사를 일으키는 것이다.

◉ **疏** ◉

於多界中에 化無障故니라

　　수많은 세계 속에 化現하는 몸이 걸림이 없기 때문이다.

三은 辨此四河旋遶池義라

　　셋째, 4가지 강하가 연못을 빙 두르고 있는 의의를 말하였다.

經

佛子여 此菩薩摩訶薩이 成就十種身하나니
所謂入無邊法界非趣身이니 滅一切世間故며
入無邊法界諸趣身이니 生一切世間故며
不生身이니 住無生平等法故며
不滅身이니 一切滅하야 言說不可得故며

不實身이니 得如實故며

不妄身이니 隨應現故며

不遷身이니 離死此生彼故며

不壞身이니 法界性無壞故며

一相身이니 三世語言道斷故며

無相身이니 善能觀察法相故니라

불자여, 이 보살마하살이 열 가지의 몸을 성취하였다.

이른바 그지없는 법계에 들어갈 뿐, 삼악도에 들어가지 않는 몸이다. 일체 세간에서 사라졌기 때문이다.

그지없는 법계의 모든 악도에 들어가는 몸이다. 일체 세간에 태어나기 때문이다.

나지 않는 몸이다. 태어남이 없이 평등한 법에 머물기 때문이다.

사라지지 않는 몸이다. 일체가 멸하여 말로 표현할 수 없기 때문이다.

실상이 아닌 몸이다. 진여실상을 얻었기 때문이다.

허망하지 않은 몸이다. 중생의 근기 따라 몸을 나타내기 때문이다.

변천하지 않는 몸이다. 여기서 죽어 저기 나는 일을 여읜 때문이다.

무너지지 않는 몸이다. 법계의 성품이 무너짐이 없기 때문이다.

한 모양의 몸이다. 삼세의 말로 표현할 수 없는 자리이기 때문이다.

모양 없는 몸이다. 법의 모양을 잘 관찰하였기 때문이다.

◉ 疏 ◉

三旋遶中에 謂成就隨順身語意業인댄 智爲先導니 身語意業이 四方流注하야 入智海故니 隨順은 卽是旋遶之義니라

文中二니 先은 總標요 二'所謂'下는 列釋이니 皆上句標名이오 下句는 釋相이라

勒此十身하야 以爲五對니 一은 證滅·示生對요 二는 不生·不滅對요 三은 非實·非虛對요 四는 不遷·不壞對요 五는 一相·無相對니 束此五對면 不出體用이라 一一對中에 體用對辨이니 第一對는 體用自體요 第二對는 體用之相이오 第三對는 體用之力이오 第四對는 體用之性이오 第五對는 體用之德이라 體外無用이라 用卽是體오 用外無體라 體卽是用이니라 體卽法性이오 用卽智應이라 二旣不二면 理智圓融하야 唯一無礙法界之身이니라

隨相顯十하야 以表無盡이니 一乘圓融은 地前能爾라 更有餘義니 如十地離世間品明이어니와 此署擧成就隨順之身이니 言身하야 兼語意也니라

셋째, 4가지 강하가 연못을 빙 두르고 있다는 부분은 身口意 삼업을 따라 성취하려면 지혜가 선도함을 뜻한다. 삼업이 사방으로 흘러 지혜의 바다에 들어가기 때문이다. '따르는[隨順]' 것은 곧 '빙 두르다[旋遶]'의 뜻이다.

경문은 2부분으로 나뉜다. 앞에서는 총체로 밝혔고, 뒤의 '所

謂' 이하는 나열하여 해석하였다. 모두 위 구절은 명제를 밝혔고, 아래 구절은 그 양상을 해석하였다.

10가지 몸을 정돈하여 5가지로 상대하면 다음과 같다.

① 열반의 증득과 생을 보여줌이 상대이며,

② 태어나지 않음과 사라지지 않음이 상대이며,

③ 실상이 아님과 공허함이 아닌 것이 상대이며,

④ 옮겨 다니지 않음과 무너지지 않음이 상대이며,

⑤ 하나의 형상과 형상이 없는 것이 상대이다.

이 5가지 상대를 수습하여 결속하면 體用에서 벗어나지 않는다. 하나하나의 상대 속에 체용을 상대로 말하고 있다.

제1상대는 체용의 자체이며,

제2상대는 체용의 형상이며,

제3상대는 체용의 힘이며,

제4상대는 체용의 자성이며,

제5상대는 체용의 공덕이다.

본체 밖에 작용이 없기에 작용이 곧 본체이며, 작용 밖에 본체가 없기에 본체가 곧 작용이다. 본체는 법성이며, 작용은 지혜로 응함이다. 본체와 작용 2가지가 이미 둘이 아니라면 본체의 이치와 작용의 지혜가 원융하여 법계에 걸림 없는 유일한 몸이다.

형상을 따라 10가지를 밝혀 無盡함을 나타내고 있다.

一乘圓融은 地前에도 그처럼 할 수 있지만 또한 나머지 의미가 있으니, 十地의 이세간품에서 밝힌 바와 같다. 그러나 여기에서는 삼업을 따르는 몸을 성취한 부분으로 간단하게 말했는데, 이처럼 몸을 말하여 語業과 意業을 겸하고 있다.

四는 顯無疲厭이라

넷째, 힘들어하거나 싫어함이 없음을 밝혔다.

經

菩薩이 成就如是十種身하야
爲一切衆生舍니 長養一切善根故며
爲一切衆生救니 令其得大安穩故며
爲一切衆生歸니 與其作大依處故며
爲一切衆生導니 令得無上出離故며
爲一切衆生師니 令入眞實法中故며
爲一切衆生燈이니 令其明見業報故며
爲一切衆生光이니 令照甚深妙法故며
爲一切三世炬니 令其曉悟實法故며
爲一切世間照니 令入光明地中故며
爲一切諸趣明이니 示現如來自在故니라

보살이 이러한 열 가지의 몸을 성취하고서
일체중생의 집이 되나니 모든 선근을 기르기 때문이며,
일체중생의 구호자가 되나니 그들에게 크게 평안함을 얻어주

기 때문이며,

 일체중생의 귀의처가 되나니 그들의 의지할 곳이 되기 때문이며,

 일체중생의 지도자가 되나니 위없이 벗어나게 하기 때문이며,

 일체중생의 스승이 되나니 진실한 법에 들어가게 하기 때문이며,

 일체중생의 등불이 되나니 그들로 하여금 업보를 환히 보게 하기 때문이며,

 일체중생의 빛이 되나니 깊고 미묘한 법을 비춰주기 때문이며,

 일체 삼세의 횃불이 되나니 진여실상의 법을 깨닫게 하기 때문이며,

 일체 세간의 비침이 되나니 광명한 땅 속에 들게 하기 때문이며,

 일체 모든 악도의 밝음이 되나니 여래의 자재함을 나타내주기 때문이다.

● 疏 ●

謂四河入海에 累劫無疲니 菩薩도 亦爾라 以普賢行願으로 盡未來劫토록 修菩薩行하야 入如來海호되 不生疲厭이라 是以로 廣顯與生爲歸爲救等이라

文中에 先은 牒前所成之身이 爲益他之本이오 爲一切下는 正顯成益이라

句別有十이니 在文可見이라 十地又明이어니와 今畧其要리니 俗須委示라 故名爲燈이오 眞但高明이라 故目爲炬니라 甚深은 則能所不二니 如光合空이오 爲照爲明은 但約入地와 示德爲異니라

4가지 강하가 바다로 흘러갈 때에 오랜 겁을 지내면서도 힘들어하거나 싫어함이 없듯이 보살 또한 그와 같음을 말한다. 보현행원으로 미래의 겁이 다하도록 보살행을 닦아 여래의 바다에 들어가면서도 힘들어하거나 싫어하는 마음을 내지 않는다. 이 때문에 중생의 귀의처와 구호자가 된다는 등등을 자세히 밝힌 것이다.

경문의 앞부분은 앞서 성취한 十身이 남에게 도움을 주는 근본이 됨을 이어 말하였고, 뒤의 '爲一切衆生' 이하는 바로 이익의 성취를 밝힌 것이다.

구절은 개별로 10구이다. 경문을 살펴보면 설명하지 않아도 알 수 있다. 十地에서 다시 밝히겠지만, 여기에서는 그 요점만을 간추려 말하고자 한다.

중생의 세계는 자세히 보여주기를 바라기에 그 이름을 '등불'이라 하고, 진여실상은 고명한 것이기에 '횃불'이라 한다. '甚深'이란 주체와 대상이 둘이 없기에 빛이 허공과 하나로 합한 것과 같고, 일체 세간의 '照'와 '明'은 들어가는 지위와 보여준 공덕의 차이로 말했을 뿐이다.

三 結歎

3. 찬탄으로 끝맺다

佛子여 是名菩薩摩訶薩의 第九善法行이니
菩薩이 安住此行하야 爲一切衆生作淸凉法池하야 能盡一切佛法源故니라

불자여, 이를 보살마하살의 제9 법을 잘 닦는 행이라고 말한다.
보살이 선법행에 안주하여 일체중생을 위하여 시원한 법의 연못이 되어 일체 불법의 근원을 다하였기 때문이다."

◉ 疏 ◉

分二니 先은 結名이오 後菩薩安住下는 歎勝이니 盡法源故니라 以淸凉法池卽是行體일새 故標結皆擧니 顯中是其相이니라

이의 경문은 2부분으로 나뉜다.
앞은 명제를 끝맺음이며, 뒤의 '菩薩安住' 이하는 수승함을 찬탄하였으니, 불법의 근원을 다하였기 때문이다.
시원한 법의 연못은 선법행의 자체이기에 앞부분과 끝부분에서 모두 들어 말하였다. 따라서 중간 부분은 선법행의 양상임을 밝힌 것이다.

◉ 論 ◉

第九善法行은 以力波羅蜜로 爲體라 於此段中에 分爲五段호리니
一은 佛子已下로 至旋陀羅尼辯無盡히 有十二行經은 明十無盡辯分이오

二는 '此菩薩已下'로 至 '悉亦如是'히 有九行半經은 明大千世界에 現身成佛하야 辯才無礙分이오

三은 '復次已下'로 至 '而作佛事'히 有十六行半經은 明於一毛端處에 道場無盡하야 一切毛端處와 及不可說三千界에 示身成佛分이오

四는 '佛子此菩薩已下'로 至 '善能觀察法相故'히 有六行半經은 明十種自在身分이오

五는 '菩薩成就如是十種身已下'로 至 '一切佛法源故'히 有十行半經은 明與一切衆生으로 所爲依處分이라

제9 선법행은 역바라밀로 체성을 삼는다.

이는 5단락으로 나뉜다.

(1) '佛子' 이하로 '旋陁羅尼辯無盡'까지 12항의 경문은 10가지의 끝이 없는 변재를 밝힌 부분이며,

(2) '此菩薩' 이하로 '悉亦如是'까지 9항 반의 경문은 대천세계에 몸을 나타내어 성불하여줌으로써 변재에 걸림이 없음을 밝힌 부분이며,

(3) '復次' 이하로 '而作佛事'까지 16항 반의 경문은 하나의 털끝에 그지없는 도량이 있듯이 일체 모든 털끝과 말할 수 없는 삼천대천세계의 모든 도량에 몸을 나타내어 성불하여줌을 밝힌 부분이며,

(4) '佛子此菩薩' 이하로 '善能觀察法相故'까지 6항 반의 경문은 10가지 무애자재한 몸을 밝힌 부분이며,

(5) '菩薩成就如是十種身' 이하로 '一切佛法源故'까지 10항 반의 경문은 모든 중생의 귀의처가 되어주는 바를 밝힌 부분이다.

第十 眞實行

제10 진실행

文三이니 同前이니 初는 徵名이라

경문은 3부분으로 제9 선법행과 같다.

이는 1. 진실행의 명제를 물음이다.

經

佛子여 何等이 爲菩薩摩訶薩의 眞實行고

"불자여, 어떤 것이 보살마하살의 진실한 행인가?"

⊙ 疏 ⊙

徵名者는 如本分釋이니 體卽智度니라【鈔_ 初徵名者는 卽言行不虛라 故名眞實이니라】

명제를 묻는 것은 본론 부분에서 해석한 바와 같다. 이의 체성은 지혜바라밀이다.【초_ '1. 명제를 물음'은 언행이 공허하지 않기에 '진실'이라고 말한다.】

今更畧釋호리니 若約二智인댄 受用法樂과 成熟有情을 竝如行能說이오 如說能行이 卽是眞實이라

本業有三하니 一은 無相智니 卽受用法樂이오 二는 一切種智오 三은 變化智니 皆成熟有情이라

下文에 入一切三昧眞實相은 卽受用法樂智오 知衆生種種想 等은

卽成熟有情이오 知十力智는 是一切種이라 不著一切世間하야 解衆生無際는 卽無相智오 我爲善變化와 及云現如來自在神通은 卽變化智니라

여기에서 다시 간추려 해석하고자 한다. 만일 근본지와 후득지로 말한다면, 法樂을 수용함과 중생을 성숙시켜주는 것을 모두 행한 것처럼 말하고, 말한 것처럼 실행하는 것이 곧 진실이다.

본업경에서는 3가지 지혜로 말하였다.

(1) 無相智이다. 이는 법락을 수용한 것이다.

(2) 일체 만법의 차별상을 모두 아는 지혜[一切種智]이다.

(3) 變化智이다. 이는 중생을 성숙시켜주는 것이다.

아래 경문에서 말한 "일체 삼매의 진실한 모양이 들어간다."는 것은 법락을 수용하는 지혜이며, "중생의 가지가지 생각을 안다." 등은 중생을 성숙시켜주는 지혜이며, "十力의 지혜를 안다."는 것은 일체종지이다.

일체 세간에 집착하지 않고 중생의 끝이 없음을 아는 것은 無相智이며, 내가 잘 변화하는 것과 여래의 무애자재 신통을 보여주는 것은 變化智이다.

就釋相中에 文分三別이니 第一은 總顯名體오 二는 別顯行相이오 三은 結住行益이라

今은 初라

2. 진실행의 양상을 해석한 부분은 3부분으로 나뉜다.

1) 명제의 체성을 총체로 밝힘이며,

2) 진실행의 양상을 개별로 밝힘이며,

3) 진실행에 안주한 이익을 끝맺음이다.

이는 1) 명제의 체성을 총체로 밝힌 부분이다.

經

此菩薩이 成就第一誠諦之語하야 如說能行하며 如行能說하나니라

이 보살이 제일의 진실하고 참된 말을 성취하여, 말한 대로 행하고 행한 대로 말하는 것이다.

◉ 疏 ◉

初句는 總標오 後如說下는 解釋이니 謂言行相符일세 故名誠諦니 誠實審諦卽眞實義니라

此有二義하니

一은 約先誓自他二利하야 決志具修일세 今如昔說하야 決能行之며 亦如此行하야 以爲他說이니 故下文에 云我若先成이면 則違本願等이라하니라

二는 約現修自他二行하야 如所演說하야 決定能行이라 非數他寶일세 故云如說能行이며 亦如所證하야 宣示於人호되 不昧所知를 名如行能說이니라【鈔_ 二約現修者는 卽由實語라 故所作皆成이니 如涅槃 第三十一에 說호되 昔與調達로 二人이 入海探寶라가 船破에 二人不

死어늘 調達이 悲泣한대 我有二珠하니 分一與之러니 又貪一珠하야 遂刺我目이어늘 我時呻吟이러니 有一女人이 問我어늘 我卽具答한대 女人問言호되 汝名何等고 我卽答言호되 我名實語로다 彼云誰信고 我卽答言호되 我於提婆達多에 無惡心者인댄 令我兩目을 平復如故라 言訖如故하다 忍辱仙人도 亦同此例하야 同在此卷이라 又 如說能行은 亦是如語오 如行能說은 卽不異語也니라 】

첫 구절(此菩薩成就第一誠諦之語)은 총체로 밝힘이며, 뒤의 '如說' 이하는 해석이다. 말과 행동이 서로 부합하기에 그 이름을 誠諦라 한다. 성실하게 진리를 살피는 것이 곧 '진실행'의 의미이다.

여기에는 2가지 의미가 있다.

(1) 먼저 자리이타를 서원하여 결연한 뜻으로 2가지를 모두 닦을 때에 오늘날은 예전에 말했던 것처럼 반드시 실행하고, 또한 행한 것과 같이 남을 위해 말해주어야 한다. 이 때문에 아래의 경문에서 "만일 내가 먼저 성취했으면 그것은 本願을 어긴 것이다." 등을 말하였다.

(2) 현재 닦은 자리이타를 가지고 연설한 바와 같이 반드시 실행으로 옮겨야 한다. 남의 보배를 세는 것이 아니기에 "말한 대로 행한다."고 하고, 또한 증득한 바와 같이 남에게 보여주되 알았던 바를 혼미하지 않음을 "행한 대로 말해준다."고 한다. 【초_"(2) 현재 닦은 자리이타"란 진실한 말을 따른 까닭에 하는 일이 모두 이뤄지는 것이다. 열반경 제31에서 다음과 같이 말하였다.

옛적에 나는 調達과 함께 두 사람이 바닷물 속으로 들어가 진주를 캐다가 배가 난파당하였는데, 다행히 두 사람은 죽지 않았다. 조달이 슬피 울기에 나는 2개의 진주 가운데 하나를 나눠주었다. 그러나 조달은 나머지 하나의 진주까지 욕심을 부린 나머지, 마침내 나의 눈을 찌르고 빼앗아갔다.

내가 눈이 아파 신음하고 있을 적에 어느 한 여인이 나에게 그 이유를 물었다. 나는 사실대로 모두 말해주자, 그 여인이 물었다.

"그대의 이름은 무엇인가?"

"나의 이름은 '진실한 말[實語]'이다."

"무엇으로 그처럼 믿는가?"

"내가 제바달다에게 악심이 없는 사람이라면 나의 두 눈을 다시 예전처럼 만들어줄 것이다."

그 말을 마치자마자, 두 눈은 예전과 똑같아졌다.

忍辱仙人의 전생설화 또한 이 예와 똑같아, 같은 권에 실려 있다.

또한 "말한 대로 행한다."는 것은 말했던 대로 똑같이 실행한 것이며, "행한 대로 말한다."는 것은 말과 다르지 않은 것이다.}

第二는 別顯行相이라

文分二別이니 先은 標章이오 後는 依章別釋이니 今은 初라

2) 진실행의 양상을 개별로 밝혔다.

경문은 2부분으로 나뉜다.

(1) 앞은 5장을 밝혔고,
(2) 뒤는 5장을 따라 개별로 해석하였다.
이는 (1) 5장을 밝힌 부분이다.

經

此菩薩이 **學三世諸佛**의 **眞實語**하며 **入三世諸佛種性**하며 **與三世諸佛**로 **善根同等**하며 **得三世諸佛**의 **無二語**하며 **隨如來學**하야 **智慧成就**니라

이 보살이 삼세 부처님의 진실한 말을 배우며,
삼세 부처님의 종성에 들어가며,
삼세 부처님과 선근이 똑같으며,
삼세 부처님의 둘이 없는 말을 얻으며,
여래를 따라 배워 지혜를 성취하였다.

◉ **疏** ◉

文有五句하니 **一**은 **稱實演法**을 **師子吼故**오 **二**는 **深住實相**하야 **契一性故**오 **三**은 **二利善根**이 **等同佛故**오 **四**는 **得如說行**을 **同本誓故**오 **五**는 **學佛十力**하야 **智已成故**니라

경문은 5구이다.
제1구는 진여실상에 맞게 법문을 연설함이 사자후와 같기 때문이며,
제2구는 진여실상에 깊이 머물면서 하나의 성품과 계합하였기

때문이며,

제3구는 자리이타의 선근이 부처님과 똑같기 때문이며,

제4구는 말처럼 실행함이 본래 서원했던 것과 같기 때문이며,

제5구는 부처님의 十力을 배워 지혜가 이미 성취되었기 때문이다.

第二는 依章別釋이니 從後倒釋이라 卽分五段이니 第一은 釋智慧成就니라

(2) 5장을 따라 개별로 해석하였다.

맨 끝으로부터 거꾸로 해석하여 올라갔다. 이는 5단락으로 나뉜다.

첫째, 지혜의 성취를 해석하였다.

經

此菩薩이 成就知衆生是處非處智와 去來現在業報智와 諸根利鈍智와 種種界智와 種種解智와 一切至處道智와 諸禪解脫三昧垢淨起時非時智와 一切世界宿住隨念智와 天眼智와 漏盡智호되 而不捨一切菩薩行하나니
何以故오 欲敎化一切衆生하야 悉令淸淨故니라

이 보살이 중생의 옳은 곳과 그른 곳을 아는 지혜,

과거, 미래, 현재의 업으로 받는 과보를 아는 지혜,

모든 중생 근기의 예리하고 노둔함을 아는 지혜,

가지가지 경계를 아는 지혜,

가지가지 이해를 아는 지혜,

일체 모든 곳에 이르러 갈 길을 아는 지혜,

모든 선정, 해탈, 삼매의 때 묻고 깨끗함이 일어나는 때와 때가 아님을 아는 지혜,

일체 세계에서 지난 세상에 머물던 일을 기억함에 따라 아는 지혜,

천안통의 지혜,

누진통의 지혜를 성취하고서도 일체의 보살행을 버리지 않는다. 무엇 때문인가? 일체중생을 교화하여 모두 청정케 하고자 한 때문이다.

◉ 疏 ◉

文中三이니 初는 顯所成十力이라 言時非時者는 垢淨之時 不同이오 化不化時 別故니라 次而不捨下는 得果不捨因이오 後何以下는 徵釋所以니 十力은 化生之智라 故須得之오 令物淸淨이라 故須不捨因行이니라

경문은 3부분이다.

① 배워서 성취한 十力을 밝혔다. 때와 때가 아닌[時非時] 것을 말함은 더러움의 시기와 청정의 시기가 똑같지 않고, 교화할 수 있음과 할 수 없는 시기가 다르기 때문이다.

② '而不捨' 이하는 결과를 얻고서도 그 원인을 버리지 않음이다.

③ '何以故' 이하는 그 이유를 묻고 해석하였다. 十力은 중생을 교화하는 지혜이기에 반드시 얻어야 하고, 중생을 청정하도록 해야 하기에 반드시 因行을 버리지 않는다.

第二는 釋得三世諸佛無二語니라

둘째, 삼세 부처님의 둘이 없는 말을 얻음을 해석하였다.

經

此菩薩이 復生如是增上心호되 若我不令一切衆生으로 住無上解脫道하고 而我先成阿耨多羅三藐三菩提者인댄 則違我本願이니 是所不應이라 是故로 要當先令一切衆生으로 得無上菩提와 無餘涅槃하고 然後成佛이니
何以故오 非衆生이 請我發心이라 我自爲衆生하야 作不請之友하야 欲先令一切衆生으로 滿足善根하야 成一切智니라
是故로 我爲最勝이니 不着一切世間故며
我爲最上이니 住無上調御地故며
我爲離翳니 解衆生無際故며
我爲已辦이니 本願成就故며
我爲善變化니 菩薩功德莊嚴故며
我爲善依怙니 三世諸佛攝受故니라

이 보살이 이처럼 더욱 나아가려는 마음을 다시 내어야 한다.

'만일 일체중생으로 하여금 위없는 해탈의 도에 머물게 하지 못하고, 내가 먼저 아뇩다라삼먁삼보리를 이룬다면, 이는 나의 본래 서원에 어긋난 것이기에 도저히 할 수 없는 일이다. 따라서 반드시 먼저 일체중생으로 하여금 위없는 보리와 무여열반을 얻도록 한 뒤에 성불할 것이다.

무엇 때문인가? 중생이 나에게 발심하도록 부탁한 것이 아니다. 내가 스스로 중생을 위하여 그들의 청하지도 않은 벗이 되어, 일체중생으로 하여금 선근을 만족케 하여 일체 지혜를 성취하도록 하고자 함이다.

그러므로 내가 가장 수승하니 일체 세간에 집착하지 않기 때문이며,

내가 가장 높으니 위없는 지도자의 지위에 있기 때문이며,

내가 번뇌의 가리움을 여의었으니 중생의 끝이 없음을 알기 때문이며,

내가 할 일을 이미 갖췄으니 본래 소원을 성취한 때문이며,

내가 변화를 잘하였으니 보살의 공덕으로 장엄한 때문이며,

내가 좋은 의지처가 되니 삼세 부처님이 거두어주셨기 때문이다.'

● 疏 ●

文中三이니 初는 反擧違誓하야 自試不應이오 次是故下는 順釋이니 要當先人後己오 後何以下는 徵釋所由니라

徵有二意하니 一云何以違誓 是所不應가 二云何以要須先人後己가
釋此二徵하야 卽分二別이니 初釋前徵云由先許故로 不與則違先誓
일세 不請强許니 今之不與豈是所應가 後是故下는 釋第二徵이니 菩
薩之道는 必先人後己니 不爾면 豈得名最勝耶아
文有六句하니 當句自釋이오 不俟繁文이라

경문은 3부분이다.

① 서원을 어긴 일을 반대로 들어서 도저히 그처럼 할 수 없음을 스스로 시험하였고,

② '是故' 이하는 차례대로 해석하였다. 반드시 남들을 먼저하고 자신을 뒤에 함이다.

③ '何以故' 이하는 그 이유를 묻고 해석하였다.

물음에는 2가지 뜻이 있다.

㉠ 무엇 때문에 본래 서원에 어긋나는 일을 해서는 안 되는 것일까?

㉡ 무엇 때문에 반드시 남들을 먼저하고 자신을 뒤에 해야 하는 것일까?

위 2가지의 물음에 따라 2부분으로 해석하고 있다.

앞에서는 ㉠의 물음에 대해 해석한 것이다. "먼저 그렇게 하겠노라고 맹세를 하였기에 중생에게 그처럼 해주지 않으면 예전의 맹세를 어기는 일이다. 그들이 청하지 않았음에도 오히려 내가 그렇게 하겠노라 억지 쓴 일인데, 오늘날 그들에게 그렇게 해주지 않으면 어떻게 당연한 일이라 할 수 있겠는가."

뒤의 '是故' 이하는 ㉡의 물음에 대해 해석한 것이다. "보살의 도는 반드시 남을 먼저 생각하고 자기를 뒤로하는 것이다. 그렇지 않으면 어떻게 가장 훌륭하다고 말할 수 있겠는가."

경문은 6구이다. 해당 구절은 절로 해석되기에 번거로운 군더더기는 필요로 하지 않는다.

―

第三은 釋同佛善根이니 本誓·智慧 皆究竟故니라

셋째, 삼세 부처님과 선근이 똑같음을 해석하였다. 본래의 서원과 지혜가 모두 구경의 도리이기 때문이다.

經

此菩薩摩訶薩이 不捨本願故로 得入無上智慧莊嚴하야 利益衆生하야 悉令滿足호되 隨本誓願하야 皆得究竟하며 於一切法中에 智慧自在하야 令一切衆生으로 普得清淨하며 念念徧遊十方世界하며 念念普詣不可說不可說諸佛國土하며 念念悉見不可說不可說諸佛과 及佛莊嚴清淨國土하야 示現如來自在神力하야 普徧法界虛空界니라

이 보살마하살이 본래의 서원을 버리지 않았기에 위없는 지혜의 장엄에 들어가 중생에게 이익을 주어 그들을 모두 만족케 해주면서도, 본래의 서원을 따라 모두 끝까지 이르게 하였으며,

일체 법 가운데 지혜가 자재하여 모든 중생으로 하여금 두루

청정케 하였으며,

생각 생각마다 시방세계에 두루 노닐었으며,

생각 생각마다 말할 수 없고 말할 수 없는 부처님 국토에 두루 나아갔으며,

생각 생각마다 말할 수 없고 말할 수 없는 모든 부처님과 부처님의 장엄과 청정한 국토를 모두 보았으며,

여래의 자재하신 신통력을 나타내어 널리 법계와 허공계에 충만하였다.

● 疏 ●

文中二니 先은 標德成滿이오 二於一切下는 別顯同相이니 一은 意業智慧同이오 二念念下는 身業神通同이라

경문은 2부분이다.
① 덕의 원만성취를 밝혔고,
② '於一切' 이하는 같은 양상을 개별로 밝혔다.
㉠ 意業의 지혜가 똑같고,
㉡ '念念' 이하는 身業의 神通이 똑같음이다.

第四는 釋入佛種性이라

넷째, 삼세 부처님의 종성에 들어감을 해석하였다.

經

此菩薩이 現無量身하야 普入世間호되 而無所依하야 於其身中에 現一切刹과 一切衆生과 一切諸法과 一切諸佛하며

此菩薩이 知衆生의 種種想과 種種欲과 種種解와 種種業報와 種種善根하야 隨其所應하야 爲現其身하야 而調伏之하며

觀諸菩薩이 如幻하며 一切法이 如化하며 佛出世가 如影하며 一切世間이 如夢하고

得義身文身의 無盡藏하야 正念自在하야 決定了知一切諸法하며

智慧最勝하야 入一切三昧眞實相하야 住一性無二地니라

이 보살이 한량없는 몸을 나타내어 세간에 두루 들어가되 의지한 바 없이 그 몸속에서 모든 세계, 모든 중생, 모든 법, 모든 부처님을 나타내며,

이 보살이 중생의 가지가지 생각, 가지가지 욕망, 가지가지 이해, 가지가지 업보, 가지가지 선근을 알고서 그 응해야 할 대상에 따라 그 몸을 나타내어 조복하며,

모든 보살이 허깨비와 같고, 모든 법이 변화와 같으며, 부처님의 출세가 그림자와 같고, 일체 세간이 꿈과 같음을 보았으며,

의미와 경문이 그지없는 법의 창고임을 얻고서 바른 생각이 자재하여 일체 법들을 결정적으로 알며,

지혜가 가장 훌륭하여 모든 삼매의 진여실상에 들어가 한 성품이요, 둘이 아닌 자리에 안주하였다.

◉ **疏** ◉

於中二니 一은 約身明人이니 入世無依며 又身中現刹이 皆得性融故오 二此菩薩知衆生下는 智入種性이니 於中에 二니 初는 入悲種性이니 知根善化故오 二觀諸菩薩下는 入智種性이니 窮實相故라 故結句에 云住一性無二地라하니라 以此智性으로 導前悲性하야 成無住道하니 是爲如來無二之性이라

文中에 初는 會緣入實이오 次得義身下는 依實了相이오 後智慧最勝下는 性相無二라 文有三句하니 初句는 約智니 則雙照性相이오 次句는 約定이니 動寂契眞이오 後句는 釋成이니 竝由在無二性이라

경문은 2부분이다.

① 나의 몸을 가지고 남을 밝힌 것이다. 세간에 들어가되 의지함이 없으며, 또한 몸에 세계가 나타남이 모두 본성과 원융함을 얻었기 때문이다.

② '此菩薩知衆生' 이하는 지혜가 種性에 들어감이다. 이는 다시 2부분으로 나뉜다.

㉠ 자비 종성에 들어감이다. 근기를 알고서 잘 교화하고 제도하였기 때문이다.

㉡ '觀諸菩薩' 이하는 지혜 종성에 들어가 實相을 다한 때문이다. 따라서 끝 구절에 이르기를 "한 성품이요, 둘이 아닌 자리에 안주하였다."고 하였다. 이는 지혜 종성으로 앞서 말한 자비 종성을 인도하여 머묾이 없는 도를 성취하였다. 이는 여래의 둘이 없는 자성이다.

경문의 첫 부분은 반연을 모아 實性에 들어가고,

다음 '得義身' 이하는 實性을 의지하여 현상을 아는 것이며,

뒤 '智慧最勝' 이하는 본성과 현상이 둘이 없다. 이의 경문은 3구이다.

제1구(智慧最勝)는 지혜로 말하니 본성과 현상을 모두 관조함이며,

제2구(入一切三昧眞實相)는 선정으로 말하니 동할 적이나 고요할 적에 진여실상과 하나가 됨이며,

제3구(住一性無二地)는 해석하여 끝맺음이며, 아울러 둘이 없는 자성에 머문 데에서 연유한 것이다.

第五는 釋學三世諸佛眞實語니라

다섯째, 삼세 부처님의 진실한 말을 배움을 해석하였다.

經

菩薩摩訶薩이 以諸衆生이 皆着於二일세 安住大悲하야 修行如是寂滅之法하고
得佛十力하야 入因陀羅網法界하야 成就如來無礙解脫하며 人中雄猛大師子吼로 得無所畏하야 能轉無礙淸淨法輪하며 得智慧解脫하야 了知一切世間境界하며 絶生死廻流하야 入智慧大海하며 爲一切衆生하야 護持三世諸佛正法하야 到一切佛法海實相源底니라

보살마하살은 모든 중생이 모두 둘이라는 차별에 집착하기에 대자비에 안주하여 이처럼 적멸의 법을 닦아 행하고, 부처님의 열 가지 힘을 얻어 인다라 그물의 법계에 들어가 여래의 걸림 없는 해탈을 성취하였으며, 사람 중에 뛰어나고 영특한 이의 큰 사자후로 두려움이 없어 걸림 없고 청정한 법륜을 운전하고, 지혜의 해탈을 얻어 일체 세간의 경계를 알며, 생사의 소용돌이를 끊고서 지혜의 바다에 들어갔으며, 모든 중생을 위하여 삼세 부처님의 바른 법을 보호하고 지녀 일체 부처님 법바다의 진여실상 근원에 이르렀다.

● 疏 ●

文中二니 先은 牒前起後니 衆生著二라 不能悲智雙游어니와 菩薩은 卽寂修悲일새 故得不二니라 後得佛十力下는 成果起用이니 顯實語相이라 能師子吼하야 轉法輪故로 結云知實相源이라하니 方爲實語也니라
文中에 大同十地하야 窮佛所得이니 圓融敎中에 位位果滿故니라 窮法實相은 謂如是性·相·體·力等을 皆盡源故니라 餘句는 可知라【鈔】窮法等者는 卽法華經에 云唯佛與佛이라야 乃能究盡諸法實相하나니 所謂諸法의 如是相·如是性·如是體·如是力·如是作·如是因·如是緣·如是果·如是報·如是本末究竟等이라하니 此之十句는 天台 歷十法界하야 一一界中에 復具十界하야 互相攝故로 十界便成百界하고 界各十如니 卽有千如오 更分一一界하야 各有三界니 一은 衆生世間이오 二는 五陰世間이오 三은 器世間이니 便成三千世間이라 彼宗이 以此로 爲法華經樞要最玄하고 後明知見호되 但擧能知耳라

550

思思大師 三種으로 讀此十如니 一은 以如是爲頭하야 云如是相 爲一句하고 如是性 爲一句等이니 卽約假觀하야 觀十別相故오 二는 云'所謂諸法如' 爲一句하고 '是相如' 爲二句하고 以如字 爲空하니 卽成空觀이오 三以如是字 爲末하야 云'謂諸法如是' 爲一句하고 '相如是' 爲二句等이니 以如是로 爲中道觀이니 一家之意理無不通이라】

경문은 2부분이다.

① 앞 문장을 이어서 뒤 문장을 일으켰다. 중생은 둘의 차별의 식에 집착한 나머지 大悲大智를 두루 행하지 못하지만, 보살은 선정과 하나가 되어 대비를 닦기에 둘이 없는 것이다.

② '得佛十力' 이하는 佛果를 성취하여 작용을 일으킨 것으로, 여실한 언어의 모양[實語相]을 밝힌 것이다. 사자후로 법륜을 굴렸기에 "실상의 본원을 안다."고 끝맺으니 비로소 여실한 말이라 하겠다.

경문은 대체로 십지와 같아 부처님이 얻은 바의 경지를 모두 말하고 있다. 원융한 가르침으로 모든 지위의 결과가 원만한 때문이다. 법의 실상을 다함이란 이와 같은 자성, 이와 같은 모습, 이와 같은 본체, 이와 같은 힘 등이 모두 본원을 다한 때문이다. 나머지 구절은 설명하지 않아도 알 수 있다. 【초_ "법의 실상을 다함" 등이란 법화경에 이르기를 "오직 부처님과 부처님만이 이에 모든 법의 실상을 다할 수 있다. 이른바 모든 법의 이와 같은 모습, 이와 같은 자성, 이와 같은 본체, 이와 같은 힘, 이와 같은 일, 이와 같은 원인, 이와 같은 반연, 이와 같은 결과, 이와 같은 업보, 이와 같은 본말 구경 등이다."고 하였다.

 천태종에서는 이 10구를 十法界에 덧붙여 하나하나의 법계에 10개의 세계를 갖추어 서로가 서로를 받아들이기 때문에 10개의 세계는 곧 1백 세계를 이루고, 세계마다 10가지의 진여가 있기에 곧 1천 가지 진여가 있고, 다시 하나하나의 세계를 나누어 각각 3가지의 세계가 있다. ① 衆生世間, ② 五陰世間, ③ 器世間이다. 이처럼 3천 세간을 이루고 있다. 천태종에서는 이러한 세계관으로 법화경의 가장 현묘한 핵심을 삼았고, 뒤이어 知見을 밝히되 知覺의 주체만을 들어 말하였다.

 思思大師는 3가지로 十如(所謂諸法 如是相, 如是性, 如是體, 如是力, 如是作, 如是因, 如是緣, 如是果, 如是報, 如是本末究竟)의 구두를 밝히고 있다.

 ① '如是'로써 첫머리를 삼아 '如是相'으로 1구를, '如是性'으로 1구를 삼은 것이다. 이는 假觀으로 10가지의 別相이라는 관점 때문이다.

 ② '所謂諸法如'로 제1구를, '是相如'로 제2구를 삼는다. '如' 자로 空을 삼은 것이니, 이는 空觀을 이루고 있다.

 ③ '如是' 글자로 끝을 삼아 '謂諸法如是'로 제1구를, '相如是'로 제2구를 삼는다. 이는 '如是'로써 中道觀을 삼은 것이다. 이처럼 각기 다른 一家의 뜻이 이치에 모두 통하지 않음이 없다.】

第三 結行成益

大科第三은 結名이라

3) 진실행에 안주한 이익을 끝맺다
큰 과판의 3. 진실행의 명제를 끝맺음이다.

經

菩薩이 住此眞實行已에 一切世間의 天人魔梵과 沙門婆羅門과 乾闥婆阿修羅等이 有親近者면 皆令開悟하야 歡喜淸淨케하나니 是名菩薩摩訶薩의 第十眞實行이니라

보살이 이처럼 진실한 행에 머물고서, 일체 세간의 하늘, 사람, 마군, 범천, 사문, 바라문, 건달바, 아수라 등 친근한 이들이 있으면, 그들을 모두 깨우쳐주어 환희하고 청정하게 하니, 이를 보살마하살의 제10 진실한 행이라고 말한다."

◉ **疏** ◉

竝如文顯이라
第五 說分 已竟하다

모두 경문에서 보는 바와 같이 그 뜻이 분명하다.
제5. 설법 부분을 끝마치다.

◉ **論** ◉

第十眞實行은 以智波羅蜜로 爲體라 於此段中에 分爲三段이라
一은 佛子'已下로 至'悉令淸淨故'히 有十行經은 明此位菩薩이 學三

553

世諸佛의 誠實身語智하야 得佛十種智分이오.

二는 '此菩薩復生如是增上心'已下로 至'法界虛空界'히 有十六行半 經은 明以願力으로 敎化衆生호되 不取菩提分이오.

三은 '此菩薩'已下로 至'第十眞實行'히 可十七行經은 明身含衆刹하야 知根利生自在分이라.

제10 진실행은 지혜바라밀로 체성을 삼는다. 이 단락은 3부분으로 나뉜다.

(1) '佛子' 이하로 '悉令淸淨故'까지 10항의 경문은 이 지위에 있는 보살이 삼세제불의 성실한 '몸, 말씀, 지혜' 삼업을 배워 부처님의 10가지 지혜를 얻음을 밝힌 부분이며,

(2) '此菩薩復生如是增上心' 이하로 '法界虛空界'까지 16항 반의 경문은 願力으로써 중생을 교화하되 보리에 집착하지 않음을 밝힌 부분이며,

(3) '此菩薩' 이하로 '第十眞實行'까지 17항의 경문은 보살의 몸이 모든 세계에 부합하여 중생의 근기를 알고서 그들에게 이익을 주는 바, 자재함을 밝힌 부분이다.

大文 第六은 顯瑞證成分이라

대문단 제6. 상서를 밝혀 성취를 증명한 부분

爾時에 佛神力故로 十方各有佛刹微塵數世界가 六種震動하니

所謂動과 徧動과 等徧動과

起와 徧起와 等徧起와

踊과 徧踊과 等徧踊과

震과 徧震과 等徧震과

吼와 徧吼와 等徧吼와

擊과 徧擊과 等徧擊이오

雨天妙華와 天香과 天末香과 天鬘과 天衣와 天寶와 天莊嚴具하며 奏天樂音하며 放天光明하며 演暢諸天微妙音聲하니 如此世界夜摩天宮說十行法에 所現神變하야 十方世界도 悉亦如是하니라

復以佛神力故로 十方各過十萬佛刹微塵數世界外하야 有十萬佛刹微塵數菩薩이 俱하야 來詣此土하사 充滿十方하야 語功德林菩薩言하사대

佛子여 善哉善哉라 善能演說諸菩薩行이여 我等一切가 同名功德林이며 所住世界도 皆名功德幢이며 彼土如來도 同名普功德이시니 我等佛所에도 亦說此法호되 衆會眷屬과 言辭義理가 悉亦如是하야 無有增減하니라

佛子여 我等이 皆承佛神力하고 來入此會하야 爲汝作證하노니 十方世界도 悉亦如是하니라

555

그때 부처님의 신통력으로 시방에 각각 부처님 세계의 미세한 티끌 수와 같은 세계들이 여섯 가지로 진동하였다.

이른바 흔들흔들, 두루 흔들흔들, 온통 두루 흔들흔들,

들먹들먹, 두루 들먹들먹, 온통 두루 들먹들먹,

울쑥불쑥, 두루 울쑥불쑥, 온통 두루 울쑥불쑥,

우르르, 두루 우르르, 온통 두루 우르르,

와르릉, 두루 와르릉, 온통 두루 와르릉,

와지끈, 두루 와지끈, 온통 두루 와지끈하였으며,

하늘 꽃, 하늘 향, 하늘 가루향, 하늘 화만, 하늘 옷, 하늘 보배, 하늘 장엄 거리를 내려주었으며, 하늘 음악을 연주하고 하늘 광명을 비춰주고 하늘의 미묘한 음성으로 화창하게 연설하였다.

이 세계의 야마천궁에서 십행의 법을 말하면서 나타내는 신통변화처럼, 시방세계에서도 모두 그와 같았다.

또한 부처님의 신통력 때문에 시방으로 각각 십만 세계의 미세한 티끌 수와 같은 세계 밖에 있는, 십만 세계의 미세한 티끌 수와 같은 보살들이 모두 이 국토에 찾아와 시방을 가득 메웠는데, 그러한 보살들이 공덕림보살에게 말하였다.

"불자여, 잘하고 잘하십니다. 보살의 행을 잘 연설하셨습니다.

우리 모두가 이름이 똑같아 공덕림보살이며,

우리가 있는 세계의 이름은 모두 공덕당세계이며,

그 세계의 여래는 모두 그 명호가 보공덕불입니다.

우리 부처님이 계신 곳에서도 이런 법문을 말씀하셨는데, 모인

대중과 권속과 말씀과 이치도 모두가 여기에서 설법한 바와 똑같아서 더하거나 덜함이 없습니다.

　불자여, 우리들은 모두 부처님이 지닌 헤아릴 수 없는 영묘하고도 불가사의한 힘을 받들어 이 회상에 찾아와 그대를 위하여 증명합니다. 시방세계 또한 모두 그와 같습니다."

◉ 疏 ◉

文分二別이니 一瑞證이오 二人證이라
前中에 先은 此會오 後如此下는 結通이라
二人證은 亦先此界라 十住엔 一萬이오 此云十萬은 表位增故니라 前現瑞中에 亦應云十方各有十萬이어늘 文無者畧이라 餘義는 已見十住之末이라 後佛子我等下는 結通이라

　이 경문은 2단락으로 나뉜다.
　(1) 상서로 증명함이며,
　(2) 보살로 증명함이다.
　(1) 상서의 증명은 다시 2부분으로 나뉘는데, 앞부분은 이 법회의 도량이며, 뒤의 '如此世界夜摩天宮'은 전체를 끝맺음이다.
　(2) 보살의 증명 또한 앞부분은 이 세계이다.
　十住에서는 一萬으로, 여기에서는 十萬으로 밝힌 것은 지위의 증가를 밝힌 때문이다. 앞의 나타난 상서에서 또한 의당 '十方各有十萬'으로 말했어야 함에도 경문에 이런 구절이 없는 것은 문장이 생략된 것이다. 나머지 의미는 이미 十住의 끝부분에 나타나 있다.

뒤의 '佛子我等' 이하는 전체를 끝맺음이다.

◉ 論 ◉

已下는 動地興供分中에 有十五行經을 義分爲三段이라
一은 爾時已下로 至天微妙音聲히 有五行半經은 明動地興供分이오
二는 如此世界已下로 至悉亦如是히 有一行半經은 明都結十方同然分이오
三은 復以佛神力故已下로 至十方世界悉亦如是히 有八行經은 明十方功德林菩薩이 來集作證分이라
如十方十萬佛刹微塵數世界外하야 有十萬佛刹微塵數菩薩이 皆名功德林者는 爲明十行徧周故오 佛號 普功德者는 爲明此十行徧周卽功德徧周니 卽是此位之中所得之果 以行徧周所招功德일새 故로 佛號 普功德이니 擧十方各過十萬佛刹微塵爲數者는 明智所達法亦明行門之量이 廣大에 卽佛果功德이 廣大라 已上十行은 約十波羅蜜爲升進이니 經自具分明일새 不須更釋이로다
如是十行이 總是一時一念無前後之行門이니 莫作前後延促之見하고 皆須約法界智體用하야 成進修之門이어다

이하는 땅이 진동하고 공양을 올린 부분 가운데 15항 경문을 뜻에 따라 3부분으로 구분한다.

(1) '爾時' 이하로 '天微妙音聲'까지 5항 반의 경문은 땅이 진동하고 공양 올림을 밝힌 부분이며,

(2) '如此世界' 이하로 '悉亦如是'까지 1항 반의 경문은 시방세계

가 모두 똑같음을 전체로 끝맺음을 밝힌 부분이며,

(3) '復以佛神力故' 이하로 '十方世界悉亦如是'까지 8항의 경문은 시방세계의 공덕림보살이 모두 법회에 찾아와 증명하였음을 밝힌 부분이다.

저 시방으로 각각 십만 세계의 미세한 티끌 수와 같은 세계 밖에 있는, 십만 세계의 미세한 티끌 수와 같은 보살들의 명호가 모두 '공덕림보살'인 것은 十行이 두루 원만함을 밝힌 때문이며, 부처님의 명호가 모두 '보공덕불'인 것은 十行이 두루 원만한 결과, 공덕이 두루 원만한 것임을 밝힌 때문이다. 이는 그 지위에서 얻은 결과가 십행이 두루 원만한 데에서 초래한 공덕이기에 그 佛號를 '普功德'이라 한다.

시방으로 각각 십만 세계의 미세한 티끌 수를 지난 것으로 들어 말한 것은 보살의 지혜로 도달할 수 있는 법을 밝힘이며, 또한 십행 법문의 양이 광대하기에 佛果功德이 광대함을 밝힌 것이다.

이상 십행은 십바라밀로 닦아나감을 말한다. 경문에 그 뜻이 나름대로 분명히 갖춰져 있기에 번잡하게 다시 해석하지 않는다. 이와 같은 십행은 모두 一時一念으로 전후의 차이가 없는 行門이다. 앞이니 뒤이니 늦다느니 빠르다느니 이런 견해를 지어서는 안 된다. 모두 法界智의 體用으로 닦아나가는 법문을 성취해야 한다.

▬

大文第七은 重頌分이니 分二니 初는 說偈儀意라

대문단 제7. 거듭 게송으로 밝힌 부분

이는 2부분으로 나뉜다.

1. 게송을 설하는 위의의 뜻이다.

經

爾時에 功德林菩薩이 承佛神力하사 普觀十方一切衆會와 曁于法界하고
欲令佛種性不斷故며 欲令菩薩種性淸淨故며 欲令願種性不退轉故며 欲令行種性常相續故며 欲令三世種性悉平等故며 欲攝三世一切佛種性故며 欲開演所種諸善根故며 欲觀察一切諸根故며[14] 欲解煩惱習氣心行所作故며 欲照了一切佛菩提故로 而說頌曰하사대

그때 공덕림보살이 부처님이 지닌 헤아릴 수 없는 영묘하고도 불가사의한 힘을 받들어 시방의 일체 회중과 법계를 두루 관찰하고,

부처님의 종성이 끊어지지 않게 하기 위해서,

보살의 종성이 청정하게 하기 위해서,

서원의 종성이 퇴전하지 않게 하기 위해서,

....

[14] 본 번역의 대본인 纂要에서는 一切諸根의 아래에 '故' 자가 있지만, 이는 麗藏, 宋藏, 思溪藏, 南藏 및 金陵會本에 근거하여 삭제해야만 청량소와 晉譯과 부합하게 된다. '故' 자가 있을 경우, 이는 2문장이다. 그러나 청량소에서 말한 '七觀所化性'은 즉 "欲觀察一切諸根 欲解煩惱習氣心行所作故"라 하여, 하나로 연결 지어 보기 때문이다. 이는 찬요에 실린 校定을 근거로 말한 것이니 참고하기 바란다. 그러나 대본에 따라 번역했음을 일러둔다.

행의 종성이 항상 계속하게 하기 위해서,

삼세의 종성이 모두 평등하게 하기 위해서,

삼세 일체 부처님의 종성을 거두어 붙잡기 위해서,

심은 바 모든 선근을 연설하기 위해서,

모든 근성과 욕망과 이해와 번뇌와 습성과 마음으로 행하고 짓는 일을 관찰하기 위해서,

일체 부처님의 보리를 비춰 알기 위해서 게송으로 말하였다.

◉ 疏 ◉

先彰說儀오 後欲令下는 說意니 意有九句니 初總餘別이라 別中에 一은 淨治因性이오 二는 不退願性이오 三은 行性續願이오 四는 以眞性導行이오 五는 上攝果性이오 六은 開己修性이니 卽十行所習이오 七은 觀所化性이오 八은 照當果性이라

먼저 게송을 설하는 위의를 밝히고, 뒤의 '欲令' 이하는 게송의 뜻을 말하고 있다. 게송의 뜻에는 9구가 있다.

첫 구절(欲令佛種性不斷故)은 총체이며, 나머지 구절은 개별이다.

개별로 말한 게송의 8구는 다음과 같다.

제1구(欲令菩薩種性淸淨故), 因性을 청정하게 다스림이며,

제2구(欲令願種性不退轉故), 願性을 물러서지 않음이며,

제3구(欲令行種性常相續故), 行性이 원력을 이어감이며,

제4구(欲令三世種性悉平等故), 眞性으로 行을 이끌어감이며,

제5구(欲攝三世一切佛種性故), 위로 果性을 받아들임이며,

561

제6구(欲開演所種諸善根故), 앞서 닦아온 자성을 열어줌이니 곧 十行으로 익혀온 바이며,

제7구(欲觀察一切諸根故 欲解煩惱習氣心行所作故), 교화 대상의 자성을 살펴봄이며,

제8구(欲照了一切佛菩提故), 해당 果位의 자성을 비춰보는 것이다.

二는 正說偈辭라

2. 게송을 바로 말하였다.

經

一心敬禮十力尊이 　　**離垢淸淨無礙見**하시며
境界深遠無倫匹하사 　　**住如虛空道中者**하노이다

　　한결같은 마음으로 열 힘 가진 높으신 분
　　때를 여의고 청정하여 걸림 없이 보시는 분
　　깊고 원대한 경계, 짝할 이 없는
　　공한 도에 머무신 분에게 절을 올립니다

◉ 疏 ◉

總有一百一頌이니 大分爲三이라 初之一頌은 總申歸敬이오 次九十六頌은 正頌前文이오 三有四頌은 結歎深廣이라
今은 初也라 將申偈頌에 再展敬心이라 初四字는 申敬이오 '十力'下는

顯德이니 十力智德이오 次句는 斷德이오 次句는 恩德이니 衆生爲境故니라 末句는 通喩三德이니 智廣惑淨하며 悲深遠故니라

모두 101수의 게송이다. 크게 3부분으로 나뉜다.

1) 1수 게송은 귀의와 경례를 총체로 말하고,

2) 96수 게송은 앞의 경문을 읊은 것이며,

3) 4수 게송은 부처님의 심오하고 광대함을 찬탄하며 끝맺음이다.

이는 1) 첫 게송이다.

앞으로 게송을 말하고자 다시 경건한 마음을 보인 것이다.

첫 구절의 '一心敬禮' 4글자는 공경하는 마음을 말함이며, '十力' 이하는 공덕을 밝힌 것으로, 十力은 지혜의 공덕이며,

제2구는 결단의 공덕이며,

제3구는 은혜의 공덕이다. 중생이 경계가 되기 때문이다.

제4구는 지혜, 결단, 은혜 3가지 공덕을 전체로 비유하였다. 지혜가 광대하고 미혹이 청정하며 자비가 심오, 원대한 때문이다.

經

過去人中諸最勝이　　功德無量無所著하시며
勇猛第一無等倫하시니　彼離塵者行斯道로다

과거 세계 인간 중에 가장 훌륭하고
공덕이 한량없고 집착 없으며
용맹정진 으뜸으로 짝할 이 없으니

563

세속을 여읜 보살이 이런 도를 행하였다

現在十方諸國土에　　　　**善能開演第一義**하사
離諸過惡最淸淨하시니　　**彼無依者行斯道**로다

　　현재 세계 시방의 여러 국토에
　　으뜸가는 진리를 잘 연설하여
　　모든 허물 여의고 가장 청정하니
　　의지한 데 없는 보살이 이런 도를 행하였다

未來所有人師子가　　　　**周徧遊行於法界**하사
已發諸佛大悲心하시니　　**彼饒益者行斯道**로다

　　미래 세계 인간 중에 사자이신 분
　　법계 두루 다니면서
　　부처님 대비심을 이미 냈으니
　　이익 주는 보살이 이런 도를 행하였다

三世所有無比尊이　　　　**自然除滅愚癡闇**하사
於一切法皆平等하시니　　**彼大力人行此道**로다

　　삼세에 계시는 비할 데 없는 부처님이
　　절로 어리석음 없애시고
　　일체 법에 모두 평등하시니
　　큰 힘을 얻은 보살이 이런 도를 행하였다

◉ 疏 ◉

第二正頌前文이라 大分爲二니 初十一偈는 頌前本分이오 後八十五偈는 頌前說分이라 然十住頌文은 則擧其次第어니와 今没其次第라 直云行斯道者는 畧有四意니

一은 前則約位始終行布而說이어니와 今將融會前說하야 令無始終이니 欲顯一位之中에 具行諸行이며 一行之中에 具一切故니라

二는 前約別行이어니와 今約普行이니 普別無礙하야 二文互顯이라

三은 前約同教어니와 今約別教니 同別無礙하야 爲一圓教故니라

四는 前約不雜辯才어니와 此約任放辯才니 說不待次오 言辭不斷故니라

又前多約因하고 此多就果며 或廣畧綺互하고 體用更陳하며 總別遞明하야 互相影發하야 顯菩薩行 深廣難思니라 下文은 雖依次第나 旣没本名이니 一同離世間圓融之行也라

2) 바로 앞의 경문을 읊은 것이다. 크게 2부분으로 나뉜다.

제1부분의 11수 게송은 장항 경문의 本分을 읊었고,

제2부분의 85수 게송은 장항 경문의 설법 부분을 읊은 것이다. 그러나 十住의 게송에서는 십주의 차례를 따라 읊었지만, 이 십행 게송에서는 십행의 차례를 따르지 않았다.

바로 "이런 도를 행하였다[行斯道]."고 말한 데에는 간단하게 4가지 뜻이 있다.

(1) 앞의 장항 경문에서는 십행 지위의 시작과 끝의 순으로 말했지만, 이 게송에서는 앞 경문을 융합하여 시작과 끝의 순서를

565

따르지 않았다. 하나의 지위 가운데 모든 行을 함께 행하기도 하고, 하나의 行 가운데 일체가 모두 갖춰져 있음을 밝히고자 한 때문이다.

(2) 앞의 장항 경문에서는 개별의 행으로 말했지만, 이 게송에서는 전체의 행으로 말하였다. 전체와 개별에 걸림 없이 장항과 게송이 서로 그 뜻을 밝혀주고 있다.

(3) 앞의 장항 경문에서는 똑같은 가르침으로 말했지만, 이 게송에서는 개별의 가르침으로 말하였다. 똑같거나 개별의 가르침에 걸림이 없는 하나의 圓敎가 되기 때문이다.

(4) 앞의 장항 경문에서는 혼잡하지 않은 변재[不雜辭才]를 말했지만, 이의 게송에서는 마음대로 말하는 변재[任放辭才]를 말하였다. 설명하는 데 차례를 필요로 하지 않고 말이 끊임없기 때문이다.

또 앞의 장항 경문에서는 원인을 말한 부분이 많지만, 이 게송에서는 결과로 말한 부분이 많으며, 어떤 데는 자세히 말하고 간단하게 말한 부분이 서로 함께하기도 하고, 어떤 데는 본체와 작용을 서로 말하고, 어떤 데는 총체와 개별을 번갈아가면서 밝혀 서로가 서로의 뜻을 밝혀주면서, 심오하고 광대하여 불가사의한 보살행을 나타내주었다.

아래 경문은 비록 차례를 따르고 있지만 이미 본래의 명제가 없으니, 하나같이 이세간품의 원융한 行과 같다.

今初는 亦可總歎行深이오 不頌前文이어니와 頌亦無失이라
今頌本分에 曲分爲二니 前四는 頌前學三世佛而修行故오 後七은

頌前行體不可思議라
今初는 分二니 初三은 別明이오 後一은 總說이라
各初三句는 辨德이오 後句는 結德이니 能通所行이니 諸文行斯道言은
皆倣於此니라

제1부분의 11수 게송은 또한 행이 심오함을 총체로 찬탄하였을 뿐 앞의 장항 경문을 읊지 않았지만, 게송 또한 잘못이 없다.

이의 11수 게송에서 本分을 읊은 부분은 자세히 구분하면 2부분이다.

앞의 4수 게송은 앞의 장항 경문에서 말한 삼세제불을 배워 수행함을 읊은 것이며, 뒤의 7수 게송은 앞서 말한 십행의 본체가 불가사의함을 읊은 것이다.

앞의 4수 게송은 다시 2부분으로 나뉜다. 앞의 3수 게송은 개별로 밝힘이며, 뒤의 1수 게송은 총체로 말하였다.

각 게송의 앞 3구는 공덕을 말하였고, 끝 구절은 공덕을 끝맺음이니, 행해야 할 도를 전체로 말하였다. 모든 게송에서 "이런 도를 행하였다[行斯道]."는 말은 모두 이와 같다.

經

普見無量無邊界에　　　一切諸有及諸趣하고
見已其心不分別하니　　彼無動者行斯道로다

다 보았다, 한량없고 그지없는 모든 세계
일체 삼계, 25유(有)와 육도(六道)를

보았지만 그 마음에 분별심 없으니
동요하지 않는 보살이 이런 도를 행하였다

法界所有皆明了하고　　**於第一義最淸淨**하야
永破瞋慢及愚癡하니　　**彼功德者行斯道**로다

　법계에 있는 세계를 모두 분명히 알고
　으뜸가는 이치 가장 청정하여
　성냄, 교만, 어리석음 길이 타파하니
　공덕을 갖춘 보살이 이런 도를 행하였다

於諸衆生善分別하고　　**悉入法界眞實性**하야
自然覺悟不由他하니　　**彼等空者行斯道**로다

　일체중생을 잘 분별하고
　모두 법계의 진실한 성품에 들어가
　절로 깨달아 남의 힘 빌리지 않으니
　허공과 평등한 보살이 이런 도를 행하였다

盡空所有諸國土에　　**悉往說法廣開喩**호되
所說淸淨無能壞하니　　**彼勝牟尼行此道**로다

　허공법계의 모든 국토에
　모두 찾아가 설법하여 널리 깨우쳐주되
　말씀하신 바, 청정하여 무너뜨릴 자 없으니

거룩하신 석가모니께서 이런 도를 행하였다

具足堅固不退轉하야 　　**成就尊重最勝法**하고
願力無盡到彼岸하니 　　**彼善修者所行道**로다

　구족하고 견고하여 물러서지 않아
　가장 훌륭한 법 존중하여 성취하고
　그지없는 원력으로 피안에 이르니
　수행을 잘한 보살이 이런 도를 행하였다

無量無邊一切地와 　　**廣大甚深妙境界**를
悉能知見靡有遺하니 　　**彼論師子所行道**로다

　한량없고 그지없는 시방 일체 국토
　넓고 크고 깊고 깊은 미묘한 경계
　모두 남김없이 알고 보았나니
　논설의 사자왕이 행하신 도이다

一切句義皆明了하야 　　**所有異論皆摧伏**하고
於法決定無所疑하니 　　**彼大牟尼行此道**로다

　일체의 구절과 의의 분명히 알아
　여러 가지 다른 말을 모두 굴복하고
　바른 법으로 결정하여 걸림 없으니
　위대하신 석가모니께서 이런 도를 행하였다

● 疏 ●

後七頌行體中이라 然文旨包含일세 畧爲二解니 一은 頌行體오 二는 頌加之所爲니라 然所爲는 正爲十行이니 義旨不殊일세 故得同頌이나 配文少異라 分爲二解니 先配行體니라

文分爲四니 初一頌은 總顯不可思議라 故云心無分別이니 彼無動故니라

二一頌은 頌前與法界等이라 等法界에 有三義하니 所有皆明了는 等事法界오 次句는 等理法界오 此二無二는 等無礙法界라 由此等故로 能破惑成德이라

三有二偈는 頌等虛空界니 等空 五義라 初偈는 顯二니 謂空無分別호되 而顯萬像이니 菩薩亦爾라 入實自悟면 則無分別이로되 不礙分別於諸衆生이라 故結云等空이니 由入法界일세 故等虛空이오 二界相成일세 故擧入法界니라 後偈는 顯三義니 一은 等空廣大니 初二句는 顯示오 二는 等空淸淨이오 三은 等空不可壞니 第三句는 顯이니 由等虛空이 是勝寂靜일세 名曰牟尼니라

四有三偈는 頌前菩薩行이니 初偈는 總擧自分之行이오 後二는 卽勝進之行이라

二는 以此文 頌加所爲니 雖開合不同이나 依次不亂이라

　　뒤의 7수 게송은 십행의 체성을 읊은 것이다. 그러나 경문의 뜻이 포괄적이기에 간단하게 2가지로 해석하고자 한다.

　　(1) 십행의 체성을 읊은 것이며,
　　(2) 가피가 되는 바를 읊은 것이다.

그러나 가피가 되는 바는 바로 十行이다. 그 뜻이 다르지 않기에 함께 읊었지만, 짝지어 보는 문장에는 조금 차이가 있기 때문에 이를 2가지로 구분 지어 해석하고자 한다.

⑴ 십행의 체성에 짝지어 보는 것이다. 경문은 다시 4부분으로 나뉜다.

① 불가사의를 총체로 밝혀 읊은 까닭에 "마음에 분별심이 없다."고 말한다. 이는 흔들림이 없기 때문이다.

② 1수 게송은 앞의 "법계와 똑같다[與法界等]."는 부분을 읊은 것이다. 법계와 똑같은 데에는 3가지 의미가 있다. "법계에 있는 세계를 모두 분명히 안다[法界所有皆明了]."는 것은 事法界와 같고, 다음 구절(於第一義最淸淨)은 理法界와 같고, 이처럼 사법계와 이법계가 둘의 차별이 없는 것은 無礙法界와 같다. 이처럼 법계와 똑같은 까닭에 미혹을 타파하고 공덕을 성취하는 것이다.

③ 2수 게송은 허공법계와 똑같음을 읊은 것이다. 허공법계와 똑같다는 데에는 5가지 뜻이 있다.

첫 게송(於諸衆生善分別~彼等空者行斯道)에는 2가지 뜻을 밝히고 있다. ㉠ 空이 분별이 없으나 萬像을 드러내듯이 보살 또한 그러하다. 실상에 들어가 스스로 깨달으면 분별이 없으나 모든 중생을 분별함에 걸림이 없기에 '허공과 같다.'고 끝맺은 것이다. ㉡ 법계에 들어간 까닭에 허공과 같고, 중생세계와 법계가 서로 이뤄지기에 '법계에 들어감'을 말하였다.

뒤 게송(盡空所有諸國土~彼勝牟尼行此道)에는 3가지 뜻을 밝히고 있다. ㉠ 허공의 광대함과 같다. 이는 제1, 2구에서 보여주고 있다. ㉡ 허공의 청정함과 같다. ㉢ 허공이 파괴되지 않음과 같다. 이는 제3구에서 밝히고 있다. 허공처럼 고요함이 수승하기에 그 이름을 석가모니라 한다.

④ 3수 게송은 앞서 말한 보살행을 읊은 것이다. 첫 게송은 총체로 自分의 行을 들어 말하였고, 뒤의 2수 게송은 잘 닦아나가는 行이다.

(2) 이 게송으로 가피 하는 바를 읊은 것이다. 비록 나누고 합한 바가 똑같지 않으나 차례를 따라 어지럽지 않다.

初偈는 頌前爲增長佛智니 前半은 所觀이오 後半은 能觀이라 次偈는 頌深入法界니 餘如前釋이라 三中에 初句는 頌了知衆生界오 次二句는 頌所入無礙오 四中은 頌所行無障이니 往諸國土는 則身無障이오 說法淸淨은 則自行無障이오 異論不壞는 則外無障이라
第五偈는 頌得無量方便이니 以願行等으로 皆善修故오
六中은 頌攝取一切智性이니 無邊一切地는 卽智地故니 十地之智同佛智故니라 歎勝은 可知니라
七中에 初句는 頌覺悟一切法이오 次句는 知一切諸根하야 隨宜摧伏이오 次句는 卽持說一切法也니라

제1게송은 앞서 말한 佛智의 증장을 위해 읊은 것으로, 제1, 2구는 살펴보아야 할 대상을 말하였고, 제3, 4구는 살펴보는 주체를 말하였다.

제2게송은 법계에 깊이 들어감을 읊은 것이다. 나머지는 앞의

해석과 같다.

　제3게송 가운데 제1구는 중생세계를 아는 데 대해 읊었고, 제2구는 들어가는 바에 걸림이 없음을 읊었다.

　제4게송은 행하는 바에 걸림이 없음을 읊은 것이다. 모든 국토에 찾아가는 것은 몸에 장애가 없음이며, 설법이 청정함은 스스로 행함에 장애가 없음이며, 이단의 논에 의해 파괴되지 않음은 밖으로 장애가 없는 것이다.

　제5게송은 한량없는 방편을 얻음을 읊은 것이다. 願行 등을 모두 잘 닦았기 때문이다.

　제6게송은 一切智 자성을 받아들임이다. '한량없고 그지없는 一切地[無量無邊一切地]'는 곧 一切智의 국토이기 때문이다. 十地의 지혜가 부처님의 지혜와 같기 때문이다. 훌륭함을 찬탄함은 설명하지 않아도 알 수 있다.

　제7게송의 제1구는 일체 법을 깨달음에 대해 읊음이며, 제2구는 일체중생의 근기를 알아 적절하게 꺾고 굴복시킴이며, 제3구는 모든 법을 가지고 말한 것이다.

經

遠離世間諸過患하고　　**普與衆生安穩樂**하야
能爲無等大導師하니　　**彼勝德者行斯道**로다

　세간의 모든 걱정 멀리 여의고
　중생에게 편안한 즐거움 널리 주어

짝 없이 크신 도사 되었으니
수승한 공덕 가진 보살이 이런 도를 행하였다

恒以無畏施衆生하야　　**普令一切皆欣慶**하고
其心淸淨離染濁하니　　**彼無等者行斯道**로다

언제나 중생에게 두려움 없애주는 보시로
일체중생 모두에게 기쁨을 주고
그 마음 청정하여 혼탁함 없애주니
동등할 이 없는 보살이 이런 도를 행하였다

意業淸淨極調善하고　　**離諸戱論無口過**하며
威光圓滿衆所欽이니　　**彼最勝者行斯道**로다

마음이 청정하여 조화 잘되고
모든 장난말 여의어 말씨 점잖고
위의 원만하여 대중이 공경하니
가장 훌륭한 보살이 이런 도를 행하였다

入眞實義到彼岸하고　　**住功德處心永寂**하야
諸佛護念恒不忘하시나니　**彼滅有者行斯道**로다

진실한 이치에 들어 피안에 이르고
공덕에 머물러 마음 길이 고요하여
부처님 호념하사 언제나 잊지 않으니

삼계, 25유 세계가 사라진 보살이 이런 도를 행하였다

遠離於我無惱害하고　　**恒以大音宣正法**호되
十方國土靡不周하니　　**彼絕譬者行斯道**로다

　'나'를 멀리 여의어 고뇌 없고
　항상 큰 음성으로 바른 법 말하여
　시방 모든 국토에 그 음성 가득하니
　비유할 수 없는 보살이 이런 도를 행하였다

檀波羅蜜已成滿하야　　**百福相好所莊嚴**이라
衆生見者皆欣悅하나니　　**彼最勝慧行斯道**로다

　보시바라밀다 이미 원만성취하여
　온갖 복된 상호 장엄으로
　보는 중생 모두 기뻐하니
　가장 수승한 지혜 보살이 이런 도를 행하였다

◉ 疏 ◉

第二는 頌前說分이니 十行이 即爲十段이니
第一六偈는 頌歡喜行이라 文分四別이니
初一은 財施니 財去慳過하야 安穩他故니라
次二偈는 無畏施니 前偈는 修因이오 後偈는 得果라
次二偈는 法施오

後一은 總結因圓果滿이라 言百福者는 涅槃二十四에 云五品心으로 修十善이니 謂下·中·上과 上中·上上에 各十善이 成五十이어든 始修終修라 故成百福이라 然十善之中에 不殺·不瞋은 是無畏施요 不盜·不貪은 是財施요 離口四過와 不淫·不癡는 是法施故로 具上三施하야 成百福果니라

　제2부분의 85수 게송은 앞의 설법 부분을 읊은 것이다. 十行을 따라 10단락이다.

　⑴ 6수 게송은 歡喜行을 읊은 것이다. 게송은 4부분으로 나뉜다.

　① 1수 게송은 재물보시이다. 재물에 대한 인색한 마음을 버리고서 남들을 편안하게 해주기 때문이다.

　② 2수 게송은 무외보시이다. 앞의 게송은 원인을 닦음이며, 뒤의 게송은 결과를 얻음이다.

　③ 2수 게송은 법보시이다.

　④ 1수 게송은 인과가 원만함을 총체로 끝맺음이다. '百福相好所莊嚴'의 百福이란 열반경 24에 이르기를 "5가지의 마음으로 10가지 선을 닦는다. 下, 中, 上과 上中, 上上에 각각 10가지의 선이 50가지의 선을 형성하는데, 시작부터 닦아 끝까지 닦은 까닭에 百福을 성취한다."고 하였다. 그러나 10가지 선 가운데 살생하지 않음과 성내지 않음은 무외보시이며, 도적질하지 않고 욕심내지 않음은 재물보시이며, 입으로 거짓말, 발림말, 이간하는 말, 악담을 여읨과 음란하지 않음과 어리석지 않음은 법보시이다. 따라서 위의 3가지 보시를 갖추어 백복의 결과를 성취하는 것이다.

智地甚深難可入이어늘　　能以妙慧善安住하야
其心究竟不動搖하니　　彼堅固行行斯道로다

　　깊고 깊은 지혜에 들어가기 어렵지만

　　미묘한 지혜만이 잘 안주하여

　　그 마음 끝까지 흔들리지 않으니

　　수행이 견고한 보살이 이런 도를 행하였다

法界所有悉能入호되　　隨所入處咸究竟하야
神通自在靡不該하니　　彼法光明行此道로다

　　법계의 모든 세계에 모두 들어가지만

　　들어가는 곳 모두 끝까지 찾아가

　　신통력 자재하여 모두 갖추니

　　법의 광명 가진 보살이 이런 도를 행하였다

諸無等等大牟尼가　　勤修三昧無二相하야
心常在定樂寂靜하니　　彼普見者行斯道로다

　　그 어느 중생이나 부처님과도 똑같지 않으신 대석가모니

　　부지런히 삼매 닦아 두 모양 없고

　　마음은 언제나 선정에 들어 고요함 즐기니

　　두루 지견이 넓은 보살이 이런 도를 행하였다

微細廣大諸國土가　　　更相涉入各差別이어늘
如其境界悉了知하니　　彼智山王行此道로다

　　미세하고 광대한 모든 국토
　　서로서로 들어가도 제각기 차별 있는데
　　그러한 경계를 모두 아니
　　수미산처럼 높은 지혜 지닌 보살이 이런 도를 행하였다

意常明潔離諸垢하야　　於三界中無所著하고
護持衆戒到彼岸하나니　此淨心者行斯道로다

　　뜻은 항상 깨끗하여 때를 여의어
　　삼계에서 조금도 집착 없고
　　모든 계율 지니어 피안에 이르니
　　마음 청정한 보살이 이런 도를 행하였다

● 疏 ●

第二는 頌饒益行이라

五偈 分四니 初偈는 律儀니 謂有智能護하야 心不動故로 是菩薩律儀라 次二는 攝善이오 三有一偈는 饒益有情이니 擧處攝人이오 後偈는 總結三聚니라

　　(2) 饒益行을 읊은 것이다. 5수 게송은 4부분으로 나뉜다.
　　① 1수 게송은 律儀이다. 지혜가 있어 계를 수호하여 마음이 흔들리지 않기 때문에 보살의 율의라 말한다.

② 2수 게송은 선을 받아들임이다.

③ 1수 게송은 중생에게 도움을 줌이다. 장소를 들어 사람을 받아들여 말하였다.

④ 1수 게송은 三聚를 총체로 끝맺음이다.

經

智慧無邊不可說이라　普徧法界虛空界어늘
善能修學住其中하니　彼金剛慧行斯道로다

　끝없는 지혜 말할 수 없다
　법계와 허공계에 가득한데
　잘 닦아 배우고서 지혜 속에 있으니
　금강 지혜 있는 보살이 이런 도를 행하였다

三世一切佛境界에　智慧善入悉周徧호되
未嘗暫起疲厭心하니　彼最勝者行斯道로다

　삼세 일체 부처님 깊은 경계에
　지혜로 모두 두루 잘 들어가되
　잠깐도 피로한 마음 내지 않으니
　가장 수승한 보살이 이런 도를 행하였다

善能分別十力法하고　了知一切至處道하야
身業無礙得自在하니　彼功德身行此道로다

열 가지 지혜의 힘, 잘 분별하고

모든 곳에 이르는 도, 분명히 알고서

몸으로 하는 일, 자재하니

일체 공덕 이룬 보살이 이런 도를 행하였다

十方無量無邊界에　　　　**所有一切諸衆生**을
我皆救護而不捨하니　　　**彼無畏者行斯道**로다

한량없고 끝없는 시방세계

수없이 많은 일체중생을

내, 모두 구호하여 버리지 않나니

두려움 없는 보살이 이런 도를 행하였다

● 疏 ●

第三은 無違逆行이라

四頌中三이니 初一은 諦察法忍이오 次二는 安受苦忍이니 一은 引他勵己以策修오 二는 引所成德以進道라 後一頌은 耐冤害忍이니 遇害無惱오 但增救心이라

(3) 無違逆行을 읊은 것이다. 4수 게송은 3부분으로 나뉜다.

① 1수 게송은 法忍을 살펴 앎이다.

② 2수 게송은 苦忍을 편안한 마음으로 받아들임이다. 앞의 게송은 남들의 일을 인용하여 자신을 격려하면서 경책하여 닦아나감이며, 뒤의 게송은 성취한 바의 공덕을 인용하여 도를 향하여 정진

하는 것이다.

　③ 1수 게송은 원수와 해코지를 참고 견디는 것이다. 해코지를 겪더라도 고뇌하지 않고 단 그를 구제하려는 마음을 더할 뿐이다.

經

於諸佛法勤修習하고　　　**心常精進不懈倦**하야
淨治一切諸世間하니　　　**彼大龍王行此道**로다

　　부처님의 모든 법을 닦아 익히고
　　마음은 언제나 정진하여 게으르지 않고
　　모든 세간을 깨끗이 다스리니
　　용왕의 행을 닦은 보살이 이런 도를 행하였다

了知衆生根不同과　　　**欲解無量各差別**하며
種種諸界皆明達하니　　　**此普入者行斯道**로다

　　중생의 근성이 똑같지 않고
　　욕망과 이해도 제각기 다르고
　　가지가지 세계를 모두 밝게 아니
　　널리 들어간 보살이 이런 도를 행하였다

十方世界無量刹에　　　**悉往受生無有數**호대
未曾一念生疲厭하니　　　**彼歡喜者行斯道**로다

　　시방세계 한량없는 국토에

태어나는 중생 수효 그지없지만

한 생각도 피로한 마음 내지 않으니

환희정진의 보살이 이런 도를 행하였다

普放無量光明網하야　　　　**照耀一切諸世間**호대
其光所照入法性하니　　　　**此善慧者行斯道**로다

한량없는 광명그물 두루 펼쳐

일체 모든 세계 밝게 비추되

비치는 광명 따라 법성에 들어가니

선한 지혜 얻은 보살이 이런 도를 행하였다

震動十方諸國土를　　　　**無量億數那由他**호대
不令衆生有驚怖하니　　　　**此利世者所行道**로다

시방의 모든 국토

한량없는 억 나유타 세계 진동해도

중생을 놀래지 않게 하니

세상에 이익 준 보살이 행하였던 도이다

● 疏 ●

第四는 無屈撓行이라

五偈分三이니

初二는 頌前攝善精進이니 亦名加行이라 初 半偈는 卽頌第一精進等

十句이오 次句는 卽㽞前離過十句오 後偈는 頌前所爲니라

次一頌被甲精進이니 爲物受苦를 心無厭等이오

後二偈는 頌利樂精進이라

 (4) 無屈撓行을 읊은 것이다. 5수 게송은 3부분으로 나뉜다.

 ① 2수 게송은 앞서 말한 '선을 받아들인 정진'을 읊은 것이다. 또한 加行이라 말한다. 앞 게송의 제1, 2구는 '第一精進' 등 10구를, 제3구는 앞의 '離過' 10구를, 뒤의 게송은 앞의 경문에서 행하였던 바를 읊은 것이다.

 ② 1수 게송은 被甲精進을 읊은 것이다. 중생을 위해 고통받는 일을 마음에 싫어하거나 게으름이 없는 등을 말한다.

 ③ 2수 게송은 利樂精進을 읊은 것이다.

經

善解一切語言法하야 問難酬對悉究竟하며
聰哲辯慧靡不知하니 此無畏者所行道로다

 일체 말하는 법을 잘 이해하여
 문난과 대답에 끝까지 모두 말해주고
 총명, 현철, 변재, 지혜 모른 게 없나니
 두려움 없는 보살이 이런 도를 행하였다

善解覆仰諸國土하야 分別思惟得究竟하고
悉使住於無盡地하니 此勝慧者所行道로다

이런저런 각기 다른 세계 잘 이해하여
분별하고 생각하여 끝까지 얻고
모든 중생 그지없는 땅에 머물게 하니
좋은 지혜 있는 보살이 행하였던 도이다

● 疏 ●

第五는 頌離癡亂行이라

二頌中三이니

初一은 頌現法樂住니 於中 前半은 頌能持色法言說等이오 後半은 通頌前無癡亂等七句라

次半偈는 頌引生功德禪이니 了一切法無有邊際하고 得一切法眞實智慧라 故云得究竟也니라

後半偈는 頌饒益有情中에 我當令一切衆生으로 乃至究竟無餘涅槃이니 卽無盡地니라

(5) 離癡亂行을 읊은 것이다. 2수 게송은 3부분으로 나뉜다.

① 첫째 게송은 現法樂住를 읊은 것이다. 그중에 제1, 2구는 '色法과 言說 등을 지님'을 읊었고, 제3, 4구는 앞의 '癡亂 등이 없다.'는 7구를 모두 읊은 것이다.

② 둘째 게송의 제1, 2구는 중생을 인도하는 공덕의 禪定을 읊은 것이다. 일체 법의 그지없음을 알고, 일체 법의 진실지혜를 얻은 까닭에 究竟을 얻었다고 말한다.

③ 제3, 4구(悉使住於無盡地, 此勝慧者所行道)는 중생에게 이익을 주

는 가운데, 나는 당연히 모든 중생으로 하여금 究竟無餘涅槃에 이르도록 해야 한다는 서원을 읊은 것이다. 이것이 곧 '그지없는 땅[無盡地]'이다.

經

功德無量那由他를　　　爲求佛道皆修習하야
於其一切到彼岸하니　　此無盡行所行道로다

　　한량없는 나유타 일체 공덕을
　　부처님 도 구하고자 모두 닦아
　　그 무엇이든 피안에 이르렀으니
　　그지없는 행을 닦은 보살이 행하였던 도이다

超出世間大論師가　　　辯才第一師子吼로
普使群生到彼岸하나니　此淨心者所行道로다

　　세간에 뛰어난 큰 논사이며
　　으뜸가는 변재 사자후로
　　일체중생 피안에 이르게 하니
　　마음 청정한 보살이 행하였던 도이다

● **疏** ●

第六 二頌은 頌善現行이라【鈔_ 六 善現行 二偈中에 初偈는 頌前正辨三諦오 次半은 頌依智起悲오 後半은 頌行成益物이라 然皆有無對

辨에 具三諦義니라 】

⑹ 2수 게송은 善現行을 읊은 것이다.【초_ ⑹ 善現行을 읊은 2수 게송 가운데, 앞의 게송은 앞서 말한 正辨三諦를, 다음 게송의 제1, 2구는 지혜에 의해 일으킨 大悲를, 제3, 4구는 행이 성취되어 중생에게 이익을 줌에 대해 읊은 것이다. 그러나 모두 有와 無를 상대로 논변하여 三諦의 의미를 갖추고 있다.】

經

諸佛灌頂第一法에　　　　已得此法灌其頂하고
心恒安住正法門하니　　　彼廣大心行此道로다

　시방제불의 제1 관정법
　관정법으로 보살의 정수리에 물을 부었고
　마음은 항상 바른 법문에 머무니
　광대한 마음 가진 보살이 이런 도를 행하였다

一切衆生無量別을　　　　了達其心悉周徧하고
決定護持佛法藏하나니　　彼如須彌行此道로다

　한량없는 차별의 일체중생
　그 마음 통달하여 모두 두루 알고
　반드시 부처님 법장 수호하니
　수미산처럼 높은 보살이 이런 도를 행하였다

能於一一語言中에　　　普爲示現無量音하야
令彼衆生隨類解하나니　　此無礙見行斯道로다

　　하나하나 말하는 가운데
　　한량없는 음성 널리 나타내어
　　중생의 부류 따라 모두 알아듣게 하니
　　걸림 없는 지견 보살이 이런 도를 행하였다

一切文字語言法에　　　智皆善入不分別하고
住於眞實境界中하니　　此見性者所行道로다

　　일체 문자와 언어의 법을
　　지혜로 모두 알지만 차별하지 않고
　　진실한 경계 속에 머물렀으니
　　이는 견성한 보살이 행하였던 도이다

● 疏 ●

第七 四偈는 頌無著行이니 對前思之니라【鈔_ 第七 四偈 頌無著行은 初偈는 卽二方便中에 回向善巧와 三方便中에 進趣向果니 已得灌頂이 是向果故니라 次二偈는 卽拔濟善巧오 次半偈는 卽巧會有無니 謂善入文字는 是會有也오 不分別者는 是會無也니라 後半은 一切法 不捨不受니라 若配經文인댄 初偈는 頌淨菩薩道하며 受菩薩記호되 而無所著이오 次偈는 頌悲念衆生이오 後二偈는 頌前於一切世間成熟衆生이니 前約所化 種種音等이어니와 此約能化 一音隨類오 前令所

化不著이어니와 此卽能化不著이니라 】

(7) 4수 게송은 無著行을 읊은 것이다. 앞의 게송을 상대로 생각하면 알 수 있다. 【초_ "(7) 4수 게송은 無著行을 읊었다."는 것은
① 1수 게송(諸佛灌頂第一法~彼廣大心行此道)은 제2방편 가운데 回向善巧와 제3방편 가운데 進趣向果를 읊은 것이다. 이미 灌頂을 얻은 것은 '佛果로 지향[向果]한' 때문이다.

② 2수 게송(一切衆生無量別~彼如須彌行此道, 能於一一語言中~此無礙見行斯道)은 중생 제도를 잘한 것이다.

③ 넷째 게송의 제1, 2구(一切文字語言法, 智皆善入不分別)는 有와 無를 잘 이해한 것이다. "일체 문자와 언어의 법을 모두 안다."는 것은 有를, "차별하는 마음이 없다[不分別]."는 것은 無를 잘 이해한 것이다.

④ 제3, 4구(住於眞實境界中, 此見性者所行道)는 모든 법을 버리지도 않고 받아들이지도 않음을 읊은 것이다.

만일 장항의 경문에 짝지어 본다면, 첫 게송은 보살의 도를 청정하게 하고 보살의 授記를 받되 無에 집착하는 바가 없음을 읊었고, 다음 게송은 중생을 자비의 마음으로 생각하는 바를 읊었고, 뒤의 2수 게송은 앞의 경문에서 말한 '일체 세간의 중생이 성숙함'을 읊은 것이다.

앞의 게송에서는 교화 대상의 중생에 따른 가지가지의 음성 등으로 말했지만, 이의 게송에서는 교화의 주체자로서 하나의 음성으로 중생의 부류에 따라 모두가 이해하는 것으로 말하였다. 앞의 게송에서는 교화 대상인 중생으로 하여금 집착하지 않도록 하는

것이지만, 이의 게송에서는 교화의 주체자로서 집착하지 않는 것이다.】

經

安住甚深大法海하야　　善能印定一切法호되
了法無相眞實門하니　　此見實者所行道로다

　깊고 큰 법바다에 머물면서
　일체 법을 모두 인정하되
　형상 없고 진실한 법문을 아니
　실상을 본 보살이 행하였던 도이다

一一佛土皆往詣하야　　盡於無量無邊劫토록
觀察思惟靡暫停하니　　此匪懈者所行道로다

　하나하나 불국토 모두 찾아가
　끝이 없는 무량겁이 다하도록
　관찰하고 사유하며 잠시도 멈추지 않으니
　게으르지 않은 보살이 행하였던 도이다

無量無數諸如來의　　種種各號各不同을
於一毛端悉明見하니　　此淨福者所行道로다

　한량없고 셀 수 없는 모든 여래의
　가지가지 명호 똑같지 않은데

589

하나의 털끝에 모두 밝게 나타나니

청정한 복 지닌 보살이 행하였던 도이다

一毛端處見諸佛호되   **其數無量不可說**이며

一切法界悉亦然하니   **彼諸佛子行斯道**로다

하나의 털끝에서 시방제불을 보니

그 수효 한량없어 말할 수 없다

일체 법계 또한 모두 그 같으니

여러 불자들이 이런 도를 행하였다

無量無邊無數劫을   **於一念中悉明見**하야

知其修促無定相하니   **此解脫行所行道**로다

한량없고 끝없고 수없는 겁을

한 찰나 사이에 밝게 보고서

길고 짧아 일정하지 않음을 아니

해탈행을 얻은 보살이 행하였던 도이다

能令見者無空過하야   **皆於佛法種因緣**호되

而於所作心無著하니   **彼諸最勝所行道**로다

보는 이로 하여금 헛되지 않고

모두 불법에 좋은 인연 심지만

하는 일에 집착의 마음 없으니

모든 수승한 보살이 행하였던 도이다

那由他劫常遇佛호대 　　　**終不一念生疲厭**하야
其心歡喜轉更增하니 　　　**此不空見所行道**로다

나유타 겁에 부처님 으레 만났지만

끝까지 잠깐도 싫은 마음 내지 않고서

그 마음 환희하여 더욱 증장하니

공하지 않게 본 보살이 행하였던 도이다

盡於無量無邊劫토록 　　　**觀察一切衆生界**호대
未曾見有一衆生하니 　　　**此堅固士所行道**로다

한량없고 끝없는 겁 다하도록

일체 중생세계 살펴보지만

어느 한 중생도 있다고 보지 않으니

수행이 견고한 보살이 행하였던 도이다

● 疏 ●

第八 八偈는 頌難得行이니 分五라 初一偈는 卽自行之願이오 次四는 神通이오 次一은 外化오 次一은 求菩提오 後一은 成熟有情이라 若屬經文인댄 初四는 頌前於佛法中에 得最勝解等十句오 二'無量 下 三偈는 頌自行成益이오 第三一偈는 頌前利他에 不捨一衆生著 多衆生等이라

⑻ 8수 게송은 難得行을 읊은 것이다. 이는 5부분으로 나뉜다.
① 1수 게송은 스스로의 수행을 원함이며,
② 4수 게송은 신통력이며,
③ 1수 게송은 밖으로 중생을 교화함이며,
④ 1수 게송은 보리를 구함이며,
⑤ 1수 게송은 중생을 성숙시킴이다.

이를 경문에 짝지어 보면, 첫째 4수 게송은 앞의 "불법 가운데 가장 훌륭한 이해를 얻는다." 등의 10구를, 둘째 '無量無邊無數劫' 이하 3수 게송은 自行의 이익 성취를, 셋째 1수 게송은 앞의 "利他에 있어 어느 한 중생을 버리고 많은 중생에게 집착하지 않는다." 등을 읊은 것이다.

經

修習無邊福智藏하고　普作淸凉功德池하야
利益一切諸群生하니　彼第一人行此道로다

　　그지없는 복과 지혜 닦고 익혀
　　서늘한 공덕 연못 널리 만들고
　　일체중생 이익 주니
　　으뜸가는 보살이 이런 도를 행하였다

法界所有諸品類가　普徧虛空無數量이어든
了彼皆依言說住하니　此師子吼所行道로다

시방 법계에 수많은 중생들

허공에 두루 한량없이 가득한데

그들 모두 말을 의지해 머문 줄 아니

사자후 보살이 행하였던 도이다

能於一一三昧中에　　**普入無數諸三昧**하야
悉至法門幽奧處하니　　**此論月**[15]**者行斯道**로다

하나하나 삼매 속에

수없는 모든 삼매 두루 들어가

법문의 깊은 곳, 모두 이르니

오랜 수행 닦은 보살이 이런 도를 행하였다

忍力勤修到彼岸호되　　**能忍最勝寂滅法**하야
其心平等不動搖하니　　**此無邊智所行道**로다

부지런히 인욕 닦아 피안에 이르되

가장 수승한 적멸법 참고서

그 마음 평등하여 흔들림 없으니

그지없는 지혜의 보살이 행하였던 도이다

....

15 論月은 다른 책에서는 月輪(此月輪者行斯道)으로 쓰여 있기도 한다. 月輪이란 보름달을 지칭한 것으로 오랜 세월이라는 뜻으로 쓰였다. 달을 논한다論月는 의미는 자세하지 않다.

於一世界一坐處에　　　其身不動恒寂然호되
而於一切普現身하나니　　彼無邊身行此道로다

　　하나의 세계, 한 자리 앉아
　　그 몸이 고요히 움직이지 않지만
　　일체 모든 곳에 두루 몸을 나타내니
　　그지없는 몸 가진 보살이 이런 도를 행하였다

無量無邊諸國土를　　　悉令共入一塵中하야
普得包容無障礙하니　　彼無邊思行此道로다

　　한량없고 그지없는 모든 국토를
　　하나의 티끌 속에 모두 넣어
　　두루 포용하되 장애 없으니
　　그지없이 사유하는 보살이 이런 도를 행하였다

● 疏 ●

第九 六頌은 頌善法行이니 初一은 修習力이오 次一은 思擇力이오 次二는 修定通이오 次一은 報得通이오 後一은 變化通이라
若屬經文인댄 初偈는 頌釋名이니 前半은 攝持正法이오 後半은 不斷佛種이니 亦大悲河라 次偈는 卽波羅蜜河니 問答成就니라 次偈는 卽三昧河니 前擧三昧之用이오 此約三昧之體라 次一은 卽願智河오 次一은 十身體用이오 後一은 卽示現如來自在니라

　　(9) 6수 게송은 善法行을 읊은 것이다.

① 1수 게송은 修習力이며,

② 1수 게송은 思擇力이며,

③ 2수 게송은 修定通이며,

④ 1수 게송은 報得通이며,

⑤ 1수 게송은 變化通이다.

 이를 경문에 짝지어 보면, 제1게송은 명제의 해석을 읊은 것으로, 제1, 2구는 바른 법을 지님이며, 제3, 4구는 부처의 종성이 끊이지 않음을 읊은 것이다. 이는 또한 大悲河이다.

 제2게송은 波羅蜜河로 문답의 성취이다.

 제3게송은 三昧河이다. 앞에서는 삼매의 작용을 들어 말했지만, 여기에서는 삼매의 본체를 들어 말하였다.

 제4게송은 願智河이다.

 제5게송은 十身의 본체와 작용이다.

 제6게송은 여래의 자재함을 보여줌이다.

經

了達是處及非處하며   **於諸力處普能入**하야
成就如來最上力하니   **彼第一力所行道**로다

 옳은 곳, 그른 곳을 분명히 알고

 모든 힘에 널리 들어가

 여래의 최상의 힘 성취하니

 제1의 힘을 지닌 보살이 행하였던 도이다

過去未來現在世에　　　無量無邊諸業報를
恒以智慧悉了知하니　　此達解者所行道로다

　　과거, 미래, 현재 세계의
　　한량없고 끝없는 모든 업보를
　　언제나 지혜로 죄다 아니
　　통달하여 아는 보살이 행하였던 도이다

了達世間時非時하야　　如應調伏諸衆生호되
悉順其宜而不失하니　　此善了者所行道로다

　　세간의 제때거나 제때 아닌 것을 알고서
　　모든 중생을 조복하되
　　그 적절함을 따라 잃지 않으니
　　이는 잘 아는 보살이 행하였던 도이다

◉ 疏 ◉

第十·四十三偈는 頌眞實行이니
文分爲六이라 第一 三偈는 頌得十力이라

　　⑩ 43수 게송은 眞實行을 읊은 것이다.
　　경문은 6부분으로 나뉜다.
　　① 3수 게송은 十力 얻음을 읊은 것이다.

善守身語及意業하야 **恒令依法而修行**호되
離諸取着降衆魔하니 **此智心者所行道**로다

　　신구의 삼업을 잘 지켜
　　언제나 법에 따라 행을 닦으되
　　모든 집착 여의고 마군을 항복받으니
　　지혜로운 보살이 행하였던 도이다

於諸法中得善巧하고 **能入眞如平等處**하야
辯才宣說無有窮하니 **此佛行者所行道**로다

　　모든 법 가운데 좋은 방편 얻고
　　평등한 진여에 들어가
　　변재의 연설 다함 없으니
　　부처님 행 닦는 보살이 행하였던 도이다

陀羅尼門已圓滿하고 **善能安住無礙藏**하야
於諸法界悉通達하니 **此深入者所行道**로다

　　다라니 법문 원만하였고
　　걸림 없는 법장에 잘 안주하여
　　모든 법계 모두 통달하니
　　법계에 깊이 들어간 보살이 행하였던 도이다

● 疏 ●

二, 三偈는 頌得三世諸佛無二語니 初偈는 正明依法修行이 卽無二語오 餘二偈는 頌我爲最勝等이라

② 3수 게송은 삼세제불의 둘이 없는 말을 얻음을 읊은 것이다. 첫째 게송은 바로 법에 따라 수행함이 곧 '둘이 없는 말'임을 밝힘이며, 나머지 2수 게송은 "내가 수승하다." 등을 읊은 것이다.

經

三世所有一切佛로　　　　悉與等心同智慧하야
一性一相無有殊하니　　　此無礙種所行道로다

　　삼세에 계시는 모든 부처님
　　모두 마음 같고 지혜도 같아
　　하나의 성품, 하나의 형상 차이 없으니
　　걸림 없는 종성의 보살이 행하였던 도이다

已抉一切愚癡膜하고　　　深入廣大智慧海하야
普施衆生淸淨眼하니　　　此有目者所行道로다

　　일체의 어리석은 각막을 긁어내고
　　광대한 지혜바다 깊이 들어가
　　중생에게 청정한 눈, 널리 보시하니
　　지혜 안목 지닌 보살이 행하였던 도이다

已具一切諸導師의　　　　平等神通無二行하야
獲於如來自在力하니　　　此善修者所行道로다

　　일체 모든 도사의
　　두 행 없는 평등한 신통력, 구족하여
　　여래의 자재한 힘 얻었으니
　　이는 잘 닦은 보살이 행하였던 도이다

徧遊一切諸世間하며　　　普雨無邊妙法雨하야
悉令於義得決了하니　　　此法雲者所行道로다

　　일체 시방세계 두루 다니며
　　그지없이 미묘한 법비 널리 내려주어
　　모두 진리로 결정함을 얻게 하니
　　이는 법운행을 닦은 보살이 행하였던 도이다

能於佛智及解脫에　　　　深生淨信永不退하야
以信而生智慧根하니　　　此善學者所行道로다

　　부처님의 지혜와 모든 해탈에
　　청정한 신심 내어 물러서지 않고
　　신심으로 지혜의 뿌리 내니
　　이는 불법을 잘 배운 보살이 행하였던 도이다

能於一念悉了知　　　　　一切衆生無有餘하야

了彼衆生心自性하니　　　達無性者所行道로다

　한 생각의 찰나에

　일체중생 남기지 않고 모두 알아

　저 중생의 마음 성품 분명히 아니

　자성이 없음을 통달한 보살이 행하였던 도이다

◉ 疏 ◉

三 六偈는 頌同佛善根이라【鈔_ 同佛善根者는 初偈는 頌最上同一佛性이 是調御故요 次偈는 頌離翳요 次三偈는 頌已辨과 及善變化요 後偈는 頌爲依怙와 與佛化他故니라】

　③ 6수 게송은 부처님의 선근과 똑같음을 읊은 것이다.【초_ "부처님의 선근과 똑같다."는 것은 제1게송은 최상의 똑같은 불성이 調御임을 읊은 때문이며, 제2게송은 가림을 여읨을 읊은 것이며, 다음 3수 게송은 이미 논변함과 잘 변화함을 읊은 것이며, 뒤의 1수 게송은 중생의 의지가 되는 바와 부처님이 중생을 교화함을 읊은 때문이다.】

經

法界一切諸國土에　　　悉能化往無有數호되
其身最妙絶等倫하니　　此無比行所行道로다

　법계의 일체 모든 국토에

　이 몸을 변화하여 무수한 국토 찾아가는데

가장 미묘한 몸이 짝이 없나니
비길 데 없는 행을 닦은 보살이 행하였던 도이다

佛刹無邊無有數에 　　　無量諸佛在其中이어든
菩薩於彼悉現前하야　　親近供養生尊重이로다

　부처 세계 끝없고 수가 없는데
　한량없는 부처님 그곳에 계시면
　보살이 그곳마다 앞에 나타나
　친근하고 공양하고 존중의 마음 올린다

菩薩能以獨一身으로　　入於三昧而寂定호되
令見其身無有數하야　　一一皆從三昧起로다

　보살이 오로지 한 몸으로
　삼매에 들어 고요하지만
　수없는 몸 나타내어
　하나하나 모두 삼매에서 일어난다

菩薩所住最深妙하며　　所行所作超戲論하며
其心淸淨常悅樂하야　　能令衆生悉歡喜로다

　보살의 머문 곳 깊고 미묘하며
　행하고 짓는 일, 부질없는 말 초월하여
　그 마음 청정하고 항상 기쁨으로

중생에게 모두 기쁨 주었다

諸根方便各差別을　　能以智慧悉明見하고
而了諸根無所依하니　調難調者所行道로다

    모든 근기와 방편이 각기 다른데
    지혜로 분명하게 모두 보고서
    중생 근기 의지할 바 없음을 아니
    조복하기 어려운 이를 조복한 보살이 행하였던 도이다

能以方便巧分別로　　於一切法得自在하야
十方世界各不同에　　悉在其中作佛事로다

    방편으로 잘 분별하여
    일체 법에 자재함을 얻고서
    시방 세계 제각기 같지 않은
    그 속에서 불사를 일으킨다

諸根微妙行亦然하야　能爲衆生廣說法하니
誰其聞者不欣慶가　　此等虛空所行道로다

    모든 근기 미묘하듯 행 또한 그러하다
    중생 위해 널리 법문 말하니
    법문 듣고 기뻐하지 않는 이 없으니
    이는 허공처럼 평등한 보살이 행하였던 도이다

智眼淸淨無與等하야　　於一切法悉明見하고
如是智慧巧分別하니　　此無等者所行道로다

　　지혜의 눈 청정하여 같을 이 없어
　　일체 법을 모두 밝게 보고
　　이러한 지혜로 잘 분별하니
　　똑같은 이 없는 보살이 행하였던 도이다

所有無盡廣大福을　　一切修行使究竟하야
令諸衆生悉淸淨하니　　此無比者所行道로다

　　그지없이 광대한 복을
　　일체 수행으로 마침내 원만하여
　　일체중생을 모두 청정케 하니
　　비길 데 없는 보살이 행하였던 도이다

普勸修成助道法하고　　悉令得住方便地하야
度脫衆生無有數호되　　未曾暫起衆生想하며

　　도를 돕는 여러 법 닦도록 널리 권하고
　　모두 방편 지위에 머물도록 하여
　　중생의 제도 그지없지만
　　중생이란 생각은 조금도 없다

一切機緣悉觀察하야　　先護彼意令無諍하고

普示衆生安穩處하니　　　此方便者所行道로다

　　일체 근기 인연 모두 관찰하여

　　먼저 그들의 마음 보호하여 다투지 않게 하고

　　중생에게 평온한 곳 널리 보여주니

　　방편을 얻은 보살이 행하였던 도이다

● 疏 ●

四十一偈는 頌入佛種性이라 於中에 分二니 初 三偈는 頌身入이오 餘는 頌意入이라 於中에 初四는 頌入悲種性이오 後智眼下 四頌은 頌入智種性이라

　④ 11수 게송은 부처님의 종성에 들어감을 읊은 것이다. 11수 게송은 3부분으로 나뉜다.

　앞의 3수 게송은 몸으로 부처님의 종성에 들어감을 읊었고,

　나머지 8수 게송은 뜻으로 부처님의 종성에 들어감을 읊었다. 8수 게송 가운데 앞의 4수 게송은 大悲의 부처님 종성에 들어감을 읊었고, 뒤의 '智眼' 이하 4수 게송은 大智의 부처님 종성에 들어감을 읊었다.

● 經 ●

成就最上第一智하고　　　具足無量無邊智하야
於諸四衆無所畏하니　　　此方便智所行道로다

　　최상의 으뜸가는 지혜 성취하고

한량없고 그지없는 지혜 구족하여
사부 대중에게 두려운 마음 없으니
방편지혜 갖춘 보살이 행하였던 도이다

一切世界及諸法에   **悉能徧入得自在**하고
亦入一切衆會中하야   **度脫群生無有數**하며

일체 세계와 모든 법에
두루 다 들어가 자재를 얻고
또한 일체 대중법회에 들어가
무수한 중생 제도하였으며

十方一切國土中에   **擊大法鼓悟群生**하야
爲法施主最無上하니   **此不滅者所行道**로다

시방세계 일체 국토 가운데
큰 법고 울려 중생 깨우고
법보시 주인 되어 가장 높으니
사라지지 않는 보살이 행하였던 도이다

一身結跏而正坐하야   **充滿十方無量刹**호대
而令其身不迫隘하니   **此法身者所行道**로다

하나의 몸 가부 틀고 반듯이 앉아
한량없는 세계 가득 채우지만

그 몸은 비좁지도 않으니
법신을 증득한 보살이 행하였던 도이다

能於一義一文中에　　　　**演說無量無邊法**호되
而於邊際不可得하니　　　**此無邊智所行道**로다

　하나의 이치, 한 글자로
　한량없고 끝없는 법 연설하지만
　그 끝을 알 수 없으니
　그지없는 지혜 보살이 행하였던 도이다

於佛解脫善修學하야　　　**得佛智慧無障礙**하고
成就無畏爲世雄하니　　　**此方便者所行道**로다

　부처님의 해탈 잘 닦아 배워
　부처님 지혜 얻어 장애 없고
　두려움 없이 세상의 영웅 되니
　방편을 얻은 보살이 행하였던 도이다

了知十方世界海하고　　　**亦知一切佛刹海**하며
智海法海悉了知하니　　　**衆生見者咸欣慶**이로다

　시방 세계바다 분명히 알고
　일체 국토바다도 알며
　지혜바다 법바다 모두 아니

친견한 중생 모두 좋아하고 경하한다

或現入胎及初生하며　　　　**或現道場成正覺**하야
如是皆令世間見하니　　　　**此無邊者所行道**로다

　　혹은 태에 들어가고 처음 태어나며
　　혹은 도량에 나타내어 정각을 성취하여
　　이처럼 모두 세간 중생이 보도록 하니
　　이는 끝없는 보살이 행하였던 도이다

無量億數國土中에　　　　　**示現其身入涅槃**호되
實不捨願歸寂滅하니　　　　**此雄論者所行道**로다

　　한량없는 억천만 국토 가운데
　　열반에 드는 몸 보여주지만
　　서원 버리고 열반에 들지 않으니
　　영웅의 논사 보살이 행하였던 도이다

堅固微密一妙身이　　　　　**與佛平等無差別**호되
隨諸衆生各異見하니　　　　**一實身者所行道**로다

　　견고하고 비밀스럽고 미묘한 몸이
　　부처님과 평등하여 차별 없지만
　　모든 중생 인연 따라 각기 달리 보니
　　하나의 진실한 몸을 지닌 보살이 행하였던 도이다

法界平等無差別이나 　　具足無量無邊義어든
樂觀一相心不移하니 　　三世智者所行道로다

　　법계 평등하여 차별 없으나
　　한량없고 끝없는 뜻 구족하면
　　한 모양 보는 마음 변함 없으니
　　삼세 지혜로운 보살이 행하였던 도이다

於諸衆生及佛法에 　　建立加持悉究竟하야
所有持力同於佛하니 　　最上持者行斯道로다

　　모든 중생과 부처님 법에 따라
　　불법을 세우고 중생을 가피하되 모두 끝까지
　　가피의 힘이 부처님과 같으니
　　최상의 가피 받은 보살이 이런 도를 행하였다

神足無礙猶如佛하고 　　天眼無礙最淸淨하며
耳根無礙善聽聞하니 　　此無礙意所行道로다

　　신족통 걸림 없어 부처님 같고
　　천안통 걸림 없어 가장 청정하며
　　천이통 걸림 없어 잘도 들으니
　　걸림 없는 뜻 가진 보살이 행하였던 도이다

所有神通皆具足하며 　　隨其智慧悉成就하야

善知一切靡所儔하니　　　此賢智者所行道로다
　　보살이 지닌 신통력 모두 갖추고
　　그 지혜 따라 모두 성취하여
　　일체를 잘 알아 짝할 이 없으니
　　지혜 있고 어진 보살이 행하였던 도이다

其心正定不搖動하고　　　其智廣大無邊際하야
所有境界皆明達하니　　　一切見者所行道로다
　　그 마음 선정 들어 흔들리지 않고
　　그 지혜 넓고 커서 끝이 없어
　　모든 경계에 모두 밝게 통달하니
　　일체를 본 보살이 행하였던 도이다

已到一切功德岸하야　　　能隨次第度衆生호되
其心畢竟無厭足하니　　　此常勤者所行道로다
　　일체 공덕 언덕에 이미 이르러
　　차례차례 중생을 제도하되
　　그 마음 필경 만족 없으니
　　이처럼 언제나 정진한 보살이 행하였던 도이다

三世所有諸佛法을　　　於此一切咸知見하야
從於如來種性生하니　　　彼諸佛子行斯道로다

삼세제불이 지닌 법을

이에 모두 다 알고 보아서

여래의 종성에서 일어나니

모든 불자가 이런 도를 행하였다

隨順言辭已成就하고　　**乖違談論善摧伏**하야
常能趣向佛菩提하니　　**無邊慧者所行道**로다

중생을 따르는 말 이미 이루고

어기는 말들을 잘 꺾어서

언제나 부처님의 보리 향하니

끝없이 지혜로운 보살이 행하였던 도이다

◉ 疏 ◉

五十八偈는 頌學三世諸佛眞實語라 得佛十力等은 如文思之니라 【鈔】 頌得佛十力等 如文思之者는 一偈는 頌得佛加오 次一은 超頌 轉法輪이오 次二는 頌無礙解翺兌이오 次一偈半은 頌智慧解翺兌이오 後半 偈는 却頌雄猛無畏오 次一偈는 頌了知世間境界니 智海·法海는 卽 智正覺世間이오 次或現已下 四偈는 絶生死廻流니 初二偈는 八相이 니 明絶生死故로 方能現生이오 次一偈는 非生死身이라야 方能現身이 오 次一偈는 頌入智慧大海니 樂觀不移 是人義故오 次於諸下 三偈 는 頌護持正法이니 初偈는 神力加持오 後二는 六通護持니 其無礙意 는 卽他心通이오 神通具足은 兼宿命漏盡이라 次其心正定下 四偈는

【頌到實相源底니라 餘竝可知라】

⑤ 18수 게송은 '삼세제불의 진실한 말을 배움'에 대해 읊은 것이다. "부처님의 十力 얻음을 읊었다." 등은 경문과 같이 생각해야 한다. 【초_ "부처님의 十力 얻음을 읊었다 등은 경문과 같이 생각해야 한다."는 것은 ① 1수 게송은 부처님의 가피 얻음을 읊었고,

② 1수 게송은 법륜 굴림을 건너뛰어 읊었고,

③ 2수 게송은 걸림 없는 해탈을 읊었고,

④ 1수 반 게송은 지혜 해탈을 읊었고, 뒤 게송의 제3, 4구는 도리어 雄猛하여 두려움이 없음을 읊었으며,

⑤ 1수 게송은 세간의 경계를 아는 것을 읊었다. 智海와 法海는 智正覺世間이다.

⑥ '或現' 이하 4수 게송은 생사윤회의 흐름을 끊은 것이다. 앞의 2수 게송은 八相이다. 생사가 끊어졌기 때문에 바야흐로 現生함을 밝혔고, 다음 1수 게송은 생사가 아닌 몸이어야 바야흐로 몸을 나타내고, 그다음 1수 게송은 사람의 智慧大海를 읊은 것이다. 樂觀하여 변하지 않음이 지혜에 들어간 의미이기 때문이다.

⑦ '於諸' 이하 3수 게송은 바른 법을 보호하고 지님을 읊은 것이다. 첫 1수 게송은 신통력의 가피이며, 뒤의 2수 게송은 6가지 신통력을 보호하고 지님이니 그 걸림이 없는 뜻은 他心通이며, 신통력이 구족함은 숙명통과 漏盡通을 겸하였다.

⑧ '其心正定' 이하 4수 게송은 실상의 본원 밑바닥까지 이르렀음을 읊은 것이다.

나머지는 모두 설명하지 않아도 알 수 있다.】

經

一光照觸無涯限하야　　十方國土悉充徧하야
普使世間得大明하니　　此破闇者所行道로다

　　하나의 광명, 끝없이 비춰
　　시방 국토 두루 가득하여
　　세간 중생으로 큰 광명 얻게 하니
　　어둠을 깨뜨려준 보살이 행하였던 도이다

隨其應見應供養하야　　爲現如來淸淨身하야
敎化衆生百千億하며　　莊嚴佛刹亦如是로다

　　공양하고 볼 수 있는 그들을 따라
　　여래의 청정한 몸 나타내어
　　백천억 중생 교화하고
　　불국토의 장엄도 그와 같다

● 疏 ●

六 二頌은 頌益物不空이라

　　⑥ 2수 게송은 중생에게 이익이 공하지 않음을 읊은 것이다.

爲令衆生出世間하야　　一切妙行皆修習하니
此行廣大無邊際라　　　云何而能有知者리오

　　중생이 세간에서 벗어나
　　일체 미묘한 행을 닦아 익히니
　　이런 행 광대하여 그지없는데
　　그 누가 이를 아는 이 있을까

假使分身不可說호되　　而與法界虛空等하야
悉共稱揚彼功德이라도　百千萬劫無能盡이로다

　　가령 분신이 말할 수 없는
　　법계와 허공계와 똑같아서
　　모두 함께 그의 공덕 찬탄할지라도
　　백천만겁 지내도록 못다 말하리라

菩薩功德無有邊하야　　一切修行皆具足하니
假使無量無邊佛이　　　於無量劫說不盡이어든

　　보살의 공덕 그지없어
　　일체 수행이 모두 구족하니
　　한량없고 끝없는 부처님이
　　무량겁에 말해도 못다 말하리라

何況世間天及人과　　　　一切聲聞及緣覺이
能於無量無邊劫에　　　　讚歎稱揚得究竟가

　　하물며 세간과 천계의 사람

　　일체 성문이나 모든 연각

　　한량없고 그지없는 겁에

　　찬탄하고 칭찬해도 끝이 없으리

◉ 疏 ◉

第三大段 四偈는 結歎深廣이니 文顯可知라

十行品 竟하다

　3) 4수 게송은 부처님의 심오하고 광대함을 찬탄하며 끝맺음이다. 경문의 뜻이 뚜렷하기에 설명하지 않아도 알 수 있다.

　십행품을 끝마치다.

십행품 제21-3 十行品 第二十一之三

화엄경소론찬요 제41권 華嚴經疏論纂要 卷第四十一

화엄경소론찬요 ⑧
華嚴經疏論纂要

2019년 2월 19일 초판 1쇄 발행

편저자 혜거
발행인 박상근(至弘) • 편집인 류지호 • 상무 이영철
책임편집 양동민 • 편집 김선경, 이상근, 주성원, 김재호, 김소영 • 디자인 쿠담디자인
제작 김명환 • 마케팅 허성국, 김대현, 최창호, 양민호 • 관리 윤정안
펴낸 곳 불광출판사 03150 서울시 종로구 우정국로 45-13, 3층
　　　　대표전화 02) 420-3200 편집부 02) 420-3300 팩시밀리 02) 420-3400
　　　　출판등록 1979. 10. 10 (제300-2009-130호)

ISBN 978-89-7479-499-6 04220
ISBN 978-89-7479-318-0 04220 (세트)

이 도서의 국립중앙도서관 출판예정도서목록(CIP)은
서지정보유통지원시스템 홈페이지(http://seoji.nl.go.kr)와
국가자료공동목록시스템(http://www.nl.go.kr/kolisnet)에서 이용하실 수 있습니다.
(CIP제어번호: 2019002052)

잘못된 책은 구입하신 서점에서 바꾸어 드립니다.
독자의 의견을 기다립니다. www.bulkwang.co.kr
불광출판사는 (주)불광미디어의 단행본 브랜드입니다.